天津运河文化史

TIANJIN
YUNHE
WENHUASHI

陈克 岳宏 赵永强 / 著

天津出版传媒集团
天津教育出版社
TIANJIN EDUCATION PRESS

图书在版编目（CIP）数据

天津运河文化史 / 陈克，岳宏，赵永强著. -- 天津：天津教育出版社，2022.12
ISBN 978-7-5309-8952-4

Ⅰ. ①天… Ⅱ. ①陈… ②岳… ③赵… Ⅲ. ①运河－文化史－天津 Ⅳ. ①K928.42

中国版本图书馆CIP数据核字（2022）第249093号

天津运河文化史
TIANJIN YUNHE WENHUASHI

出 版 人	黄　沛
作　　者	陈　克　岳　宏　赵永强
策划编辑	田　昕
责任编辑	于长金
装帧设计	郭亚非
出版发行	天津出版传媒集团 天津教育出版社 天津市和平区西康路35号　邮政编码　300051 http://www.tjeph.com.cn
经　　销	新华书店
印　　刷	天津中图印刷科技有限公司
版　　次	2022年12月第1版
印　　次	2022年12月第1次印刷
规　　格	16开（787毫米×1092毫米）
字　　数	500千字
印　　张	28
定　　价	98.00元
审 图 号	GS（2022）3799号

序言

中国的京杭大运河是世界上最古老的运河之一，也是工程最大、里程最长的运河，总长度约一千八百千米，从北而南，连通了多支自然河流。京杭大运河是中国传统文化遗产中的重要组成部分，也是宝贵的世界文化遗产之一，2014年6月22日，第38届世界遗产大会宣布，中国大运河项目成功入选《世界文化遗产名录》，成为中国第46个世界遗产项目。

京杭大运河的规模巨大，是中国自古以来的历史和文化特征决定的。大运河是大国家的需要，也只有大国家才能动员巨大的人力物力实现这个巨大的工程。运河的开凿是中华民族伟大创造力的结晶，却也是封建帝王统治专制与暴政的体现，可以说，运河的开凿是大一统政体的产物，同时又与大一统政体的实力相辅相成。中国幅员辽阔，在民族统一的过程中，政治军事中心与经济中心不断出现空间上的错位，因此急需一个物资运输的渠道，开凿运河成为首选之需，维持运河也成为历代朝廷的当务之急。因此大运河的主要功能就是粮食运输，这就是通常所称的漕运。自东汉以后，漕运成为封建王朝的生命支持与动力供应系统，而运河就是维持这一系统的基础。

天津地处渤海湾西岸，成陆较晚，渺无人烟，在汉朝以前各政权逐鹿中原时，属于边缘地带。彼时，中央政权不会浪费人力物力在此处开凿运河。自汉朝之后，民族统一战争的焦点渐渐北移，大量军事行动向天津地区延伸。东汉末年，曹操在此开凿了平虏渠、泉州渠等运河，即早期京杭大运河的北段。不过这些为了军事行动服务的运河，维持时间并不长。从辽、金开始，直至元代定都北京，中国的政治中心北移，经济重心却依然在相对富庶的南方，这就形成了政治与经济的空间错位。在这种情势下，连通河海的天津，区位优势开始逐渐显现。京杭大运河的北段与大清河、子牙河相交于三岔河口，固定在北运河一线，为天津城市的产生和发展创造了条件。

1153 年，金王朝迁都燕京（今北京市），改名中都，于1214 年在海河三岔河口设立军事据点——直沽寨。1316 年，元朝廷在直沽寨基础上设立海津镇，发展起全国规模的、河海并重的漕运系统。元代漕运使天津城市开始形成。海津镇的三岔河口和大直沽是元代海上漕运的终点码头，海运而来的各种物资在这里被换上小船，向北运抵大都（今北京市）。到明代，大运河疏通，漕运也从海运为主变成河运为主。1404年，明朝廷在三岔河口西南处设立天津卫城，卫城东距海河大概三百多米。天津卫城设立的目的就是为了保证大运河的漕运畅通。清代，天津三卫并为一卫，至1725年，天津卫正式编入行政建制。自古以来，天津滨海之地就是海盐的主要产区，明清时期长芦盐场的兴起与发展整合，使天津逐渐成为华北地区最大的盐业产销和转运中心，盐业税收总量甚至超过了天津钞关的税收量，天津城市聚集了来自盐商的大量财富。漕运和盐业带动了天津商业和手工业的发展，清代中后期，天津的沿海航运和渔业也不断发展，而官方的漕运由于运河航运条件的不断恶化，越来越艰难，到清代道光年间，又开始逐渐恢复海运。1855年，黄河决口改道后，南北的漕粮河运终于中断。此时，天津已发展成为拥有20万人口的大城市，被称为“畿辅之首邑”。

大运河流经之处，各具特色的地方文化共同造就了中国文化史上一个特殊的文化现象——运河文化，天津的运河文化是中国运河文化中不容忽视的一个亮点。近代天津人口迅速增加，城市发展，经济繁荣，耕地扩张，京津两地原生植被的自然演替越来越受到人类活动的影响。天津地区自然环境的演变加快，尤其是近数百年，环境变化十分剧烈。俗话说“一方水土养一方人”，运河孕育的天津人创造了独具特色的地方文化。天津有靠近首都之便，富而思文的天津盐商兴建起文化园林，通过运河吸引南北文人墨客驻足天津，提升了城市雅文化的品位，形成以水西庄为代表的一批运河文化沙龙，留下延绵不断的雅集佳话。近代城市经济发展吸引八方人口聚集天津，带来运河沿岸和西河沿岸的俗文化，从方言、饮食、武术、信仰到戏曲、曲艺、年画、手工艺无不显示出运河的烙印。水聚风流，群英际会，大城市的生活锤炼出一批出类拔萃的俗文化精品，留给今天大量的文化遗产。

同时，京杭大运河天津段连通了整个海河水系，具有鲜明的类型特点。首先，运河天津段是整个运河的节点，南北运河对流，在三岔口合流，最终汇入大海，与山东南旺“七分朝天子，三分下江南”的分流类型正相反；其二，天津是南北运河交汇处，并连通大海，从而使漕运的河海联运得以实现；其三，三岔河口作为运河的节点，处于海河尾闾，由此将运河纳入了海河水系，在近代黄河改道截断运河后，能够继续发挥航运作用；其四，南北运河汇聚之处，贸易繁盛，文化沟通，从而孕育了天津这个超大城市。虽然天津的发展并不完全仰赖漕运，还有盐业以及其他大量的经济活动，但是天津既处古代漕运的咽喉，又是近代开埠以后进出口贸易的枢纽，所以不可否认，天津因运河而生，由运河而荣，运河造就了天津，使天津成为一座有声有色的城市。

南北运河故道犹存，三岔河口承载着城市的根脉，当我们重新梳理天津的历史轨迹，特别是追溯到运河开凿之初时，会发现这个城市与运河有着如此的渊源，这同时也意味着这个城市与国家的兴衰密切相关。国家兴则城市兴，国家荣则城市荣。

陈克

2022年11月

目录

CONTENTS

/ 第一章 /

城市出现之前

第一节 成陆与环境

天津地处华北平原东北部，海河流域下游，东临渤海，北依燕山，西靠首都北京，是海河五大支流南运河、子牙河、大清河、永定河、北运河的汇合处和入海口。天津属于暖温带半湿润大陆性季风气候，夏季受海洋之惠，冬季受内陆补偿，四季分明，景象多姿。夏季炎热多雨，冬季干燥寒冷，春季干旱多风沙，秋季天高气爽。天津地区季风显著，温差较大，受季风环流支配，冬季在蒙古高压控制下，多西北、偏北风；夏季在北太平洋副热带高压控制下多东南、偏南风；春秋两季为过渡季节，风向多变。大风以西北风频率最高。天津年平均气温12.6℃，呈南高北低分布；年平均无霜期196—246天；年平均降水量为534.4毫米，70%以上降水集中在6—8月。降水年际变化大，多雨年与少雨年的降水量一般相差1—2倍，最大相差达4—5倍之多。天津日照时间较长，阳光充足，年平均日照时数2 387.9—2 694.7小时。天津接受太阳辐射强，仅次于青藏高原和西北地区，优于江南地区，热量资源能够满足农作物一年两熟的要求。

考古发现，天津地区的生态环境自古以来就宜于人类生存，早在旧石器时代已有人类活动迹象。经过长期的发展，尤其是元明清以后，随着政治经济地位的变化，天津地区人口不断增加，生态环境的人为开发不断深化。但随着城市的发展，近代天津的生态环境遭到一定的破坏。

经过漫长的地质年代，到中生代早期，华北平原与山西高原本为一体的高地，在随后发生的燕山运动的造山运动中，华北平原所在地区于此时转而沉降，同时，西边的山西高原抬升，海水曾淹没到太行山麓。天津地区位于华北地区东部断陷盆地边缘，渤海盆地的西岸，处在黄骅坳陷中的北端。距今一万年前左右，是地球上气候剧烈变化的时期。北半球的中高纬度的全部地区和低纬度地区的一些高山出现了大规模的冰川活动。冰川的前进和退缩，形成了寒冷的冰期和温暖的间冰期的多次交替，导致海平面的大幅度升降、气候带的转移、动植物的迁徙绝灭。在冰川作用引起的海平面升降以及新构造运动等因素影响下，中国东部在第四纪以来发生过多次海侵和海退。从距今四千多年前开始，地球经历过全新世大暖期，气温开始回落，海面逐渐下降至接近近代海面高度，今天津地区渐渐露出海面，黄河和其他众多入海的洪流带来大量泥沙淤积，在河流裹挟泥沙的推动下，逐渐淤积成陆地，于是有了今天的华北平原。根据地质和考古专家的研究成果，整个天津地区陆地形成约在距今五千年到七百年之间。

在冰川作用引起的海平面升降以及新构造运动等因素影响下，中国东部在第四纪以来发生过多次海侵和海退。在晚更新世低海面时期，海面要比今日低一百三十多米，以致黄海北部大陆架出露，使哺乳动物和人类可以从陆地迁移到沿海的岛屿上去。进入全新世，随着气候逐渐变暖，海平面回升，一些陆地重新被海水淹没，在此期间，渤海两次西侵。渤海最后一次海侵发生于距今七千到六千年间，[①]西侵边界大体到达今运河附近，并在此留下古贝壳堤的遗迹。贝壳堤在过去的七千年间形成了长达数十千米、几乎全部由贝壳及其碎屑组成的贝壳堤古海岸线。迄今已确认存在着6条贝壳堤，其中有3条高出地面、呈带状的古贝壳堤与人类在此地区的活动密切相关。第一条自东向西：蛏头沽—驴胸河—马棚口，形成年代为距今九百七十至一百五十年左右，约为宋以后；第二条自东向西：白沙岭—军粮城—泥沽—上古林—岐口，形成年代为距今两千九百至一千一百年左右，约为战国时至唐宋时期；第三条：小王庄—巨葛庄—沙井子，形成年代距今四千三百至三千三百年左右，约为殷商时期。[②]有调查还发现第四条贝壳堤，分布于从翟庄子延伸至天津市与河北省交界处，形成于更早的年代。[③]

根据古地理学的研究，贝壳堤的形成与黄河改道有着密切的关系。黄河从中游黄土高原流过时搬运了大量泥沙，当其从天津地区入海时，在渤海西岸造成大规模的淤泥岸，使海水变得浅淡而浑浊，多数贝类因为窒息而致死。这时波浪作用微弱，泥滩不断增宽，陆地向外扩张，造成大片盐土平原。一旦黄河又改道从远离天津的地区入海，渤海湾内的自然环境又恢复了旧观，条件又变得有利于贝类生长和贝壳堤的形成了。

---

① 摘编自方晶、胡克、张国艳、王俊杰、王立刚、白铁磊、任小松、舒琳：渤海湾西岸全新世最大海侵位置探讨。海岸工程，第31卷第3期，2012年9月。

② 参见李凤林编著：渤海湾西岸环境地质图集。北京：地质出版社，2016年。

③ 参见张光玉、汪苏燕主编：天津湿地与古海岸遗迹。北京：中国林业出版社，2008年。

渤海湾西岸贝壳堤岭地古岸线分布图[1]

黄河从天津地区入海时，就是贝壳堤停止形成的陆地扩张时期。据记载历史上黄河曾三次从天津地区入海，这大致与贝壳堤的形成时期相

① 此图为天津博物馆陈列品。

关。当然，天津地区的成陆还受海面波动的影响，二千多年间，海面虽有波动，但升降微弱，基本上处于平衡状态。

距今七千多年以来，天津北部的平原沿古河口和近岸海区孕育了众多牡蛎礁，礁体由密集簇生的牡蛎组成，个体可达10—40厘米，礁体厚度最大5—7米。作为全球所有动植物中单位体积最高生物量的礁体，天津滨海地区，海河以北宁河、宝坻区境内，潮白河与蓟运河下游存在一片牡蛎滩集中区。这些牡蛎滩由长重蛎和近江重蛎组成，剖面层次清晰，堆积层厚达5米，形成于距今约七千到三千年间。

天津市古海岸与湿地国家级自然保护区（成立于1984年）内外共存在牡蛎礁富集区十几处，保护区内划分各区如下。

1区：分布在蓟运河右岸，杨庄子到宁河驾校一带；

2区：分布在潮白河左岸，姜家庄到史家庄一带；

3区：分布在芦台农场四分厂一带；

4区：分布在芦台农场五分厂、后辛庄、桐城村和岭头村一带；

5区：分布在俵口和罾河口一带；

6区：分布在东唐坨一带；

7区：分布在小八亩坨一带；

8区：分布在淮淀乡一带；

9区：分布在于家岭大桥、清河农场八分场一带。

保护区外还有大吴庄礁区，黄港水库礁区，空港物流中心礁区，宁河七里海俵口村牡蛎滩核心区。[①] 牡蛎滩的存在说明其形成期间当地曾经是浅海。天津博物馆的翟乾祥先生认为，“华北平原的海进到距今六千年

---

① 参见张光玉、汪苏燕主编：天津湿地与古海岸遗迹。北京：中国林业出版社，2008年。

左右已呈停滞状态，有些地区开始缓缓后退”“天津历史博物馆曾提供宁河县（今天津市宁河区）东棘坨乡姜家庄和史家庄长牡蛎测定结果为距今约六千五百到六千二百年，其牡蛎层埋藏在海相层的顶板，所以说这一带的长牡蛎壳堆积，是最近这次海进处于停滞况态或海退后在此停留时，形成河口内湾软泥滩低潮线下的产物。牡蛎壳埋在地面至地下一米处，排除压缩和沉降等因素，天津最近这次高海平面仅比现在高三米左右”。[①]

20世纪初期，北疆博物院的创办人法国人桑志华（E.Licent）和该院专家法国人德日进（Teilhard de Chardin）在海河下游北岸埋深6—8米处发现大量牡蛎。20世纪70年代，翟乾祥先生开始对渤海湾埋藏牡蛎及其礁体进行系统科学研究，认为是气候温暖时期海水影响的产物。

贝壳堤与牡蛎礁，是渤海湾沿海地区两类特殊的地质体，在世界上亦有较高的知名度。其牡蛎礁体的厚度甚至是全球数千年来已知同类礁体中最厚者，规模大于泰国曼谷以北中央平原和美国北卡罗来那州的牡蛎礁。

狭小的山地，广袤的平原，辽阔的海域，构成了天津自然环境的基本面貌。天津平原往西通过冀中平原和太行山脉相连，往北和燕山山前平原接壤，东南面越过鲁西北平原直至泰山山脉。天津整个地势像一只不规则的畚箕。

受地质构造的影响，天津地貌类型多种多样，总的特点是北高南低，即西北高、东南低，地势从北部山地向渤海缓缓倾斜下降。依海拔高度、地表形态和地面组成物质的不同，天津地区大致可划分为中山、低山、

---

① 翟乾祥：历史时期海河下游环境的演变。《天津市历史博物馆建馆四十周年纪念论文集》，天津：天津古籍出版社，1992年。

丘陵、山前洪积—冲积平原、冲积平原、海积平原、淤泥海滩等多种地貌类型。

古时天津海岸滩涂广袤，洼地星罗棋布。从206年起，平虏渠、泉州渠和新河相继凿成。这三条运河把天津及其周边的水路勾连起来，汇成海河，初步形成了当今海河水系呈扇形分布的形态。天津地处海河流域下游，素有“九河下梢”之称，这最初是指大禹治水时黄河下游“播为九河，同为逆河入于海”之地，后来也是海河水系五大支流南运河、子牙河、大清河、永定河、北运河的汇合入海口。历史上夏季多暴雨时，河道多溢出河床，而酿成洪涝灾害。为排洪和发展水利灌溉，天津增辟了多条入海通道，开挖了灌排渠道，将多数洼淀改建成平原水库和人工苇塘，由此构成了我国北方最稠密的水文网。根据《天津年鉴（2018）》记载，天津有主要河流128条，其中一级行洪河道19条，分别是蓟运河、州河、泃河（即《魏书》中所称“沽河”）、引泃入潮河、潮白新河、北运河、青龙湾减河、永定河、永定新河、龙凤河（原北京排污河）、海河干流、大清河、子牙河、子牙新河、马厂减河、独流减河、南运河、还乡新河、金钟河，总长度1 095.1千米；二级排涝河道109条，长1 869千米；其他骨干河道及沟渠5 652条（段），长10 913.2千米，大、中、小型水库28座，面积2 719.26平方千米。北部地区河渠汇流入蓟运河、潮白河、北运河和永定河，通过永定河入渤海；南部地区河渠汇流入大清河、子牙河、南运河，通过独流减河、子牙新河入渤海；海河干流分泄北部和南部的部分河道洪水，过海河闸入渤海。众多的河流、洼淀、水库、池塘，构成面积广大的内陆水域。天津地带性土壤类型为褐色土，山区以淋溶褐土和棕壤为主，平原区土壤类型较多，从山前洪积—冲积平原到渤海沿岸依次分布着褐土—潮褐土—潮土—盐化潮土—湿潮土—盐化湿潮土—渤海盐土，还有北方水稻土和沼泽土等。由于人类的长期耕种、施肥、灌溉，天津地区的土壤性质发生了很大变化。天津土壤多属于耕性良好的肥田沃土。天津的气候决定了植被应为落叶阔叶林类型，但因本地区开发历史悠久，经过反复砍伐及战争的破坏，原生森林植被已不复存在。现在的森林植被是原生森林植被被破坏后演化而成的天然次生杂木林。

天津的人文开发经过了上万年的发展历程。

天津地区的地理环境适宜人类生活，古时天津的自然生态环境比较优越。根据历史文献及孢子花粉分析，古时燕山山区80%的面积覆盖着原始森林，平原地区也有森林分布。森林植被繁茂，利于涵养水源，保护水土，调节气候。天津水域宽广，利于农田灌溉。考古发现证明，北部山区旧石器时代的遗迹甚至早至距今十万年左右，那时天津地区的先民已出现在蓟州北部山区和山前丘陵地带。到一万年前，天津先民在蓟州山前平原地区以渔猎为生，当时已进入新石器时代。从新石器早期开始，天津先民的活动空间从蓟州山坡向平川推进。距今六千年前，渤海海水停止侵入陆地后海平面回落，渤海湾西岸陆地渐次向东推进。随着海退陆进，天津先民逐渐定居在由河流泥沙堆积的平原区域。西周开始，天津地区有了农耕活动。由于海退成陆较晚，南部广大平原地区长期处于低湿的近海碱性生态，不利于农业开发。元明之前，天津地区开发的重点始终在山前平原地带，后来才逐步向东向南扩展，到宝坻区北部和东南的滨海新区一带。近海的大片低洼平原长期地广人稀，先民的开发活动以渔、盐为主。

清代实行移民开垦山区的政策，森林植被遭到破坏。由于京城大兴土木，北京附近包括燕山山区的森林遭到大规模砍伐。京津平原地区的人口不断增加，依赖附近山区的森林提供大量木料和薪炭。大约三百多年前，也就是清康熙年间（1662—1722年），因长期无节制的采伐，大部分原生森林消失，被各种次生林、次生灌草丛等次生植被所替代。中华人民共和国成立之前，次生植被也遭到严重破坏，天津山区的植被覆盖率仅为1.3%。当时植被群落类型单一，结构简单，覆盖面少，旱生植被种类和群落占比大。

第二节　北方运河的开端

东汉末年，天下大乱，国家分裂，群雄并起，北方出现了一位具有雄才大略的军事家曹操，他是在北方开挖运河的先驱。曹操以邺城为基地开展屯田，并开挖周边运河网，“引漳流自城西东入，经铜雀台下，伏流入城东注，谓之长明（鸣）沟也……沟水南北夹道，支流引灌，所在通溉，东出石窦下，注之湟（洹）水”，[①] 使漕运沿漳水直通城内。这既繁荣了邺城的经济，又改善了邺城周边的交通条件，从而建立了巩固的后方基地，使其在三国争霸中立于不败之地。建安十八年（213年）九月，曹操又开凿利漕渠“引漳水入白沟以通河”，[②] 将漳水与黄河水运连接起来，依靠多年经营屯田积累的经济实力，曹操击败了占据河北的袁绍。之后，曹操采纳军师郭嘉的意见，决定击破乌桓以永绝后患。建安十二年（207年），曹操远征乌桓。因北征乌桓之时，曹操无法在当地筹集足够的粮草，且北征乌桓需要更长的运输线，由此曹操必须想办法开凿通航的河道。

“自周定王五年（前602年）至王莽建国三年（11年），长达六百多年，黄河……在沧州以北入海。”[③] 因此太行山前各河流都流向地势最低的天津

---

① （北魏）郦道元原注，陈桥驿注释：水经注，卷十。杭州：浙江古籍出版社，2001年。

② （西晋）陈寿著：三国志·魏书·武帝纪。北京：中华书局，1982年。

③ 吴忱等著：华北平原古河道研究。北京：中国科学技术出版社，1991年。

附近地区，这也是后来开通南北大运河的自然条件。当黄河在西汉改道南徙以后，华北平原上的河道都是由西向东北单独入海的。王莽时黄河离开河北平原改道山东入海，太行山前各河流又分为虖池（滹沱，滹池，呼沲）河系统、泒水系统、治水（灅水）系统，单独入海。[①]

当时，海溢对天津地区的影响依然存在。现天津武清区附近曾有一片沼泽名雍奴薮，《尔雅·十薮》注曰："薮，大泽也。"大泽，即今所谓沼泽湿地，故雍奴薮也称雍奴泽。《辞海》注释"薮"是生长着多草的湖泽，《水经注》说："南及滹沱，西至泉州、雍奴，东及于海，谓之雍奴薮。其泽野有九十九淀，支流条分，往往径通，非唯梁河、鲍丘归海者也"[②]"自今黄骅县西南境、沧县北境起，北经青县、静海、唐官屯，西转大城北侧，任丘东界，文安西界，再北至霸县南境而东折信安、策城、王庆坨、韩家墅，又北折杨村、大良镇及宝坻西界、北界，复东经玉田县大安镇、鸦鸿桥与丰润县唐河甸、大漫港，以抵丰南县北界，是一条海拔5米的等高线。在这一线以下包括今天津、唐山两市，沧州、廊坊两市的大部和一部分市辖区都低于5米、4米、3米（只有天津城附近稍高于5米）。这一边长屈曲千里的巨大洼地，便是雍奴薮的范围"。[③]这种地势使天津地区就像一个大漏斗，大部分华北地区的河流，虽然还是分别入海，但都从这里入海。南北朝时郦道元的《水经注》记载关于东汉时从渤海湾入海的诸河，"淇水出河内隆虑县西大号山……又东北过穷河邑南，又东北过漂榆邑，入于海"。郦道元注："清河又东经漂榆邑故城南，

---

① 摘编自吴忱等著：华北平原古河道研究。北京：中国科学技术出版社，1991年。

② （北魏）郦道元原注，陈桥驿注释：水经注，卷十四。杭州：浙江古籍出版社，2001年。

③ 常征、于德源著：中国运河史。北京：北京燕山出版社，1989年。并参考沈联芳：邦畿水利集说·九十九淀考。清道光抄本复印本。

俗谓之角飞城。”淇水是卫河的支流，几经周折，在天津附近的漂榆邑以北入海。关于漂榆邑的位置，《水经注》说：“高城县东北百里，北尽漂榆，东临巨海，民咸煮海水，借盐为业，即此城也。清河（淇水）自是入于海。”[①] 许多学者认为漂榆邑在军粮城一带。中华人民共和国成立后，军粮城附近陆续发现汉代建筑遗址和晋代青瓷等多种文化遗存。漂榆邑故城在今天津市东丽区小东庄乡务本二村西300米，南距海河不足两千米，现已平整为略高于周围平地的一片高地，只残存南北城墙两条土垅，东西长300米，南北宽130米。[②]

“浊漳水出上党长子县，西发鸠山……又东北过彰武县西，又东北过平舒县南，东入海。”[③] 浊漳水是漳河的上游，与漳河合流后最终从东平舒以南入海。淇水与浊漳水应当属虖池河系统。关于东平舒的位置，1983年当时的天津历史博物馆考古队在天津市静海区西钓台村西北400米发现一处西汉城址，其中的一座古墓内出土西汉早期的彩绘鼎、盘、盉等陶器，“西钓台遗址延续时间较长，应是西汉的东平舒”。[④] 另外天津博物馆的韩嘉谷先生还进一步指出：“有一件战国陶豆上还印有一戳记‘舒’字，表明汉东平舒县治是在战国舒州（平舒）的基础上建造的。”[⑤]

“易水出涿郡故安县阎乡西山，东过范阳县南，又东过容城县南，又东过安次县南，又东过泉州县南，东入于海。”此说易水在泉州县南入海。

---

① （北魏）郦道元原注，陈桥驿注释：水经注，卷九。杭州：浙江古籍出版社，2001年。

② 参见韩嘉谷著：天津古史寻绎。天津：天津古籍出版社，2006年。

③ （北魏）郦道元原注，陈桥驿注释：水经注，卷十。杭州：浙江古籍出版社，2001年。

④ 赵文刚：静海西钓台战国、汉代城址。原载1984年《中国考古学年鉴》。天津市历史博物馆考古部编：天津考古四十年资料汇编，1996年。

⑤ 韩嘉谷著：天津古史寻绎。天津：天津古籍出版社，2006年。

“圣水出上谷，东过良乡县南，又东过阳乡县北，又东过安次县南，东入于海。”此说圣水在安次县南入海。

“拒马河出代郡广昌县涞山，东过遒县北，又东过渤海东平舒县北，东入于海。”[①]此说拒马河在东平舒县北入海。易水、圣水、拒马河应当是泒水系统。

“沽河从塞外来，南过渔阳狐奴县北”“西南与湿余水合，为潞河”“又东南至雍奴县西，为笥沟”“又东南至泉州县，与清河合，东入于海。清河者，派河尾也。”[②]沽河一路与湿余水、清河合流，在泉州县南入海。有人考证派河乃泒河之误，[③]那么这个清河就属于吴忱说的泒河系统，“与清河合”就是沽河与泒（派）河合。

泉州古城遗址位于天津市武清区黄庄街道城上村北约100米。汉属渔阳郡，有盐官，西晋改属燕国，北魏太平真君七年（446年）并入雍奴县。《资治通鉴》上说“泉州、平谷二县，皆属渔阳郡，贤曰：泉州故城，在今幽州雍奴县南”[④]。据《中国文物地图集》(天津分册)[⑤]记载，城址平面呈正方形，边长约五百米，面积二十五万平方米左右。城墙破坏严重，北城墙尚存一百多米长的残段，高约两米。城墙夯筑，夯层厚十厘米左右，

---

① （北魏）郦道元原注，陈桥驿注释：水经注，卷十一。杭州：浙江古籍出版社，2001年。

② （北魏）郦道元原注，陈桥驿注释：水经注，卷十四。杭州：浙江古籍出版社，2001年。

③ 谭其骧：海河水系的形成与发展。中国地理学会历史地理专业委员会《历史地理》编委会编：历史地理，第四辑。上海：上海人民出版社，1986年。

④ （北宋）司马光编著，（元）胡三省音注:《资治通鉴》上册，卷六十五，汉纪五十七。上海：上海古籍出版社，1987年。

⑤ 国家文物局主编：中国文物地图集（天津分册）。北京：中国大百科全书出版社，2002年。

包含少量战国陶片，城垣在战国聚落址上修筑。城内采集到有泥质灰陶盆、绳纹小口罐，加云母红陶釜、筒瓦、板瓦、瓦当等遗物，有一陶盆残片上印有“泉州”二字戳记。

“鲍丘水从塞外来，南过渔阳县东，又南过潞县西，又南至雍奴县北，屈东入于海。”[①] 鲍丘水上游即今潮河，下游大致与今白河平行南流，折东南循今蓟运河而行。雍奴县的位置在雍奴薮中。雍奴薮里有一个雍奴城，在现今天津武清区境内大宫城，因为在雍奴薮之北，又称雍阳。1992年5月，天津历史博物馆考古部对武清、宝坻、宁河三地部分遗址进行过调查。其中位于武清区后岗乡大宫村的大宫城址，平面近正方形，边长约五百米，城垣西墙保存较好，城内东南角渠边可见地表下85厘米是汉代文化层，厚40—50厘米，内含夹砂红陶、绳纹灰陶残片等遗物。[②] 据说这里曾是雍奴县城所在，由于海溢而迁址，成为空城，后称大宫城。

“濡水从塞外来，东南过辽西令支县北，又东南过海阳县西，南入于海。”[③] 濡水大致相当于今滦河，后来没有并入海河水系。

《水经注》记载的淇水、浊漳水、圣水、拒马河、沽河、鲍丘水、濡水7条河都是单独入海的。几条入海河流从北到南的排列顺序是濡水、鲍丘水、沽河（含湿余水、灅水、永定河、桑干河、笥沟，泉州县）、易水（含滱水，泉州县南）、圣水（安次县）、拒马河（东平舒）、浊漳水（东平舒）、淇水（漂榆邑）。其中鲍丘水从雍奴县北“屈东入于海”，基本上是今蓟运河的走向。濡水过海阳县西南入于海，基本就是今滦河的走向。这里提到濡水是因为曹操修的新河沟通了滦河（濡水）与泉州渠的航道。

---

① （北魏）郦道元原注，陈桥驿注释：水经注，卷十四。杭州：浙江古籍出版社，2001年。

② 天津历史博物馆考古部编：天津考古四十年资料汇编，1996年。

③ 同①。

淇水就是后来曹操“遏淇水东入白沟以通漕运”的河道，大致是隋唐南运河的走向。淇水“过广宗县东为清河”，浊漳水在昌亭与滹沱河汇合，大致是今子牙河的走向，在平舒县南入海。谭其骧认为滹沱别河故渎就是《浊漳水经》中乐成陵县以下的漳水，“其中合口以北，浮阳县和濊邑以西一段，应即《浊漳水经》中‘东北过章武县西’。这一段漳水，水道是原有的，只是名称的改变。‘又东北过乡邑’一段，则为建安以后新出现的水道”。①

当时“三郡乌丸承天下乱，破幽州，略有汉民合十余万户。袁绍皆立其酋豪为单于，以家人子为己女妻焉。辽西单于蹋顿尤强，为绍所厚，故尚兄弟归之，数入塞为害。公将征之，凿渠自呼沲入泒水，名平虏渠；又从泃河口凿入潞河，名泉州渠，以通海。”② 就是说由于乌丸（乌桓）勾结袁绍，曹操决定征讨之。

在谋臣董昭的建议下，曹操利用上述河道，开凿了平虏和泉州二渠入海通运，以解决运粮问题。建安十一年（206年）凿平虏渠，将呼沲河（滹沱河）与泒水（沙河）连接起来；同年开凿泉州渠，使滹沱河、沽水（白河）、鲍丘水（潮河）相互沟通。《三国志·魏书·武帝纪》记载：“凿渠，自滹沱入泒（派）水，名平虏渠。又从泃河口凿入潞河，名泉州渠，以通海。”平虏渠是将滹沱河与泒水连接起来。泒水上游即今大沙河，下游相当于今大清河至海口段。泒水原来是经过天津入海的，因此平虏渠连接泒水的北口更靠近今日的天津。但是《水经》并没有说滹沱河与漳水是如何连接的，因为连接曹操白沟运河的就是漳水。有人注意

---

① 谭其骧：海河水系的形成与发展。中国地理学会历史地理专业委员会《历史地理》编委会编：历史地理，第四辑。上海：上海人民出版社，1986年。

② （西晋）陈寿著：三国志·魏书。二十五史，第二册，上海：上海古籍出版社，上海书店，1995年。

到在沧州地区与白沟乱流的漳水有一条支水北注滹沱河，这支水名曰“滱水”。因此事实上平虏渠是白沟河的延伸。[①]《水经注》记载：“清漳经章武县故城西，故濊邑也。枝渎出焉，谓之濊水。东北经参户亭，分为二渎。应劭曰，平舒县南五十里（里，长度单位，1里为500米）有参户亭，故县也，世谓之平虏城。枝水又东注，谓之蔡扶沟。又东积为淀。一水经亭北，又经东平舒县故城南。代郡有平舒城，故加东……又东北分为二水，一右出为淀，一水北注滹沱，谓之濊口。清漳乱流而东注于海。”[②] 这段记载明确了清漳水有一支“北注滹沱”，濊口的位置大致记在东平舒附近。后人有记载：“本彰武县，属渤海郡，有盐官高齐省，隋开皇十六年在此设鲁城县。大海在县东九十里。平虏渠，在郭内，魏武北伐匈奴开之。”[③] 记沧州乾符县：“又于西章武县故城置鲁城县，遥取长芦县北平虏城为其名。曰鲁城者，盖以地近东鲁也……二年敕改乾符县……平虏渠在县南二百步，魏建安中于此穿平虏渠，以通军漕，北伐匈奴；又筑城在渠之左。大海在县东十四里。”[④] 这段话认为鲁城县就是乾符县，大致在今河北青县附近。这种从文献到文献的考证难以确定历史上河道的准确地理位置，只能说平虏渠的故道，大体上介于河北青县到天津静海区独流镇之间，相当于以后京杭大运河南运河的北段。清代学者谢钟英补注《补三国志疆域志》曰：“平虏渠在今直隶天津府南，首起饶阳，东至沧州。泉州渠首起今顺天府武清县南，东北经宝坻，北入泃河。”以上都证明，清漳

① 参见常征、于德源著：中国运河史。北京：北京燕山出版社，1989年。

② （北魏）郦道元原注，陈桥驿注释：水经注，卷十。杭州：浙江古籍出版社，2001年。

③ 元和郡县志，卷二十二。文渊阁四库全书，台北：台湾“商务印书馆”，第468册，1982年。

④ 太平寰宇记，卷六十五。文渊阁四库全书，台北：台湾“商务印书馆”，第469册，1982年。

水只是有部分支流连接了平虏渠，还有支流“乱流而东注于海”，可见虽然已有局部河段连接起来，但未完全割断海河各支流分流入海的局面。①

在开凿平虏渠的同年，曹操修的另一条运河就是泉州渠。关于泉州渠的史料记载相对多一些，“又从泃河口凿入潞河，名曰泉州渠，以通海”，② 是说泉州渠从泃河凿入潞河。

关于泃河，《水经注·鲍丘水》说，“（泃水）北经泉州县东，又北经雍奴县东，西去雍奴故城百二十里，自滹沱北入其下。历水泽百八十里，入鲍丘河，谓之泉州口”，③ 还说“鲍丘水自雍奴县故城西北，旧分笥沟水东出。今笥沟水断，众川东注，混同一流，东经其县北，又与泃河合”。后人根据这些互不连贯的史料怎样才能理解泉州渠的走向呢？

常征认为鲍丘水是今天的潮河，因为常夺鲍丘河水道而称鲍丘河水。所谓笥沟的上游是沽河和潞河。《水经》说：“沽河从塞外来”“南过渔阳孤奴县北，西南与湿余水合为潞河”……“又东南至雍奴县西，为笥沟”。④ 经过了一系列的分分合合，“沽水又南，湿余水注之。沽水又南，左会鲍丘水，世所谓东潞也。沽水又南经潞县为潞河”。⑤ 对此有人解释说：“潞河与自牛栏山、顺义城东下流的鲍丘水在今通县北境相会为一水，或称潞河，或称鲍丘河，至潞县故城（城子村）西北又分为二，鲍丘水东注，潞河（笥沟）南行。南行的潞河在今通县南界收灅水后称笥沟。”⑥ 这段说

---

① 参见吴忱等著：华北平原古河道研究。北京：中国科学技术出版社，1991年。

② （西晋）陈寿著：三国志·魏书。二十五史，第二册，上海：上海古籍出版社，上海书店，1995年。

③ （北魏）郦道元原注，陈桥驿注释：水经注，卷十四。杭州：浙江古籍出版社，2001年。

④ 同上。

⑤ 同上。

⑥ 常征、于德源著：中国运河史。北京：北京燕山出版社，1989年。

明泉州渠上游的来源在历史上经历了复杂的河道变迁，但是可以确定泉州渠北口的位置是在雍奴城以东，泉州县以东，也就是东路的鲍丘水、沟口的地方。韩嘉谷认为沟口在今宝坻区东南窝头河。①《水经注·淇水》说，清河“又东北经穷河邑南，俗谓之三女城，非也。东北至泉州县，北入滹沱水。《经》曰，笥沟东南至泉州县，与清河合，自下为派（泒）河尾也，又东，泉州渠出焉”。② 此句前面说的清河是指南来的漳河，并不是后面那个清河（泒河、沙河）。平虏渠沟通了滹沱河与沙河（清河、泒河）。最后又说滹沱水东北流至泉州县境与沽河（南行的潞河，即笥沟）汇合，以下又叫派（泒）河尾。这个名称混乱问题许多史家都注意到了。③笥沟（潞河下游）已在泉州县境与清河汇合的是泉州渠上口，再往东“泉州渠出”，是指泉州渠的下口，也就是说泉州渠上下口都可以与泒河或滹沱水相通，为什么还要开凿泉州渠？《水经注》说清河“又东北过漂榆邑入于海”。④ 漂榆邑在今军粮城一带，当年还靠近海口，从沟口到漂榆邑，泉州渠南北两口不过百里，流经地域完全在雍奴薮范围内，其海拔高度都不过三米，滹沱水与潞河南支汇合的地方（雍奴县西）可能也在此范围之内，滹沱流入潞河东支沟口也说得通。到郦道元写《水经注》时出现了“今笥沟水断”情况，说明潞河南支（笥沟）水源不足。从后来水浅流急的状况看，当时北运河一定不适于航运，因此另凿水道也在情理之中。滹沱水与沽河汇合的地方应该有个三岔口，就像后来大清河与北运河相

① 参见韩嘉谷著：天津古史寻绎。天津：天津古籍出版社，2006年。

②（北魏）郦道元原注，陈桥驿注释：水经注，卷九。杭州：浙江古籍出版社，2001年。

③ 参见常征、于德源著：中国运河史。北京：北京燕山出版社，1989年。并见谭其骧：海河水系的形成与发展。中国历史地理学会历史地理委员会《历史地理》编委会：历史地理，第四辑。上海：上海人民出版社，1986年。

④ 同②。

交的西沽类似。造成人们分歧的是如何理解滹沱水与泉州渠的关系，既然说潞河分为东、南两支，那么就不好解释鲍丘水上承呼沱水（滹沱河）在什么地方的问题。《三国志》记载“公将征之，凿渠，自呼沲（沱）入泒水，名平虏渠；又从泃河口凿入潞河，名泉州渠，以通海。”[①] 这个“凿入潞河”的地方到底是泉州渠的上口还是下口，也不大清楚。如果理解为鲍丘水在泉州县上承滹沱水的地方就是泉州渠上口，又不好解释泉州渠自泃口通过雍奴城以东，泉州县以东，然后又在派（泒）河尾入海。这是古代文献给后人造成的关于泉州渠走向的困惑。

鲍丘水相当于今天的蓟运河，雍奴故城在今宝坻区东南10里，从泉州西去雍奴故城的距离及所经广阔的水泽地区来看，当位于今天津市东，经七里海、黄庄洼等洼地。其北入鲍丘水的水口，潮白河支流潮河古称鲍丘水。《水经·鲍丘水注》记载，“水出右北平无终县西山白杨谷”的泃水，“又南入鲍丘水，鲍丘水又东合泉州渠口”，说明泉州渠的北口，当在泃河进入鲍丘水处的下方。平虏渠进入泒水向东流入大海，泉州渠汇入泒水也是流入大海。曹操的水路运输在进入泒水以前都是顺流，转入潞河一定是逆流，而且从地势上看水浅流急，不利于航行，还得另寻河道，这就是开凿泉州渠的原因。征乌桓的战略目标在辽东，泉州渠的北口距离战场较远，于是曹操继续开凿了新河。自鲍丘水开运渠东入濡水（今滦河），谓之新河。《水经·濡水注》记载：“自雍奴县承鲍丘水东出，谓之盐关口，魏太祖征蹋顿，与泃口俱导也，世谓之新河矣。陈寿《魏书》云，以通海也。……新河又东，会于濡。”[②] 新河既与泉州渠运道相连

① （西晋）陈寿著：三国志·魏书。二十五史，第二册，上海：上海古籍出版社，上海书店，1995年。

② （北魏）郦道元原注，陈桥驿注释：水经注，卷十。杭州：浙江古籍出版社，2001年。

接，其承鲍丘水东出的盐关口，当在泉州渠进入鲍丘水的泃河口下方不远处。《水经·濡水注》对新河的径流记载，渠道出盐关口后，中间穿过庚水（州河）、巨梁水（还乡河）、封大水（陡河）、缓虚水（沙河）、素河（沂河）等，最后在乐安亭（即汉乐安县故城）南与濡水合。新河沿途横截了若干北来的天然河流，其运道向南最终通海。新河与濡水沟通后，既可溯流北上，也可沟通海运。平虏、泉州、新河三渠，形成一条沿海岸线由西南转向东北的弧形运道，目的是尽可能代替海运，以规避海上风险。《资治通鉴·汉纪五十七》载，建安十一年（206年）“凿平虏渠、泉州渠以通运”，注：“操纪云，凿渠自呼沱入泒水，名平虏渠，又从泃河口凿入潞河，名泉州渠，以通海。”[①] 严耕望先生认为，“则通海谓之所终，通运谓渠道之作用也”。《资治通鉴》的表述是“又从泃河口凿入潞河，名泉州渠，以通海”，《三国志·魏书十四》的表述是“凿平虏、泉州二渠，入海通运，昭所建也”。这意味着通过泒水或濡水的河海联运也是当时的重要选项。但这些沿海地区自古就是一片低洼之地，每到夏秋之交，常形成水洼，浅不能行车，深不及载舟，造成交通阻滞。曹操要北征乌桓，修泉州渠、新河，其目的自然是走这条傍海的水道。渠成后第二年，即建安十二年（207年）曹操北伐乌桓时，原计划走今唐山—昌黎—秦皇岛线路，但因降大雨，道路泥泞，“夏五月，至无终。秋七月，大水，傍海道不通”。[②] 曹操征询田畴的意见，田畴说：“此道秋夏间有水，浅不通车马，深不载舟楫，为难久矣……若回军，从卢龙口越白檀之险，出空虚之地，

---

① （北宋）司马光著：资治通鉴。上海：上海古籍出版社，1987年。

② （西晋）陈寿著：三国志·魏书。二十五史，第二册。上海：上海古籍出版社，上海书店，1995年。

路近而便，掩其不备，蹋顿之首可不战而擒也。”[①] 曹操采纳田畴建议，改由陆路进军，引军出卢龙塞走山路，“引军出卢龙塞（今喜峰口附近），塞外道绝不通，乃堑山堙谷五百余里……东指柳城（今辽宁朝阳市西南）”。[②] 曹操北征乌桓，留下《碣石篇·乡土不同》：“乡土不同，河朔隆塞。流澌浮漂，舟船行难。锥不之地，丰籁深奥。水竭不流，冰坚可蹈。士隐者贫，勇侠轻非；心常叹怨，戚戚多悲。幸甚至哉，歌以咏志。”[③] 从诗中可看出自河北平原北部到辽西河运行路的艰难，同时说明了这一地区的水运利用情况。

曹操在今河北青龙满族自治县龙王庙乡的锥子山也即白狼山下出奇兵，用先锋部队一万人战败乌桓，阵斩蹋顿，降其部众二十余万人。征乌桓的过程暂且不表，曹操修的这一系列运河却把原来分别入海的各条河流部分地联通在一起，初步形成了今海河水系。《水经注》说：“清、淇、漳、洹、滱、易、涞、濡、沽、滹沱，同归于海，故《经》曰派河尾也。”[④] 派（泒）河尾就是河北平原上几条大的河流相互连接起来，向东并流入海，即今海河下游的部分。《水经注》同时指出“沽水又东南合清河，今无水”，说明北魏时期海河的南北两大水系，尚未正式进入合流局面。曹操修的运河是今天津地区最早的人工运河，运河工程贯通今河北平原，使来自中原地区的船只，由淇水进入白沟，溯清河北上，通过平虏渠、泒水、潞水、泉州渠、新河等运渠，沟通濡水，尽可抵近辽西；邺城北通平虏

---

① （西晋）陈寿著：三国志·魏书。二十五史，第二册。上海：上海古籍出版社，上海书店，1995年。

② 同上。

③ 安徽亳县《曹操集》译注小组编：曹操集译注。北京：中华书局，1979年。

④ （北魏）郦道元原注，陈桥驿注释：水经注，卷十四。杭州：浙江古籍出版社，2001年。

诸渠以达边陲，对提高曹操的经济和战略地位起了一定的作用，并为以后南北大运河的开发奠定了基础。人们认为，早期的永济渠就是借助了曹操的运河故道。平虏渠与泉州渠的开凿，使今华北平原众多河流汇合于泃河尾闾，然后东流入海。沽河即后来的海河。华北运河的出现是由于曹操的一次临时军事行动，说明今华北地区的重要性正在逐步提升。当时中国的国都仍在中原，统一战争主要在华北地区进行。虽然天津地区还处于湿地为主的环境中，没有出现城市，但运河和海河水系的形成，使此地的战略地位逐渐显现出来。

第三节　隋唐运河的北延

从长时段看，隋朝建立时正值中国大陆第三个温暖期的开始，也是中国又一个统一周期的开始。581年，杨坚代北周宇文阐为帝，改国号为隋，改元开皇，史称隋文帝。杨坚称帝后，励精图治，实行改革，较快地巩固和壮大了隋朝政权，为南北统一奠定了基础。587年，隋灭掉建都江都的小国西梁，扫清了向江南进军的障碍。589年春，杨坚消灭了陈王朝，结束了南北长达二百七十多年的分裂局面，实现了中国历史上自秦汉以来的第二次全国大统一。

早在隋和南陈对峙的时候，高句丽就不断联合突厥、靺鞨、契丹和南陈攻击隋地，直到隋统一中国后，高句丽仍不时主动发起进攻。590年，高句丽平原王“治兵积谷，为守拒之策”，并多次小规模袭击隋辽东地区。597年，高句丽婴阳王联合粟末靺鞨先发制人，攻击隋在冀州道的军事驻地。隋文帝开皇十八年（598年），婴阳王“率靺鞨之众万余骑寇辽西”，被隋朝击退。大业八年（612年），隋炀帝欲恢复辽东故地，声言“眷彼华壤，翦为夷类”，并指责高句丽“兼契丹之党，虔刘海戍；习靺鞨之服，侵轶辽西”，[①]借口高句丽不肯入朝，下令东征。当时高句丽已经开始进入农耕社会，是一种半农耕半狩猎半游牧的生产方式，比单纯游牧方式有更充足的后勤保障。此时杨广发现高句丽秘密联络突厥，对隋王朝有所图谋，为避免两线受敌，杨广决定先解决高句丽这个实力不断上升的威胁。区域统一是运河开凿的必要政治经济条件，由区域统一走向王朝的大一统也需要借助运河，这是隋唐大运河开凿的潜在原因。

由于气候转暖对农业生产的影响，隋统一之初社会经济发展迅速，实力不断增强。隋朝时气候适宜，粮食大丰收，隋朝政府在各地修建了许多粮仓，其中著名的有兴洛仓、回洛仓、常平仓、黎阳仓、广通仓等，存储粮食皆在百万石以上。隋朝的粮食很充足，到唐太宗时都没用完。唐贞观十一年（637年），监察御史马周禀报唐太宗：“隋家储洛口，而李密因之；西京府库，亦为国家之用，至今未尽。”这说明当时隋朝也有经济实力解决高句丽问题。自北魏以来，河北一带人口增多，经济逐渐发展起来，可以作为朝廷的重要财源。隋炀帝为了准备对高句丽采取大规模的军事行动，决定在涿郡建立大本营，储备军事物资，以供前线作战的需要。于是，涿郡成为隋炀帝征伐高句丽的军队集结地，而后勤运输成为当务之急。

当时粮食辎重的运输有三种途径：陆运、海运和运河运输。大业七年（611年），隋炀帝第一次征高句丽时“又发民夫运米，积于泸河、怀远二镇（辽西）。车牛往者皆不返。士卒死亡过半，耕稼失时，田畴多荒。加之饥馑，谷价踊贵。东北边尤甚……又发鹿车夫六十余万，二人共推

---

① 隋书，卷三，炀帝纪，二十五史，第五册，上海：上海古籍出版社，上海书店，1986年。

米三石，道途险远，不足充糇粮。至镇无可输，皆惧罪亡命”。[①] 由此可见军粮陆运根本不可行，连运夫口粮都不够，不但粮食运不到，连运夫都逃亡了。大业八年（612年）第二次征高句丽时，“述等兵（前锋）自泸河、怀远二镇，人马皆给百日粮，又给牌甲枪矟，并衣资戎具火幕。人别三石以上，重莫能胜，致下令军中士卒有遗弃米粟者斩。才行及中路，粮已将尽”，[②] 证明士兵自己带辎重也不现实。“壬午下诏讨高丽，敕幽州总管袁弘嗣往东莱海口，造船三百艘”，[③] 说明征高句丽时也采用过海运，但海运风险较大。事实证明，只有利用河运才是最经济的，于是就有了隋初开凿永济渠的历史壮举。

隋炀帝在大业四年（608年），“诏发河北诸郡男女百余万，开永济渠，引沁水南达于河，北通涿郡”，[④] 由此可知，男子不足征用，还会征发妇女开渠。永济渠的中段，卫县以下经馆陶、东光等地，至今天津市附近，是以曹操时的故道为基础，扩展而成的大渠。由今天津市到古涿郡（今北京市）为北段，系改造两条自然河道而成。到“唐代的永济渠，南北两端均渠道开宽，‘阔一百七十尺’。如依唐制五尺合一步算，永济渠宽34步，与通济渠、江南河的宽度接近。至于2.4丈（丈，长度单位，1丈约3.33米）的深度，足以负载千石巨舟”。[⑤] 由于秦汉尺的长度如商鞅量尺、新莽铜斛尺、后汉建武铜尺，都是一尺等于0.231米，[⑥] 按照汉尺算，170

① （北宋）司马光著：资治通鉴。上海：上海古籍出版社，1987年。
② 同上。
③ 同上。
④ 隋书，卷三，炀帝纪。二十五史，第五册，上海：上海古籍出版社，上海书店，1986年。
⑤ 郑平：隋唐时期河北永济渠运输的兴衰。河北学刊，第6期，1988年。
⑥ 参见杨生民：中国里的长度演变考。中国经济史研究，第1期，2005年。

尺等于39.27米，2.4丈等于5.544米。文中2.4丈的深度不知指哪段，总的来说宽近40米，深5.5米应当很可观。同时，隋炀帝为征高句丽还做了很多物资准备，大业“六年（610年），将征高丽，有司奏兵马已多损耗。诏又课天下富人，量其赀产，出钱市武马，填元数，限令取足。复点兵具器仗，皆令精新，滥恶则使人便斩，于是马匹至十万。七年（611年）冬，大会涿郡。分江淮南兵，配骁卫大将军来护儿，别以舟师济沧海，舳舻数百里，并载军粮，期与大兵会平壤”。[①] 可见，大运河开凿的直接原因就是为征讨高句丽解决后勤运输问题。在开凿大运河的同时，隋朝还做了海上运输的准备。大业七年“下诏讨高丽。敕幽州总管元弘嗣往东莱海口造船三百艘，官吏督役，昼夜立水中，略不敢息，自腰以下皆生蛆，死者什三四”[②]。涿郡是大军出发地，是物资和军队集中的大本营，直到唐朝初年“涿州物阜，加有伐辽器仗，仓粟盈积”。[③] 隋炀帝亲临指挥征讨，大业七年，“上自江都行幸涿郡，御龙舟渡河，入永济渠”。[④] 隋炀帝在大业七年坐龙船从江都（今扬州市）北上，经由邗沟入淮，溯淮河入通济渠，渡黄河入永济渠；以二月起程，四月到达涿郡行宫，全航程共五十五天。“夏，四月，庚午，车驾至涿郡之临朔宫，文武从官九品以上，并令给宅安置。先是，诏总征天下之兵，无问远近，俱会于涿。……秋，七月，发江淮以南民夫及船运黎阳及洛口诸仓米至涿郡，舳舻相次千余里，载兵甲及攻取之具，往还在道常数十万人，填咽于道，昼夜不绝，死者相枕，

---

① 隋书，卷二十四，食货志。二十五史，第五册，上海：上海古籍上海书店，上海书店，1986年。

② （北宋）司马光著：资治通鉴。上海：上海古籍出版社，1987年。

③ 旧唐书，卷五十六，罗艺传。二十五史，第五册。上海：上海古籍出版社，上海书店，1986年。

④ 同②。

臭秽盈路，天下骚动”。[①]战事一起，劳民伤财，当时江淮以南的役夫和船只，以及漕运、兵甲、武器、兵士等，都是通过刚修好的永济渠运往涿郡的。自大业七年至十年（614年），炀帝屡征天下兵集涿郡，百万大军的粮秣军需都由水道运到涿郡，“舳舻相次千余里”。这是河北水运史上的空前壮举，也是永济渠通航的极盛时期。

598年，高句丽进攻辽西，引发第一次高句丽与隋的战争。随后612年隋炀帝第一次攻打高句丽，由于前线将领指挥不当，几乎全军覆没，“初，九军渡辽，凡三十万五千，及还至辽东城，唯二千七百人。资储器械巨万计，失亡荡尽。帝大怒，锁系述等，癸卯引还”。[②]第一次征讨以失败告终。613年隋炀帝再征高句丽，但此期间杨玄感反叛，此战中途取消。614年隋炀帝最后一次亲征高句丽，当时高句丽因连年战事兵力严重不足，隋军突破重重防线，直突王廷，高句丽王求降。隋炀帝答应了高句丽的请降，班师回朝。615年，当隋炀帝又打算攻高句丽时，隋朝已经天下大乱了，最终攻打高句丽的计划化为泡影。隋炀帝三征高句丽使隋朝国力锐减，并引发隋末的民变，间接导致了隋朝灭亡，但隋朝这三次征战留下一条发挥了实际作用的大运河，也极大地消耗了高句丽的国力，阻止了高句丽扩张崛起的势头。

隋朝时，河北社会经济较发达的地区仍然局限在太行山麓的东部和燕山山麓的南部，郡国设置西密东疏，其时天津地区依旧是人烟稀少，沼泽密布，榛莽丛生。隋大运河的北段永济渠并非凭空开凿的，是在曹操运河的基础上完成的。从《水经注·淇水》的叙述看，当时曹操围绕邺城构建的漕运河道早已湮废，所以孝文帝以后的宣武帝朝，度支尚书崔

---

① （北宋）司马光著：资治通鉴。上海：上海古籍出版社，1987年。
② 同上。

休请求推广水运时说："昔人乃远通褒斜以利关中之漕，南达交广以增京洛之饶。况乃漳洹夷路，河济平流，而不均彼省烦，同兹巨益。"又说："讨虏之通幽冀，古迹备在。"尽管通幽冀的"讨虏"应为"平虏"（渠）之误，但可证明其时漳洹无水运之事，达于幽冀的运河已成古迹。从《水经注·淇水》可知，从黄河至邺城水路是在北魏熙平年间（516—517年）最后修复的，所以当东魏迁都邺城时，"南京宫殿，毁撤送都，连筏竟河，首尾大至"。[①] 它们就是永济渠的前身。

曹操当年是"遏淇水入白沟"，隋炀帝的运河则是"引沁水南达于河"。永济渠不但利用曹操开白沟时期的清水和淇水作为水源，而且增加了沁水作为水源，大大增加了水运通道的流量。沁水上游为端氏河。河经端氏镇东山注入至溪河，在端氏村西入沁水，水源比淇水要充沛。永济渠南段起于沁水入河处，北到卫县（治所在今河南浚县西），这是当时新凿的渠道。永济渠从白沟到天津附近一段是利用曹操开挖的白沟—清河—平虏渠这条古河道，卫县以下经馆陶、东光等地，至今天津市境与沽河汇合，这是中段，学术界争论不大。从天津地区到涿郡这一段的走向，则历来多有争论。通济渠北段的走向，对于大运河的整体来说，是一个细节，但对天津地区的历史地理来说却是一个比较重要的问题。"自天津至涿郡故城一段，用沽水上接桑干水，即今武清以下白河与武清以上至北京西南郊的永定河故道"。[②] 王育民《中国历史地理概论》亦持此论，认为永济渠是经过了天津的。天津博物馆的韩嘉谷则认为永济渠没有经过天津，"乃由静海县独流附近西折，穿越冀中洼地趋北京"。其理由是《宋史·河渠志》记述缘边塘砾时云："其水东起沧州界，拒海岸黑

① 魏书，卷七十九，张熠传。二十五史，第三册，上海：上海古籍出版社，上海书店，1986年。

② 谭其骧主编：中国历史地图集。北京：中国地图出版社，1982年。

龙港，西至乾宁军，沿永济渠合破船淀、灰淀、方淀为一水。”又云“东起乾宁军，西至信安永济渠为一水”“东起信安军永济渠，西至霸州莫金口……为一方”。表明永济渠离开了今南运河后，西行经信安、霸州。故《太平寰宇记·霸州破虏军》记：“永济河自霸州永清县界来，经军界，下入淀泊，连海水。”破虏军即信安军，《大清一统志》记信安沿革：“信安故城，在霸州东。《太平寰宇记》‘本古淤口关，周显德六年（959年）收复关南，于此置寨，太平兴国六年（981年）置破虏军’。王存《九域志》‘景德二年（1005年）改信安军’。”《太平寰宇记·幽州安次县》记：“本汉旧县，东枕永济渠。”是说永济渠从永清又到安次，沿着安次旧州东，流向涿郡（今北京西）。[①] 持此观点的还有《水运技术词典》：“而达天津西南的独流口折向西北，经今信安镇，永清县接灅水（即卢沟河或永定河故道），上达涿郡。”[②] 严耕望先生《唐代交通图考》则认为“西自瓦桥关（宋雄州）、益津关（宋霸州）向东流来之拒马河（与今大清河略相当），亦至独流口，会永济渠水，东入海。故独流口实有三条河流由南北西三方面来会，东流入海。而由独流口向西溯拒马河上行至淤口关，宋初置破虏军，一名信安军。此段水道亦名御河、永济河，经淤口关城北近处，盖因古拒马水道而修治者”。王文彬先生认为，水源问题是运渠的关键，利用卢沟水通漕在隋代或许可能，随着地理情况的变化，“隋代永济渠信安至涿郡一段，由于用卢沟水为源，可能很快废弃”。[③]《辞海》《中国历史地图集》《中国历史地理概论》均有“用沽水上接桑干水，即今武清以下

---

① 参见韩嘉谷著：天津古史寻绎。天津：天津古籍出版社，2006年。

② 水运技术词典编辑委员会编：水运技术词典·古代水运与木帆船技术·永济渠。北京：人民交通出版社，1982年。

③ 王文彬：关于永济渠研究中的几个问题。河北：沧州师范专科学校学报，2006年12月。

白河与武清以上至北京西南郊的永定河故道”说，系指改道后的唐永济渠而言。《水运技术词典》《中国历史地理纲要》有永济渠自独流西折经信安、永清、安次而至涿郡之说，系指隋永济渠而言，两说皆对，不能互相否定。[①] 这些讨论都是有益的，永济渠最初没有经过天津，从独流西折这一点是诸家较一致的意见。

古代的涿郡（今涿州市）高程37米，区域地势自西北向东南略有倾斜，海拔13.4至43.2米。[②] 今天津市静海区南高北低，北部独流一带海拔只有3到4米。[③] 也就是说永济渠在天津地区一定有一个对流交汇的地方，就是漕船从河南沿永济渠顺流到天津，然后经过一个河口再逆流向西驶向涿郡。因为永济渠的河水最终还是要流向大海的，水流的方向和漕船行进的方向并不总是一致。“《宋史・河渠志》记，“御河源出卫州共城县百门泉，自通利、钱宁入界河，达于海”。从永济渠独流西折，也不能说与天津没关系，虽然永济渠流经天津三岔口与后来天津城市的关系大些，但该渠修通初期并没有经过天津。唐以后永济渠北段转而由天津北折，应当与所称三会海口比较接近。永济渠由馆陶、临清至德州，再循旧清河抵达现在的天津后，先是自独流西折经信安、永清、安次，沿当时的桑干水（永定河）分支而至涿郡。独流口就是因南运河、子牙河、大清河在此汇成一条河流而得名。唐以后向北接通已经枯竭了的潞河，至武清又沿水达涿郡，这是河道的变迁。于是，不仅海河南、北两水系连成一体，并且向西南扩展，使沁水也和海河水系相连，由此汉末初步形成的海河水系进一步得到发展，海河水系各大河在天津附近汇流入海的局面从此固定下来。

---

① 参见王文彬：关于永济渠研究中的几个问题。河北：沧州师范专科学校学报，2006年12月。

② 涿州市志编辑委员会编：涿州市志。北京：方志出版社，1997年。

③ 静海县志编修委员会编：静海县志。天津：天津社会科学院出版社，1991年。

隋朝三次北征高句丽，皆无功而返，把问题留到了唐朝。唐朝前期，政治上是统一的，对外关系空前发展。唐太宗采用魏征“中国既安，四夷自服”的建议，致力于内政的改革。在唐太宗灭东突厥，与吐蕃和亲之后，高句丽就成为唐帝国唯一的边患，唐太宗所谓“而今九瀛大定，唯此一隅”，每当中原政权出现动乱，高句丽就伺机而动，逐步向西蚕食，扩充实力，潜在威胁极大。唐太宗贞观十八年（644年）至高宗总章元年（668年），唐政权多次东征，先后发动攻百济、高句丽的战争。第一次，贞观十九年（645年）七月，唐军开始围攻安市城。由于守军殊死抵抗，唐军至九月仍未攻克。当时已近深秋，草枯水冻，难以久留，唐太宗被迫于九月十八日班师，这次东征没有达到预期目的。第二次，贞观二十一年（647年）二月，唐太宗再次东征，数次击败高句丽军队，高句丽王被迫于十二月遣其子高任武入唐谢罪。第三次，贞观二十三年（649年）唐太宗征发30万大军，准备一举灭掉高句丽，但当年五月唐太宗病逝，东征遂罢。永徽六年（655年），高句丽与百济、靺鞨联兵入侵新罗，新罗遣使向唐求救，唐与高句丽、百济之间战争再起。唐高宗继位后，从显庆三年（658年）起，到总章元年九月，经过10年的征战，靠着渡海登陆战，最终消灭了高句丽和百济，唐在平壤置安东都护府。至此，唐政权彻底解决了北方高句丽的威胁。

唐朝攻高句丽的战争打的是后勤战：第一次在贞观十八年，唐太宗亲征，战舰500艘，载士兵4.3万人，自山东莱州泛海趋平壤；李绩率步骑6万向辽东进发，水陆两军合势并进，共征发了20万人。第三次在贞观二十三年，征发30万人。没有粮食打不了仗，军队的后勤供应是件大事。沈括在《梦溪笔谈》中说：“若兴师十万，辎重三之一，止得驻战之卒七万人，已用三十万人运粮，此外难复加矣。”当时运送军粮是通过河、海两途。关于河运，有一段曲折。贞观十九年，有人向唐太宗推荐了一个叫韦挺的人，说他父亲在隋朝时曾做过营州总管，懂高句丽文。唐太宗一听很高兴，就把运粮的事交给他。韦挺在幽州“市木造船，运米而进。自桑干河下至卢思台，去幽州八百里”，再往前漕渠就壅塞不通了，只能在卢思台卸下粮食，等待再运。太宗大怒，令人将韦挺押回洛阳，罢免了官职。这段记载中揭示了几个问题，其一是唐太宗的物资基地与隋炀帝一样，还是在幽州，“先出幽州库物，市木造船”。这意味着隋朝开凿的永济渠功能还在。其二，幽州通过桑干河可以到达八百里外的卢思台。卢思台的位置却是个历史之谜。严耕望先生认为卢思台可能是今天的芦台，没有八百里远。也有人说卢思台在营州，《读史方舆纪要》:“卢思台，在营州南界。《志》云，‘台去幽州八百里’。唐贞观十八年，伐高丽，由漕渠运米至台侧，浅涩不能进。胡氏曰，漕渠，即曹操伐乌桓时所开平虏渠也。”[①] 贞观十九年，唐太宗征高句丽，驻跸的营州不可能通漕。如果能运到那里，韦挺的任务就完成了。文中引“胡氏曰，漕渠，即曹操伐乌桓时所开平虏渠也”，如果漕渠是曹操的平虏渠，则应在沽河以南，这肯定是不对的，就是把此漕渠与后来唐神龙三年（707年）姜师度开的平虏渠弄混了。严耕望先生认为所谓“漕渠”很可能就是曹操所开的新河。他认为“此新河自今武清县东一百三四十里处，东经宝坻南境，宁河北境，唐山南境（唐河、沙河合流处之南），滦宁南境，乐亭城南，与滦河会于县东。盖略与海岸平行而东，去海岸通常不过五十里上下，以避海上风涛之险”。当年韦挺的计划路线应当是，从幽州通过灅水到泉州，再沿泉州渠上溯到泉州渠上口，通过漕渠（新河）到达滦河，所谓“漕渠壅塞”一定是新河壅阻。如果卢思台就是芦台的话，军粮就可通过蓟运河运到芦台。《新唐书·韦挺传》说“挺以北方寒雪，不可更进，遂下米于

---

① （清）顾祖禹撰：读史方舆纪要，卷十七，北直八。京都：中文出版社，1981年。

台侧权贮之，待开岁发春”。这里“漕渠壅塞”，似乎又是说河流的冻阻。因为唐太宗从贞观十八年十月就开始“发天下甲士，招募十万”，次年二月“亲统六军发洛阳”，夏四月“誓师于幽州城南”，五月就“车驾渡辽”。韦挺不可能在贞观十九年才接到任务，因为唐太宗是在贞观十七年（643年）决定征辽东的。《旧唐书》记，十七年太宗曾“又遣司农丞相里玄奖赍玺书往说谕高丽，令勿攻新罗”，遭到拒绝后说：“夫出师吊伐，须有其名，因其弑君虐下，败之甚易也。”[①]韦挺很可能是在贞观十八年接到任务，当年冬天河道冻阻，赶不上太宗亲征是合理的。

唐代前期永济渠到天津地区以后，无论是从独流口西北折，还是从潞水经过武清北折，通到幽州的永济渠是畅通的。其次，从幽州通过桑干河到卢思台有运道相通，储粮卢思台不过多了一个海运起运点。今天在芦台当地有不少唐太宗征高句丽时经过芦台的传说，如当地也有一座古城叫营城，位于今汉沽区东南部，东邻寨上，西北靠蓟运河，清末旧城遗址犹存。据《宁河县志》记载：“营城去县邑（指宁河县）五十余里，唐太宗有高丽之役，因筑土城驻中军，其前军、后军则更屯他村，所谓前后寨上者是也。”[②]这就是营城地名的来历。《宁河县志》还有“司甲坨”“亮甲坨”“跑马泉”等关于唐太宗东征的地名传说。

在永济渠修通以前，天津附近沿海港口也很多，当年后赵时，石虎就曾水陆两路征讨辽西，海路是“以桃豹为横海将军，王华为渡辽将军，

---

① 旧唐书，卷一四九，东夷列传。二十五史，第五册。上海：上海古籍出版社，上海书店，1986年。

② 天津地方志编修委员会办公室编：光绪宁河县志。天津区县旧志点校本。天津：天津社会科学院出版社，2008年。

统舟师十万出漂榆津”。[①] 漂榆津（邑）在今天津市东丽区军粮城附近，当时由此出海，沿海岸线东北可通至辽西。在十六国后期，冯跋在辽西建立北燕，控制今辽宁省西南部和河北省东北部地区。当时河间人褚匡向冯跋建议，“匡曰：‘陛下至德应期，龙飞东夏，旧邦宗族，倾首朝阳，以日为岁。若听臣往迎，致之不远。’跋曰：‘隔绝殊域，阻回数千，将何可致也？’匡曰：‘章武郡临海，船路甚通，出于辽西临渝，不为难也。’跋许之，署匡游击将军、中书侍郎，厚加资遣。匡寻与跋从兄买、从弟睹自长乐率五千余户来奔”。[②] 这是从辽东向章武地区移民的记载。这些史料都说明天津很早就是出海口。章武郡在今天津市静海区东南、河北省沧州市东北，就在三会海口附近，沿渤海湾海岸线都可通到秦皇岛一带。由此看来，卢思台即芦台说也可以讲得通。总之，唐朝的征高句丽对于天津地区的开发，确实有一定的推动作用。

天津地区地处渤海西岸，海河流域的各条河流自然而然要从此地入海，因此形成了若干河口，从而形成诸多沟通内河运输的港口。当年曹操运河的开凿都关照到“通海”这一因素，运河与海口相通一直是天津运河的重要特征。永济渠修通以后，天津作为三会海口的重要性逐渐显现出来。《旧唐书》记载开元十四年（726年）七月“沧州大风，海运船没者十之一二，失平卢军粮五千余石，舟人皆死”。[③] 这次载入史册的大海难应当发生在天津沽河口附近。

---

① 晋书，卷一〇六，载记第六石季龙上。二十五史，第二册。上海：上海古籍出版社，上海书店，1986年。

② 晋书，卷一二五，载记第二十五冯跋。二十五史，第二册。上海：上海古籍出版社，上海书店，1986年。

③ 旧唐书，卷三十七，五行志。二十五史，第五册。上海：上海古籍出版社，上海书店，上海书店，1986年。

唐代三会海口图[①]

经考古发现的天津军粮城遗址正位于沽河河口。天津地区的沽河（潞河）、清河（永济渠）、滹沱河（大清河）汇合入海处史称“三会海口”，妫川渔阳郡“南至三会海口一百八十里，西至范阳郡二百十里”[②]中的三会海口说的就是此地。

1957年在军粮城西南约五百米的地方，当时的人民公社社员在挖渠时发现了一个墓葬。墓中有一个用6块大理石榫合而成的石棺，石棺后的砖砌壁橱里随葬了大量的陶制日用品和各种俑，“日用家具模型有灶、磨、碾碓、车轮等；陶俑种类繁多，有乐伎、从事生产的童仆、料理家

① 此图为天津博物馆陈列品。

② （唐）杜佑著：通典，卷一七八，州郡八。文渊阁四库全书，第605册，台北：台湾“商务印书馆”，1983年。

务的奴婢、护卫庄园的武士……其中最引人注目的是一件胡俑，高鼻凹眼，络腮胡须，着翻领长袍，袒胸露腹，足穿尖头鞋，造型生动且带夸张。这种西域胡人的形象，常常作为马夫或驼夫出现在唐墓中，是唐代文化的特征”。[①] 此后，在军粮城附近的唐洼、白沙岭一带，陆续发现了一些隋唐时期的墓葬。除唐墓外，在军粮城周边大约一千米的范围内还发现了隋唐时期的遗迹，“尤可注意的是遗址中部有一个土台，高出周围平地数十厘米，略呈方形，边长近一华里”，[②] 考古工作者习惯上将其称为“唐城”。这些出土文物材料证明军粮城在唐代以前就形成了，而且其功能一直保存到清初。清康熙《天津卫志》记载：“军粮城在城东南，去城七十里，元海运为囤粮之所，周围基址尚存。”卫志说的海运，已经是元代的事了。天津市地矿局与天津博物馆共同研究认为，军粮城位于距今两千九百年至一千一百年形成的第二道贝壳堤上。今军粮城附近的大郑庄仍有贝壳堤遗存，说明唐代这里已经成陆，并且紧靠海岸线。《新唐书·兵志》记载：“唐初，兵之戍边者，大曰军，小曰守捉、曰城、曰镇，而总之者曰道。其军、城、镇、守捉皆有使……”[③] 城是唐代戍边的军事编制，与镇差不多，地方职官系统中镇戍，“凡兵士五百为上镇，三百为中镇，不足三百为下镇；五十为上戍，三十为中戍，不足三十为下戍”。[④] 可见军粮城大概是个不到千人的据点。军粮城的考古发现弥补了文字史料的不足，说明在天津城市出现之前，海河下游地区的战略地位已经初具规模。

---

① 天津文物管理处编：津门考古。天津：天津人民出版社，1982年。

② 同上。

③ 新唐书，卷五十，兵志。二十五史，第六册。上海：上海古籍出版社，上海书店，1986年。

④ 同上。

从位置上看，军粮城就是姜师度开凿的平虏渠南端之海港。唐中宗神龙三年（707年），“沧州刺史姜师度于蓟州之北，涨水为沟，以备奚、契丹之寇，又约旧渠傍海穿漕，号为平虏渠，以避海难运粮”。[①]《新唐书·姜师度传》记载：“神龙初，试为易州刺史，河北道巡查，兼支度营田使，好兴作，始厮沟于蓟门，以限奚、契丹，巡魏武故迹，并海凿平虏渠，以通饷路，罢海运，省功多。”[②]就是说姜师度在天津东部的宁河与军粮城之间，向东北方向开凿了一条与海岸大体平行的运河，沟通了海河与蓟运河的航道，使漕船不必再取海道进入蓟运河，避免了海上的风险。谭其骧的看法是此平虏渠非曹操挖的平虏渠，那么《旧唐书·食货志》中的“约旧渠，傍海穿漕”，和《姜师度传》中的“巡魏武故迹”，可能指泉州渠。汉沽当地还有传说，《宁河县志》记载：“小盐河，即汉沽也。自潮河（今蓟运河）汉沽庄北，东达尹家灶、毛家灶、张家码头诸古煎盐处，土缁赤色，锅痕犹存。星相家往往误指为有生气。父老云，潮河即曹孟德凿潞水通泉州渠，以入海者也。汉时，官给盐船自潮河运入，而盐自小河运出，汉无漕运，即潮河亦利运盐耳。”[③]传说仅供参考而已。总之，傍海穿漕一定离海岸不远，自然离军粮城很近。通过此河道，漕船由军粮城过平虏渠，入鲍丘水，溯流而上，即可直抵蓟州州治渔阳，筑渠是为了“以备奚、契丹之寇”，故名“平虏渠”。

姜师度开的平虏渠早于平卢军置军18年，说明当时唐朝北方一直驻

---

① 新唐书，卷四十九，食货志下。二十五史，第六册。上海：上海古籍出版社，上海书店，1986年。

② 新唐书，卷一百，姜师度传。二十五史，第六册。上海：上海古籍出版社，上海书店，1986年。

③ 天津地方志编修委员会办公室：光绪宁河县志。天津区县旧志点校本，天津：天津社会科学院出版社，2008年。

有重兵，北方的军粮供应一直未断，位于今辽宁朝阳的营州曾是唐太宗征高句丽的前进基地。668年，唐高宗率军最终占领整个辽东和朝鲜半岛，唐玄宗天宝至唐肃宗乾元间营州改为柳城郡，唐肃宗上元二年（761年）属奚。唐的平卢军于开元七年（719年）置镇，治营州，这时距唐太宗第一次征辽（644年）已经过去了七十多年，说明沧州附近早就有方便通海的港口。营州原初在今辽宁朝阳附近，宝应元年（762年）移到山东，武则天万岁通天元年（696年）曾为契丹所占。唐玄宗先天二年（713年）设置幽州节度使（即范阳节度使），负责防御奚、契丹。唐太宗征辽时从山东黄县通过海运输送军粮，那是短期措施。后来营州驻军三万多人，幽州驻军九万多人，这些军队除屯田外都要靠内地的补给。长期的补给线还是要通过永济渠或沿海的港口运过去。姜师度的平虏渠是为了“以避海难运粮”，开辟了一段比较安全的运河运道。唐平虏渠的走向是把当年韦挺的漕渠连接到三会海口，北端的终点连接到滦河，即严耕望先生考证的那条路线。平虏渠并没有完全取代海运，后来唐仍设河北海运使一职。如唐开元二十七年（739年）朝廷任命李适之为河北海运使，统管河北一带的海运。天宝元年（742年），裴宽为范阳节度使，经略河北支度、营田，及河北海运。武则天万岁通天元年契丹叛乱，营州失守，营州都督府内迁，侨治于幽州东北的渔阳。唐开元五年（717年）“奚、契丹各款塞归附”，唐玄宗复置营州于旧城（柳城）。这一时期渔阳地区十分不稳定，是多事之地，因此军粮城等地的后勤基地的重要性也相应十分突出。

安史之乱时期，军粮城一带屡有战事，唐至德二年（757年）正月，“玄志令忠臣以步卒三千自雍奴为苇筏过海。贼将石帝庭、乌承洽来拒；忠臣与董竭忠退之，转战累日，遂收鲁城、河间、景城等，大获资粮，以赴本军”。[1]鲁城即今河北黄骅北的乾符村，就是说王玄志令李忠臣从军粮城一带入海，在岐口清漳入海口登陆。可以说从唐代开始，天津地区的战略重要性逐渐提高，特别是在军事后勤方面，河海联运的优势有了体现。

安史之乱后，中国政治经济军事的主轴已经由东西横向摆动转向南北纵向移动，但政治轴心还在黄河流域的洛阳、开封一线，主要是经济重心向东南转移，以太湖流域为中心的南方成为经济轴心南端，中原王朝始终牢牢控制东南，大运河成为唐宋帝国的生命线。史学家全汉昇认为大运河在中国古代历史上真正发挥积极作用是在唐宋及以后主要历史时期，大运河“在此后的六百多年内变为唐宋帝国的大动脉。这一条动脉的畅通与停滞，足以决定唐宋国运的盛衰隆替，其关系的密切简直有如真正的动脉之于身体那样”。[2]天津地区政治地位的提升，是伴随着中国政治地理格局的变迁发生的，大运河的延伸则是变迁的标志。

唐代的天津还没有形成城市聚落，北京也没有成为中国的政治中心，大运河的修通是出于征辽的临时军事目的，因而其重要性尚不及后来首都北移以后。隋朝第一次修通了大运河，是一个划时代的壮举，尽管后世几经兴废，却为后来的京杭大运河奠定了基础，是天津地区开发的先声。但是隋炀帝连接运河，使众多河流由天津一个河口统一入海，这种做法违背了晚全新世地理环境，因而造成了天津地区越来越频繁的旱、涝、盐、碱灾害。[3]

---

① 旧唐书，卷九十五，李忠臣传。二十五史，第五册。上海：上海古籍出版社，上海书店，1986年。

② 全汉昇著：唐宋帝国与运河。上海：商务印书馆，1946年。

③ 参见吴忱著：华北平原古河道研究。北京：中国科技出版社，1991年。

第四节　宋代黄河与运河

后晋时期，河东节度使石敬瑭为了借助契丹力量称帝，不惜以割让幽云十六州为代价（幽、蓟、云、朔等十六个州，含今北京、天津和河北北部、山西北部的大部地区）。从此，中原地区失去了原来抵抗北方游牧民族的地理优势，而契丹南侵则是中国农牧分界线南移的大趋势所致，不宜仅仅归因某一具体战事或决策。

960年，后周禁军领袖赵匡胤在开封的陈桥驿发动兵变，被拥上帝位，改国号宋，史称宋太祖。

宋太平兴国四年（979年），宋太宗（赵光义，太祖之弟）为了完成太祖收复燕云十六州的遗愿，亲率大军北征，与辽军主力在燕京城外的高梁河畔展开血战。宋军由胜转败，宋太宗差点被活捉。10年之后（989年），宋辽开启徐河之战，这场大战使辽直至澶渊之盟之前不敢再行南侵，宋辽对峙达到十余年。此时期宋辽的战线基本固定在白沟河到海河一线，而天津地区濒海斥卤，并不是双方争夺的重点。《宋史·兵志》认为："又沧州久隶高阳关，道里颇近，濒海斥卤，地形沮洳，东北三百里，野无民居，非贼蹊径。万一有警，可决漳、御河东灌，塘淀隔越，贼兵未易奔冲，不必别建一路。"[①]宋真宗赵恒于997年继位。1004年，辽萧太后及圣宗亲自率大军南下，直逼黄河岸边的澶州。宋真宗亲征迎击，将士奋勇，大败敌骑，斩获过半。战后达成和议，史称"澶渊之盟"。盟约成立

① 宋史，卷一九六，兵志。二十五史，第七册。上海：上海古籍出版社，上海书店，1986年。

后，宋辽各自撤兵，双方以白沟河为界。这样，天津地区就从汉代以来的中原政权北征的军事后勤通道，变成了两个政权之间的边界。自从白沟河成为宋辽边界，因为双方不存在漕运的需要，隋唐修筑的大运河就不通航了。后周显德六年（959年）四月，又“自沧州治水道入契丹境，于乾宁军南，补坏防，开游口（泄洪口）三十六，遂通瀛、莫”。[1]后周世宗攻辽时，曾自乾宁军乘船北上，经独流口，折而西进至孟津关，后因水浅而弃船登岸，原来的御河已不通北地了。

北宋在白沟河到海河一线的界河上布置了巡逻船只，“缘边战棹司自淘河至泥沽海口，屈曲九百余里，此天险也。太宗置寨一十六，铺百二十五，廷臣十一人，戍卒三千余，部舟百艘，往来巡警，以屏奸诈，则缓急之备，大为要害”。[2]

天津界河以南出现了一系列的军事据点。河北东路辖三府十一州五军，宋废除唐朝所置横海军，改称沧州。沧州与横海军就是一个地区在不同时期的称呼，沧州下辖清池县、盐山县、南皮县、无棣县、乐陵县，其地界包括部分天津地区。《宋史·地理志》记载，清池县“有乾符、巷沽、三女、泥沽、小南河五寨。政和二年（1112年）改巷沽曰海清，三女曰三河，泥沽曰河平。”[3]这几个寨都属于沧州。《武经总要》记载的寨铺位置更详细些：“沧州横海军，冀兖二州之域，齐赵二国之境，地居九河下流（《书》曰：九河既道。河分九道，悉在州境），东距大海，趋平州路；南至德州二百四十里；北至乾宁军九十里，至幽州共五百五十里；

① （金）元好问著：中州集，丙集第三，刘迎《淮安行》。北京：中华书局，1959年。
② 宋史，卷二七三，何承矩传。二十五史，第八册。上海：上海古籍出版社，上海书店，1986年。
③ 宋史，卷八十六，地理志。二十五史，第七册。上海：上海古籍出版社，上海书店，1986年。

东北至海口二百三十里，又至平川五百里；西至冀州二百九十里；西北莫州二百六十里。今之河间府沧州，寨九——泥沽寨，东至鲛脐港铺十里，北至界梁河；双港寨，东至泥沽寨二十五里；三女镇寨，东至双港寨八里；苇场港寨，东至三女镇寨二十里；小南河寨，东至苇场港寨一十八里；百万涡寨，东至小南河寨三十里；沙涡寨，东至百万涡寨十一里；独流寨，东至沙涡寨一十二里；钓台寨，南至乾宁军六十里，北至独流寨六十里。寨城居其中，沿御河一路，独有稻田务乾宁军，治乾宁县，唐芦台军地。控御河崖，在沧、霸二州之境。先为契丹割据，升为宁州。周世宗收复关南地，因置永安县，属沧州。宋置乾宁军。今之河间府青县是也。寨五——当城寨，东至独流寨十五里，北至渤海县入平川路；李祥寨，东至当城寨二十五里；佛圣涡寨，东至李祥寨二十五里；狼城寨，东至佛圣涡寨一十四里；田家寨，东至狼城寨一十四里。”[①] 从泥沽至独流等九寨应当是守卫界河的，当城以下五寨是守卫御河的。天津地区在战略上十分重要，北有界河与辽相对，遍布河北路的诸多河道大多在此汇入渤海，既是前线又是交通要道，因此派驻重兵把守。北宋甚至在天津海口设置了造船务，试图建造海船从海上打探辽国的军情。后来发现辽国人的船已经直接驶到山东的千乘县，就把造船务废掉了。这说明了界河入海口的重要性。至于御河在宋代的状况，《宋史・河渠志》说“御河源出卫州共城县百门泉，自通利、乾宁入界河，达于海”[②]“滹沱河源于西山，由真定、深州、乾宁，与御河合流”。[③] 就是说御河在乾宁军与滹

---

① 武经总要，卷十六，前集。文渊阁四库全书，第726册。台北：台湾“商务印书馆”，1986年。

② 宋史，卷九十五，河渠志。二十五史，第七册。上海：上海古籍出版社，上海书店，1986年。

③ 同上。

沱河汇合，然后经界河入海，这是说的御河南段。

宋景德元年（1004年）何承矩知雄州，上言：“乾宁军西北有古河渠。抵雄州，可疏通。漕则不复入界河，免戎人邀击之患。”[①]这里说的古河渠可能就是永济渠北段。雄州正是宋辽拉锯的地方，最终落入辽界，当然不会再通航。何承矩是当时提倡塘硃防线的，所谓塘硃防线就是在澶渊之盟以后，北宋政府为了防止辽军骑兵轻易突破界河防线，而采纳了何承矩等人的建议，将界河附近的诸多水淀连成一片，形成一片“深不可涉，浅不可舟”的水塘防线。《宋史·河渠志》描述：“其水东起沧州界，拒海岸黑龙港，西至乾宁军，沿永济河合破船淀、灰淀、方淀为一水，横广一百一十里，纵九十里至一百三十里，其深五尺（尺，长度单位，1尺约0.33米）。西合鹅巢淀、陈人淀、燕丹淀、大光淀、孟宗淀为一水，横广一百二十里，纵三十里或五十里，其深丈余或六尺。东起信安军永济渠，西至霸州莫金口，合水汶淀、得胜淀、下光淀、小兰淀、李子淀、大兰淀为一水，横广七十里或十五里或六里，其深六尺或七尺。东北起霸州莫金口，西南保定军父母寨，合粮料淀、回淀为一水，横广二十七里，纵八里，其深六尺。霸州至保定军并塘岸水最浅，故咸平、景德中，契丹南牧，以霸州、信安军为归路。东南起保安军，西北雄州，合百水淀、黑羊淀、小莲花淀为一水，横广六十里，纵二十五里或十里，其深八尺或九尺。东起雄州，西至顺安军，合大莲花淀、洛阳淀、牛横淀、康池淀、畴淀、白洋淀为一水，横广七十里，纵三十里或四十五里，其深一丈或六尺或七尺。东起顺安军，西边吴淀至保州，合齐女淀、劳淀为一水，横广三十余里，纵百五十里，其深一丈三尺或一丈。起安肃、广信军之南，保州西北，蓄沈苑河为塘，横广二十里，纵十里，其深五尺，浅或三尺，

① 资治通鉴长编。文苑阁四库全书，第314册。台北：台湾“商务印书馆”，1986年。

曰沈苑泊。自保州西合鸡距泉、尚泉为稻田、方田，横广十里，其深五尺至三尺，曰西塘泊。自何承矩以黄懋为判官，始开置屯田，筑堤储水为阻固，其后益增广之。凡并边诸河，若滹沱、胡卢、永济等河，皆汇于塘。”[①] 界河南岸成了一片汪洋，御河或成为塘砾的水源，并通过塘砾入界河后入海。但是自河北路向乾宁军等北部边境地区所开展的军粮运输，仍然可以借助于御河进行。据《文献通考》等文献记载，早在北宋初期，“河北卫州东北有御河达乾宁军，其运物亦有廷臣主之”[②]，直到黄河北徙时仍然是“缘边漕运，独赖御河”。

位于界河北面就是契丹人建立的辽政权。辽会同五年（942 年），后晋高祖石敬瑭死，侄石重贵即位，致辽太宗书只称孙，不称臣，导致辽的南伐。会同九年（946年）十二月，石重贵降，后晋亡，后晋的国土尽纳入辽境。当时，契丹骑兵在晋境，以牧马为名，四出剽掠，称为“打草谷”，辽对军队既不供粮秣，也无饷银，官兵一应所需，都是由此抢夺而来，以致北宋边地百姓“丁壮毙死于锋刃，老弱委于沟壑，自东、西两畿（大梁和洛阳属县）及郑、滑、曹、濮数百里间，财富殆尽”。[③] 辽乾亨四年（982年），景宗死，子隆绪立，史称圣宗。圣宗当时年仅十二，皇后萧绰奉遗诏辅佐幼主。萧绰（953—1009年），小字燕燕，原姓拔里氏，后拔里氏被耶律阿保机赐姓萧氏。自保宁元年（969 年）至统和二十七年（1009年），萧绰在辽执政达40年之久。冀东地区长年战争，人烟稀少。萧太后执政期间，多次南下攻击冀中地区，将俘获人口迁往冀北、冀东，以充实幽、蓟。这一措施对恢复幽、蓟的农业生产是有利的。《辽史》记

① 宋史，卷九十三，河渠志。二十五史，第七册。上海：上海古籍出版社，上海书店，1986年。

② 同上。

③（宋）司马光著：资治通鉴。上海：上海古籍出版社，1987年。

载："统和三年（985年）……太师韩德让言，兵后逋民弃业，禾稼栖亩，募人获之，以半给获者。政事令室昉亦言，山西诸州给军兴，民力凋敝，田谷多躏于边兵，请复今年租。六年（988年），霜旱，灾民饥，诏三司，旧以税钱折粟，估价不实，其增以利民。又徙吉避寨居民三百户于檀、顺、蓟三州，择沃壤，给牛、种谷。"[①]可见萧太后执政期间，辽已经注意到向占领区移民和发展农业的问题。天津宝坻当地传说萧太后督军南下时，曾在宝坻建梳妆楼梳洗打扮，故称打扮庄，现存"梳妆楼"遗址位于打扮庄村南，即是辽萧太后行宫处。契丹军队由于初期是流动作战，以劫掠解决粮草问题，并不重视后勤运输线，但是随着其占领区的稳固，也开始尝试粮食供应运输。《辽史·食货志》记载辽开泰九年（1020年），"燕地饥，户部副使王嘉请造船，募习海漕者，移辽东粟饷燕，议者称道险不便而寝"。此外还有关于萧太后运粮河的说法。《帝京景物略》载，"白云观西南五六里，为萧太后运粮河，泯然湮灭，无问者"。[②]据说萧太后运粮河就是今北京市丰台区莲花河，也就是明时的洗马沟，是辽为解决南京（指今北京）水陆运输问题而开凿的，学术界对于有无此河及此河位置存在着较大争议。一些北京地方史研究者认为萧太后运粮河是真实存在的，其应是由潞河至北京城的一段河道，沿北京城东南流经十里河、西直河、马家湾，折而往东至张家湾的一条小河，但由于历史的变迁，如今已难觅其踪迹了，为此北京市朝阳区还修建了萧太后河展览馆。在天津市宝坻区也有传说，萧太后运粮河大致是从宝坻新安镇下曹家口处向北，经玉田县王会村入蓟州区，经太和庄、蒙鄺、马龙港、小

---

① 辽史，卷五十九，食货志下。二十五史，第九册。上海：上海古籍出版社，上海书店，1986年。

② （明）刘侗、于奕正著：帝京景物略，卷三。续修四库全书，第729册。上海：上海古籍出版社，2002年。

漫河、直达翠屏山下的翠屏湖。此路线不是为了向辽时的南京运输粮食，而是为了通过蓟运河向当时的蓟县运输粮草。虽然运粮河的位置说法不一，但是人们认为该运河与蓟运河相通是一致的。在《畿辅安澜志》中则认为萧太后运粮河就是宝坻的抽针河："抽针河，俗名古萧后运粮河，或云要儿渡口漫决以成者也。首起宝坻县西南桔槔洼东，流经西寨白家庄，东寨抽针口，因名针，计二十里。又东流经窝于庄……八门城，至宽江与鲍邱、窝头二河入于泃河，长九十八里。"①

在宋辽对峙期间，界河以北并没有太多的水利工程，以"打草谷"为标志的草原文化方式和北宋的农业生产方式，对待水利建设的态度截然不同。比如关于以后朝代极其重视的北运河，这时没有记载。《辽史》中甚至都没有设立"河渠志"。但是辽政权还是兴建了一项水利工程，我们相信萧太后运粮河是存在的，这是界河以北的一个亮点，可以看成辽政权吸收农业文化的结果。这一地区较古老的建制有西汉时期建置的安次县、唐代建置的永清县、唐代建置的武清县（原雍奴县）、唐代建置的蓟州（汉无终县）。武清县、三河县、潞阴县析置了一个香河县，是由于辽在新仓镇置榷盐院所致，到金大定十二年（1172年）才从香河析置宝坻县。后唐时期新仓镇建立的制盐中心，在辽代也有长足的发展，盐的生产不仅满足了境内的消费，而且私贩至宋，不仅增加了辽的收入，也影响了宋河北盐政的制定和实施，使宋不得不停止在河北榷盐。《宋史》就记载有"会契丹民数违约，乘小舟渔界河中，吏惮生事，累岁莫敢禁。后又遣大舟十余，自海口运盐入界河"。②那时的界河就有了部分运输盐的功能。盐的生产带来了经济的繁荣和人口的增长，"辽于新仓置榷盐院，

① （清）王履泰著：畿辅安澜志·蓟运河卷上。续修四库全书，第849册。上海：上海古籍出版社，2002年。

② （宋）李焘撰：续资治通鉴长编，卷八十。北京：中华书局，1979年。

居民聚集，因分武清、香河、潞（今有潞县镇，属通州）三县”。[①]当年从武清县分出两个县的建制，说明当时人口增长很快。据《辽史·地理志》统计：

安次县，在京南一百二十里，户一万二千；

永清县，在京南一百五十里，户五千；

武清县，在京东南一百五十里，户一万；

香河县，在京东南一百二十里，户七千；

三河县，户三千；

漷阴县，在京东南九十里，户五千；

蓟州，户四千。[②]

按照这个统计，这些县约有四万六千户，大约二十多万人，大部分集中在安次、武清等地势较高的平原地带，也是靠近潞河的地区。由此看来，宋辽对峙期间，界河以北的人口已经具备了一定的规模。

据记载，从先秦时期到1949年前约三千年间，黄河下游决口泛滥达1 593次，差不多平均三年两次决口，重要的改道有26次。从11年黄河于魏郡改道东流，由千乘郡入海，此后，这条河道稳定了千余年。直到北宋庆历八年（1048年），黄河发生了一次重大决口，河道第三次大徙。“（庆历）八年六月河决商胡埽，决口广五百五十七步……皇祐元年（1049年）三月，河合永济渠注乾宁军”。[③]埽是治河时用来护堤堵口的器材，用树

---

① 辽史，卷四十，地理志。二十五史，第九册。上海：上海古籍出版社，上海书店，1986年。

② 辽史，卷四十一，地理志。二十五史，第九册。上海：上海古籍出版社，上海书店，1986年。

③ 宋史，卷九十一，河渠志。二十五史，第七册。上海：上海古籍出版社，上海书店，1986年。

枝、秫秸、石头等捆扎而成，这里指堤坝或护堤的地点。澶州商胡埽大约位于今天的河南濮阳东昌湖集，黄河在此决口，便改道折向西北，经河南内黄之东、河北大名之西，经今滏阳河和南运河之间，沿着南宫之东，枣强、武邑之西，献县之东，至青县汇入御河，经界河至今天的天津地区入海。宋人称这条河道为“北流”或“北派”。北宋嘉祐五年（1060年），黄河曾在大名府魏县第六埽向东决出一支分流，东北流经一段西汉大河故道，由今山东堂邑、夏津等地，下循笃马河（今马颊河）在冀鲁之间入海。嘉祐八年（1063年），河流在魏之第六埽，分为两股，自魏、恩东到德、沧入海，宋人称之为“东流”或“东派”。[①]此后，北流多次决口。宋神宗熙宁元年（1068年）六月，黄河溢恩州乌栏堤，又决冀州枣强埽，北注瀛水；七月，又在瀛州乐寿埽泛滥。当时提举河渠的王亚等描述：“黄、御河带北行入独流东寨，经乾宁军、沧州等八寨边界，直入大海。其近海口阔六七百步，深八九丈，三女寨以西阔三四百步，深五六丈。其势愈深，其流愈猛，天所以限契丹。”[②]黄河这次决口最终还是夺界河入海。由于黄河水量极大，界河河道经冲刷变宽变深。受黄河决溢的影响，御河漕运难度加大，但仍可维系。北宋熙宁九年（1076年）十月，判大名府文彦博说：“临御河仓贮纳……于御河装船，搬赴沿边，无所不可，用力不多，所费极少。”[③]可见黄河北徙后，御河作为一条重要的运河，并没有失去漕运功能，其功能是供给守边军民的粮草和解决沿边榷场的物资运输。因黄河北徙后仍不断决口，于熙宁二年（1069年）宋神宗决定封闭

① 参见王若柏：黄河下游迁徙改道原因新解，地理教学，2005年10月。

② 宋史，卷九十一，河渠志。二十五史，第七册。上海：上海古籍出版社，上海书店，1986年。

③ （宋）李焘撰：续资治通鉴长编，卷二七八。文渊阁四库全书，第318册。台北：台湾“商务印书馆”，1986年。

北流，使“河西东行”。但是同年黄河又在闭口以南向东溃决。《宋史·河渠志》记载：“元丰四年（1081年）四月小吴埽复大决，自澶注入御河，恩州（清河）危甚。河决小吴，下至五迁渠，数道皆合于徒骇，俱入御河，直注乾宁军界。”这次，黄河终归还是注入界河入海。“河决小吴，繇、澶、魏、恩、冀、瀛、沧诸州，乾宁军境内北流，至界河东折入海”。[①]元祐二年（1087年）三月，右司谏王觌称，“缘边漕运，独赖御河，今御河淤淀，转输艰梗”。[②]可见，元丰四年那次黄河决口还是给御河漕运带来了危害。苏辙上疏说：“今河自小吴北行，占压御河故地，虽使自北京（今开封）以南折而东行，则御河湮灭已一二百里。”[③]北流多次决口，在朝廷中出现了维持“北流”和恢复故道“东流”的治河争论。

反对北流的人提出，“盖自河而南，地势平衍，直抵京师，长虑却顾，可为寒心……今欲便于治河而缓于设险，非计也”。这些人担心黄河会将塘泺防线淤为平地。有人就说：“北塞之所恃以为险者在塘泊，黄河堙之，猝不可浚，浸失北塞险固之利。”[④]支持北流的人则认为，塘泺并无军事价值，地形北高，河道不会北移。元祐四年（1089年）吏部侍郎范百禄、给事中赵君锡受命巡视东西二河，他们看到界河入海口的情况是：“臣等昨按行黄河独流口至界河，又东至海口，熟观河流形势，并缘界河至海口铺寨地分，使臣各称界河未经黄河行流已前，阔一百五十步下至五十步，深一丈五尺下至一丈；自黄河行流之后，今阔至五百四十步，次亦三二

① （宋）苏颂著：奏乞开修破藏口复三堂分杀黄河水。苏魏公文集，卷十九，文渊阁四库全书，第1092册。台北：台湾“商务印书馆”，1986年。

② 宋史，卷九十二，河渠志。二十五史，第七册。上海：上海古籍出版社，上海书店，1986年。

③ 同上。

④ 同上。

百步，深者三丈五尺，次亦二丈。乃知水性就下，行疾则自刮除成空而稍深，与《前汉书》大司马史张戎之论正合。”[①]界河还有五百多步宽，三丈多深。争论数年，至绍圣元年（1094年），又封闭北流。但元符二年（1099年），“六月末，河决内黄口，东流遂断”。至此，治河之争就暂时平息了。

宋靖康二年（1127年）四月，金军攻破东京（今开封），俘虏了徽宗、钦宗父子及大量赵氏皇族、后宫妃嫔与贵胄、朝臣等三千余人，押解北上。史称“靖康之耻”，北宋由此灭亡。第二年冬，宋东京留守杜充在李固渡，即今河南滑县南沙店集南三里许，以西扒开河堤，黄河经豫鲁之间，到达今天的山东巨野、嘉祥一带注入泗水，再由泗入淮。杜充企图以水代兵，抵御南下的金兵，结果使黄河发生了一次重大的改道。改道前，黄河在开封附近呈西南东北走向，从山东入渤海。改道后，黄河下游流经河南、山东，最后从江苏夺淮河入海。这次人为决河在黄河历史上留下浓墨重彩的一笔。[②]

从北宋庆历八年（1048年）起，到南宋建炎二年（1128年）的80年间，黄河的主流基本上保持在河北平原中部至天津入海。黄河南徙后，漳卫南运河、子牙河、大清河、永定河、北运河分别注入海河干流，海河水系再一次形成。此后直到1855年在铜瓦厢决口，黄河再没有回到河北平原。摆脱了黄河影响的海河水系保持了四百多年的相对稳定期，特别是为南北运河的畅通创造了条件。但是黄河夺界河（海河）入海，给天津地区还是留下了重大影响。

---

① 宋史，卷九十二，河渠志。二十五史，第七册。上海：上海古籍出版社，上海书店，1986年。

② 参见邹逸麟著：椿庐史地论稿，黄河下游河道变迁及其影响概述。天津：天津古籍出版社，2005年。

其一，冲刷拓宽了界河，增强了其泄洪能力，“界河未经黄河行流已前，阔一百五十步下至五十步，深一丈五尺下至一丈；自黄河行流之后，今阔至五百四十步，次亦三二百步，深者三丈五尺，次亦二丈”。[①] 北宋元丰四年八月壬午，都水监丞李立之说：“臣自决口相视河流，至乾宁军分入东、西两塘，次入界河，于劈地口入海，通流无阻，宜修立东西堤。”[②] 北宋元祐四年吏部侍郎范百禄、给事中赵君锡的报告还说：“自元丰四年河出大吴，一向就下，冲入界河，行流势如倾建。经今八年，不舍昼夜，冲刷界河，两岸日渐开阔，连底成空，趋海之势甚迅。虽遇元丰七年、八年，元祐元年泛涨非常，而大吴以上数百里，终无决溢之害，此乃下流归纳处河流深快之验也。”[③] 黄河从界河入海的水势还是很大的，说明北流顺应地势，使界河的宽度、深度都有所增加。界河在黄河水的冲刷下形成了数倍于前的河道，过去的界河变成后来的海河。

其二，夺界河入海后，含沙量极高的黄河也为御河河道和周边的塘泊带来大量泥沙，首先是御河河道逐渐淤高，使原来有限的通航能力下降。“河自南徙后，九河故道或夷为平地，如所谓水陆变迁之说”。[④] 不断泛滥的河水，逐渐淤高了天津地区的地面。北宋庆历八年（1048年），黄河在商胡埽决口北流，经恩、冀、乾宁入海。经过长期的淤积，到宋神宗元丰初年，流经的地带变成了“上腴”之地。“澶州及京东河北淤官地

① 宋史，卷九十二，河渠志。二十五史，第七册。上海：上海古籍出版社，上海书店，1986年。

② 同上。

③ 同上。

④ （清）薛柱斗著：康熙天津卫志。天津通志·旧志点校，上卷。天津：南开大学出版社，1999年。

皆上腴”。[①] 沈括在其《梦溪笔谈》中也称：“深、冀、沧、瀛间，唯大河、滹沱、漳水所淤方为美田，淤淀不至处悉是斥卤，不可种艺。”[②] 就是说经过黄河等河水泛滥后，所淤之田都成了“美田”，没被淤的田，则“悉是斥卤，不可种艺”。有大量泥沙的黄河水不但淤高了河床，而且淤高了海河下游的湿地，同时改变了天津地区的土壤环境。

其三，黄河北徙使河口的海岸线向外推出了一定的距离。曾经黄河是世界上含沙量最多的一条大河，平均每立方米的河水含沙量约为37千克，其时它每年倾入大海的泥沙多达16亿吨。泥沙在黄河入海处大量沉积，使现在的黄河河口每年平均向大海推进2—3千米，即每年新增加约五十平方千米的新淤陆地。同时由于河水带来的泥沙沉积，海岸线也会不断地向海洋推进。黄河北徙使界河入海口向渤海至少外推了十几千米。

---

① （宋）李焘撰：续资治通鉴长编，卷二九〇。文渊阁四库全书，第319册。上海：上海古籍出版社，2003年。

② （宋）沈括著：梦溪笔谈。文渊阁四库全书，第862册。上海：上海古籍出版社，2003年。

/ 第二章 /

运河与漕运

第一节 金代运河

1123年宋金议和时，金以燕京及涿、易等六州归于宋，燕京一度由北宋所占有。但是，1125年金灭辽后，北宋就成为金的敌国，金分两路进攻北宋。1126年12月北宋燕京守将降金，随之天津地区落入金的统治范围。这时金开始掳掠人口充实河北地区，金天辅七年（1123年）取燕京路，将六州氏族人口，尤其是有技术的人迁徙到河北。北宋靖康二年（1127年）三月初，宋徽宗、钦宗被金军俘虏，掳往北国，金又将宋宗室百官数千人，并所俘洛阳、襄阳、颍昌、汝、郑、均、房、唐、邓、陈、蔡等地民户迁入河北地区。辽在南京道置析津府，即今天的北京，当时已经有30万户近百万人，此时金的军队尚能依靠辽东的后勤供应。

金天德三年（1151年），海陵王完颜亮下诏自上京会宁府（今黑龙江阿城南白城子）迁都燕京，贞元元年（1153年）正式迁都，改燕京为中都，定名为中都大兴府。此后中都作为金政权的首都，直到1214年金宣宗在蒙古的军事压力下被迫迁都汴京（今开封）止，共存在了61年。金迁都燕京后，政治重心的南移和燕京地区军民人口的不断增加，必然带来粮食紧缺和陆运物资费用的问题。这时金的统治区域包括山东和河北诸县，燕京的粮食也来自这些地区。在这61年中，运河得到了疏通和治理，以维持首都的粮食供给。

金朝时水运与陆运的费用差别很大。“凡挽漕脚直，水运盐每石百里四十八文，米五十文一分二厘七毫，粟四十文一分三毫，钱则每贯一文七分二厘八毫。陆运佣直，米每石百里百一十二文一分五毫，粟五十七文六分八厘四毫，钱每贯三文九厘六毫。”[①] 金占领燕京后粮食来源扩大到已占领的河北、山东地区，大量的粮食运输一定要通过运河。《金史·河渠志》记载：“初，世宗大定四年（1164年）八月，以山东大熟，诏移其粟以实京师。十月，上出近郊，见运河湮塞，召问其故，主者云户部不为经画所致。”金世宗责问户部侍郎曹望之说：“有河不加浚，使百姓陆运劳甚，罪在汝等。朕不欲即加罪，宜悉力使漕渠通也。”[②] 河道的重要性逐渐为金统治者所认识，于是1165年金朝廷第一次启动了疏通运河的工程。金大定五年（1165年）正月，尚书省奏，可调用数万民夫，金世宗说：“方春不可劳民，令宫籍监户、东宫亲王人从及五百里内军夫浚治。”[③] 金世宗还是比较注重民生的，考虑到了出河工应不违农时，于是发动宫廷人员和军士出河工挖河，说明他已经很熟悉农业社会的规律。史书记载要浚治的是近郊的漕渠，应是离燕京不远已有的运河。常征、于德源认为金世宗见到的“漕渠”就是高梁河与坝河，1165年委托曹旺疏浚的“只限于

① 金史，卷二十七，河渠志。二十五史，第九册。上海：上海古籍出版社，上海书店，1986年。
② 同上。
③ 同上。

高梁河”，因为“高梁河接近萧太后河，可以并取其水源”。[①]

《金史·河渠志》说：“金都于燕，东去潞水五十里，故为闸以节高良（梁）河、白莲潭诸水，以通山东、河北之粟。凡诸路濒河之城，则置仓以贮傍郡之税，若恩州之临清、历亭，景州之将陵、东光，清州之兴济、会川，献州及深州之武强，是六州诸县皆置仓之地也。其通漕之水，旧黄河行滑州、大名、恩州、景州、沧州、会州之境，漳水东北为御河，则通苏门、获嘉、新乡、卫州、浚州、黎阳、卫县、彰德、磁州、洺州之馈，衡水则经深州会于滹沱，以来献州、清州之饷，皆合于信安海壖。溯流而至通州，由通州入闸，十余日而后至于京师。”[②] 这是当时河流的流向，说明金朝充分利用了唐宋以来的御河，不仅是从独流转向西北的涿郡，还有通过“信安海壖，溯流而至通州”，应当指沿海河上行的潞河，即北运河。“海壖”意为海边地，信安海壖，就是塘砾防线遗留下的湿地，其范围从信安到海滨，也包括三岔河口地区。由于受桑干河的影响，信安北上涿郡段淤塞严重，金章宗泰和五年（1205年）决定漕船不再经信安北上涿郡，改由静海、独流至柳口，东至三岔河口，北上武清，达于中都。此后信安海壖就逐渐从人们的视野中消失了。

通州辽时为潞县，金天德三年（1151年）升为通州，这与燕京成为首都后，其重要性的提升有关。当时北运河已经开始发挥漕运作用了，但是从通州到燕京的运输仍要靠陆运。因为这一段河道并非长年通航，而是断断续续通行，由于闸河或通或塞，常常需要用车载。河运的规律是，春运从河冰融化时开始，直到暑雨时结束，秋运则是从八月开始到结冰时结束。运粮船按纲集体出发，所运的粮食用苴麻封好，并提前把样品

---

① 常征、于德源著：中国运河史。北京：北京燕山出版社，1989年。

② 金史，卷二十七，河渠志。二十五史，第九册。上海：上海古籍出版社，上海书店，1986年。

送到卸粮处，验收与样品一致才接收。“凡纲船以前期三日修治，日装一纲，装毕以三日启行。计道里分溯流、沿流为限，至所受之仓，以三日卸，又三日给收付。”[①]从通州到燕京的五十里是关键河道，虽然“为闸以节高良（梁）河、白莲潭诸水”，但是这一段河道高程相差极大，水源不算充足。大定十二年（1172年），金世宗又下诏开凿新运河以通漕运，新运河是从金口河引卢沟河水向东，流至通州汇入潞水。“二十一年（1181年），以八月京城储积不广，诏沿河恩献等六州粟百万余石运至通州，辇入京师”。[②]开渠之后由于当时对卢沟河水的性质估计不足，好景不长，水势汹涌的卢沟河泛滥成灾，水质浑浊，裹沙挟泥常常淤塞水渠，威胁到金中都的安全，“及渠成，以地势高峻，水性浑浊。峻则奔流漩洄，啮岸善崩，浊则泥淖淤塞，积滓成浅，不能胜舟”。[③]大定二十七年（1187年）该渠废弃，这是一次失败的尝试。直到泰和年间，一个叫韩玉的官员建言开通州潞水漕渠，并解决了水源问题，使船运通到中都。这应当是泰和五年（1205年）的事，此后通州与京师之间的运输有了较大改善。泰和六年（1206年）“通济河创设巡河官一员，与天津河同为一司，通管漕河闸岸，名为天津河巡河官，隶都水监。八年（1208年）六月，通州刺史张行信言：‘船自通州入闸，凡十余日方至京师，而官支五日转脚之费。’遂增给之”。[④]这里第一次出现了“天津河”的名称，关于“通济河”与“天津河”的关系，《金史·河渠志》并没有留下清晰的描述和解释。《金史》记载，其职责是“凡河防之事，分治监巡河官。同此其卢沟崇福上下埽都

---

① 金史，卷二十七，河渠志。二十五史，第九册。上海：上海古籍出版社，上海书店，1986年。

② 同上。

③ 同上。

④ 同上。

巡河兼石桥使，统通济河节巡官兼建春宫地，分河道诸都巡河官掌提控诸埽巡河官”。[①] 有人注意到，建春宫位于金朝大兴府的大兴县，管辖中都城内外东部，建春宫一说在今北京市大兴区南海子公园。通济河节巡官兼管建春宫，说明“这个建春宫在今南苑附近，属中都大兴府。由此可以推测通济河大概就是泰和五年新开的漕河（又称为闸河），而天津河应指通州以南的潞水运道”。[②]有关古河道研究发现，元代的卢沟河（永定河）自石景山往东还分出一支金口河，大约经小红门、马驹桥，循今凉水河，于张家湾汇入北运河。[③] 如果通济河仍然是引用卢沟河来水的话，就属于永定河（即卢沟河，清代称永定河）水系。据调查，永定河在战国时曾在武清穿过今潞河向东入海，东汉后沿潞河河道入海。隋代，永定河在雍奴城汇白河后，沿今北运河南流至天津东南入海。唐代，永定河分三支：一支（北支）同隋道；另两支原为一支，沿今永定河道南流，至大兴西分开，中支经大兴南、魏善庄、安定、万庄、廊坊、东马圈，于武清与北运河汇；南支继续循今永定河南下，自辛庄往东南，经固安、永清、后奕，至信安附近与拒马河汇，向东至天津汇于北运河。金代，上述三支河道中，北支已废，中、南支仍存。元代，永定河主流经大兴、青云店、采育、堤口闸、东马房、泗村店、陈咀、青光与拒马河汇。按照上述研究，金代永定河的中支可能也是运道，而一直保留到元代的金口河那一支，很可能就是与天津河同为一司管理的通济河。通济河的名称到明代还出现过，明代正统元年（1436年），白河大水，明英宗曾“命武进伯朱冕、尚书吴中役五万人，去河西务二十里凿河一道，导白水入其中。二工并

① 金史，卷三十七，百官志。二十五史，第九册。上海：上海古籍出版社，上海书店，1986年。
② 吴宏岐：略论金代的漕运。中国历史地理论丛（第三辑），1994年。
③ 参见吴忱著：华北平原古河道研究。北京：中国科学技术出版社，1991年。

竣，人甚便之，赐河名曰通济，封河神曰通济河神”。正统三年（1438年）三月又“命行在工部尚书李友直以浚治通济河”。[①] 显然这是一条减水河。清代《清一统志·顺天府二》的“通济河”条说“在霸州东，由苑家口逆流达栲栳圈，经关王堂、山川坛转北入护城河。每秋霖河泛，舟楫直抵城下，商贾辐辏”。这里所提地名都在远离大兴县的霸州附近，可见这是霸州的一条地方河流，与上述的通济河无关。

金代并非只靠北运河一条运道，“其他若霸州之拒马河，雄州之沙河，山东之北清河，皆其灌输之路也”。[②] 于是尚书省“遂定制，凡漕河所经之地，州府官衔内皆带提控漕河事，县官则带管勾漕河事，俾催检纲运，营护堤岸。为府三：大兴、大名、彰德。州十二：恩、景、沧、清、献、深、卫、浚、滑、磁、洺、通。县三十四：大名、元城、馆陶、夏津、武城、历亭、临清、吴桥、将陵、东光、南皮、清池、靖海、兴济、会川、交河、乐寿、武强、安阳、汤阴、监漳、成安、滏阳、内黄、黎阳、卫、苏门、获嘉、新乡、汲、潞、武清、香河、漷阴”[③]。这些地方都有提控河漕的责任。

《金史·百官志》记载，管理河道的机构有都水监隶街道司，正四品，“掌川泽，津梁、舟楫、河渠之事”。下辖都巡河官为从七品，“掌巡视河道、修完堤堰、栽植榆柳，凡河防事，分治监巡河官同此……通济河节巡官兼建春宫地分河道”。[④] 可见泰和六年（1206年）与天津河同为一司的通济河巡河官，属于从七品的都巡河官一级。

---

① 明英宗睿皇帝实录。明实录，卷四十。上海：上海书店，2018年。

② 金史，卷二十七，河渠志。二十五史，第九册。上海：上海古籍出版社，上海书店，1986年。

③ 同上。

④ 金史，卷三十七，百官志。二十五史，第九册。上海：上海古籍出版社，上海书店，1986年。

金朝仍有一部分来自东北和山东地区的粮食供应，通过海路运抵中都。金章宗明昌三年（1192 年），尚书省奏："辽东、北京路（大定府，位于今内蒙古宁城县大明镇）米粟素饶，宜航海以达山东。昨以按视东京近海之地，自大务清口并咸平铜善馆皆可置仓贮粟以通漕运，若山东、河北荒歉，即可运以相济。"[①] 金大安三年（1211 年），户部郎中武都"被诏由海道漕辽东粟赈山东，都高其价直，募人入粟，招海贾船致之"。[②] 因辽东、北京米粟丰饶，可在山东、河北荒歉时运粮相济，漕运路线主要是辽东—大务清口、咸平府铜善馆—山东、河北。大务清口就是今天的通江口，在现今的辽宁省法库市为中心的区域内。咸平府铜善馆是当年辽河中游最大的码头渡口。这是金代开辟的海漕联运路线，运达港口最可能的就是蓟运河口。

金大安三年（1211 年）秋，成吉思汗亲率大军南下，拉开灭金战争的序幕。蒙古这次对金朝用兵，以掠夺财物和试探为主要目的，在围攻中都不下的情况下，便遣使与金议和。金宣宗没有抵御蒙古的决心和方略，于是同意成吉思汗所提的条件，进贡马匹金帛，童男童女等。与蒙古军达成协议。金贞祐二年（1214 年），蒙古军带着掠夺的金帛财物、马匹、人口，撤军北归。

在蒙古人进攻的同时，金宣宗开始考虑运河的漕运安全，早在贞祐元年（1213 年），金便在天津三岔河口地区设立军寨——直沽寨，调武清县巡检梁佐、柳口镇（今杨柳青）巡检李咬住为正、副都统，戍直沽寨。巡检相当于正九品，都统是比正九品巡检高得多的官职，"猛安之上置军

① 金史，卷二十七，河渠志。二十五史，第九册。上海：上海古籍出版社，上海书店，1986 年。

② 金史，卷一二八，武都志。二十五史，第九册。上海：上海古籍出版社，上海书店，1986 年。

帅，军帅之上置万户，万户之上置都统”。[①] 所以，直沽寨比武清县和柳口镇的级别要高。直沽寨是在金王朝迁都前夕设立的，存在时间很短。当时正值蒙古将领分别率军入居庸关，包围金中都。金崇庆元年（1212年）、至宁元年（1213年），蒙古军队接连发起攻势，此时金朝设直沽寨，是为了保卫金中都的供应线，从而加强三岔河口地区的防卫力量。但是由于河北、东北地区大片领土丧失，金朝财政陷入困境，金中都已很难维持。1214年金宣宗决定从中都逃跑，迁都开封，这造成朝野上下人心浮动，金中都更是危在旦夕。贞祐二年（1214年）五月，太子守忠和右丞相都元帅完颜承晖（福兴）、左丞都元帅抹撚尽忠留守中都，金宣宗率宗室、百官南迁。

设立直沽寨的第二年，金宣宗放弃了中都，逃往河南开封，随之金政权对河北地区的控制力减弱。1215年，蒙古人占领中都。金朝自中都南迁以后，河北一带连年争战。天津附近的汉人纷纷结社组军自保，各择“主人”，有的也想趁机割据一方。河北武清的刘永昌聚众起义，号称飐军，占据各处城镇。在宣宗南迁的第二年二月，“武清巡检梁佐、柳口巡检李咬住以诛飐贼张辉、刘永昌等功进官有差，皆赐姓完颜”。[②] 赐姓是一种荣誉，赐本朝姓者，“凡以千人败敌三千者赐及缌麻以上，败二千人以上者赐及大功以上，败千人以上赐止其家”。[③] 可见这时，直沽寨还在金的手中。金代许多建制和官职都模仿宋代，宋代塘泺防线以南每

---

① 金史，卷四十四，兵志。二十五史，第九册。上海：上海古籍出版社，上海书店，1986年。

② 金史，卷十四，宣宗上。二十五史，第九册。上海：上海古籍出版社，上海书店，1986年。

③ 金史，卷一〇三，完颜佐传。二十五史，第九册。上海：上海古籍出版社，上海书店，1986年。

寨一指挥，驻军有三五百人，直沽寨也是这个级别，因此规模不会很大。但天津总算有了直沽寨这个最早的建制，三岔河口也有了一个“名分”。三岔河口主要是为了保证首都的漕运枢纽功能，金代的首都南迁以后，向首都转运粮食的需求转移了，于是直沽寨的重要性也就极大地降低了。金廷南渡后三年中，中都仍为金兵据守。为了支持那里的守军，金朝政府还努力保障着御河的畅通。如1214年金将温迪罕达就被诏运大名粟，“由御河抵通州”。[①] 当1215年金中都陷落后，御河的利用价值降低，直沽寨的地位也就更加降低了。

大致在元至正四年（1344年）稍后，王喜的《治河图略》中有地图6幅，其中在《宋河之图》《今河之图》和《治河之图》上，天津地区标明的是大直沽和小直沽，尽管这几张图画得比较离谱，但说明在设立直沽寨前后，大小直沽的地名已经出现了。[②] 因为直沽寨位于南北运河中间的三岔河口，其正、副都统由武清县和柳口镇（今杨柳青）之巡检兼任，充分说明直沽寨的设立就是为了便于控制运河的漕运。

第二节　元代河海联运

经过近一年的围攻，1215年农历五月初二（庚申日），元军攻占金中都。元军将领木华黎继续南下，攻掠河间、沧、深、献、观、景、恩等州。在蒙古南侵、金军败乱的过程中，各地投降的官吏、地主纷纷组织武装

① 金史，卷一〇四，温迪罕达传。二十五史，第九册。上海：上海古籍出版社，上海书店，1986年。

② 参见（元）王喜著：治河图略。文渊阁四库全书，第576册。台北：台湾“商务印书馆”，2003年。

或结寨自保抗元，或加入蒙古军，助蒙攻金，少者数万人，多者至数十万。蒙古是游牧民族，最初并不熟悉中原的统治方法。当时有一位蒙古重臣别迭曾对成吉思汗说："汉人无补于国，可悉空其人以为牧地。"另一位大臣耶律楚材（1190—1244年）则表示："陛下将南伐，军需宜有所资，诚均定中原地税、商税、盐、酒、铁冶、山泽之利，岁可得银五十万两、帛八万匹、粟四十余万石，足以供给，何谓无补哉？"[①]这一争论反映了蒙古人逐渐认可中原政权统治制度的过程。后来在北方，木华黎采纳金朝的制度，在云、燕建行省，但是并没有建立起有效的行政管理。从占领金中都到建立元大都，这个过程花费了56年，此期间华北地区大多是处于连年战火的状态。

元统一中国之后，至元八年（1271年）三月二十八日，元世祖忽必烈下诏改中都为大都。如果说以前金中都还是一个地方政权的首都的话，元是第一个把首都建在北方的全国性政权，由此彻底改变了中国的政治格局。这说明蒙古人已经认识到中原的统治体系对于长治久安的重要性。南宋以后，中国的经济中心基本处于长江中下游地区，所以元朝定都大都后，漕运问题立刻提上日程。元朝廷每年的粮赋收入1 211万石，大部分粮食来自江南。《元史·食货志》载："天下岁入粮数总计一千二百十一万四千七百八石，腹里二百二十七万一千四百四十九石……江浙行省四百四十九万四千七百八十三石。"[②]元朝将黄河以北、太行山以东及以西的这片地区叫腹里，即今河北、山西和河南、山东以及内蒙古的一部分。这么广阔的地域粮食产量却只及江浙行省的一半，说明元初的经济重心

---

① 元史，卷一四六，耶律楚材传。二十五史，第九册。上海：上海古籍出版社，上海书店，1986年。

② 元史，卷九十三，食货志。二十五史，第九册。上海：上海古籍出版社，上海书店，1986年。

仍然在江浙一带。元的首都在北方，从此大部分产在南方的粮食就要运到北方来，形成了南粮北运的格局。而只要有漕运，天津的战略地位就会凸显出来。

元朝政府定都北京之前，就设立了军储所，到元太宗窝阔台立军储所于新卫，收贮山东、河北钱粮，以供军用。当时蒙古军正在对金作战，窝阔台听从耶律楚材的意见，开始保存民户，征收军粮。1252年，忽必烈采纳了姚枢的建议，于汴、卫等地设五军储仓，统之于都转运使司。宪宗七年（1257年），热衷于西征的元宪宗蒙哥废止了这个机构。到忽必烈即位又恢复了这个机构，世祖中统二年（1261年）“秋七月辛酉朔，立军储都转运使司”①，以后逐渐完善了漕运管理机构。忽必烈登上帝位之初，从至元元年（1264年）到五年（1268年）不断有立军储都转运司和漕运司的记载，说明在与南宋征战期间，他就十分重视漕粮运输；定都大都以后，更是逐渐完善了漕运管理，“至元十二年（1275年）改都漕运司，秩四品。至元十九年（1282年），改京畿都漕运使司，秩正三品。二十四所内外分立两运司，而京畿都漕运司之额如旧。止领在京储仓出纳粮斛，及新运粮提举司站车攒运公事……而押纲官隶焉”。②

京畿都漕运使司下属二十四司，其中新运粮提举司，秩正五品，至元十六年（1279年）才设立，管站车250辆，隶属兵部。到开设运粮坝河后，该司改隶户部。京师二十二仓，秩正七品。至元二十四年（1287年），自京畿运司分立都漕运司，在河西务置总司，分司临清。

“河西务十四仓，秩正七品。通州十三仓，秩正七品。河仓一十有七，

① 元史，卷四，世祖一。二十五史，第九册。上海：上海古籍出版社，上海书店，1986年。

② 元史，卷八十五,百官。二十五史，第九册。上海：上海古籍出版社，上海书店，1986年。

用从七品印。……直沽广通仓，秩正七品。荥阳等纲，凡三十……每纲皆设押纲官二员，计六十员，秩正八品。每编船三十只为一纲，船九百余只，运粮三百余万石，船户八千余户，纲官以常选正八品为之。……通惠河运粮千户所，秩正五品。掌漕运之事。至元三十一年（1294年）始置。都漕运使司，秩正三品。管御河上下至直沽、河西务、李二寺、通州等处攒运粮斛。”①

元政府最初利用原来金朝的运河河道和车载的方法向首都运粮。首都位置的变化，决定了漕运路线的变化。元初的漕运路线是先由杭州至镇江，过江后北入淮河，漕船由黄河逆水行驶到中滦地区，水路就终止了，这时必须将漕粮用车载或牛驮，由旱路转运到淇门再入御河，经直沽转入白河逆流到通州，再由陆路进京。这条运路费时费力，很不方便。《元史纪事本末》记载：“初，朝廷粮运仰给江南者，或自浙西涉江入淮，由黄河逆流至中滦，陆运至淇门，入御河，以至京师。又或自利津河，或由胶莱河入海，劳费无成。”②元政府为修通运河做了很多努力，至元十三年（1276年），开始修凿济州河。至元十七年（1280年），疏通了通州运河，在徐州沟通了扬州运河。至元十八年（1281年），由奥鲁赤主持引汶水、泗水，从济州西北到须城安山（今山东东平西南）长一百五十多里的济州河开通。漕河由淮河入泗水（今中运河），由济州河北抵安山，经过大清河（山东黄河下游），再经东阿、利津入海，海路抵达直沽，再由海河逆流入白河进京。这条陆海联运之路由于意料外的“海口沙壅”，还得由东阿陆运至临清入御河，通过水路至大都。“至元二十一年（1284年）……

① 元史，卷一四六，百官。二十五史，第九册。上海：上海古籍出版社，上海书店，1986年。

② （明）陈邦瞻著：元史纪事本末。文渊阁四库全书，第353册。台北：台湾“商务印书馆”，1983年。

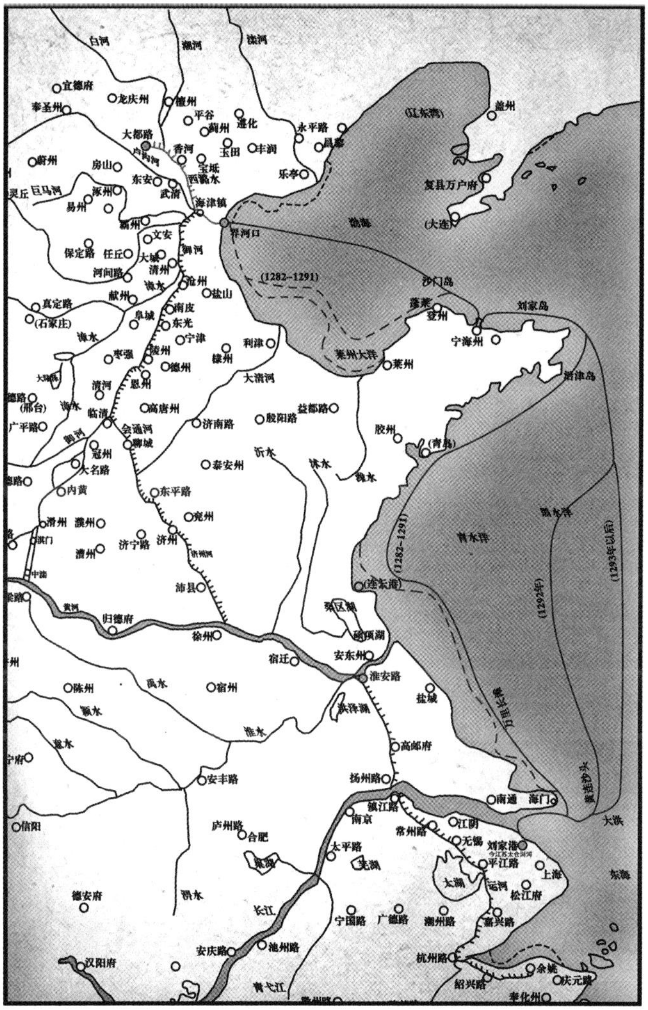

元代漕运路线图[1]

① 此图为天津博物馆陈列品。

二月……增济州漕舟三千艘，役夫万二千人。初，江淮岁漕米百万石于京师，海运十万石，胶、莱六十万石，而济之所运三十万石，水浅舟大，恒不能达，更以百石之舟，舟用四人，故夫数增多。塞浑河堤决，役夫四千人”。[①] 这条路虽不算成功，但开了元代海上漕运的先河，其后半段已经形成了经海路到直沽逆流入白河进京的路线。元政府一直在努力沟通南北运河，在后来开辟海运的同时，也并没有放弃河运的运输方式，而且元代漕粮运输一度有河运和海运两种方式。“（至元）二十四年（1287年），始立行泉府司，专掌海运，增置万户府二，总为四府。是年遂罢东平河运粮。二十五年（1288年），内外分置漕运司二。其在外者于河西务置司，领接运海道粮事”[②]“未几，又分新河军士水手及船，于扬州、平滦两处运粮，命三省造船三千艘于济州河运粮，犹未专于海道也”。[③] 这时京杭运河还没有彻底沟通，或是前半段河运到山东后，经大清河（黄河）出海再海运入直沽，或是由海运从东阿陆运至临清，再由御河河运至大都。两种运输方式都必经天津三岔河口。“一日粮船到直沽，吴罂越布满街衢”中的“直沽”指的应就是三岔河口的小直沽。

其后元政府继续对南运河以南河道加以改造，开凿了会通河。元政府采纳韩仲晖等人建议，开会通河以解决从东阿、临清之间二百多里陆路的运输问题。会通河自须城安山西南起，分梁山泊水源北流，经寿张西北和东昌，至临清入御河，全长二百五十余里。此工程历时6个月，中途建水闸32处，用于随时调整流量。会通河河道较浅，且狭窄，又由于

---

① 元史，卷十三，世祖十。二十五史，第九册。上海：上海古籍出版社，上海书店，1986年。

② 元史，卷九十三，顺帝五。二十五史，第九册。上海：上海古籍出版社，上海书店，1986年。

③ 同上。

水源不足，大船进入河道后，其他船就无法通行，因此刚开河时就规定，只许一百五十料船通行。“料”是宋代计算船只运载量的单位，每料约等于一石，三十斤为一钧，四钧为一石，一石约等于一百二十斤（斤，重量单位，1斤等于500克）。至此，南北大运河第一次全线贯通。至元二十六年（1289年），“自安民山开河北至临清，凡二百五十里，引汶绝济，直属漳、御，建闸三十有二，赐名曰‘会通’。然初浚不可重负，岁运不过数十万石而已”。[①]同时，元政府着重疏浚了南运河河道，至元二十五年（1288年）二月“浚沧州盐运渠”，至元二十六年（1289年）二月“浚沧州御河”，后来至大三年（1310年）二月“浚会通河”。随着会通河的挖通，至元二十七年（1290年）夏四月癸未，元朝廷罢海道运粮万户府，改利津海道运粮万户府为临清御河运粮上万户府，作为枢密院直属机构。临清万户府的设立，表现出当时元政府对运河漕运寄予的厚望。

天津南部的静海曾经发现过元代沉船遗址。遗址位于静海区子牙镇子牙村西北约一千米处。1999年11月11日，当时的天津历史博物馆在考古现场调查时发现，元代沉船船体距地表3米，整个船体位于胶土层，此层应为当时的河底。船体为敞口弧底，由北向南倾斜，方向为南偏西80°。在船舱内留有一完整船称，长150厘米、厚5.5厘米，现场发现一枚扁方形船钉。通过沉船发掘处大沟两侧的黄黑色淤土堆积，可依稀辨出此处古河道的大致走向。在沉船的东北部50米，还有一处水井遗迹，但未见有遗物。井的开口层位与沉船相同，形状结构、井砖尺寸与静海东滩头清理的元代水井相似，可见年代也应相近。沉船内未发现更多遗物，但水井为沉船的年代判定提供了参照，所以此船不应晚于元代。另外，在遗址附近采集到兽骨、元代褐花瓷碗等，结合相关遗迹来看，此

① （明）杨宏撰：漕运通志，卷之一，漕渠表。北京：北京方志出版社，2006年。

处应为元代以降临河聚落遗址。[1]

及至会通河也无法彻底解决漕运问题时，元朝丞相伯颜想起了至元十三年（1276年）攻陷临安后，曾命朱清、张瑄将宋库藏图籍自崇明州从海道运至大都的事。当时两淮地区仍被宋军控制，运输图籍陆路不通大都，只能走海路。想到此事，伯颜认为海运粮赋也是可行的。伯颜将这个想法上报忽必烈后，忽必烈决定采纳其建议，下令限60日建造平底海船60艘，招募大量熟悉海上行船的船工、船员，任命朱清、张瑄为海道运粮万户，负责海上漕运。朱清和张瑄是当时两个著名海盗，他们有500艘船只，啸众剽劫，贩卖私盐，掳掠富商巨舶，最多时纠集海盗近千人，活动范围北至胶东半岛和莱州湾，南至通海。他们先被宋朝招安，1273年又降元，成为元的水军，朱清被授予代理管军千户。至元十九年（1282年），在朱清和张瑄的主持下，漕船在今天的江苏省太仓县浏河装粮，大船装载1 000石，小船装载300石，60艘平底海船共装运漕粮4.6万石。“寻求海道水路，并行海洋沿山求屿行驶，为开洋风汛失时，当年不能抵岸，在山东刘家岛压冬，至二十年（1283年）三月经由登州放莱州洋，因内河浅沚，就于直沽交卸”。[2]这次运粮成功开创了海运漕粮的先例，朱、张两人都被封了高官，“至元二十三年（1286年）十一月，中书省臣言：朱清等海道运粮，以四岁计之，总百一万石……遂以……张瑄，明威将军、管军万户兼管海道运粮船朱清，并为海道运粮万户”。[3]开通了海漕之后，元政府的漕运机构也进行了调整。至元二十五年（1288年）夏四月……增立直沽海运米仓。至元二十八年（1291年）春正月……罢江淮漕运司，合

---

① 参见天津文物博物馆志（复审稿），2019年。

② （元）赵世延，揭傒斯等撰：大元海运记。新北：广文书局有限公司，1972年。

③ 元史，卷十四，世祖十一。二十五史，第九册。上海：上海古籍出版社，上海书店，1986年。

并到海道运粮万户府，由海道漕运。大德七年（1303年）十一月……合并海道运粮万户府为海道督漕运万户府。

忽必烈曾发动进攻日本的战争，为此敕造了大批战船，“至元十一年（1274年）……三月……战船大小合九百艘，征日本”，[①] 但征日无功而返，于是，原来为征日而在造的船只就拨给了运粮的船民，致使运粮船只大增。“二十三年（1286年）二月，以征日本所造船给海边民户运粮，平章阿必失哈参政秃鲁哈等奏，忙兀解言修造征日本国船已完，去岁无人看守，有浥烂者，令阿巴赤忙兀解同议分付海边民户运粮，上是之”。[②]

《天工开物》中的漕舫船

最初的海漕航线基本上沿着海岸线走，所以浅滩很多，行船危险，费时又费力，于是从1291年开始元政府进行了两次对海运路线的探索。至元二十九年（1291年），朱清等言其路险恶，复开生道。自刘家港开洋，至撑脚沙转沙嘴，至三沙、洋子江，过匾担沙、大洪，又过万里长

① 元史，卷八，世祖五。二十五史，第九册。上海：上海古籍出版社，上海书店，1986年。

② （元）赵世延，揭傒斯等撰：大元海运记。新北：广文书局有限公司，1972年。

滩，放大洋至青水洋，又经黑水洋至成山，过刘岛，至芝罘、沙门二岛，放莱州大洋，抵界河口，其道差为径直。第二年，千户殷明略又开新道，从刘家港入海，至崇明州三沙放洋，向东行，入黑水大洋，取成山转西至刘家岛，又至登州沙门岛，于莱州大洋入界河。[①] 界河就是海河。这条新航路试运成功后，所需的时间大大缩短，从浙西到京师，不过十几天而已。新航线摆脱了海岸的束缚，一出刘家港就直驶黑水洋，一直到今胶东半岛的刘家岛，还可以充分利用东海的海流，使航速大大加快。为了航行安全，元政府还在直沽海口设立了航标，“到直沽海口为无卓望，不能入。河多有沙涌淤泥去处，损坏船只。核准所言设立标望于龙山庙前高筑土堆，四傍石砌，以布为幡。每年四月十五日为始，有司差夫添力竖起，日间于上悬挂布幡，夜则悬点火灯。庶几运粮船得以瞻望。部议核准监察御史所言，令浙江行省计料成造幡杆、绳、索布幡、灯笼、蜡烛，趁迭来春运粮时月，发付海道万户府顺带至直沽，交付有司收管，于海门龙山庙前竖立，昼则悬幡，夜则挂灯，伺候春夏二运粮船齐足方可倒卸。付看庙僧人如法收掌，次年趁时复立，依上悬点。如有损坏多少，预为申案，相应部省准拟咨请依上施行”。[②] 这是大沽海口设航标的最早记载。

自从黄河改道南徙以后，海河入海口已经向东大幅推进。此前经东阿、利津入海是渤海湾内的海运，文中提到的直沽口就在天津。《大元海运记》中说的“直沽海口”应当在今天的葛沽一带，而“海门龙山庙”今虽已无考，但是从前后文看肯定是在天津海口。因为白天悬挂布幡，晚上悬点火灯是因为“直沽海口为无卓望，不能入。河多有沙涌淤泥去处，

① 参见（元）陈邦瞻著：元史纪事本末。文渊阁四库全书，第353册。台北：台湾“商务印书馆”，2003年。

② （元）赵世延，揭傒斯等撰：大元海运记。新北：广文书局有限公司，1972年。

损坏船只”，因此“令浙江行省计料成造幡杆、绳、索布幡、灯笼、蜡烛，趁迭来春运粮时月，发付海道万户府顺带至直沽，交付有司收管”，这说得很清楚，文中的海门显然是指直沽海口，而不是有人认为的江苏南通的海门。

在开始海运的同时，元世祖至元十九年（1282年）就在大直沽专设了接运厅和临清万户府。明代天津整饬副使胡文璧说：“元统四海，东南贡赋集刘家港，由海道上直沽达燕都，舟车攸会，聚落始繁，有宫观，有接运厅，有临清万户府，皆在大直沽。”①还说：“元始立海运万户府于今城八里。”②这个“今城”就是明天津卫城，距城8里大约就是大直沽。明末清初的历史地理学家顾祖禹的《读史方舆纪要》记载：“大直沽在县东南十里。小直沽受群川之流，大直沽又在其东南，地势平衍，群流涨溢，茫无涯，故有大直沽之名。”③

元代大直沽地名，见于《元史·食货志》：“太宗丙申年，初于白陵港、三叉（岔）沽、大直沽等处置司设熬煎办”“延祐三年（1316年）改直沽为海津镇”。设海津镇比设临清万户府晚了二十多年，因为是“改直沽”，并没提“大直沽”，故海津镇可能还设在直沽寨，即小直沽。

从大直沽的地势来看，一是距三岔河口还有一段距离，不便于管理南运河的来船，二是其周边地势更低，容易被水淹。关于大直沽地势较低还有一个例证，危素的《河东大直沽天妃宫旧碑》中说：“然东庙素卑

---

①（清）薛柱斗著：康熙天津卫志。天津通志·旧志点校，上卷。天津：南开大学出版社，1999年。

② 同上。

③（清）顾祖禹撰：读史方舆纪要。北京：中华书局，2005年。

下，潮汐渐泾，栋宇摧坏。”新建的东庙“因增筑基地，高至八尺有余”。[①]也就是说，原来大直沽的地面比后来出土的天妃宫遗址的地面还要低很多。大直沽比小直沽更容易被淹，因此元代虽然在此装卸漕粮，但始终没有在此建立粮仓，连后来更靠近海河上游的盐坨地，也要修一条防水堤。从海津镇通海的海河河道依然经常淤塞，如至治元年（1321年）有记载说，“夏运海粮一百八十九万余石，转漕往返，全借河道通便，今小直沽三岔河口潮汐往来，淤泥壅积七十余处……”

据《直沽接运官德政碑记》记载：“故于每岁春夏运粮。舟将抵直沽口，即分都漕运官出接运，中书省复遣才干重臣从至海坝，一一交卸，石以万计，其多至数百万……至正六年夏，接运官、奉政大夫、中书、户部员外郎吴太平禹卿皆以宽简布政，于是漕民相与论列其所以敷惠于漕民者，勒金石。”[②]说明每当海船到时，接运官、中书省官员、户部官员都到直沽口海坝接运漕粮，直沽口海坝指大直沽。《直沽接运［官］王公董古鲁公去思碑［记］》记载，“后至元庚辰冬，海运之民倪石等介其府令使王元珪以书来，言曰：世祖皇帝既混一区夏，爰始取道辽海，运米南土给饷京师。漕运使司及万户府于京畿，外立漕运万户府于吴会，募民借明数具周航以任其事。凡运米以石计，岁三百五十万有奇。每春若夏再运，万户分命僚属，吴会太仓帆恃风径，绝洋海运，北抵直沽。漕运万户之在内者亦布置其官，数网翼舟航交受所运，达之京仓。当其归纳授受之际，或失其当，分拿轇轕，狼狈折阅，则海运之民倾资破产以补不足，其患有不能胜者。故朝廷必选官直沽，按临监护，名曰‘接运’，

① （清）薛柱斗著：康熙天津卫志。天津通志·旧志点校，上卷。天津：南开大学出版社，1999年。

② 同上。

监其隐微，辨其枉直，权其授受，砥其平以去其弊”。[①] 这里讲接运官的苦衷，是由于处理交接海运漕粮时出现了问题，因此所提的“直沽”应当指大直沽。

据统计，从元世祖至元二十年（1283年）至元文宗天历二年（1329年），从江南起运的粮食总数为八千二百九十余万石，起运量最多的元文宗天历二年，多达三百五十余万石。天历之后，海运粮数失去连续记载，但估计每年也有二三百万石之多。

附表：元代历年海运统计列表[②]

年代	运出数（石）	运到数（石）	事故数（石）	事故比例%
至元二十年（1283年）	46 050	42 172	3 878	8.4
至元二十一年（1284年）	290 500	275 610	14 890	5.1
至元二十二年（1285年）	100 000	90 771	9 229	9.2
至元二十三年（1286年）	578 530	433 950	144 580	24.99
至元二十四年（1287年）	300 000	297 546	2 454	0.82
至元二十五年（1288年）	400 000	397 655	2 345	0.59
至元二十六年（1289年）	935 000	919 943	15 057	1.6
至元二十七年（1290年）	1 595 000	1 513 857	81 143	5.09
至元二十八年（1291年）	1 527 250	1 281 615	245 635	16.08
至元二十九年（1292年）	1 407 400	1 361 513	45 887	3.26
至元三十年（1293年）	908 000	887 591	20 409	2.25
至元三十一年（1294年）	514 533	503 534	10 999	2.14

① （明）杨宏撰：漕运通志，卷二十，漕文略。北京：方志出版社，2006年。

② 此表根据《大元海运记》编写，其中皇庆二年、延祐三年数根据《元史·食货志》校正。

续表

年代	运出数（石）	运到数（石）	事故数（石）	事故比例%
元贞元年（1295年）				
元贞二年（1296年）	340 500	337 026	3 474	1.02
大德元年（1297年）	658 300	648 136	10 164	1.54
大德二年（1298年）	742 751	705 954	36 797	4.95
大德三年（1299年）	794 500			
大德四年（1300年）	795 500	788 918	6 582	0.83
大德五年（1301年）	796 528	769 650	26 878	3.37
大德六年（1302年）	1 383 883	1 329 148	54 735	3.96
大德七年（1303年）	1 659 491	1 628 588	30 903	1.86
大德八年（1304年）	1 672 909	1 663 313	9 596	0.57
大德九年（1305年）	1 843 009	1 795 347	47 662	2.59
大德十年（1306年）	1 808 199	1 797 078	11 121	0.62
大德十一年（1307年）	1 665 422	1 644 679	20 743	1.25
至大元年（1308年）	1 240 148	1 202 503	37 645	3.04
至大二年（1309年）	2 464 204	2 386 304	77 900	3.16
至大三年（1310年）	2 926 533	2 716 913	209 620	7.16
至大四年（1311年）	2 873 222	2 773 166	100 056	3.48
皇庆元年（1312年）	2 083 505	2 067 673	15 832	0.76
皇庆二年（1313年）	2 317 228	2 158 685（食）	158 543	6.84
延祐元年（1314年）	2 403 264	2 356 606	46 658	1.94
延祐二年（1315年）	2 435 685	2 422 505	13 180	0.54

续表

年代	运出数（石）	运到数（石）	事故数（石）	事故比例%
延祐三年（1316年）	2 458 514	2 43 7741（食）	20 773	0.84
延祐四年（1317年）	2 375 345	2 368 119	7 226	0.3
延祐五年（1318年）	2 553 714	2 543 611	10 103	0.4
延祐六年（1319年）	3 021 585	2 986 717	34 868	1.15
延祐七年（1320年）	3 264 006	3 247 928	16 078	0.49
至治元年（1321年）	3 269 450	3 238 765	30 685	0.94
至治二年（1322年）	3 270 082（加）	3 246 483	23 599	0.72
至治三年（1323年）	2 811 786	2 798 613	13 173	0.47
泰定元年（1324年）	2 087 231	2 077 278	9 953	0.48
泰定二年（1325年）	2 671 184	2 637 751	33 433	1.25
泰定三年（1326年）	3 375 784	3 351 262	24 522	0.73
泰定四年（1327年）	3 152 820	3 137 532	15 288	0.48
天历元年（1328年）	3 255 220	3 215 424	39 796	1.22
天历二年（1329年）	3 522 163	3 340 306	181 857	5.16

从表中可看出，元代海运数量逐年上升，至元二十七年开始上百万石，至元三十一年到大德五年有所回落，大德六年回升到百万石，至大二年突破二百万石，延祐六年突破三百万石，直到停止海运。事故损失数除至元二十三年的24.99%和至元二十八年的16.08%损失惨重外，损失也在逐年下降，元贞年以后大部分年份降到5%以下，特别是皇庆年以后，大部分年份损失在1%以下。这种情况反映出海运队伍海上航行经验的提高，但当时船民和政府都将其归功于海神妈祖的保佑。

元政府不断给妈祖加封名号，如至元十八年（1281年）封“护国明著天妃”，诏曰：“唯尔有神保护海道，舟师漕运恃神为命。威灵赫濯应验昭彰。”至元二十六年（1289年）加封“显佑”，诏曰：“护岁漕而克，有济忠贞卫国，慈惠宁民。”大德三年（1299年）加封“辅圣庇民”，诏曰：“利涉洪波，显造化难明之德。”延祐元年（1314年）加封“广济”，诏曰：“当临危履险之际，有转祸为福之方，祥飚迭驭。曾闻瞬息危樯出火，屡见神光，有感即通，无远弗届。顾东南之漕运，实左右之凭依，不有褒恩，曷彰胜迹？”天历二年（1329年）加封“徽烈”，诏曰：“在国尤资转运之功。……唯漕运之艰，不有护恃，曷臻浮达？”天历二年八月，朝廷祭直沽庙文曰：“国家已漕运为重事；海漕以神力为司命。今岁两运咸借匡扶，江海无风涛之虞，朝野有盈宁之庆。”①《元史·祭祀志》说：“唯南海女神灵惠夫人至元中以护海运有奇应，加封天妃神号，积至十字庙曰灵慈。直沽平江、周泾、泉福兴化寺等处皆有庙。皇庆以来，岁遣使斋香遍祭，金幡一合，银一铤，付平江官漕司及本府官用柔毛酒醴便服行事，祝文云，维年月日皇帝特遣某官等致祭于护国庇民广济福惠明著天妃。”元代给妈祖最后这个封号是至正十四年（1354年）完成的。整个元代漕船海运期间，元政府对妈祖的加封和祭祀多达十几次，集中在大德三年以后。那时正是海运越来越顺利，海上损失最小的时期。因此在延祐七年（1320年）“五月……海漕粮至直沽，遣使祀海神天妃”。至治元年（1321年）五月和至治三年（1323年）二月，元英宗又派专人到直沽“祀海神天妃”。

大约泰定三年（1326年）前后，在天津大直沽和上游对岸的小直沽

① 参见林庆昌著：妈祖真迹——兼注释、辨析古籍《敕封天后志》。广州：中山大学出版社，2003年。

分别出现了两座妈祖庙，其中一座很可能是在英宗至治年或以前就开始修的。

20世纪90年代末，天津发现过一处元代天妃宫遗址，遗址位于河东区大直沽中路，北临八纬路，东临大直沽宫前园，南临大直沽前街。早前天津历史博物馆考古部对天妃宫遗址进行了抢救性考古发掘，发掘面积近五百平方米，出土文物几百件，现均藏于元明清天妃宫遗址博物馆。这次考古中发现，在元代堆积之上，有明、清时期天妃宫大殿基址，且保存基本完整，平面呈长方形，包括墙基、散水、磉墩、柱础、月台、踏步等。明代大殿建筑基址被叠压在清代大殿建筑基址之下，平面和清代大殿基本吻合。另外，出土遗物中，还发现有金代建筑构件。这处天妃宫遗址文化内涵丰富，层次清晰，反映出元代海上漕运的兴盛。2000年9月，国家文物局考古专家组对遗址鉴定后认为，大直沽是天津历史文化名城的原生点，天妃宫则是这个原生点的标志。这座天妃宫与三岔河口附近保存至今的天后宫是同一时期建立的。这两座宫庙的出现，意味着元代天津大直沽已经有了一定的人口规模。当时一位有名的诗人张翥有诗《代祀天妃庙次直沽作》写道："晓日三汊口，连樯集万艘。普天均雨露，大海静波涛。入庙灵风肃，焚香瑞气高。使臣三奠毕，喜色满宫袍。"他在另一首《读瀛海喜其绝句清远因口占数诗示九成皆实意也》写道："一日粮船到直沽，吴罂越布满街衢。新诗将作如千首，为问郯郎有买无。接粮御史性情真，断事官来苦怒嗔。索酒索钱横生事，遭风遭浪肯知人……"[①] 两首诗中提到三岔河口和直沽，描写了直沽的繁荣景象和两座妈祖庙香火之盛，反映了当时海河两岸繁荣的商业景象。

① （清）顾嗣立编：元诗选。北京：中华书局，1987年。

第三节 元代的仓储与河道治理

一、元代的仓储

元代，大批粮食运送大都后，必须设立大量的粮仓存储，除了大都之外，主要仓址就选在天津地区。汉唐以降各朝代都建都在黄河中上游，那里地势较高，粮食以窖藏为主。而天津地区地下水位较高，不适于窖藏，因此元代在大都到海津镇设立的粮仓以永久性的廒仓和临时性的露囤为主。据20世纪50年代出土的元代《京畿都漕运使王德常去思碑》记载，至正十五年（1355年）京师有54仓，储粮达百万石。[①] 这里说的“仓”是廒仓，即仓房。廒仓有固定的形制，今日尚存的北京南新仓是古代仓廒的珍贵实物样板。同时元政府在直沽设立了枢密分院，在直沽广通仓设大使，正七品。每年春秋两季集中到达的漕粮则贮存在河西务，元政府在河西务建立了大型粮仓。粮仓选址于河西务可能是考虑到天津其他各处地势低洼不适于建粮仓的缘故。至元二十四年（1287年），元政府在河西务建仓，设运使司，正三品。至元二十五年（1288年），又分置漕司两处，其中河西务漕司，又负责领接海道运粮。同时，元政府完善了河西务的编制，“运使二员，正三品；同知二员，正四品；副使二员，正五品；运判三员，正六品；经历一员，从七品；知事一员，从八品；案牍二员，内一员兼照磨，怀吏三十三人，通事、译史各一人，奏差一十六人，典

---

① 参见容肇祖：元京畿都漕运使王德常去思碑发现记。文物参考资料，第1期，1953年。

史一人，其属七十有五”[①]。河西务共建了14座永久性的廒仓，据《大元仓库记》记载：“河西务诸仓，大盈仓八十间，可贮粮二十万石；充盈仓七十间，可贮粮十七万五千石；崇墉仓七十间，可贮粮十七万五千石；广盈北仓七十间，可贮粮十七万五千石；广盈南仓七十间，可贮粮十七万五千石；永备北仓八十间，可贮粮二十万石；永备南仓八十间，可贮粮二十万石；丰备仓五十间，可贮粮十二万五千石；恒足仓五十间，可贮粮十二万五千石；既备仓五十间，可贮粮十二万五千石；足用仓五十间，可贮粮十二万五千石；大京仓六十间，可贮粮十六万二千五百石；丰积仓五十间，可贮粮十二万五千石；大稔仓七十间，可贮粮十七万五千石。”合计900间，可贮粮2 262 500石。在河西务建仓的优势有两个，一是距大都较近，二是当时在河西务附近有一片宽阔的水面，与运河相通。在今天河西务东北约三千米的地方，至今还有叫东仓、西仓、南仓（含龚庄）、蔡庄（即北仓）的4个村庄。在这些村庄的东南面有一片洼地，村民称为前海子、北海子，就是当年运河古道的码头，船只可以在此掉头、停泊。十四仓在北运河畔，海运河运的漕粮都在这里集中贮存，一部分运往大都。

位于今天武清河西务镇东西仓村南的十四仓遗址，沿北运河旧道两岸分布。南北长约一千米，东西宽约五百米，面积约五十万平方米，文化层厚1—2米。主要由3个岗子构成，以东岗子散布瓷片最多，北岗子地下掩埋有砖墙、下水道等遗迹。1982年考古发掘时发现在元代地层之下还压叠有金代地层，散布其中的瓷片以定窑系的白瓷为主。另外在北运河畔的小河村，亦出土了六耳铁锅和银锭八笏，上有“榷场银”錾刻文

① 元史，卷九十二，百官。二十五史，第九册。上海：上海古籍出版社，上海书店，1986年。

字，风格与陕西、山西等地出土的金代银锭铭文相似，这应是金代漕运的遗物。在十四仓遗址中，历年出土了大量与元代有关的文物，如有“皇甫”“南京”等铭记的铜权、铁权、石砚、龙泉窑影青小狮、定窑小瓷人、铜镜，以及定、磁、钧、龙泉等各窑系的碗、碟、盆、罐、炉、盏等各种瓷器；还有浙江龙泉窑出产的元青瓷画花碟、青瓷小盘、香炉，河北磁州窑出产的元白釉褐彩鱼藻纹盆、荷叶形罐盖、白釉褐彩盘等，河南、河北等地钧窑出产的碗、盂、炉、小盏，江西景德镇出产的影青龙凤纹扁壶、圆壶等。这些文物说明，曾经的十四仓规模较大，设施完备，是一个重要的榷关，且这种重要性一直延续到清代。

除了十四仓，武清的运河故道还发现许多金元时期沉船的遗址：黄沙河发现沉船2艘，位于北运河故道；聂官屯于20世纪60年代发现沉船1艘，长8米，位于北运河东岸；1974年杨村五街发现沉船一艘，仅余船头；1973年三角坝发现船板……这些沉船虽然未必都是剥船（驳船），但是伴随出土的基本都是金元时期的瓷器，从侧面反映出当年运河上的繁忙景象。

元代运粮船只的总押送官，在河西务交卸粮食之后，往往赴京求仕，别的事就不管了。这么一来船上的其他人无人管理，往往“纵意畸零回还，因而伺隙作过”。后来元政府规定交完粮食之后，押送官需负责押送船只返航。夜晚押送官把船聚集在一起停泊，约束船员们不要上岸，以防作过。每宗粮船各用颜色标记，及大字书写押送官职名，方便辨认。如要下船搬柴取水，应当由官员带领船员上岸，事毕一同返还，并且禁止船上夹带隐藏枪刀弓箭。[①] 从这些规定可见元政府对运粮军人的管理极其严格。

海津镇出现后，元政府不断调集军队在天津周边屯田，促进了天津

① 参见（元）赵世延、揭傒斯等撰：大元海运记。新北：广文书局有限公司，1972年。

周边地区的人口增长。“世祖至元四年（1267年），（中卫屯田）于武清、香河等县置立。十一年（1274年），以各屯地界相去百余里，往来耕作不便，迁于河西务荒庄杨家口，青台养家白等处，其屯军之数与左卫同为田一千三十七顷八十二亩”（顷、亩，均为土地面积单位，1顷为100亩，1亩约666.67平方米）。[①] 天津以东地区也有屯田，至大二年（1309年）“癸亥，摘汉军五千，给田十万顷，于直沽沿海屯种，又益以康里军二千，主镇守直沽海口屯储都指挥使司，秩正三品……置都指挥使、副都指挥使等职”。[②] 几年后，这些汉军也有调动，延祐三年（1316年）二月“调海口屯储汉军千人，隶临清运粮万户府，以供转漕，给钞二千锭”。[③] 说明这些军队的任务除了保卫海漕，也兼顾河漕。汉军是由元军早期征服的金、辽等军人组成，康里军则是更早时元军征服的中亚民族，迁入中土的康里人多为军士，是元朝侍卫亲军中的重要力量，属于色目人。他们屯田的地点很可能在今葛沽一带。屯田的时间与海津镇的设立是相关的，延祐三年在直沽设海津镇，命副都指挥使伯颜镇守，延祐七年（1320年）四月又调兵千人海运至直沽，用于防戍。[④] 上述军队应当就是保护漕运的镇遏军。《元史》还记载，至大三年（1310年）庚戌，政府用钞九千一百五十八锭，买了耕牛农具，配给直沽酸枣林的屯田军。

当时，小甸子村一带有天津地区最大的枣树林，随着时间的推移，

---

① 元史，卷一百，兵志。二十五史，第九册。上海：上海古籍出版社，上海书店，1986年。

② 元史，卷二十三，武宗二。二十五史，第九册。上海：上海古籍出版社，上海书店，1986年。

③ 元史，卷二十五，仁宗二。二十五史，第九册。上海：上海古籍出版社，上海书店，1986年。

④ 参见元史，卷二十七，英宗一。二十五史，第九册。上海：上海古籍出版社，上海书店，1986年。

这些屯田军人可能逐渐成为地方村落的农民。据《天津地名志》统计，静海区元代建村的地名有：王口、台头、王二庄（北宋）、子牙（自古）、大邀铺、三呼庄、焦庄子（北宋）、东钓台（自古）、西钓台（自古）、垛庄、东港、西港、朗汙、吉祥村、元蒙口（宋）、马集、孙坝口、砖垛、梅厂、董庄窠等。西青区最早出现的村庄，应推南河镇傅村，该村现在的古槐就是“俗传汉孝子董永典身葬亲处”。村旁有一条大路，为燕齐两地交通要道，那棵富有传奇色彩的古槐就矗立在路旁。[①] 西青区元代的村落还有：牛坨子（北宋末）、当城（北宋）、沙窝（北宋）、宣家院（元代）、炒米店（明代以前）、王稳庄（元末明初）等。北辰区有：马庄（元）、北仓尹儿湾（元）、南仓（元）、宜兴埠（元）、下辛庄（元）、常庄（元）等村。津南区有：咸水沽（北宋）、葛沽（北宋，鲛脐港铺）、双港（北宋，苍沽寨）、巨各庄（东汉建武）、白塘口（周定王？）、东泥沽、西泥沽等村。南开区有：水阁大街（元）。河东区有：大直沽（元）等。这些新出现的地名，虽然分布比较稀疏，然而形成了天津城市郊区附近早期聚落的格局，为明代天津卫成为首都不可或缺的漕运中心奠定了基础。

二、元代北运河的治理

至元二十八年（1291年），元政府采用郭守敬设计的方案开始开凿通惠河。通惠河引昌平县白浮村神山泉，通双塔榆河，引一亩、玉泉诸水入城，汇于积水潭，又东折而南，出文明门（今崇文门）至通州高丽庄入白河。河长164里，中设水闸21处，每十里置一闸，工程历时一年。河成之后，漕船可以一直驶入大都城，从此减轻了都民陆路辗转之劳。至

---

① 参见（清）薛柱斗著：康熙天津卫志。天津通志·旧志点校，上卷。天津：南开大学出版社，1999年。

元三十年（1294年），忽必烈采纳漕运使司建议，又引小渠水入榆水，增加流量，以解决潞河（白水、榆水、浑水合流）水源不足的问题。至此，通州到大都的运道虽然大致沟通，但通州以上的坝河运输压力仍然很大。至正二年（1242年），监察御史王思诚进言："至元十六年（1279年），开坝河，设坝夫户八千三百七十有七，车户五千七十，出车三百九十辆，船户九百五十，出船一百九十艘，坝夫累岁逃亡，十损四五，而运粮之数，十增八九。船只六十八艘，户只七百六十有一，车之存者二百六十一辆，户之存者二千七百五十有五，昼夜奔驰，犹不能给，坝夫户之存者一千八百三十有二，一夫日运四百余石，肩背成疮，憔悴如鬼，甚可哀也。"[①]这番话说出了坝河运输的艰苦形状。

元代海运的开通，使北运河的运输量极大地增长，因此北运河的畅通至关重要，特别是从三岔河口到通州的北运河段，成为漕运的咽喉要道，因其容易淤塞，要经常疏浚。至元十七年（1280年）元政府曾经"发侍卫军三千浚通州运粮河"。[②]尽管如此，北运河依然经常决口，"（至元）二十五年（1288年）督漕至直沽仓，潞河决，水溢，几及仓壁"。

至元三十年（1293年），春、夏大旱，漕粮海运至天津再转运大都，遇到了北运河水浅的问题。潞河自李二寺至通州河段水深仅0.66米，漕粮被迫以小舟卸载，该年海运漕粮达京师者降至88万石。

终元一代，运河治理的重中之重都是北运河，元政府对这一河段的维护十分重视，河道的维护和管理不断加强，详细情形可从下表窥见一二。

---

① 元史，卷一八三，王思诚传。二十五史，第九册。上海：上海古籍出版社，上海书店，1986年。

② 元史，卷十一，世祖八。二十五史，第九册。上海：上海古籍出版社，上海书店，1986年。

北运河施工统计表

时间	施工内容	出处
中统三年（1261年）	郭守敬请开玉泉水以通漕运	《元史》卷五世祖纪二
至元十三年（1276年）七月	以杨村至伏鸡泊，漕渠回远，改从孙家务	《元史》卷九世祖纪六
至元十三年（1276年）八月	穿武清蒙村漕渠	《元史》卷九世祖纪六
至元十五年（1278年）六月	……以通州水路线，舟运甚艰，命枢密院发军五千，仍令食禄诸官雇佣千人开浚，以五十日讫工	《元史》卷十世祖纪七
至元十七年（1280年）二月	发侍卫军三千浚通州运粮河	《元史》卷十一世祖纪八
至元二十四年（1287年）春正月	以修筑柳林河堤南军三千，浚河西务漕渠	《元史》卷十四世祖纪十一
至元二十六年（1289年）五月	发武卫亲军千人浚河西务至通州漕渠	《元史》卷十五世祖纪十二
延祐二年（1315年）春正月	发卒浚漷州漕河	《元史》卷二十五仁宗纪二
至治元年（1321年）三月	发民丁疏小直沽白河	《元史》卷二十七英宗纪一
至治三年（1324年）四月	浚金水河	《元史》卷二十八英宗纪二
天历二年（1329年）四月	浚漷州漕运河	《元史》卷三十三文宗纪二
至顺二年（1331年）五月	调卫兵浚金水河	《元史》卷三十五文宗纪四

续表

至正二年（1342年）春正月	开京师金口河，深五十尺，广一百五十尺，役夫一十万	《元史》卷四十顺帝纪三
至正九年（1349年）三月	坝河浅涩，以军士、民夫各一万浚之	《元史》卷四十二顺帝纪五
至正十年（1350年）九月	命枢密院以军士一百修筑白河堤	《元史》卷四十二顺帝纪五
至正十一年（1351年）六月	发军一千，从直沽至通州，疏浚河道	《元史》卷四十二顺帝纪五

自宋代黄河南徙以后海河水系基本固定下来，为后来天津城市（海津镇）及其周边的发展提供了较稳定的地理环境。如果说金代的中都只是局部政权的首都，元代开始把整个国家的首都建立在中国北方，从此中国的政治中心就在东部的南北游动。同时元政府第一次贯通了京杭大运河，从而奠定了几百年南粮北运的经济格局。此后黄河很长时间没有再侵入海河流域，直到黄河1855年再一次决口改道之前，京杭大运河一直稳定地发挥作用。

同时元代开了中国大规模海运的先河，这条海上航道沿用至今，天津因此也作为漕运枢纽，形成和发展起来。作为九河下梢的天津地区，人口密集，人类活动对水文环境的影响逐渐加大。虽然没有具体的人口统计，但两座妈祖庙的建立已能够说明当时天津地区的人口规模，并且奠定了颇具津门特色的妈祖文化基础。《三叉沽创立盐场旧碑》第一次具体叙述了长芦盐场在天津的最早记录。从那时起，这里就开始出现了一个新的城市，将以新经济、新人口和新文化而令人瞩目。元代对海运航道的开拓，为天津成为海上通道奠定了基础。元代的海津镇是天津城市真正的起点，作为一个与运河对接的海港，为漕运开辟了发展的新局面。

第四节　明代漕运管理

一、明初的河海兼运

1351年，元顺帝派贾鲁治黄河，动用民夫15万，士兵2万。官吏乘机敲诈勒索，由此引发红巾军大起义。此后经过20年的战争，最后朱元璋取得胜利，1368年朱元璋正式称帝，建立了明朝。在反元战争中明军充分利用了大运河的运输功能，如大都督府副使兼同知率府事顾时“从大将军（徐达）定河南北，浚闸以通舟师，自临清至通州”[①]，明军沿运河到达天津，进而占领了通州，元顺帝没有进行太多抵抗就放弃大都北逃。明朝建立初期，与残元势力在北方进行了很长时间的战争，明朝廷于洪武三年（1370年）、五年（1372年）、十三年（1380年）、十四年（1381年）、二十年（1387年，两次）、二十三年（1390年）、二十九年（1396年），共8次北伐。因北方频繁用兵，所需军粮需从各地征调，因此粮草运输很重要。经过多年战乱，元朝留下的运河并不好用，明朝北伐主要还是靠海运。洪武元年（1368年）北伐之时，朝廷命浙江、江西及苏州等9府，运粮300万石到汴梁，随后大将军徐达令忻、崞、代、坚、台5州运粮到大同，中书省亦下令山东行省，募水工发莱州洋海仓饷永平卫。此后海运饷北平、辽东成为定制。永乐元年（1403年），朱棣纳户部尚书郁新建之言，开始用载重300石以上的淮船，取道淮河及沙河运粮到陈州颍岐口，

---

① 明史，卷一三一，顾时传。二十五史，第十册。上海：上海古籍出版社，上海书店，1986年。

之后用巨舟从黄河运粮到八柳树，最后车运赴卫河到北平，与海运互相补充……淮、海运道共有两条，而临清仓储河南、山东粟，也是为了运到北平的，合而计之为三运。这里只有海运用官军，其余则皆民运。[①]这三种漕粮饷运往北平的方式，都必经天津。

洪武元年（1368年），明军曾从登莱地区渡海北上，击败残元势力，将辽东地方纳入明朝治下，而当时辽东驻军所需的粮食、布匹等后勤物资，也都要通过登辽之间的海路转运。《辽东志》中说："初，大军俸粮之资仰给朝廷，衣裳则令山东州县岁运布钞棉花量给。由直隶太仓海运至（辽东）牛家庄储支，动计数千艘，供费浩繁，冒涉险阻。"[②]洪武七年（1374年），定辽卫都指挥使马云率领的运粮船队在海上遭遇暴风，"覆四十余舟，漂米四千七百余石，溺死官军七百一十七人，马四十余匹"，[③]损失惨重，说明海运具有相当的危险性。

明初海运资料表

洪武元年（1368年）二月	汤和提督海运。	《明史》卷二太祖纪二
洪武五年（1372年）春正月	靖海侯吴祯督海运，饷辽东。	《明史》卷二太祖纪二
洪武三十年（1397年）冬十月	停辽东海运。	《明史》卷三太祖纪三

朱元璋死后，建文帝即位。不久，发生了靖难之役，燕王朱棣发兵与其侄建文帝朱允炆争夺帝位。此役从建文元年七月初五（1399年8月6日）开始，持续了三年。朱棣以北平为基地，灵活运用策略，经几次大

① 参见明史，卷七十九，食货志三。二十五史，第十册。上海：上海古籍出版社，上海书店，1986年。

② （明）毕恭、王祥等著：辽东志，卷八。续修四库全书，第646册。上海：上海古籍出版社，2002年。

③ 明太祖实录，洪武七年六月癸丑条，明实录，卷九十。上海：上海书店，2018年。

战消灭建文帝主力，最后乘胜进军，于建文四年六月十三（1402年7月13日）攻下首都南京，建文帝失踪，朱棣登上帝位。天津博物馆存“重修三官庙碑”，上刻：“夫天津小直沽之地，古斥卤之区也。我朝成祖文皇帝，入靖内难，圣驾尝由此渡沧州，因赐名曰天津，筑城凿池，而三卫立焉。”立碑时间是明嘉靖二十九年（1550年）四月。这块碑记录了天津得名的直接缘由，其中涉及“白河济渡”的史实。靖难之役的战争进行到第二年，燕军偷袭沧州胜利，充分利用了元代遗留下来的运河便利，打破了建文帝对付燕王的犄角之势。这一仗显示了朱棣的机智，是朱棣变被动为主动的关键一仗。随后“十二月，燕王移直沽之舟至长芦，载降获辎重，顺流而北。王自率众循河而南，盛庸出兵袭后，不克。燕王遂至临清，移屯馆陶，掠大名，焚军饷”。[①] 运河给了朱棣极大的便利。这里的长芦指当时在沧州附近的长芦镇。当时天津以南诸县都支持建文帝，反对朱棣，因此遭到朱棣的屠杀。

朱棣占领南京以后，就有迁都北平的动议，朝臣们对此进行了充分的论证。当时明朝面临最大的威胁还是来自北方的蒙古，如果首都建在南京，远离北方边境，那么朱棣就需要把首都交给其他人去镇守，而建文帝的结局就是前车之鉴。再有以前的金中都和元大都，都是北方民族征服中原的基地，而朱棣自己也是从北平开始打天下的。迁都北京，朱棣则是背靠中原，镇守北疆。1403年，朱棣下令将北平改为北京。永乐四年（1406年），下诏以南京皇宫为蓝本，兴建北京皇宫和城垣。永乐十九年（1421年）正月，明朝廷正式迁都北京，国家的政治和军事重心转移到北方，明朝由此继承了元代南粮北运的格局，需要由南方运送大量的粮饷。从明朝开始，中国的政治中心基本固定在中国的北方，奠定了之

① （清）谷应泰撰：明史纪事本末，第一册。北京：中华书局，1977年。

后中国数百年的政治格局。那么漕运也不再是为了支持短期军事行动的一时之计，而是成为维系首都经济命脉的长期国家战略。

早在永乐迁都之前，朱棣就已设立了天津卫，原因还是为了海运。永乐二年（1404年）十一月“设天津卫。上以直沽海运商舶往来之冲，宜设军卫，且海口田土膏腴，命调缘海诸卫军士屯守”。[①] 为此明朝还在天津建立了储存海漕粮的露囤。永乐三年（1405年）“命平江伯陈瑄于天津卫城北造露囤千四百所，储海运粮”，[②] 位置就在今北辰区的尹儿湾。“太宗皇帝知公（陈瑄）才可任，时北京军储不充，命公岁董运百万石，（道）海给之，公措置井井，创建百万仓于直沽尹儿湾城，天津卫籍兵万人戍守”。[③] 天津自建城那一年开始海上漕运，朱棣设官专管。海漕已经不是临时的后勤措施，而是长久之计了。

永乐初年天津海漕详情可见下表。

永乐初年海漕统计表

时间	事件	出处
永乐四年六月（1406年）	命平江伯陈瑄督海运诣天津卫。	《明实录天津史料汇编》上册第17页
永乐六年二月（1408年）	命平江伯陈瑄总率官军，都督佥事宣信为副，海道运粮赴北京	《明实录天津史料汇编》上册第19页
永乐七年正月（1409年）	命平江伯陈瑄总率官军，都督佥事宣信充副总兵，督馈运赴北京	《明实录天津史料汇编》上册第19页

① 万新平、于铁丘主编：明实录天津史料汇编。天津：天津人民出版社，2012年。

② 同上。

③（明）杨士奇：平江侯谥恭襄陈公神道碑铭。（明）杨宏：漕运通志，卷之十，漕文略。北京：方志出版社，2006年。

续表

永乐七年十二月（1409年）	命平江伯陈瑄充总兵官，前军都督宣信充副总兵，率领舟师海运粮储赴北京	《明实录天津史料汇编》上册第19页
永乐九年十月（1411年）	命平江伯陈瑄充总兵官，都督宣信充副总兵，率舟师海运粮储赴北京	《明实录天津史料汇编》上册第20页
永乐十一年二月（1413年）	命平江伯陈瑄充总兵官，都督宣信为副总兵，率舟师海运粮储赴率海舟运粮储赴北京	《明实录天津史料汇编》上册第23页
永乐十一年十二月（1413年）	命平江伯陈瑄充总兵官，都督宣信副之，率舟师海运粮储赴北京	《明实录天津史料汇编》上册第23页
永乐十二年二月（1413年）	敕都督谢芳率领舟师漕运北京	《明实录天津史料汇编》上册第23页

但是如前文所述，海运很不安全，险远多亡失，粮食的损失很大，如永乐元年（1403年）从江南运粮到直沽的六十万一千二百三十石粮食，安全运达的只有四十九万多石，损失的粮食占总量的18.5%。于是“永乐初，平江伯陈公瑄奉命率舟师道海运北京，然道险，所致无几，乃浚济宁、临清之河水达北京，以便饷运”。[①] 河海兼运势在必行了。当时河运的路线是由“江、淮达阳武，发山西、河南丁夫。陆挽百七十里入卫河，历八递运所”，这条路线极其辛苦。济宁州同知潘叔正上言：“旧会通河四百五十余里，淤者乃三分之一，浚之便。”[②] 因中间需要陆运70里，而且会通河还淤塞，于是朝廷命宋礼及刑部侍郎金纯、都督周长前往治之。宋礼

① （明）杨士奇：敕赐灵慈宫碑记。（明）杨宏：漕运通志，卷之十，漕文略。北京：方志出版社，2006年。

② 明史，卷一五三，宋礼传。二十五史，第十册。上海：上海古籍出版社，上海书店，1986年。

认为会通河的水源，必须利用汶水。有位汶上老人白英献策“筑堽城及戴村坝，横亘五里，截断汶河水流，使之不能南入洸河而北归海。汇集诸泉之水，尽出汶上，至南旺，中分为二流。南流接徐、沛者十之四，北流达临清者十之六。南旺地势高，决其水，南北皆注，所谓水脊也。因相地置闸，按时蓄泄。自南旺分水处，北至临清，地降九十尺，置闸十有七，而达于卫河，南至沽头，地降百十有六尺，置闸二十有一，而达于淮河”。[①] 这就是俗称“七分朝天子，三分下江南”的南旺分水闸，修闸后可以彻底沟通京杭大运河。

永乐十三年（1415年），山东戴村坝河南旺分水工程完成以后，明朝就把漕粮运输的重点放在了河运上。宋礼既治会通河成，朝廷议罢海运，仍以陈瑄主持漕运。议造浅船千余艘，最初运粮200万石，后来达到500万石，满足了首都需求。[②] 至此京杭大运河全线贯通。

自疏浚会通河后，朱棣命令都督贾义、尚书宋礼用海运船队运输。宋礼认为海船大者千石，不适于河运，于是造浅船500艘，运淮、扬、徐、兖粮百万，来抵海运之数。平江伯陈瑄接手漕运后，将浅船增至三千余艘。当时淮、徐、临清、德州各有粮仓。江西、湖广、浙江民运粮至淮安仓，分遣官军就近挽运。自淮至徐用浙、直军，自徐至德用京卫军，自德至通用山东、河南军。一年运粮可达三百万余石，名曰支运。[③]

---

① 明史，卷一五三，宋礼传。二十五史，第十册。上海：上海古籍出版社，上海书店，1986年。

② 参见明史，卷一五三，陈瑄传。二十五史，第十册。上海：上海古籍出版社，上海书店，1986年。

③ 参见明史，卷七十九，食货三。二十五史，第十册。上海：上海古籍出版社，上海书店，1986年。

永乐年河漕统计表

时间	事件	出处
永乐十四年正月（1416年）	敕平江伯陈瑄、都督陈恭、谢芳率领舟师攒运粮储赴北京	《明实录天津史料汇编》上册第25页
永乐十五年二月（1417年）	命平江伯陈瑄充总兵官，率领军官攒运粮储，并提督沿河运木赴北京	《明实录天津史料汇编》上册第26页
永乐十五年十二月（1417年）	命平江伯陈瑄充总兵官，率领舟师漕运粮储赴北京	《明实录天津史料汇编》上册第26页
永乐十七年正月（1419年）	命平江伯陈瑄充总兵官，率领舟师漕运粮储赴北京	《明实录天津史料汇编》上册第27页
永乐十八年正月（1420年）	命平江伯陈瑄充总兵官，率领舟师漕运粮储赴北京	《明实录天津史料汇编》上册第27页
永乐十九年正月（1421年）	命平江伯陈瑄充总兵官，率领舟师攒运粮储赴北京	《明实录天津史料汇编》上册第28页
永乐二十年正月（1422年）	命平江伯陈瑄充总兵官，率领舟师攒运粮储赴北京	《明实录天津史料汇编》上册第28页
永乐二十一年正月（1423年）	命平江伯陈瑄充总兵官，率领舟师漕运粮储赴北京	《明实录天津史料汇编》上册第28页
永乐二十二年十月（1424年）	命平江伯陈瑄充总兵官，率领舟师攒运粮储赴北京	《明实录天津史料汇编》上册第29页
宣德二年（1427年）	平江伯陈瑄言，漕卒12万人，岁漕艰苦	《明史》卷一六七王佐传
宣德四年四月（1429年）	工部尚书黄福、平江伯陈瑄经略漕运	《明史》卷九宣宗纪

自此以后，汶水通过南旺以北的山东运河成为海河水系的一个组成部分，历时四百余年之久，只有几次黄河北决，穿运而东，如汶水被挟

由大清河入海时例外。京杭大运河的漕运也维持了四百余年。

二、明代漕运管理

据黄仁宇估算，明朝早期全国税额总数接近2 950万石，其中需要通过漕运运到北京的粮食一般在四百万石左右。以后虽然由于各种因素，年度运输量有时急剧变动，极端时如永乐十八年（1420年）仅为60万石，宣德六年则达到674万石，其余时间大致还维持在400万。相比元代海运后期一般在200万石到300万石之间，明代显然多了三分之一。原因是，明代北方的军事需要远高于元代。明成祖迁都北京，主要原因就是对抗北方蒙古残余势力的骚扰，为此他曾5次北征，号称“燕王扫北”。此后明政府在东起鸭绿江，西至嘉峪关一线整修长城，以抵御明后期面临的辽东满族力量崛起的威胁。明朝九边中的蓟州距离天津最近，蓟州还有防倭寇的任务。辽东和蓟州的军粮就是从天津运过去的，其中大部分还是要经过海运。而这时辽东和蓟州的军粮需求与曹操征乌桓、隋唐时期征高句丽时的需求大同小异，其运输路线也面临着相同的地理难题。《明史·食货志》记载：“由是海陆二运皆罢，唯存遮洋船，每岁于河南、山东、小滩等水次，兑粮三十万石，十二输天津，十八由直沽入海输蓟州而已。不数年，官军多所调遣，遂复民运，道远数愆期。”[①] 所谓遮洋总，最初是负责供应辽东军粮的。每年有24万石运天津由直沽入海输蓟州。为了减少海运蓟州的危险，政府曾经开挖一条蓟州河。

永乐十三年（1415年），京杭大运河南北全线疏浚通航后，南运河，即卫河，从山东临清一路下行，通往天津三岔河口，因为浅水河段较少，

---

① 明史，卷七十九，食货三。二十五史，第十册。上海：上海古籍出版社，上海书店，1986年。

漕船运行通畅。南运河在天津三岔河口接入北运河，开始上行，河道逐渐变陡，浅水河段增多，整个北运河上有浅水河段37处，这对行船很不利。京杭大运河虽然克服了高程的限制，但是注定每年要为调节水量和克服浅段付出巨大代价。即便如此，明朝廷也终于可以宣布停止海运，把大运河作为漕运的主要渠道了。宣德八年（1433年），郑和第七次下西洋回朝后，震惊世界的航海壮举画上句号。到嘉靖年间，倭寇在东南沿海地区侵扰更甚，于是朝廷明令海禁，三令五申“片板不得入海”。此时大运河已经疏通，漕粮多为河运，但实际上朝廷并没有完全取消海运，运军的编制中始终保留着“遮洋总”这一负责海运的官职，有明一代始终是以“河为正运，海为备运”，至少从天津到辽东的海运无法用河运代替。嘉靖三十一年（1551年）十二月，辽东巡抚都御使侯如建议：“海道自天津至辽东，皆内地无虞，唯登、莱一带，与岛夷相值，稍当防。要在权其利害之轻重，得人任之而已。今天津已经造船开运，乞容米商通贩以济穷边。其山海关运道，亦听官民水陆之便，但当关防夹带外移等弊。”[①]这个建议得到了皇帝的认可。同时工科右给事中李用又提出开胶莱新河的建议，他说：“见今淮安之船由淮河直抵麻湾，即新河之南口也；由海仓直抵天津，即新河之北口也。自南口以至北口，仅三百三十余里，各有潮水深入，中有九穴湖、大沽河诸流可引。”[②]因为当时还处于海禁期间，此议并没有结果。直到百年之后的隆庆元年（1567年），明穆宗宣布解除海禁，又有人提出开通胶莱运河恢复海漕的建议：“隆庆中，运道艰阻，议者欲开胶莱河，复海运。由淮安清江浦口，历新坝、马家壕至海仓口，

---

① 万新平、于铁丘主编：明实录天津史料汇编。天津：天津人民出版社，2012年。

② 同上。

径抵直沽，止循海套，不泛大洋。疏上，遣官勘报，以水多沙碛而止。”[①]还是因解决不了沙碛问题而放弃。同年有人建议在北方开放天津到冀东永平的海运，刘应节“建议永平西门抵海口，距天津仅五百里，可通漕，请募民习海道者赴天津领运，同运官出海达永平。经讨论决定发山东，河南粟十万石储天津，令永平官民自运焉”。[②]隆庆四年（1570年）由于黄河决口发生了800艘漕船倾覆的事件。山东巡抚梁梦龙建议仍实行海上漕运。当时梁梦龙说：“海道南自淮安至胶州，北自天津至海仓，各有商艇往来其间。自胶州至海仓，岛人及商贾亦时出入。臣等因遣人自淮安转粟二千石，自胶州转麦千五百石，入海达天津。以试海道，无不利者。由淮安至天津大要两旬可达。”[③]此建议第二年被采纳，但后来由于漂没了8艘船，于是到天津的海路又中止了。万历元年（1573年），“时方行海运，多覆舟，以三近言罢其役”。[④]从元代海运的经验看，海上覆舟是不可避免的，只是有了河运与海运的利弊权衡，还是以河运为主。

明朝运军主要都是来自南方八省，天津卫的军人属于德州、通州等九卫遮洋总，大部分并不参与运输，只承担保卫运道的任务。“其直隶德州、天津，直抵通州等九卫，皆隶漕运所辖者，不过欲其程途接续制统联络趱运也。又其临近京师，天下根本，万一天时亢旱，边务缓急不同，稍有不继，必须用此直隶官军转搬至京，得以一呼而集”。[⑤]天津卫的军

---

① 明史，卷七十九，食货三。二十五史，第十册。上海：上海古籍出版社，上海书店，1986年。

② 明史，卷二二〇，刘应节传。二十五史，第十册。上海：上海古籍出版社，上海书店，上海书店，1986年。

③ 同上。

④ 明史，卷二二七，贾三近传。二十五史，第十册。上海：上海古籍出版社，上海书店，1986年。

⑤ （明）杨宏撰：漕运通志，卷之八，漕仓表。北京：方志出版社，2006年。

士是应急备用的，所以北直隶通州等九卫之官军，比南方漕运卫所官军更重要。他们只有少量的漕运任务，“北直隶一总所辖德州二卫、天津三卫、通州四卫，共九卫，官军一千七百六十四员名，该运粮米五万四千一百三十四石有零，系是旧制，到今趱运百十余年”。九个卫中，天津的运军只占三分之一。《漕运通志》记载：“天津卫千户一员，旗军一百四十五名，浅船一十五只，每年该造一只五分，运粮四千四百五十八石。天津左卫千户一员，旗军一百二十一名，浅船一十二只，每年该造一只二分，运粮三千七百二十石。天津右卫千户一员，旗军九十八名，浅船一十只，每年该造一只，运粮三千一十三石。”[①] 属于天津卫的漕卒才列了364人，运粮任务只有11 191石。而天津以北，杨村等卫《漕运通志》未列，可能就只有疏通河道任务，没有直接漕运任务。因为天津离北京已经很近了，天津卫军的主要任务，还是保证漕运的安全，催促漕船前行赶路不要停顿，协助疏通运河河道，等等。按照明代军制，天津三卫官兵应有16 800人，万历年时户部尚书杨俊民在《边饱渐增供亿难继酌长策以图治安疏》中指出，“天津三卫原有官兵九千三百九十九员名，为备倭而设”。[②] 可见，天津卫后来并没有原来定额的那么多人了。同时为了备倭，天津卫的军队还有补操的任务，“近于弘治十三年（1500年），为因声息紧急，团营缺人，暂掣正军千名补操，却连原运余丁七百名一概退掣闲旷”。[③] 弘治十二年（1499年）因运军调为操练，革罢天津左、右、天津三卫运船37只，漕粮分派遮洋总空闲船只代运。就是指这次革罢事件。但正德二年

① （明）杨宏撰：漕运通志，卷之四，漕卒表。北京：方志出版社，2006年。

② （明）陈子龙等编：明经世文编。续修四库全书，第389册。上海：上海古籍出版社，2002年。

③ （明）杨宏撰：漕运通志，卷之八，漕例略。北京：方志出版社，2006年。

（1507年）又恢复了。[①] 总之天津卫只有少数军人参与漕运。

漕船运粮，贯通南北，也少不了运军利用漕运之便，贩鬻货物，即附载土宜。对于这一现象朝廷虽有限制，但并未绝对禁止。朝廷的理由是漕船附载土宜可“补助正粮盘费”。成化十年（1474年），朝廷规定，允许每船附带土宜10石，并只能“易换柴盐”，弘治十年（1497年）重申“凡漕运军人许带土产换易柴盐，每船不得过十石。若多载货物沿途贸易稽留者，听巡河御史、郎中及洪闸主事盘检入官，并治其罪”。[②] 随着漕运中的贩私现象有增无减，嘉靖时明朝廷不得不将漕船附载土宜的数量增加到40石，万历六年（1578年）再增至60石。天启二年（1622年），工部尚书王佐说：“漕之迟，迟在贸易。漕规，每船正粮不过五六百石。乃转载私货，不啻数倍，沿途贸易，辗转迟误。今后造船定以千石为限，不许多带私货。”[③] 除了贩运土宜之外，漕船实际上还承担为朝廷运其他货物的任务。如长年累月为北京的建设运输城砖，且数量很大，所以民间有北京城是运河漂来的说法。万历二年（1574年）九月，“今有武清地方土脉坚胶不异临清，去京仅一百三十里，较临清近二千余里。一兴改作，不但粮运民船不苦烦劳，亦且为国节省，有生财实效。公布复议：临清烧造，遵行已久，即云武清土脉不异，人事为否均齐，安能一一如式？若一旦更改，倘有偏而不举之处，是徒增纷扰也。今行武清县，责令王勇等每年分造城砖三十万个，俟三年之后果有成效，另议建改。其临清自万历三年为始，每年止造七十万个，照旧粮船代运。从之”。[④] 这段记

① 参见（明）蒋曙：兴革利弊疏。（明）陈子龙等编：明经世文编。北京：中华书局，影印版，1987年。

② （明）杨宏撰：漕运通志，卷之八，漕例略。北京：方志出版社，2006年。

③ 万新平、于铁丘主编：明实录天津史料汇编。天津：天津人民出版社，2012年。

④ 同上。

载中“照旧粮船代运”充分说明北京的建筑材料一直靠漕船来运输。

《畿辅通志》中的三岔河口（上方是海河方向，左方是北运河）

由于北运河水浅，南方河运的漕船有时不能直接到达通州，而是需要剥船倒运一部分粮食，减少漕船的吃水。因此，不管是河运还是海运，天津必须提供剥船倒运。永乐二年（1404年），朱棣就有在直沽置仓储粮，别以小船转运北京的想法。[①] 这里所说的“别以小船”，就是天津的剥船倒运。海船需要剥运到北京在元代已有先例，枯水季节河船也需要剥运，剥运是天津漕运的主要任务。从天津到通州的北运河是漕粮运输的卡脖子段，每年组织剥运是天津漕运的难点，于是从明代逐渐形成了官办剥船制度，直到清代皆如此。有官员认为天津的剥船户很难管理，“天津为南北要冲，有盐海之利，其民嗜利，不畏刑法。且沿河军卫俱有府

① 参见万新平、于铁丘主编：明实录天津史料汇编。天津：天津人民出版社，2012年。

州县以相钤辖，而大津既无有司以控制，又无驿递以送迎。都督陈逵镇守而居于通州，未尝一至其地，所以恣肆尤甚。况今水旱相仍，倘有相聚为梗者，岂不深可虑乎？”[①]。政府为加强对天津剥船户的管理，逐渐形成制度。成化十一年（1475年）九月有人建议，“北河剥船户积年朋合为奸，多索脚价，甚至谋害人命。宜令管河郎中杨恭查拘通州至直沽船户，核其姓名、籍贯，编定字号，每十人为一甲，人给一票，船尾标以粉牌，仍籍其船料、地里定价与之”。[②]自此官剥船制度成为大运河漕运体系中不可分割的一部分，其管理部门与管理方式不断调整，日臻成熟。正德九年（1514年）九月，户部会议巡抚官所上事宜：“天津以北须用雇船剥浅，近者船户率高价取赢，而运军受害，宜行管河郎中副使禁约区处。”[③]嘉靖二十八年（1549年）七月，户、兵二部议复巡仓御史阮鹗疏陈漕运事宜：“一，天津以北河道宜令管河郎中每年三月亲诣浅所疏浚……；一，天津一带河道宜分属巡仓御史管理；一，河西务起至石、土二坝，宜刻立水则浅深，其起剥多寡可坐而定。”[④]关于水脚银价，隆庆六年（1572年）三月规定海运“粮船至天津海口，水浅舟胶，须用剥船转运至坝，每粮白石给水脚银二两九钱，其轻赍银两先期委官由陆路起解，听各督粮官收后应用”[⑤]。万历四十四年（1616年）二月，河西务钞关额定设剥船800艘，石、土二坝额设四百余只。河西务的800只官剥船，经常不敷使用，又有规定不许另雇民船，导致漕运矛盾很尖锐。万历九年（1581年）十二月，巡仓御史顺而行奏：“白粮旧例住泊丁字沽，复雇剥船至通州石坝囤房堆

① 万新平、于铁丘主编：明实录天津史料汇编。天津：天津人民出版社，2012年。
② 同上。
③ 同上。
④ 同上。
⑤ 同上。

寄，俟漕粮过尽方形尽纳。起剥赁积之需、居房火烛之患，不可胜言。宜令原船直抵河西务住泊。”①

万历十四年（1586年）户部题本指出：“漕粮远者六七千里，近亦四五千里……不逾春月俱达天津。北至白河，咫尺京师，反不能依期抵坝，何也？一则起剥甚难，一则浚河不力。盖剥船仅八百，每船不过百余石，每例往返须两日。三百余万之粮，必欲尽用剥船，患剥船已尽，河涨无期，转盼伏雨时行。”②这是说剥船数量不够，特别是春天雨少的季节，还得雇用官船之外的民船。万历十五年（1587年）户部又说：“天津迤北设有官船，船户各有专辖，其脚价随地远近以为多寡，载在议单，运官不得另雇民船，以滋糜费。”③官剥船不够，又不许另雇民船，到天津的漕粮经常是来不及剥运，有时只能暂时卸载天津。由于北运河经常淤浅，剥运的过程很艰难。为了解决此矛盾，就出现裁撤官剥船再改雇民间剥船的议论。万历四十三年（1615年）九月，有人就建议，说：“剥船所以搁者，缘船额不敷，就中有船户疲累弃之而逃，有奸猾揽当原无船而暂雇应点，有旋应一剥而中途别载盈利。宜俟运事竣后，关臣督同武清县掌印官逐一查核。其有人无船者，设法补造；有船无人者，佥选应役，务令人船两足。而一切杂差累苦，悉与蠲除。”④

万历四十六年（1618年）巡仓御史王象恒认为：“剥船户帮贴以省烦苦。河西务剥船八百只，派正户八百家，又佥帮户二千四百家，差遣追呼，不胜骚扰，不如尽行裁割，而出官银帮贴之，虽减二千金济边之额，而

---

① 万新平、于铁丘主编：明实录天津史料汇编。天津：天津人民出版社，2012年。
② 同上。
③ 同上。
④ 同上。

所利实众……从之。"[①]至此官剥船便被裁撤了。但是剥船不足的问题并未解决。天启五年（1625年）三月，刑科给事中霍维华疏言："一曰漕粮剥收之太迟。臣过天津一带，见夹岸聚米如山，盖水浅船胶，不得不需运于剥船，剥船不至，不能不堆积于陆，因此时船未回空，不唯今秋运事全迟，抑且粮米露积可虑。询厥所由，皆大通桥盘兑过严，以致剥船停候。"[②]由此导致后来漕粮不能按时运达通州的现象越来越普遍。

原本漕船各帮出发与到达北京的时间均有严格规定。成化八年（1472年）规定，各省漕船到京时间"北直隶并河南、山东卫所，限五月初一日；南直隶并凤阳等卫所，限七月初一日，若过江支兑者，限八月初一日；浙江、江西、湖广都司卫所，限九月初一日。"[③]但这也从另一个方面说明，运河的通航能力是有限的，漕船在运河上很拥挤，必须分期分批才能通过。即便如此，误期的现象还是十分普遍。如果漕船误期，就会在天津或北运河上滞留，如天津的水次仓经常会卸载迟到的漕粮，如此一来，来不及回空的冻阻现象也会经常发生。漕粮不能及时运达通州遇到河流冰冻就叫"冻阻"。

天顺六年（1462年）十一月就发生过一次严重的误期，当时运粮船尚有三四千在临清，上令"除冻前到通州外，其余可到天津者，可到德州者，俱就彼收贮"[④]。《漕运通志》上记载了这次严重的误期，"户部题本称，粮船来迟，恐致冻阻故也。将南昌左等三卫德州收，荆州左等六卫所天津收，宁波等一十二卫所河西务收"。[⑤]结果是用德州、天津、河西务三

① 万新平、于铁丘主编：明实录天津史料汇编。天津：天津人民出版社，2012年。
② 同上。
③ 大明会典，卷二十七。续修四库全书，第789册。上海：上海古籍出版社，2002年。
④ 同①。
⑤ （明）杨宏撰：漕运通志，卷之八，漕例略。北京：方志出版社，2006年。

处分别卸载的方法解决的，这在通信不便的古代是十分不容易的。弘治七年（1494年）十二月关于误期又有规定，“回船运军冻阻德州以南者，支与口粮一月，天津以北者，与两月。至明年运粮至时，每米一斗折银三分还官”。[①]有些漕船在上冻前赶不到天津，只能就地停泊。正德八年（1513年）总兵官顾仕隆奏：“但今九月中旬，而粮船方才过尽，恐于北河或有冻阻，亦当赶至临清、德州，不必寄囤，就令官军尽数在船守候，明春河开之日趱运赴京上纳。”[②]对冻阻运军的补助增加了漕运成本。

万历二十五年（1597年），日本增兵朝鲜，再次挑起战争。明代的援朝战争期间，军需主要从山东、河北陆运到辽东，及辽东战事起，迫于形势，又实行海陆并运。万历四十六年（1618年）“八月，海运饷辽东”[③]。但军需供应依然力不从心。天启五年（1625年），天津巡抚李长庚报告：“夫辽饷二百万以每舟载五百石计之，需得四千舟始可完二百万之运，而臣所造雇津船二百只、唯沙船五百只耳。”[④]辽东军饷需多供少，很难满足，不得不在天津进行截漕。天启七年（1627年）八月：“截漕接济宁、锦，发过津帮船一百六十只，截粮十一万一千二百七十三石七斗；淮帮船一百二十只，截粮八万八千七百二十六石三斗。通共粮二十万，共用船二百八十八只，派陆续起运往关外宁远前屯等处交卸。”[⑤]这20万石粮食只及李长庚说的辽饷200万石的十分之一。据袁崇焕奏言：“今日全辽兵食所仰借者，天津截漕耳。国储外分，京庾日减。”从截漕淮帮船只之多，可

---

① 万新平、于铁丘编：明实录天津史料汇编。天津：天津人民出版社，2012年。

② （明）杨宏撰：漕运通志，卷之八，漕例略。北京：方志出版社，2006年。

③ 明史，卷二十一，神宗二。二十五史，第十册。上海：上海古籍出版社，上海书店，1986年。

④ 转引自（美）黄仁宇著：明代的漕运。北京：新星出版社，2005年。

⑤ 转引自封越键著：明代漕船管理述略。安徽：黄山书社，2007年。

以看到明初辽东战事之后，南北海运已经恢复，但运船起点已移至淮安，淮安与上海之间河运畅通，江淮可连成一体。基本上明代军粮的需求远大于元代，所以明朝对漕运的依赖也远大于元代。天津依然是河海联运的枢纽，其战略地位甚至比元代时更重要。

三、明代官仓

漕运包括运和储，粮仓是古代漕运的重要组成部分。漕运的兴衰与首都的位置密切相关。明初首都建在南京，北方的漕运仅服务于临时性的军事行动，没有必要建立大规模的粮仓。靖难之役后，朱棣将首都迁往北京，漕运的终点也随之迁到北京，于是北京出现了大批的粮仓，沿河的水次仓也逐渐向北京或通州移动。正统二年（1437年）三月，朝廷将直隶武清卫仓移到通州大运西仓废廒旧基，就是因为户部左侍郎张睿说旧仓设在旷野，收粮不便。正统十年（1445年）夏四月，朝廷又命拆临清、德州、河西务仓的三分之一，改为在通州及在京建仓，是因为各仓皆空闲，而通州、京仓却不足的缘故。武清卫仓移到通州后，守仓官兵还提高了待遇。水次仓减少的原因是运河通航能力的提高，节级转搬的支运法被废除。嘉靖二十年（1541年）五月，总督漕运都御使周金奏“……国初粮运乃节级转般之法，故于水次置仓，后因漕河已定，直达于京，此法遂止”。[①]

天津作为离北京最近的运输节点，也是建立周转粮仓的必选之地。朱棣做燕王时曾经长期驻守北平（元大都），那里就有许多元代留下的仓廒，附近的天津、河西务也建有许多粮仓。明初天津的粮食还是依靠海路运输，朱棣深知天津战略地位的重要性，首先就在天津建粮仓。《明

① 万新平、于铁丘主编：明实录天津史料汇编。天津：天津人民出版社，2012年。

史·河渠志》记载:“永乐元年(1403年),平江伯陈瑄督海运粮四十九万余石,饷北京、辽东。”《明实录》记载,永乐二年(1404年)十一月“上以海运粮船上抵直沽,欲于直沽置仓储粮,别以小船转运北京。命户部议,皆以为便。复请于天津等卫多置露囤,以广储蓄。从之”[①]。随之当时刚设立的天津卫,就在城北建立了露囤,“命平江伯陈(瑄)于天津卫城北造露囤千四百所,储海运粮”。[②]在永乐二年,以海运抵达直沽的粮食,再用小船转运北京。建露囤的地点就在天津北辰区运河边上的尹儿湾,“四年(1406年)定海陆兼运,瑄每岁运粮百万,建百万仓于直沽尹儿湾城,天津卫籍兵万人戍守”。[③]尹儿湾还附设了卫监。《大明会典》有更详细的记载,永乐二年(1404年)“今于小直沽起盖芦囤二百八座,约收粮一十万四千石,河西务起盖仓囤一百六十间,约收粮一十四万五千石,转运北京。三年令总督储粮官于天津城北造露囤一千四百所”[④]。除了尹儿湾,小直沽也建了二百多座露囤,河西务则建了仓囤。天津的“芦囤”“露囤”都是露天的芦席囤,河西务的仓囤就是仓廒。永乐四年(1406年)开始海运漕粮,“命平江伯陈瑄督海运诣天津卫,所部海舟必约日同发,不得先后”。[⑤]此后每年都有朱棣亲自下令海运并趱运北京的记载。京杭大运河贯通后,永乐十三年(1415)春二月设北京通州左、右、神武中、定边、武清五卫仓,置副使各1名。[⑥]同年九月设武清仓于河西务,置副使

① 万新平、于铁丘主编:明实录天津史料汇编。天津:天津人民出版社,2012年。
② 同上。
③ 明史,卷八十六,河渠四。二十五史,第十册。上海:上海古籍出版社,上海书店,1986年。
④ 大明会典,卷二十七,户部十四,漕运漕规。续修四库全书,第789册。上海:上海古籍出版社,2002年。
⑤ 参见同①。
⑥ 参见同①。

2名，且兼北京留守行后军都督府之职。[①] 这些粮仓基本上继承了元代的仓库建制。

从记载看，天津北边的1 400座露囤，是永乐三年（1405年）开始修建的。根据《北辰区志》记载，北辰区的地势“自西北向东南微微倾斜，线河、安光、青光以南一线向南倾斜，一般高程（黄海）1.5—7.5米”[②]，换算成大沽高程约为2.7—7.7米。北仓大致位于北运河畔5米高度的区域，略高于天津城区。天津城区经常受到洪涝的威胁，不适于建造永久性粮仓，选择高程稍好于天津城附近的尹儿湾，有其道理。而在河西务建立永久性粮仓则是元代的旧例。当年在尹儿湾露囤建成之前，先在小直沽建了208座露囤，应是临时性的。河西务建的140间仓囤因是廒仓，永乐十三年（1415年）才建成，与元代1 100百间的十四仓比起来规模要小得多。露囤是以苇席为材料的临时储粮方式，廒仓则是以砖瓦修建的永久设施，每5间一廒，前后出檐，廒顶开气楼一座，可蒸发粮食中的水汽。为防止鸟雀，气窗之上还用竹蓖编成隔孔。廒底砌砖或石块，上铺木板或楞木，下留出空隙，保粮食干燥，以防地面潮气。廒的墙体用大城砖垒砌，底部厚约1.5米，顶部约1米，收分很大，为的是抵抗散装粮的水平推力，防止推倒墙体。现存北京市内的南新仓，就是典型的标准样板仓廒。汉唐时代河南地区的粮仓多窖藏，华北地区地下水位高，适合建敖仓。随着京杭运河的修通，沿运河的水次仓逐渐完备。《明史·食货志》记载：“永乐中，置天津及通州左卫仓，且设北京三十七卫仓。益令天下府县多设仓储，预备仓之在四乡者移置城内。迨会通河成，始设仓于徐州、淮安、德州，而临清因洪武之旧，并天津仓凡五，谓之水次仓，以资转运。既，

---

① 参见万新平、于铁丘主编：明实录天津史料汇编。天津：天津人民出版社，2012年。
② 北辰区志。天津：天津古籍出版社，2000年。

又移德州仓于临清之永清坝，设武清卫仓于河西务，设通州卫仓于张家湾。”①

天津设卫以后在城内也建了粮仓，作为地方驻军粮仓。弘治《大明会典》载，“北直隶卫：天津卫仓、天津左卫仓、天津右卫仓”。② 万历《大明会典》说天津卫仓建在永乐二年（1404年），“天津左右三仓永乐二年建，今一十八廒”，③ 即建卫当年就建了粮仓。《天津县新志》说建在永乐十三年（1415年）以后，“明永乐十三年，罢海运改河运，建仓贮粮于天津卫，宣德间增置三仓，分隶三卫。天津卫曰大运仓，凡六廒，左卫曰大盈仓，凡九廒，右卫曰广备仓，凡七廒。崇祯末，遭闯寇之乱，焚毁无遗，今仓门口犹存旧名”。④ 两种说法前后相差11年，按说应当以更早的《明会典》为准，建卫就应有仓，但是有仓并没说清是否有廒。按《天津新县志》的说法，三卫粮仓共有22廒，只相当于后来规定的每一个卫24廒的数量，“凡天下设置仓廒，其在各该卫所，常存二年粮斛，分为二十四廒收储以备支用”。⑤ 不管这些仓是何时建的，在宣德六年（1431年）八月被一把大火焚毁了。天津右卫仓副使纪拳奏，“比城外军家失火，飞焰入城，烧三千余家，焚粮七万一千石有奇，焦灼不可用者一万五千五百石有奇。今发司追问，令臣等赔纳。缘火起有因，赔补实难。上命督察院

① 明史，卷七十九，食货三。二十五史，第十册。上海：上海古籍出版社，上海书店，1986年。

② （明）李东阳撰：弘治大明会典。文渊阁四库全书，第617册。台北：台湾“商务印书馆”，1982年。

③ 大明会典。续修四库全书，第789册。上海：上海古籍出版社，2002年。

④ 高凌雯纂：天津县新志。天津通志·旧志点校，中卷。天津：南开大学出版社，1999年。

⑤ 同②。

遣人勘实以闻”。[1]两个月后，查明“风火非人力所能制，其免追”。于是宣德十年（1435年）重新建了三仓，即天津卫的大运仓、天津左卫的大盈仓、天津右卫的广备仓，旁边还建有仓神庙和镇仓关王庙。这三个仓共有22个廒房。储存方式由明初露天囤改为室内，说明储存条件在改善。这些仓位于旧城内东北部，在明末的动乱中被烧毁。清代初期，天津还是卫的建制，城内仍然保留了明代的仓廒，后来在城内又建的公字廒、聚粟廒、裹馀廒、日字廒等廒，规模较小。如今在旧城里留下仓门口、晒米厂等地名。

第五节　明代运河的治理

一、天津卫的出现与明初大移民

天津卫不是行政建制，而是驻军的编制，于永乐二年（1404年）正式设立，当时这里属于静海地盘，“静海府东北，元曰靖海，属清州。洪武初，更名。八年四月改属北平府。十年五月来属，县北有小直沽，卫河自西来，与白河合，入于海。又有丁字沽、碱水沽。又北有天津卫，永乐二年十一月置”。[2]天津卫包括三个卫：天津卫、天津左卫、天津右卫。其中天津右卫还是从青州左卫调来的。“（青州卫）永乐初改调天津卫，已

① 万新平、于铁丘主编：明实录天津史料汇编。天津：天津人民出版社，2012年。
② 明史，卷四十，地理一。二十五史，第十册。上海：上海古籍出版社，上海书店，1986年。

清末天津鼓楼[1]

① 此图为天津博物馆陈列品。

下添设天津左卫、天津右卫、旧青州左护卫……”[①]“青州左护卫后为天津右卫”。[②]明代实行卫所制度，卫所是地方驻军，“天下既定，度要害地，系一郡者设所，连郡者设卫。大率五千六百人为卫，千一百二十人为千户所，百十有二人为百户所。所设总旗二，小旗十，大小联比以成军。其取兵，有从征，有归附，有谪发。从征者，诸将所部兵，既定其地，因以留戍。归附，则胜国及僭伪诸降卒。谪发，以罪迁隶为兵者。其军皆世籍。此其大略也”。[③]就是说，天津三卫应当有16 800士兵，来源有从征、归附和谪发三类人，带来天津方言的应当是从征的士兵。天津设卫显然是因为这里是河海转运漕粮重地，也是重点防守的军事要地。天津最初设卫时，军事驻地都分散在附近的县，天津卫没有领地，其下属的千户所和屯堡，分散在天津卫城以南的静海、青县、沧州、南皮等地，以及运河沿线附近的地区。天津卫屯田的地点散布在卫城以南300里的地区，号称72屯，实际有143屯。正统四年（1439年）十二月，“直隶天津卫奏，本卫屯田皆在河间地方，比因夏秋雨多，冲决河岸百有余里，屯田淹没，请筑塞以免后患”。[④]天津卫屯垦的几个县都属于河间府。

康熙《天津卫志》记载的三个所屯堡都在天津城以南，并没有说明是哪个卫的下属。另外，天津卫的各个官屯，均有屯兵驻扎，专门负责南运河浅水河段的通行。每千户都配备有运船19只，每船配备屯丁12名，屯丁总数达220人之多。经过元末战争，天津地区人烟稀少，初建卫时海

① 明史，卷九十，兵二。二十五史，第十册。上海：上海古籍出版社，上海书店，1986年。

② 同上。

③ 同上。

④ 万新平、于铁丘主编：明实录天津史料汇编。天津：天津人民出版社，2012年。

河以北地区属于武清卫，天津以东地区是荒地，万历二十九年（1601年）天津巡抚汪应蛟在奏折中说，“臣窃见天津葛沽一带，咸谓此地从来斥卤不耕种”，[①]说明明代初期这里曾经的耕地已荒废了，需要重新开垦。因此上述三个所的屯军都驻守在天津南沿运河附近地区，并且有负责维持漕运航行的任务。因为政府养不起那么多军队，卫所就是由国家发给农田耕种，屯垦自足的。明初天津地区有大量荒闲土地，政府对土地进行再分配，将其直接划归卫所管辖。明代对人的身份有严格的规定，卫所士兵身为正军外，其子弟称为余丁或军余，将校的子弟称为舍人。这些卫所士兵终究不是农民，还执行轮班赴京操练的任务。明英宗时期曾取消此任务，正统元年（1436年）杨士奇等曾建议，令大宁都司及南、北直隶卫所官军，不必赴京操备，俱下地屯种，既省转运之劳，又养精锐之气。但是到景泰五年（1454年）八月朝廷又规定：“军卫本为护卫地方而设，今直隶天津、德州并凤阳等卫官军俱轮班京师掺练，其来掺之人多挟私妄报，管事官为在闲，亦取赴操，是以各处军卫空虚。乞选其年五十以上者放回原卫管事，精壮者留掺，今后亦不许报取管事官，庶内外武备俱不乏人。”[②]可见，到五十多年后的景泰年间，天津卫所的军人还得轮班赴京会操。明代卫所自卫指挥使以下军官和士兵都是世袭的，父死子继，户籍与普通百姓分割开来。时间长了有些卫籍军人便以逃亡的方式进行反抗，卫所中还出现了许多五十多岁的老兵。明中期以后卫所制逐渐松弛，但终明之世，卫所制不废，天津三卫一直维持到清初，才由三卫合成一卫。

---

① 万新平、于铁丘主编：明实录天津史料汇编。天津：天津人民出版社，2012年。

② 同上。

天津设卫不但使“天津”这个名称固定下来，而且作为一个城市，从此开始了不断发展的进程，天津的地域环境特色、交通地位，以及区位价值，越来越被认识和开发。

天津以北的武清区从元代开始有军队屯田，《元史·兵志》有记，当时枢密院下辖的中卫在元世祖至元四年（1267年）“于武清、香河等县置立。十一年，以各屯地界，相去百余里，往来耕作不便，迁于河西务、荒庄、杨家口、青台、杨家白等处。其屯军之数，与左卫同，为田一千三十七顷八十二亩”。明代的武清卫属于顺天府通州。明代关于武清卫的记载还有：“永乐四年（1406年）二月命兵部以有罪当谪戍者实新设武清卫。”① 同年徐达在武清置15屯。② 天顺元年（1457年）五月“直隶天津、武清等卫军事月粮九里本色六斗，折色四斗。一，景泰中又除本色内一斗折支芦苇，养赡不敷”③。万历元年（1573年）二月“移武清卫后千户所于河西务新城”④。这样，北运河畔的武清也具备了一定的人口规模，弘治十五年（1502年）将原三十里屯归并为十五里屯。

据史料记载，从明初的洪武年间到永乐十五年（1417年）五十余年间，明政府有计划外迁山西居民共18次。它是我国有史以来规模最大、时间最长、范围最广的有组织、有计划的移民。当时朝廷采取的移民政策，是按四口之家留一，六口之家留二，八口之家留三的比例外迁人口。朝廷发给移民路费、耕牛、种子、车具和一定数量的粮食，三年内不征任何赋税。如永乐五年（1407年）每户给道里费100锭，口粮5斗。永乐十

① 万新平、于铁丘主编：明实录天津史料汇编。天津：天津人民出版社，2012年。
② 参见武清县志。天津：天津社会科学出版社，1991年。
③ 同上。
④ 同上。

二年（1414年）每户拨田50亩。永乐十四年（1416年），每个移民户免赋三年，等等。这些优惠政策对于移民也是一种经济刺激手段。据统计，在山西洪洞县正式办理过“凭照文书，领取川资”的外迁移民，遍布今天全国的19个省、市、自治区，其中北京、天津、河北的142个市、区、县，都生活着这些山西移民后代。因为移民集散地在山西洪洞县大槐树下，形成了今日大槐树的认祖群。除了山西，天津地区明初移民还来自山东和江南等地。永乐二年（1404年），皇帝诏迁山东、山西、四川、河南、河北滦州等地移民迁入天津境内，占地立庄。

明初，作为漕运枢纽的海津镇本来已经有了初步的发展，《明史纪事本末》记载：“达等师至长芦，元守将左佥院遁去，达命指挥费子贤守之，分兵徇下青州。师至直沽，获其海舟七艘，造浮桥济师。常遇春、张兴祖各率舟师，并河东西以进，步骑遵陆而前。元丞相也速等捍御海口，望风奔溃，元都大震。”[①] 可见，元末战争中海津镇也没有发生大的战斗纪录。在收复中原之前，朱元璋曾发布安民告示《致齐鲁河洛燕蓟秦晋之人檄》称：“如蒙古、色目，虽非华夏族类，然同生天地之间，有能知礼义、愿为臣民者，与中夏之人抚养无异。”[②] 在这种政策下，元末海津镇应还保持着一定的人口。战后洪武四年（1371年）徐达驻守北平，曾经“徙北平山后之民三万五千八百户，一十九万七千二十七口，散处卫府”。其中武清区有15屯，2 021户，蓟州区有10屯1 093户。[③] 但是后来朱棣的靖难之役却使河北又遭遇了战乱之灾。

据《明史》记载，燕军在战争中抢掠屠杀甚为严重。在河北的真定、

① （清）谷应泰撰：明史纪事本末，第一册。北京：中华书局，1977年。
② 皇明诏令。续修四库全书，第57册。上海：上海古籍出版社，2002年。
③ 参见万新平、于铁丘主编：明实录天津史料汇编。天津：天津人民出版社，2012年。

顺德、广平、大名等地大肆杀掠，曾在真定斩首三万级。白沟河一仗，燕王“乘风纵火奋击，斩首数万，溺死者十余万人”，攻占沧州后也大开杀戒，“燕兵四面急攻之，玉帅壮士由城东北隅肉薄而登，遂拔其城。先遣兵断归路，生擒凯及都督陈暹，都指挥俞琪、赵浒、胡原等，斩首万余级，余众悉降，燕将谭渊尽坑杀之，械凯等至北平”。[①]由于海河以南各县百姓不支持燕王，故遭到屠杀，《盐山新志》记载：“明建文时，燕军来往沧盐南场，民多抗拒之，燕军亦赤其地，海丰诸场就荒河南，淡食。”[②]靖难之役造成后来天津附近人烟稀少。当地人都说：“‘燕王扫北，此帮之民为化字军吞噬无遗’。当日燕军过此者，盖以化字为号。燕王即位，屠戮忠节之士。山西李柳西者，永乐时始迁盐山者，初至时白骨青磷，怵惊心目。”[③]天津地区毗邻沧州，并非安居之地，人口逃亡避祸，自然人烟稀少。据明嘉靖《河间府志》记载：靖难之役中“斩刈尤甚，民之生于斯者，十无二三焉”。有的地方整个县都没了人烟。清咸丰《献县志》记载：“明建文之间，南北兵争，邑人无复存，志莫考矣。永乐二年（1404年）迁近省人实畿辅，而献县始有民。”[④]民国《沧县志·大事记》记载：“建文元年，靖难兵起，三年之中，纵横河北数千里，杀戮几无孑遗，为前所未有之奇劫。”[⑤]由此可知，经过那场战争浩劫，整个河间府，包括沧州一带的村庄绝大部分都被荡平、毁灭。因此朱棣在迁都北京，设天津卫之后，移民充实卫所周边地区以巩固统治。依照永乐元年（1403年）的统计，户口已经较洪武时期减少一半左

① （清）谷应泰撰：明史纪事本末，第一册。北京：中华书局，1977年。
② 贾恩绂著：盐山新志。台北：台湾成文出版社，1976年。
③ 同上。
④ （清）李昌祺纂修：咸丰初续献县志。台北：台湾成文出版社，1968年。
⑤ 沈如潮等编：民国沧县志·大事记。上海：上海书店，2006年。

右，其中复业人户仅占洪武时期的四分之一，开种的耕地也仅占洪武时期十分之一左右，[①]新一轮的移民活动便在此背景之下展开。据统计，永乐大规模有户口数记载的移民有3次：永乐二年（1404年）九月、永乐三年（1405年）九月、永乐十四年（1416年）十一月。[②]还有一些所谓“奸民”是作为惩罚而被移民的，“上以奸民好讼由无恒产，而北京尚多闲田，乃下令法司：越讼虽得实据律当笞者，免罪，另挈妻子徙从北京、良乡、涿州、昌平、武清为民，授田耕种。依自愿为民种田例，给路费，三年始供租调”。[③]

根据天津各区地名志统计，沿运河和海河周边村落的建立时间和移民来源地点的调查，可以明显看出永乐时期出现了建村高峰。如果说宋元时期有地名的村落还是点的话，到了明初，有地名的居民点已连成了片。这与明初的移民政策有直接关系。

静海区	明初41村，永乐192村
西青区	明初或洪武年间68村，永乐41村
北辰区	明初和永乐62村
津南区	明永乐63村
东丽区	明永乐41村
塘沽区	明初和永乐14村
红桥区	明初和永乐11处（地名）
南开区	明初和永乐14处（地名）
河北区	明初和永乐30处（地名）

① 参见董倩：明代永乐年间移民政策论述。青海社会科学，1998年6月。
② 参见王瑞平：明代洪武永乐年间的迁民及其影响。中州学刊，第2期，1991年。
③ 万新平、于铁丘主编：明实录天津史料汇编。天津：天津人民出版社，2012年。

续表

河东区	明初和永乐7村
河西区	明代9村

注：根据天津市各区县地名志编制。[①]

静海、西青、北辰、东丽、津南、塘沽6区，在宋元以前只有37个居民聚落，市区有85个居民聚落，到明初共建村或居民点593个，出现了爆炸式的建村高潮，新建的居民点像雨后春笋般出现。其中静海、西青两区建村342个，超过半数，说明当时移民重点在南运河一带，其中很多由天津卫的军屯演变而成。元代曾经向海河下游派驻2 000人的康里军和5 000人的汉军，但从地名调查中找不出这些军人的痕迹。市内五区共有71个地名出现在明初，其中相当一部分当年是周边村庄，后随城市发展并入市区的。

沿南北运河和海河下游两岸建立的有些居民点，从宋代塘砾防线的结束到明初，已经过了二百多年，中间还经历了黄河北徙。元朝政府曾组织军队在武清、宝坻，直至直沽海口酸枣林（今西青区张家窝镇小甸

① 静海县：李凤舞主编，天津市地方志，静海县，天津人民出版社，1994年；西青区：张禹主编，天津市地方志，西青区，天津人民出版社，1994年；北辰区：冯义军主编，天津市地方志，北辰区，天津人民出版社，1996年；津南区：高庆祥、宋兴良主编，天津市地方志，津南区，天津人民出版社，1996年；东丽区：刘玉生主编，天津市地方志，东丽区，天津人民出版社，1997年；塘沽区：何宝堂主编，天津市地方志，塘沽区，天津人民出版社，1994年；红桥区：邢克文主编，天津市地方志，红桥区，天津人民出版社，1997年；南开区：黄志敏主编，天津市地方志，南开区，天津人民出版社，1998年；河北区：任彦林主编，天津市地方志，河北区，天津人民出版社，2002年；河东区：齐泉林主编，天津市地方志，河东区，天津人民出版社，1996年；河西区：孙淑环主编，天津市地方志，河西区，天津人民出版社，1999年。

村）进行开荒屯垦。中统二年（1261年）为劝兴农桑，“……劝农史巡察劝农，并明令山泽之禁，禁止各地戍兵、势家从事畜牧侵犯桑枣禾稼生产。中统三年（1262年）河渠使郭守敬经直开引通州以南至杨村的河道，兴修水利以通漕运。当时京师之东，北极辽海，南滨青州”。[①]

根据《宋史·五行志》所载统计，河北路水灾的年份，不含笼统的全国性记载共46次，占到北宋朝水患总数的近三分之一。到明初历经二百余年，水泊连片的塘砾防线逐渐分解，天津地区在河流经过的地带，出现了一些易于耕种的田地，为移民建村创造了条件。虽然大半土地依然贫瘠，沮洳卑下，但是靠近河水的土地有灌溉之利，经过多年的开发与耕耘，最终成为有特色的农田。明代初期也曾经在畿辅大规模屯田，如“正统元年（1436年）春正月……发禁军三万屯田畿辅”[②]“正统十一年（1446年）三月直隶河间府静海县奏：钦遵敕谕及奉巡抚侍郎薛希琏扎付，召集逃民，附籍者七百户，于本县居住。缘本县地多窳碱，无田可给，县东天津等卫官军草场，先被逃民庞兴等占种，后退还官仍为草场，地耕熟者一百三十余顷，乞将拨付各户耕种为便。从之”。[③]这是所谓逃民向天津聚集垦种的记载。天津运河两岸大批居民点的出现，使天津沿运河地区，人烟相对稠密起来。农业的发展，为天津城市创造了适当的发展环境。

---

① 元史，卷一六四，郭守敬传。二十五史，第九册。上海：上海古籍出版社，上海书店，1986年。

② 明史，卷十，英宗前纪。二十五史，第十册。上海：上海古籍出版社，上海书店，1986年。

③ 参见万新平、于铁丘主编：明实录天津史料汇编。天津：天津人民出版社，2012年。

二、运河河道治理

明代是大运河漕运走向成熟的时期，运河的取直工程摆脱了原来永济渠之字形河道，适应了首都的格局，大大提高了运输效率，规避了海运的危险；建立较完备的运军系统和漕船制造制度；建立庞大的运输管理系统、河道维护系统及仓储系统等。这套漕运系统延续了几百年，直到清代还在使用。

天津地区本来就地势低洼，又处于九河下梢，经常受到洪水的威胁。明代海河流域大洪涝年有4次：嘉靖三十二年（1553年）海河北系大水、万历三十二年（1604年）滹沱河大水、万历三十五年（1607年）南北运河皆泛滥、天启六年（1626年）滹沱河等泛滥。[①] 南北运河在天津卫城的三岔河口汇合，汇入海河入海，所以海河流域上游大水都会不同程度地影响到天津，例如乾隆《天津府志》载，万历三十二年（1604年）大水淹到天津城砖二十四层。除了大水外，南北运河，从静海以北到通州的河道，尤其是北运河，有诸多浅段，需要经常维修，一旦停止维修，漕船就不能顺利通过。万历三十三年（1605年）三月有官员汇报“自通州阅河至天津，计三百二十余里，沿途浅阻计五十余处。土人云，河系浮沙，随浚随淤。故运艘至日，近则自香河之黄家渡起剥，远则自武清之杨村以下起剥，统计剥价之费大约十五万余两，而各旗甲之私贴不予焉”。[②] 为了对付北运河“随浚随淤”的浮沙，维持漕运的通航，朝廷必须常备大量的物资与人力。明代《漕运通志》记载，天津地区从静海到武清共有70个浅段，配备浅夫580人，其中“静海县钓台等浅凡九，每浅老人一名、夫十名，什物一十五件，岁办桩五十根、草五

① 参见海河志编纂委员会编：海河志·大事记。北京：中国水利水电出版社，1995年。
② 万新平、于铁丘主编：明实录天津史料汇编。天津：天津人民出版社，2012年。

千束，树多寡不一。天津卫蔡家口等浅凡一十二，每浅小甲一名、军夫九名，什物二十二件，岁办桩四百九十根、草三万三千束，树多寡不一。天津左卫留佛住口等浅凡二十四……每浅小甲一名。天津右卫北杨家口等浅凡十，每浅小甲一名、军夫九名，什物二十二件，岁办桩一十八根、草一万二千束，树多寡不一。武清县旱沟儿等浅凡十一，浅小甲一名、夫十名，什物二十二件，岁办桩一十八根、草一千八百束，树多寡不一。武清卫三里屯等浅凡四，每浅小甲一名、夫十名，什物二十二件，岁办桩一十八根、草一千八百束，树多寡不一”[①]。参与维护漕运河道是天津卫的主要任务，除了日常的维护，运河还需要经常集中疏浚，特别是遇到河堤被洪水冲坏时，更需组织修复。据《明实录》记载，明初大规模的维修运河记载长年不断。“自永乐至成化初年，（白河）八次决口，辄发民夫筑堤。而正统元年（1436年）之决，为害尤甚”“发营卒五万、民夫一万人筑决堤”“役五万人去河西务二十里凿河一道，导白水入其中”。[②]永乐二十一年（1423年）“筑堤通州抵直沽河岸，有冲决者，随时修筑以为常。迨通济河成，决岸修筑者亦且数四”。[③]“其中宣德九年（1434年）六月“河西务东西上下水决堤岸一十五处……上命行在工部发军民修筑”。[④]这次工程应包括在《明史·河渠志》中所说的8次筑堤之内。成化六年（1470年）秋七月“通州至武清县蔡家口河口并堤岸被水冲开一十九处”“奏请修筑静海以南、临清以北一带河口之被

---

① （明）杨宏撰：漕运通志，卷之二，漕渠表。北京：方志出版社，2006年。

② 明史，卷八十六，河渠四。二十五史，第十册。上海：上海古籍出版社，上海书店，1986年。

③ 同上。

④ 万新平、于铁丘主编：明实录天津史料汇编。天津：天津人民出版社，2012年。

水冲塌者”。[①] 成化七年（1471年）十一月永定河改道西南“冲决孙家口东流入河，又东抵三角淀、小直沽入海，仍其故道。请因其自然就下之势，使顺流注海”。[②] 这里的“入河”就是入北运河，永定河（即浑河）挟带大量泥沙流入北运河，给本来就浅的北运河埋下了严重的隐患。成化十二年（1476年）二月，就出现卢沟桥及直沽、天津迤北南营、耍儿渡一带，河道被冲决淤塞，需拨人夫修筑。[③] 成化十三年（1477年）七月管理河道的工部郎中杨恭奏：“六月以来久雨，水溢运河，东西两岸冲决甚多，有妨漕运……于通州、直隶天津等卫附近等处所量起军余三千名，顺天府沿河州、县起民夫一千名，相兼堤浅人夫并工修筑。”[④] 成化十八年（1482年）秋七月“久雨，卫、漳、滹沱等河涨溢，运河口岸多决，自清平县至天津卫凡八十六处，大蒙等村屯凡九处”，[⑤] 这是南运河的一次大决口。弘治中“……铉遂以时望擢漕运……尝浚通州河二十里，置坝，令浅船搬运，岁省白金数万”[⑥]。弘治二年（1489年）七月“修通州至天津河道，以原额人夫不足，命役军民夫三千助之，月各给米三斗”[⑦]。嘉靖二十八年（1549年）七月疏浚天津以北河道。万历三十一年（1603年）根据工部建议，挑浚通州至天津白河沙土，所挑沙土筑堤两岸。万历四十六年（1618年）十月疏浚白河。天津至通州59卫浅，每年额定派各州、县、卫浅夫一千七百余名，费工食要万余金，这些银两给到通惠河衙门，转发管河通判及

① 万新平、于铁丘主编：明实录天津史料汇编。天津：天津人民出版社，2012年。
② 同上。
③ 参见同上。
④ 同上。
⑤ 同上。
⑥ 明史，卷一六六，王信附郭铉传。二十五史，第十册。上海：上海古籍出版社，1986年。
⑦ 同①。

四总委处，用来募夫浚筑。[①] 可见北运河的修治耗费了明政府大量的人力物力。

为了防洪，明代天津有过修“毛公堤”和“陆公堤”的记载。嘉靖年间天津兵备副使毛恺为消除水患开始修筑堤堰，就是“毛公堤”。据记载：“天津低下，九河之水从兹而入，岸悬如线，往时壅溃不修，唯公筑堤修堰，长三百里。下屯芦草以作固，上植粗柳万根以生材，亦次作固，兹事具人，得其利焉，水安其流。”[②] 但毛公堤的具体位置，已无从查考。万历三十二年（1604年），天津遭受一次特大洪水袭击，卫河上的教场口溃决，淹城砖到二十四层。这次大水之后，任天津河防同知的陆敏捷主持修筑了一道护城堤，环绕城西、南两面，以抵御水患。后人为纪念他，称这条堤为“陆公堤”。该堤位置“在西门外藏经阁前”，西门外海会寺前所称横街北，即陆公堤头；南门外倪家台东有小径达闸口北，即陆公堤尾。据此，陆公堤的具体位置，应在稽古寺附近与卫河西大湾子南堤相接，向南经西门外，沿护城河外到西南角闸口一带。当时堤岸两旁皆种树栽柳，以保护堤防，故又称“柳林堤”。这些是城市的防洪堤。

以上自宣德九年（1434年）到万历四十六年（1618年）的184年间，仅北运河方向至少有17次河工，平均十年多就有一次大规模治河工程。其中成化年间有17年修河5次，平均三年多就修一次。这些工程动员的人力为“军民”“营卒民夫”“军余”“沿河州、县起民夫一千名，相兼堤浅人夫”“浅船”“原额人夫”“军民夫”“各州、县、卫浅夫”，大部分是卫所军人、额定浅夫或官剥船夫等。除了河道的维修外，河岸的纤道也要经常整理。运河沿岸村庄、城市房屋的建造也有规定，正统八年（1443年）四月天津

① 参见万新平、于铁丘主编：明实录天津史料汇编。天津：天津人民出版社，2012年。

② 高凌雯纂：天津县新志。天津通志·旧志点校，中卷。天津：南开大学出版社，1999年。

卫城外濒河之处，“挽舟路为居民所侵，舟行弗便，或以为言。事下工部复实。请令所司勒居者及所侵，距河四丈许，方许作屋。从之”。[①]

明代南运河面临洪水的威胁，解决方法就是修减河。明代共修有4条减河，即明永乐十年（1412年）宋礼疏浚会通河，“以御史许堪言卫河水患，命礼往经画。礼请自魏家湾开支河二，复自德州西北开支河一，使至海丰大沽河入海”，[②]此即在山东清平县魏家湾开两条支河，泄会通河水入土河（马颊河），并在德州西北开一条支河，泄水入旧黄河，至海丰大沽河入海。其上口相当于哨马营减河，下口相当于四女寺减河，弘治三年（1490年）建四女寺闸，嘉靖十四年（1535年）重修闸口，弘治三年（1490年）户部左侍郎白昂“自东平至兴济，凿小河十二道引水入大清河及古黄河入海”，后来的兴济渠即在其中，嘉靖十五年（1536年）重新挑挖，此河又称北减河，民间俗称娘娘河。南减河开挖于明弘治三年（1490年），又名捷地减河，位于沧州南五千米，自沧州东北流至今岐口入海。嘉靖十四年（1535年）右副都御史刘天和与李如圭主持建闸，当时“而泊头之址既失，乃择东光县（佷）十一浅檄交河知县朱凤仪董之”[③]。

在唐代神龙三年（707年）沧州刺史姜师度凿平虏渠，沟通了海河与蓟运河的航道，以避海运风险。当时此举是为了解决渔阳地区驻军的粮食供应问题。明代密云、蓟州一线仍然是军队的屯守区域，此处修筑的长城是明代重点工程，军队、民夫的粮食物资供应依然是通过海运从蓟运河运达的。永乐年间，明朝廷在天津蓟运河沿岸设立五大储粮仓廒，如今蓟州区留下地名的上仓、下仓就是其中的两个（据说上仓地名早在唐

① 万新平、于铁丘主编：明实录天津史料汇编。天津：天津人民出版社，2012年。

② 明史，卷一五三，宋礼传。二十五史，第十册。上海：上海古籍出版社，上海书店，1986年。

③ 卢勇著：问水集校注。南京：南京大学出版社，2016年。

代就有）。

天顺二年（1458年），大河卫百户闵建言："南京并直隶各卫，岁用旗军运粮三万石至蓟州等卫仓，越大海七十余里，风涛险恶。新开沽河，北望蓟州，正与水套、沽河直，袤四十余里而径，且水深，其间阻隔者仅四之一，若穿渠以运，可无海患。"又说："开河自新开沽至蓟州四十里中十里。先是河两头皆通，唯此不通，蓟州粮由直沽海口涉历海洋，船多覆没。"① 于是当年朝廷准开蓟州河十里，三年一浚作为成例。新开的直沽河"阔五丈，深丈五尺"，沟通了直沽海口与蓟运河，粮船由此以达，船粮无虞，公私两便。新开的河道规定三年一浚，后来改为两年浚一次。

明代后期蓟州的军粮需求大增，《明史·河渠志》记载："丰润环香河者，浚自成化间，运粟十余万石以饷蓟州东路者也。后堙废，饷改蓟州给，大不便。"这里"环香河"疑为"还乡河"，应当是蓟运河以东的支流。所说的"运粟十余万石以饷蓟州东路者"远多于天顺二年大河卫百户说的"岁用旗军运粮三万石至蓟州等卫仓"。漕粮的增多正说明嘉靖后期北方防务吃紧了。当时蒙古正统察哈尔部受到土默特部俺答汗的压迫，被迫向辽东迁移，与明朝争夺辽东地区，而女真人趁势崛起，这就导致辽东边防压力剧增。于是海口新河与蓟运河方向的河道状况，必然引起明王朝的高度重视。

① （明）杨宏撰：漕运通志，卷之八，漕例略。北京：方志出版社，2006年。

第六节 清代漕运管理

一、剥运与剥船

1644年清军入关，定都北京。清朝建都北京延续了元明以来的传统，明代定都北京有防备蒙古残余之虑，同时可北依山险，南压中原，清朝从偏处东北隅的地方政权转变为全国性的政权，最初也有进可取中原、退可出关的战略考虑。定都北京就必然要依赖南方的粮食供应，故运河漕运必不可少，清政府基本继承了明朝建立的文化正统理念以及政府体系、经济税收体制，因此同样是少数民族政权的清朝统治者，不必像金元政权那样重新摸索，而是可以完全沿用明朝建立的成熟的漕运制度和运河管理机制。但是清代要继承明代“治河保漕”的国策，就必须对运河进行综合治理。

清代天津的漕运任务依然是“催趱漕运”和“剥船接济”。所谓“催趱漕运”，首先是催促漕船不得停留，特别是杨村以上至通州河段。雍正皇帝在给大臣的批复中说：“粮运关系国储，必须遄行无阻，使得及早抵通。自杨村至通州河道多有淤浅，粮船起剥每致耽延，以致回空冻阻，并误新漕。着该督严饬坐粮厅查看河道，有淤浅处作速挑浚深通，勿使阻滞，并知会天津一带地方向有贩卖私盐等弊，粮船不准停泊，火速赶行，直抵通州。抵通后速行起卸交仓，勿得需索抑勒，苦累军丁。朕去年亲自阅仓，知漕粮过坝一昼夜可五万袋，可见交卸甚易。尔等加意督催，务使空船早得回南，新漕亦可无误。”[①] 其次是回空船不许停留，上文亦有提及。关于漕船回空清代有一套严格的制度，不但进京要快，回程也要快，“每年重运过毕，通惠河分司责令回空官丁，并列姓名、船数、投司详定期限，给单押至天津，投天津道。转单至济宁总河……责令沿河文武各官严催，不许时刻停留”。[②] 总的原则就是快运快卸快回。

相比明朝，清朝对漕运管理官员的要求更加严格，催粮官必须亲自到场督办。雍正三年（1723年），巡仓御史张坦奏称：“自通抵津三百七十里，沿河旧设汛堆三十八处……漕船到汛，催漕官弁不亲身赴河，并坐视前船阻抵不行申报者，照催趱不力例参处。”[③] 天津北运河逆流而上，漕船到天津再上行北运河，只用船上的纤夫是不够用的，天津地方还有特殊安排，即由天津镇每日拨兵20人助力。乾隆七年（1742年）八月，巡漕御史武柱奏称，“漕船每只水手、舵工多不过十一二人，过关时在船撑篙、掌舵者必须三四人，仅余八九名上岸扯拽，人力不敷，易于磕损。请饬下天津镇臣及天津河道，每日拨兵二十名，派千总一员前往轮班助力，俾重运安行，不至损坏，并严饬弁兵无得需索勒掯”。[④] 在天津过关时需要调弁兵轮班助力，进入北运河还得另找纤夫，以至于每州县还要酌立夫头。乾隆四十一年（1776年）十二月，直隶总督周元理奏称：“自天津转卫，需用纤夫，多寡不同。每一州县，酌立夫头五六名、十余名不等。”[⑤]

---

① 万新平、于铁丘主编：清实录天津史料汇编。天津：天津人民出版社，2014年。

② （清）朱奎扬等纂修：乾隆天津县志。天津通志·旧志点校，中卷。天津：南开大学出版社，1999年。

③ 同①。

④ 同①。

⑤ 同①。

清代漕船各帮出发与到达北京的时间，依然沿用明代的规定，但是为按时到达，各地的准备时间往往要几个月。道光十七年（1837年），河南开封府尹李钧，代理押运河南漕船一次，他在日记中提供了此次漕运的完整细节。李钧的日记记载，河南的漕粮由直隶通州帮、天津帮、山东德州左帮、任城帮、临清前帮后帮、平山前帮后帮、江南徐州前帮后帮，共10帮粮船协运。粮船361只，兵船32只，共393只。除临前后帮、平前后帮、徐前后帮6帮军船外，其通州、天津、德左、任城4帮及运载兵米俱雇民船。通省额征漕项银116 403两（光山县独无漕项）。可见，所谓天津帮是参与河南漕粮运输的。河南的漕粮分4个地方装船，即开封、彰德、卫辉、怀庆，河南漕粮总数为237 826石，包括米、麦、豆3种粮食。日记中还说，“当年漕粮除去缓征、添入、带征，实征米麦豆共二十三万七千八百二十六石四斗一升八合九勺，向分四厂兑收。开封一厂、彰德一厂（商丘、宁陵、睢州附）、卫辉一厂（洛阳、偃师、巩县、孟津、登封附）、怀庆一厂（太康、扶沟、许州、长葛附）。派常司马监兑开厂、萨司马监兑彰厂、奇别驾监兑卫厂、赵别驾监兑怀厂”。[①]河南的漕粮是跨年运输的，验米和装船的工作从前一年的道光十六年（1836年）十月就开始了，“二十三日午刻，赴厂验米。米质干燥，稍带糠粃，饬令风扬洁净，然后入场”“二十五日辰刻，天津帮船抵次，领运千总庆龄来谒。因河水浅滞，咨直隶大名道，转饬沿河各州县雇备剥船。十一月初一日黎明诣关帝庙、大王庙行香”。[②]河南的船队到十二月初二日黎明全部帮船装船完毕时，河道已经结冰。由内黄县派丁夫与10帮运弁一起打冰前进，这时粮船需拉纤前进。出河南境后，到初十日冰坚不能敲打，遂于大名

① 李钧著：转漕日记。续修四库全书，第559册。上海：上海古籍出版社，2002年。
② 同上。

县第六店一带地方泊船守冻。这是为了充分利用运河行船季节在头一年冻河之前先赶出一段里程，由此可见，运河漕船冻阻是常态。到第二年道光十七年正月初一，在大名守冻近一个月的船队再次出发，三月初七抵唐官屯，初八抵独流，十日左右船队到达天津，十一日河南帮船均已过竣，其在天津北仓交卸一部分军粮。来接粮的保定、雄县、迁安、霸州、东安、玉田、良乡、固安、宝坻9处兵米船亦已到齐（共一万一千八百余石）。“留原委运弁文陞候兑，定于明日押同帮船前进。……定于十三日交卸”。[①] 河南帮共运粮23万石，到天津后在北仓截漕了一万八千多石军粮。由于杨村以上多暗滩，漕船到杨村时，就必须起剥了。河南运粮的漕帮是距通州较近的船队，所以规定北直隶并河南、山东卫所，限五月初一日到达通州，时间并不富裕。李钧日记记载了河南漕粮从集结、验收、装船、起航、守冻、再起航、截漕、到达、交兑的全过程，历时四个半月。如果从前一年装船时算，一个漕运周期需要半年多的时间。所谓天津的漕帮只参与了河南的漕运，铜瓦厢决口黄河改道后，南方漕粮改行海运，但河南的漕粮还是用河运，天津漕帮仍继续参加河南漕运。这份日记记载的关于天津漕帮参与河南漕运的诸多细节，是不可多得的珍贵史料。

剥运也是清代天津漕运的主要任务，清代继承了明代属于天津的官办剥船，即红剥船，最初只有600只。[②]“剥船……于明本武清、香河、漷三邑力役照民佥船，自为撑运，以三邑滨海之民习知水性故也。隶清者六百十二只，隶香河、漷者一百八十八只……顺治四年（1647年）仍明制，于顺天府属之永、东、香、通、武、宝六州县佥派剥船六百只，每

① 李钧著：转漕日记。续修四库全书，第559册。上海：上海古籍出版社，2002年。

② 参见（清）朱奎扬等纂修：乾隆天津县志。天津通志·旧志点校，中卷。天津：南开大学出版社，1999年。

船一只给小地十顷，免其地粮以供剥运之用”。[①]但这600只船不仅不够用，而且管理起来很麻烦，实际上北运河上的剥船需求量经常会超过1 500只。所需剥船的数量是随着河水的枯盈和漕船抵达的迟速随时变化的，很多时候还得另雇民船。于是在康熙三十九年（1700年）经总督仓场侍郎石文柱疏请，彻底革除了官派剥船户的制度。官船变价每只85两，原来每船给的小地10顷征科地税，充雇船费用，所有剥船都另雇，这样剥运完全市场化了。[②]这种新政策在实际执行时，仍然遇到民船难雇的问题，一到用船时，就要到东、西两淀，甚至到泊头、安陵、临清卫河一带多方搜罗。乾隆二十二年（1757年）八月，直隶总督方观承奏称："亲赴天津一带雇备民船剥运，并于东、西两淀查办船只，期无迟误等语，所办甚妥。今岁粮船一路濡滞，现今到津之期较常年抵通迟缓一两月，虽经剥船起运若令旗丁运送到通，仍于回空有碍，且恐剥船未能同时毕集，运丁又不免守候。"[③]漕帮到达时间虽有规定，运途中的变化却使各帮到达时间参差不齐，于是就造成剥船的调配疲于奔命。如乾隆五十年（1783年）七月有人奏称："现在二、三进帮船踊跃趱行，争先赶抵坝，倘至杨村时剥船不敷应用，恐误回空。请饬下直隶总督，派员于天津以至临清卫河一带，添雇剥船七八百只，赶赴杨村备用。所奏固为速漕济运起见，但直隶地方向用车驮，非江浙之利用舟楫者可比。现已有剥船七八百只自系竭力雇备。如实在无船只可雇，即于山东、直隶交界之泊头、安陵等处酌量截留起卸，令地方官妥协堆贮，再行陆续剥运抵通，以便漕船遄回水次。"[④]每年4月份雨季到来之前，河道水浅，运往易州的漕粮，小水之

① （清）洪肇楙纂修：乾隆宝坻县志，卷十六。台北：成文出版社，1969年。
② 参见同上。
③ 万新平、于铁丘主编：清实录天津史料汇编。天津：天津人民出版社，2014年。
④ 同上。

年剥运地点往往要移到西沽进行。之前乾隆九年（1744年）夏四月，仓场侍郎觉罗吴拜疏称："拨运易州漕粮原议于天津西沽起剥，运至白沟河交卸。嗣因雇剥费繁，叠次起卸不便，议自天津直抵雄县亚谷桥转运。上年漕臣顾琮以淀河每多淤滞，粮艘不能遄行往返，请于水小之年仍令西沽剥运。"[①] 当时连剥船现场调度的决定也要上报皇帝，可见朝廷对漕运的重视。

在漕粮的运输季，运河经常是超负荷承载，清代也不断发生漕帮赶不上通航季节，大面积漕船冻阻事件，如遇军队过境时，更不能雇到足够的剥船。乾隆五十三年（1788年）"杨村起剥之船，因军船连樯北上，蜂拥而来，不敷起剥之用。查有天津备用运铜铅等船一百只，现无铜铅可运；又查通州后到豫省粮船数帮雇用民船，卸粮回空，亦可就近雇令起运等语"[②]。这是拆东墙补西墙之法。还有运兵挤占粮船和纤夫的干扰。有人奏报："查兵乘回空粮船，纤夫动用数千，苦累不堪，沿河大害。其漕船运粮原有水手纤夫，没有运军行月等粮，既可以载重运，岂不可以带兵行？嗣后凡调防大兵乘坐空粮船，只照本船水手纤夫名数，每名日给米八合一勺，州县驿递准动正项钱粮，事完开销。"[③]

当然随着社会的发展，清代对剥运管理是更加精细化的，比如清代时规定剥船不必全部卸空重船，只要卸下部分粮食，保证粮船前进即可，这样可以节省人力，并提高效率。康熙十七年（1678年）规定，每船载米不得超过400石，入水不得过六捺，空船不得过四捺。"捺"是民间的度量方法，就是一巴掌长的意思。把手张开，拇指尽量后伸，拇指头儿

① 万新平、于铁丘主编：清实录天津史料汇编。天津：天津人民出版社，2014年。
② 同上。
③ （清）薛柱斗著：康熙天津卫志·奉旨依议不许派捉民夫碑记。天津通志·旧志点校，上卷。天津：南开大学出版社，1999年。

到中指头儿的最大长度，约为七寸左右。满载船入水不得过六拃，即吃水最深不能过四尺二寸。剥船载重一百石左右，吃水较浅，剥船不必将重船所有的粮食都卸下来，只需卸下一部分，以减少南来漕船的吃水即可，卸粮多少，视河水深浅而定，“北运河自杨村以至通州俱系逆流，每遇水弱之时，在古浅，因定有起六存四之例”。[①] 根据水势大小，这个比例也是可以变的。乾隆五十九年（1794年）“北运河官设剥船一千五百只，向于重运抵杨村时，照起六存四例拨给济运。现河水充足，所有到杨待拨各帮，应改为起四存六，或起三存七，无庸拘例办理”[②]。嘉庆十六年（1811年）五月上谕内阁：“军船遇水大之时起四存六，遇水小之时起六存四，向系轮转应用，唯三进军船末后数帮，因恐回空太迟，间或全数起剥，亦缘三进之后更无帮船，始可将剥船尽用。”[③] 这是全数起剥的例子。根据河水情况，灵活掌握起剥比例，确实是管理智慧的体现。如果实在剥运不及时，就要在天津北仓截留，这时北仓设立的重要性就充分显现出来了。乾隆二十四年（1759年）夏四月，上谕军机大臣等：“此时北河水势微弱，南粮头帮已抵津关，雇船起剥虽系多用空闲民船，而沿途客商船只仍恐不免壅滞。已有旨令将先到粮船内截留四十万石，存贮天津北仓将来水势长发，需续到船只直抵通仓，不必更资起剥，且省目下购觅剥船之烦，此后遇有需用之处，即可就近转移……寻奏：粮艘将次抵津，因北河水势微弱，应将先到各帮截留四十万石存贮北仓，以免剥运。但前帮截留后帮，继进必速，若北河水尚未发，续至仍需起剥。不如先到各船，视每船应剥若干，于北仓起卸，截留原船之米抵通交兑。其中亦有只减载十之三四者，所载无多，起兑甚易，以次截至千数百船，遇河

① 万新平、于铁丘主编：清实录天津史料汇编。天津：天津人民出版社，2014年。
② 同上。
③ 同上。

水长发，继进自可无阻。”[①] 由于北仓是经常截漕的地方，建立水次仓是缓解天津剥运拥堵的办法，部分易州军粮从西沽剥运，也是解决运输对流的正确方案。这些措施逐步加强了天津漕粮运输的枢纽地位。

二、清代仓储

清代的仓储亦是沿袭明代的体制。雍正元年（1723年）秋七月，《清实录》记载“天津卫系总会之所，理应修建仓廒。其应建几仓之处，八月间送梓宫时，尔等面传谕旨与直隶巡抚，着直隶巡抚会同天津总兵官定议具题建造”[②]。雍正的决定说明尹儿湾的明代粮仓似乎并没有保存下来。雍正二年（1724年）津邑储备仓建成，包括北仓廒、中仓廒和南仓廒，民间通称北仓，共有仓廒48座，240间，占地二十多万平方米，可储粮40万石。仓廒的墙壁用砖砌，下端厚约2米，顶部厚约1米，院内设有消防水井。《津门保甲图说》中画的北仓廒与现存北京南新仓的形制完全相符。

---

① 万新平、于铁丘主编：清实录天津史料汇编。天津：天津人民出版社，2014年。
② 同上。

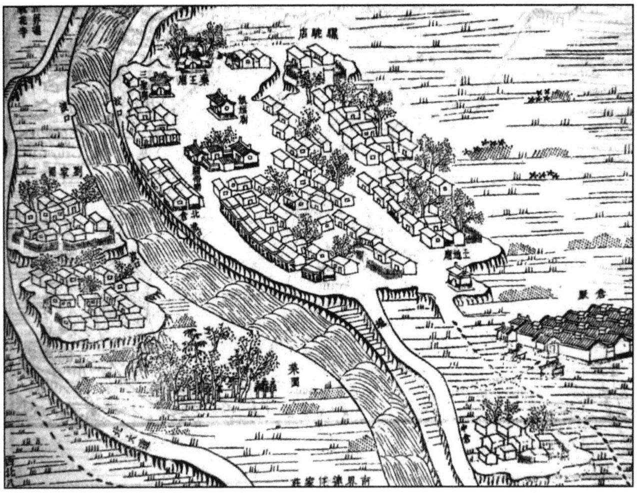

《津门保甲图说》中的北仓廒

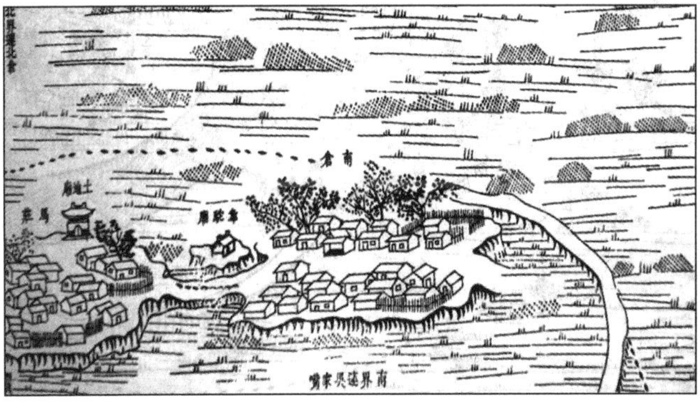

《津门保甲图说》中的南仓廒

北仓廒的主要功能是截漕赈济或平粜。建仓后的第二年，雍正帝就采纳了直隶总督蔡珽的建议，截留河南小米20万石，分发附近州县以备赈济。雍正三年（1725年）八月又“命截留漕粮二十万石，贮天津新仓”，但是因新建的仓廒“地势卑湿，廒底须铺垫干草，以隔湿气”[1]，还无法使用，结果，当年截留之米只能继续运往通州。有时截漕是因为“运河水涨，漕船不能遄行”或“北河水势微弱”影响剥运，暂时卸存在北仓；有时截漕是为了荒年赈济储备。如乾隆二年（1737年）七月，直隶“前因直属春夏少雨，请于天津北仓截留南漕三十万石，以备赈济，准行在案”[2]。乾隆十三年（1748年）正月“东省被灾州、县蒙恩截漕接济。查河南省漕粮内粟米共十一万四百七十二石零，应于天津北仓漕米内凑拨米八万九千五百二十七石零，以足二十万石之数”[3]。还有时截漕是为了调节库存。乾隆三十六年（1771年）秋七月，“奉旨截留后帮漕米五十万石于天津起卸。查江西十三帮，内有本年满号军船六十余只，例应于交粮后变卖，照旧赴通外，尚有应交米五十四万九千余石。除截足五十万，犹剩米四万九千余石，请亦在天津起卸”。[4]北仓截漕会支付搬运费以救济贫民，乾隆五十九年（1794年）秋七月，调任户部右侍郎、仓场侍郎景安，“北仓截卸漕粮及十四万余石，每袋给抗钱八九文不等；每日贫民一人可得钱二百余文，甚有裨益。得旨嘉奖”。[5]

在决定建立北仓的当年，在天津曾发生了一次因冻阻而截漕建露囤的事件。当时负责催漕的兵部侍郎李绂，因船队来不及赶到通州，为防备冻阻，决定在天津卸粮。经过一番策划，在天津西头地势较高的校场

① 万新平、于铁丘主编：清实录天津史料汇编。天津：天津人民出版社，2014年。
② 同上。
③ 同上。
④ 同上。
⑤ 同上。

建立露囤，建了764个囤，共临时卸粮50万石。[①] 这件事可能推动了天津建津邑储备仓。

据统计，北仓建仓176年间共截漕42次，截卸漕米总计1 200万石，发挥了很大的调剂作用。截漕留用的通盘调度，避免了不必要的运输对流，这是古代人早期物资储运的运筹学智慧，节省了大量的人力物力。乾隆四年（1739年）“着将南漕尾帮内截米十万石，在天津北仓存储，将来倘有不时之需，即可酌拨调用，于畿辅民食大有裨益”[②]。乾隆十二年（1747年）“着于尾帮内截留二十万石存贮天津北仓，倘将来直隶地方有需用米石之处，即由天津运往，较之抵通剥运更为便宜”[③]。乾隆十五年（1750年）“唯固安、永清、霸州、武清等处被水村庄较多。又天津、宝坻、保定三县被水稍重，此数处皆与天津水路相近，如需米数多，即于北仓拨用，不致多费运脚”[④]。这些措施都是通盘运筹的实际操作，避免了对流运输浪费。

历年北仓存储漕粮情况表[⑤]（不完全统计）

截漕年代	截运情况
雍正三年（1725年）	截湖北湖南漕米20万石，又截河南小米20万石
雍正九年（1731年）	截南漕米10万石
乾隆二年（1737年）	截南漕米20万石，再截尾帮20万石
乾隆四年（1739年）	截湖南尾帮漕米10万石

① 参见（清）李绂撰：穆堂别稿。续修四库全书，第1422册。上海：上海古籍出版社，2002年。

② 万新平、于铁丘主编：清实录天津史料汇编。天津：天津人民出版社，2014年。

③ 同上。

④ 同上。

⑤ 北辰区志，天津：天津古籍出版社，2000年。

续表

截漕年代	截运情况
乾隆八年（1743年）	截南漕米50万石
乾隆九年（1744年）	截漕米10万石，奉天粮18万石，山东、河南漕米50万石
乾隆十年（1745年）	截南漕米30万石，支约17万石
乾隆十一年（1746年）	支20余万石
乾隆十二年（1747年）	截尾米20万石，拨来28万石
乾隆十三年（1748年）	拨出米约9万石
乾隆十五年（1750年）	截漕米20万石
乾隆十六年（1751年）	截河南漕米5.1万石
乾隆十七年（1752年）	还河南沿途截留米若干
乾隆十八年（1753年）	截南漕尾帮米50万石
乾隆二十一年（1756年）	截米76万石
乾隆二十四年（1759年）	截米40万石，与景州等地截米40万石
乾隆二十六年（1761年）	截米50万石
乾隆二十七年（1762年）	截米50万石
乾隆二十九年（1764年）	分运东西淀等地1.9万石
乾隆三十年（1765年）	截江西尾漕米50万石
乾隆三十五年（1770年）	截米50万石
乾隆三十六年（1771年）	截米50万石
乾隆四十三年（1778年）	截江西漕米5万石
乾隆四十五年（1780年）	截漕米共30万石
乾隆四十七年（1782年）	截漕米若干，赏各仓9万石
乾隆四十九年（1784年）	截漕米共32万余石，补直属仓粮22万石
乾隆五十年（1785年）	运出8.5万石，收南帮漕米若干

续表

截漕年代	截运情况
乾隆五十一年（1786年）	暂储南帮漕米，再运通
乾隆五十二年（1787年）	收兑南帮漕米，待运通
乾隆五十三年（1788年）	收江西各帮漕米45.8万石
乾隆五十四年（1789年）	截南漕米30万石备赈，1.9万石赏直属被水州县
乾隆五十五年（1790年）	卸南漕米30万石备接济，2.36万石赏各地
乾隆五十六年（1791年）	赈被水州县
乾隆五十七年（1792年）	12万石运通，拨10万石接济直隶，又截漕米12万石，
乾隆五十九年（1794年）	截漕米12万石
嘉庆六年（1801年）	与各地共同截漕60万石，交地方官
嘉庆七年（1802年）	接漕米
嘉庆十三年（1808年）	卸漕米120万石，运京通120万石，拨20万石赈粜
嘉庆十五年（1810年）	截南漕米20万石，收奉天39 748石黑豆
嘉庆十九年（1814年）	拨奉天2.2万余石，收各帮粮若干
道光二年（1822年）	截漕米40万石赈粜
道光三年（1823年）	截漕米共52.12万石
道光四年（1824年）	封储台湾米10万余石
道光五年（1825年）	截漕米75万余石
道光六年（1826年）	起运北仓滞漕50万石，山东河南回空船接运10余万石等
道光十二年（1832年）	截江西新漕10万石，常平仓谷20万石
道光十三年（1833年）	常平仓14万石运北仓济民食
道光十五年（1835年）	9 000石山东协济存粮给津地
道光三十年（1850年）	截漕米20万石，卸吉安帮米若干
咸丰二年（1852年）	暂卸北仓若干

续表

截漕年代	截运情况
咸丰三年（1853年）	白粮放奉，余米5万石放来年秋奉
同治七年（1868年）	拨余米赈沧州
光绪十一年（1885年）	截江苏漕米10万石赈济
光绪十二年（1886年）	余米5.2万余石天津秋赈
光绪十三年（1887年）	截江苏漕米10万石，拨顺天2万石，直隶8万石
光绪二十年（1894年）	截山东漕米10万石，备顺直赈抚
光绪二十二年（1896年）	截江苏河槽5万石江北河漕5万石，赏拨江苏海漕10万石
光绪二十七年（1901年）	拨湖北漕粮赈济，8月漕粮改由火车运京

北仓廒在1900年被八国联军烧毁，第二年，维持了几百年的漕运亦随之终结。

三、漕船夹带

明代时漕船除运粮而外还运贡品，如苏杭的丝织品、南方的稀有木材，以及金属、药材、盐等。到京后，漕粮入海运仓，其他物品入西什库。实际上漕船来回都夹带货物，从南方运到北京的黄酒，被京中官宦富商人家称为南酒，是极受欢迎的东西。到清代，漕船除运粮之外，也有其他物资的运输任务。从明代开始，漕船就有从临清向北京运送城砖等建筑材料的附带任务，如道光十七年（1837年）的河南漕帮“本年应搭运临清砖三千九百三十九块，到通缴纳，饬六军帮均匀分配，候过临清时装载”①。

① （清）李钧著：转漕日记。续修四库全书，第559册。上海：上海古籍出版社，2002年。

漕船南归并不放空，又把北方的皮货、药材等捎回南方。所以漕帮虽是民间组织，却具有一定的经济实力和一定的政治势力。由于各地富庶、贫瘠的程度不同，漕帮的运输环境不尽相同，故有“旺帮”“疲帮”的区别。清代，漕帮夹带土宜问题仍然是朝廷关注的重要问题之一。康熙二十二年（1683年），清廷额定：每只漕船除运载漕粮500石外，许附带土宜60石，这是沿袭明万历年间的土宜额限。但清朝顺应时变，在雍正七年（1729年）规定，于60石之外，加增40石。雍正八年（1730年）再次放宽限量，每只漕船头、舵二人各准带土宜3石，水手无论人数多寡共带土宜20石，加上雍正七年的定额，共计126石。这个额限一直沿袭到清代中后期。以湖广漕船6帮358艘计算，湖广漕运人员共可随船捎带土宜45 120石。清代湖广漕运附带的土宜品种繁多，但“各项货物粗细不同，按石计算漫无一定”。为了防止土宜数量超漕船负荷，乾隆四年（1739年）题准“分别货物粗细，酌量捆束大小，定数作石，统归画一，立榜晓示”。当然，南方其他各有漕省份的漕额更大、漕船更多，土宜的附载量相应也更大。

漕船回空时携带的货物，也有一定量的免税。对于回空南下的漕船，清朝规定了具体附载物。康熙二十二年（1683年），议准回空船只“量许揽载货物家口”。乾隆三年（1738年），奏准舵工，水手可以零星捎带梨、枣60石；乾隆十年（1745年），进一步明确，船回空行至山东境内，如无梨、枣可带，准携带核桃、瓜子、柿饼等物60石作抵。乾隆二十五年（1760年），禁止麦子南流，除此之外，回空船只每年许带梨、枣、瓜、豆4种食物及其地物产合共84石，过关免税，如有多带，各关照例征税。也有漕船回空时，船舱空置的情况，因此清朝对回空船只携带货物的限制并不严格。

清代漕船携带土宜或往京师，或于漕道各水次、城镇交易。《清世宗实录》卷八十一记载，“若就粮艘之便顺带货物至京贸易，以获利益，亦情理可行之事”。所以，对于漕船例带货物，清廷实行免完厘税的政策，俾得稍沾余润，“贸易土宜，利倍十一”。[①]

清代漕船附载土宜，并非仅是单纯地将土宜运到北京或北方，而是参与了长江、运河沿线的贸易活动。一方面，将初始附载的土宜随处贩卖，之后又随处买入，循环地买卖交易；另一方面，又利用漕船载货与免税的优势，大量地包揽商人的货物，与商人协作贩运。漕船及漕帮人员公私兼顾，但私事才是重心所在。清代的漕运条例往往形同虚设，并无实际制约的成效，导致漕船夹带货物之风愈演愈烈，无意中带动了运河沿岸城镇的经济发展。天津是运河长途贩运的北方重镇，尽管不是漕运的终点，却是漕运夹带货物的集散中心。因为天津是漕粮剥运装卸的码头，剥船装卸漕粮的同时也方便处理来货和装运回货。天津又是距北京最近的大城市，有海河支流沟通华北各地，比漕运的终点通州的商品经济更加繁荣。因此漕运夹带货物的繁荣与天津商业的繁荣息息相关。

清朝廷对于夹带虽然管理松散，但是对于漕船包揽货物以及漕运人员通同商贩大量私贩货物则是严厉禁止的。漕运人员频繁地利用漕船私自附载商贩的货物，或“沿途包买”，通过各种途径谋取私利，每当“漕船到水次，即有牙侩并说，引载客货，又于城市货物辐辏之处，逗留迟延，冀多揽载，以博微利”。漕运官吏亦多图商人之馈献，商人则借以逃免课税。运官还怂恿、放任运丁揽货。清廷屡颁圣谕，制定法规，并采取了一系列措施以革职和降级调用处罚违例官吏，但是效果并不明显。

另外，官方对漕帮的管理制度也是十分严格的，通过审查水手甚至

① 参见清朝通典，卷十一。文渊阁四库全书，第642—643册。台北：台湾“商务印书馆”，1982年。

能发现逃犯，如《转漕日记》记载，道光十六年（1836年）“各厂豆收完。连日查究各帮水手，均无习教之人。唯临后帮水手张麻子，与直隶咨缉名单姓名、籍贯、年貌相符，屡经委员等研讯不承。本日亲行提讯，亦无确供。自系恃无质证，饰词狡展，详请解直归案质审……十七日接徐后帮运官王光烈禀，因上年盗米革丁陈六吉、汪萼南溷迹在次，饬内黄县拿解徐州卫究办”[①]。即便如此，到了清朝漕运后期，运河上的漕帮与地方土匪勾结，把运河变成罪恶的渊薮。道光十四年（1834年）九月有人奏，“夙闻自江南扬州至天津运河一带水路冲途，是有棍匪数十为群，身藏利刃，每遇粮艘、铜船、木筏北上，辄沿路随行，托名跟差，混杂水手、纤夫队中，与居民铺户、过往船只任意讹索，稍不遂意，辄仗恃人众，肆行抢夺，粮艘、铜船水手亦利与勾结，随同吓诈”。[②]道光十五年（1835年）秋七月，御史岳振南奏：“近闻通州东关沿河一带，有风中、镇江等帮粮船于本年闰六月初旬，彼此斗殴，伤毙数命，并有砍断肢体漂流水面之事。又，闰六月二十八日，武清县河西务地方，有身背衣包不知姓名二人在河岸同行，被水手五六人拦路抢劫银钱布匹等物。”[③]海运的沙船水手也并非都是良善之辈。咸丰三年（1853年）夏四月，“沙船水手聚众滋事，现审情形一折。本年海运沙船驶至天津，雇用宁波船只，有甫经回空之谢源春船，停泊小刘庄，该船水手谢上才等，因白日入人院内与吕姓互斗，经该汛千总陈康杰前往弹压，今竟敢倚众殴打揪拉上船”。[④]这是后来南方漕粮海运时期的事了。到咸丰年间，漕帮已经形成了一百

---

① （清）李钧著：转漕日记。续修四库全书，第559册。上海：上海古籍出版社，2002年。

② 万新平、于铁丘主编：清实录天津史料汇编。天津：天津人民出版社，2014年。

③ 同上。

④ 同上。

多年，从相助互保的民间组织，逐渐发展成为为害四方的黑恶势力，这是伴随运河漕运而生的副产品，也是传统社会构成中的必然成分。

四、重启海运

虽然清代河运是南方漕运的主要方向，但是天津地区依然保留着海上运输通道，特别是东北方向的粮食运输，还是靠海运。自康熙中后期，随着奉天地区劳动力资源日渐增多，垦殖耕地面积逐年上升，奉天地区粮食产量富足，粮食价格下跌，具备了向外大规模输出粮食的能力。据《康熙实录》载，“小米一石须银一两二钱；麦子一石，须银一两八钱”“京城之米，自口外来者甚多。口外米价虽贵极之时，秫米一石，不过值银二钱；小米一石，不过值银三钱”。[①]北京城的小米价格是口外的四倍。因此，清政府不仅允许口外的商贩运米进京，还派专人动用国库资金前往采买。乾隆三年（1738年），清政府还派出户部司员和内务府官员，分别前往张家口、古北口外采购。辽河是口外最主要的粮食水运体系，绝大部分商品粮均由北向南运输。直隶北部沿海地区粮食陆路贸易流向由北向南，滦河、运河、海河上均有繁华的粮食贸易活动。康熙年间天津赴东北贸易的商船“不过十数艘”，乾隆年间已增至数百艘。天津居民靠搬运粮石生活者不下数万人。在河东又新创杂粮店，商贾由此贩粮通济河东一带的村庄。[②]据嘉庆四年（1799年）统计，仅天津县以商贩东省粮石营生者，每岁约船六百余只，每船往返四五次或五六次不等。海禁的放宽及里河运粮的发展，为天津粮业的兴起创造了极好的条件。康熙间，

① 大清圣祖仁皇帝实录卷，第二四〇卷，康熙四十八年。台北：新文丰出版社，1978年。

② （清）薛柱斗著：康熙天津卫志。天津通志·旧志点校，上卷。天津：南开大学出版社，1999年。

凭着官给龙票，可以出入海运航线，到乾隆四年（1739年）十月，“名嗣后奉天海洋运米赴天津等处商船，听其流通，不必禁止”。[①]

自从元代修通京杭大运河以来，黄河泥沙一直是运河的威胁。江苏地区夺淮入海的黄河与运河在淮安交叉，清口是黄、淮、运合流处，历史上的各种水利工程奉行“蓄清刷黄”的原则，就是为了避免黄河的泥沙淤塞运河。道光四年（1824年）淮河在高堰决口，“南河黄水骤涨，高堰漫口，自高邮、宝应至清江浦，河道浅阻，输輓维艰。吏部尚书文孚等请引黄河入运，添筑闸坝，钳束盛涨，可无泛溢。然黄水挟沙，日久淤垫，为患滋深”。[②]这一年由于洪泽湖高家堰大堤决口，泥沙含量低的清水宣泄过多，含有大量泥沙的黄水倒灌，致使大运河自江苏高邮、宝应至清江浦一段运道堵塞，漕船搁浅。漕运阻断，漕粮无法北上，于是海运之议复兴。大臣们经过一番讨论，认为“夫河运剥浅有费，过闸过淮有费，催趱通仓又有费。上既出百余万漕项，下复出百余万帮费，民生日蹙，国计亦贫。海运则不出内地，不归众饱，无造船之烦，无募丁之忧，利国便民，计无逾此”[③]。道光五年（1825年）皇帝决定第二年暂行海运，将上海交兑米石，听地方官自行雇剥送运，以省需索帮费……天津剥船宜多为雇备，漕船水手宜妥为安插各款”[④]“乃命设海运总局于上海，并设局天津。复命理藩院尚书穆彰阿，会同仓场侍郎，驻津验收监兑，以杜经纪人需索难诸弊”。[⑤]清代时人们对于沿海运输的知识已非昔日可比，

---

① 万新平、于铁丘主编：清实录天津史料汇编。天津：天津人民出版社，2014年。

② 清史稿，卷九十七，食货三。二十五史，第十一册。上海：上海古籍出版社，上海书店，1986年。

③ 同上。

④ 同①。

⑤ 同②。

对于航线、风汛已经驾轻就熟。黄海航行不怕深而怕搁浅，怕触礁，故用平底沙船取深海航线。海上飓风秋冬险而春夏平，东南风的季节利于航行。

道光六年（1826年），清朝第一次实行了漕粮海运，苏州、松江、常州、镇江四府将上一年应征的漕粮改由沙船兑运。因当时船少粮多，分两次运输。道光六年二月漕船驶离上海北上，到天津兑交后，于四月二十六日离开天津，五月二十二日返抵上海。第二次粮船数百只，当年六月五日从上海出发，抵天津兑交后立即返回。前后两次运输共运送漕粮一百五十多万石。到达天津的沙船1 557只，兑收漕米及收买米共1 571 726石，所谓收买米即归船户所有的备带余米，交兑地点设在天津旧城东南角以下的海河岸。这一年，海河上出现了壮观的景象，天津东关外上园地方，河面宽阔，沙船靠岸停泊挨次交兑。兑竣空船即令折回，另择宽处停泊，随漕回帆。以后各船挨顺前进，依次交兑，不得抢先压后。其受兑剥船，分定帮数，在龙王庙至上园一带与沙船对岸排列。兑竣一帮即押赴龙王庙以上停候开行。空船挨顺前进受兑，鱼贯蝉联，不使拥挤，亦不令间断，并按段派拨兵役，往来稽查催趱。[①] 这是道光六年天津第一次接收海漕的过程。天津道为接运沙船做了充分准备，共准备了1 500只剥船。直隶原本设剥船2 500百艘，200艘分拨故城等处，800艘留杨村，其余1 500百艘集天津备用。后雇能装漕粮250石的民船500艘备用。所有剥船全都调集上园水次，随到随剥，以免延滞。上园在原皇船坞以下，后来唐家口海河对岸的法租界一侧，再之后的招商局码头就在这一带，当时河东岸边排满了海运的粮船。龙王庙在旧城东南角南斜

---

① 参见（清）载龄等纂修：钦定户部漕运全书，卷九十一。上海：上海古籍出版社，2002年。

街一带，对面就是当年的盐坨地，西边的河岸则排满了接运的剥船。由于组织工作严密，装卸过程有序，第一次接运工作顺利完成。

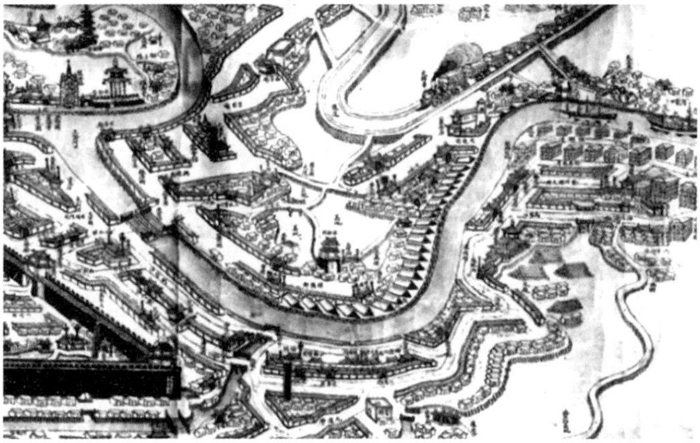

清光绪二十五年《天津城厢保甲全图》中第一次海运接卸地点——龙王庙到下园[①]

第一次鸦片战争以后，清朝又实施了一次海运。道光二十七年（1847年）春正月，“命户部右侍郎花沙纳、仓场侍郎陈孚恩赴天津督买续到海船商米”。[②]漕粮到津验收以后，兑交剥船，由直沽河溯流而上，用人力牵挽至天津，再通过北运河运到通州仓库收储。道光二十七年（1847年）十一月，李星沅有“请饬司道办理海运事宜等语。江苏、苏州、松江、太仓二府一州，应征道光二十七年漕白粮米，现议全由海运”[③]。此次后由于鸦片战争期间，担心列强干扰，官运海漕一度中断，但是民船海运依然保留，如道光二十七年（1847年），三十年（1850年），咸丰元年（1851年）、二年（1852年）、三年（1853年），都有民船海运抵津的记载。

---

① 此图为天津博物馆陈列品。
② 万新平、于铁丘主编：清实录天津史料汇编。天津：天津人民出版社，2014年。
③ 同上。

1826年漕粮海运意味着运河漕运衰落的开始，是漕运的重大变革。此后的80年间，漕运恢复了河海联运，并逐渐过渡到轮船海运的新时代。后来漕米改用轮船运到天津时，大米皆用麻袋装盛，米在船时间不长，不受海气熏蒸，舱底米色较沙宁各船更为洁净。轮船运米到天津时，需经打开麻袋验兑，重装后交剥船运通州，再行开验，米经三次出入、三次斛量，折耗必不能少，并且漕粮入了官剥船，偷漏以及掺假难以避免。于是，李鸿章和仓场侍郎延煦、毕道沅合奏，认为剥运之弊察不胜察，防不胜防，主张将全部海运漕粮交由江浙粮道，直接运至通州仓。少此周折，剥船之弊就会逐渐去除。轮船海运结束了上千年的运河漕运历史。

清代是京杭大运河漕运发挥出最大功能的时代，也是漕运走向衰落的时代。明代从河海兼运走向河运为主，清代则是从河运为主走向河海兼运。漕运虽然终结，但无论是南北运河还是海河，河面上的船只越来越多，运输量越来越大，越来越繁忙，同时河道的状况则越来越差。在漕运结束前的40年间，天津的地位发生了重大变化。由于盐业经济向天津集中，天津作为运输枢纽的地位不断提升，开埠和海外贸易的出现，使航运的重心转向海河方向，运河又添加了民间贸易运输的功能。河运最后的繁荣与天津城市的迅速发展，同步促成了北方经济中心的形成。

第七节　清代运河治理

古代朝廷主导的治水无非两个目的，一是减灾，水灾减产必然影响税收；二是保漕，因为漕运是朝廷的命脉。而治水之法盖有三途：一是筑堤挡水；二是放淤；三是挖减河。

清代海河流域大洪涝年统计共13次：1648、1652、1653、1654、1668、

1725、1794、1801、1823、1871、1883、1890、1894年。[①]

历史上的天津城墙，不仅有着军事防御的作用，在防御洪水方面也派上了用场。最初的城墙高三丈五尺，宽二丈五尺。雍正三年（1725年）重修时变成高二丈四尺，下宽三丈二尺，上宽一丈九尺，降低了高度，增加了宽度，状如河堤。不但城墙成了河堤，城砖也成了记载水位的标志。如明万历三十二年（1604年）“六月霪雨两月，冲决校场堤岸，淹城砖二十四层”；清顺治十年（1653年）“大水，决河岸淹城砖十七层”；顺治十一年（1654年）“淹城砖十七层”；康熙七年（1668年）“大水，冲决口岸，淹城砖十六层”；[②] 雍正三年（1725年）“大水淹城砖十三级”；乾隆十三年（1748年）“大水淹城砖数级”；乾隆二十六年（1761年）“水涨围城”；乾隆三十五年（1770年）“水灌城南，淹城砖十余级”；乾隆五十四年（1789年）“水抵城四围”；嘉庆六年（1801年）“大水淹城砖十余级”；道光三年（1823年）“南城外行舟”；咸丰三年（1853年）“介园河决，直趋南洼，城西南成巨浸”。[③] 从这些记载来看，对于雍正三年改变城墙形状的用意，就不难理解了。

老城单街等处是最接近南运河河道的城墙，所谓单街就是一面是河一面是城的街道。由于河流侧向侵蚀的作用，河道凹岸处长年受到河水冲刷，岸堤就会坍塌。南运河靠近城墙处的河道正好是凹岸处，因此不但单街受到河水的威胁，连城墙也不可避免。雍正三年，天津富贾安岐

---

① 参见海河志编纂委员会编：海河志，第一卷。北京：中国水利水电出版社，1997年。

② 参见（清）朱奎扬等纂修：乾隆天津县志。天津通志·旧志点校，中卷。天津：南开大学出版社，1999年。

③ 参见（清）吴惠元修，（清）蒋玉虹，俞樾纂：续天津县志。天津通志·旧志点校，中卷。天津：南开大学出版社，1999年。

重修城墙时，曾将北面城基由距卫河200步向南移了100步，应当有躲避南运河之意。16年后的乾隆六年（1741年）二月，直隶河道总督顾琮上疏："天津南运河单街、望海寺并毛家伙巷等处坍垫堤工及迎水坝座，因乾隆二、三、四年（1737—1739年）叠遇汛涨汕刷，根脚空虚。请于原修丈尺外增筑高宽，以期稳固。"[①] 这些措施只可以解决当时之急，直到1918年裁弯工程才彻底解决海河水患。

乾隆初年，天津道员陈宏谋在《请修天津海河叠道议》中说，"查海河西岸，自东门外起至咸水沽止，旧有民埝一道，以此堵海河之水，而日久坍卸""查自天津东门外起至咸水沽，原有叠道，均离海河不远。此道为往来大沽、新城，旗民、商贾，往来之道衢，向系官商捐输修筑以便行人"。（此叠道有别于天津城东城北的叠道）[②] 这几道堤都是围着城墙周围修建用来挡水的。

嘉庆六年（1801年），海河流域发生特大洪水。六七月间，直隶大雨连绵，永定、大清、滹沱、卫运、滦河水势大涨，且多处决口，被淹174州县。[③] 于是由各盐商出资在河东修筑了一条护盐坨堤，自药王庙至李楼（李公楼），环护如同一条玉带，修筑得十分坚固。这条大堤就是专门为保护盐坨地修筑的。

---

① 万新平、于铁丘主编：清实录天津史料汇编。天津：天津人民出版社，2014年。

② （清）朱奎扬等纂修：乾隆天津县志。天津通志·旧志点校，中卷。天津：南开大学出版社，1999年。

③ 参见河北省旱涝预报课题组编：海河流域历代自然灾害史料。北京：气象出版社，1985年。

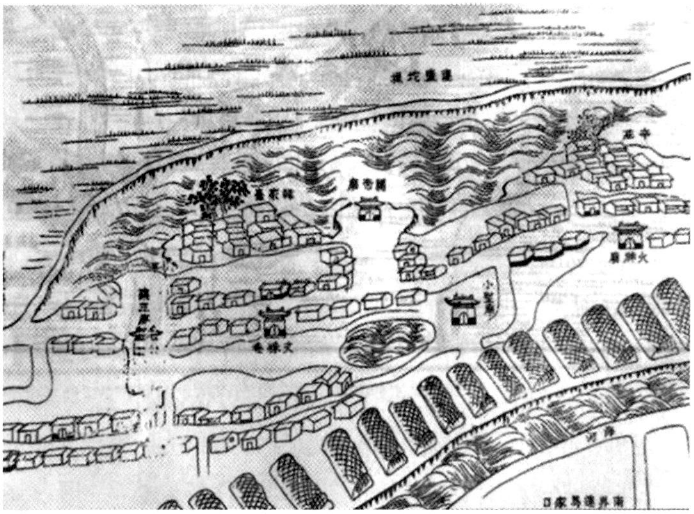

《津门保甲图说》中的护盐坨堤

每当汛期，诸水下泄，汇聚三岔口，堤坝压力很大，因此，清政府曾在三岔河口以北地带先后挖了几条引河，如南仓引河、霍家嘴引河、堤头村引河、贾家口引河、陈家沟引河、新开河等，大部分引河都是把水排入塌河淀，当时塌河淀东西长约四十里，南北宽约二十里，是个大洼地。向塌河淀排水除了分洪之外，还有分流散沙的意图。乾隆皇帝登基后十分关注天津的水利工程。乾隆四年（1739年），皇帝批准孙嘉淦申请的疏浚天津水利工程的报告，在东门外修建至咸水沽的叠道，“请照黄河遥工例，培筑高厚，以顶宽二丈，底宽六丈，高六尺为准”，抵御从咸水沽临海处的海潮；“且宣泄积水必须多浚引河”，疏浚贺家口、何家圈、双港、白塘口4条疏水引河；新建2条引河，一条从陂水洼起，绕药王庙至北里口，通向白塘口石闸，另一条从大淀开始，绕大韩庄到咸水沽，使积水全部进入海河。[1] 这一带也是前代名臣屯田种稻的区域，而这6条引河的疏浚有利于当地的农业和民生。乾隆十一年（1746年）直隶河道总督高斌奏称："津城东北一带沥水，由高家嘴经宜兴埠、燕家口、贾家口入于海河，年久淤塞，请就旧有河形开挖。"[2] 光绪十六年（1890年），《津门保甲图说》记载，到1846年时自天津东门外起至大沽止还有8条引河，但只有咸水沽、杨惠庄、盐房桥3条还比较通畅，舟楫可行；何家圈、太平庄等处，间有淤塞，很难疏通了。当时需要疏浚的有：贺家口引河，"系消波水洼积水入海"；双港引河，"亦消波水洼积水入海"；白塘口引河，"系消黄花泊积水入海"。疏浚这些引河的目的都是为了保护天津城。

减河是解决运河通航与泄洪矛盾的主要手段，清代治理运河的重点工程是减河工程。南运河上原来有明代修的4条减河，即嘉靖十五年（1536年）建的四女寺减河，位于德州西北；明永乐年建的德州哨马营减河；弘治年建的兴济减河和嘉靖十五年（1536年）建的捷地减河，位于沧州南5 000米。

清代乾隆朝也不断有南运河河道上开挖减河或维修减河的建议和工程，如乾隆十一年（1746年），直隶河道总督高斌奏称：一，静海县芦北口一带地势低洼，雨多苦潦，土性斥卤，干旱又苦无水。请于芦北口接挑河渠，庶村庄沥水俱有去路。一，南运河捷地汛宜改挑引河，以免减坝分溜过多之患。"[3] 乾隆十六年（1751年）夏四月，兵部尚书舒赫德等复奏："于王庆坨南开引河，长二十二里，导混流入叶淀，由凤河入大清河。

---

① 参见万新平、于铁丘主编：清实录天津史料汇编。天津：天津人民出版社，2014年。

② 同上。

③ 同上。

再查旧河五十余里，若将两头淤垫开挑作为减河，亦属有益。”[①] 这条引河导入叶淀是分洪的权宜之计，泥沙的沉淀必然会淤高洼淀，为将来留下隐患。由于河道的自然淤积，清代包括运河在内的各类河道面临着比明代更严峻的局面，河道治理要付出更大的努力。

“雍正四年（1726年），挑通捷地减河，设立闸口，面宽八丈，安闸五孔，内有金刚墙四堵，每堵厚五尺。”[②] 乾隆三十六年（1771年）二月，皇帝考察南运河此闸时说：“今日御舟过兴济渠。阅视大概情形，似宜仅用减水石坝，不应更立闸座。……该处河道本属深通，当春令水发之时，底水犹然宽裕，以朕所御安福舻而计，船身受水约三尺余，浮送尚属便利，则江、广重运粮艘，仅足遄行无碍，毋庸更资闸座节蓄，常时既不借其力，而一遇运河涨盛，闸口窄小难容，又有金刚墙挡阻，不能立时宣泄，易致满溢为虞。若拆去闸墙，改为减水石坝，使河流随时畅泄，自为因地制宜之道。且闸底现高出河面五六尺，若俟涨满平底，方令减杀，其势已迟，或将旧有闸底落低数尺，改为滚坝坦坡，以次渐落，并将下游引河及岐口入海处逐层疏导，俾成建瓴之势，无稍壅滞，则较此特长水三尺，既可随时由坝滚消，无虑积久而溢。”[③] 这一段议论显示出乾隆皇帝对水工专业的熟悉，也说明他对运河安全的高度重视，于是当年将闸改为滚水坝，拆去4堵金刚墙，原龙骨石未动。后将龙骨石下落三尺五寸，因坝口太低，造成以后三十余年下游水灾频繁。清嘉庆十二年（1807年），又将龙骨石提高二尺二寸，坝口净宽仍为8丈。清宣统三年（1911年）将坝改为溢流堰。修建这些工程是为了减少南运河洪水对天津的威胁。

---

① 万新平、于铁丘主编：清实录天津史料汇编。天津：天津人民出版社，2014年。

② （清）徐时作、胡淦著：沧州志（乾隆八年刊），卷二。台北：成文出版社，1975年。

③ 同①。

北运河上，清代修筑了筐儿港和青龙港两条减河。康熙三十六年（1697年）和三十八年（1699年）北运河在武清筐儿港决口，康熙亲临视察，决定建减水坝、开挖减河。“三十九年（1700年），圣祖仁皇帝亲临视阅，命（工部）员外牛钮等于冲决处建减水石坝，当年于决处建减水坝二十丈，开挖引河，夹以长堤而注之塌河淀，由贾家沽道泄入海河，杨村上下百余里河平堤固”。[①]康熙对当地的地理地势相当熟悉。他还提出了具体的建造方法：“此处近海，疏通甚易所分之水不可使通百灵港、宝坻县、香河县，此三处地势低洼，难以抵敌。至于建造减水坝，须口宽四五十丈，以石辅之，使尾长而斜，坚固修筑。若水长不至四尺，不能越减水坝，可将见存旧河形迹挑宽十丈，将此土即筑两边之堤。”[②]新修的减河自滚水坝流向东南的杨家河，经麦子淀（已淤废）汇入塌河淀，通过塌河淀分别泄入东面七里海和南面海河。此后康熙还在四十四年（1705年）、四十五年（1706年）、四十六年（1707年）3次来天津关注河务。为了纪念这一功业，康熙四十九年（1710年）牛钮等人立康熙题写的“导流济运”碑立于筐儿港行宫，并建有御碑亭留存至今。从“导流济运”碑可以看出，保障漕运是整修北运河的主要目的。次年（1711年）二月康熙皇帝仍亲自踏勘北运河，视察筐儿港，命建挑水坝，到河西务登岸步行二里许，亲置仪器，定方向，钉桩木，以纪丈量之处。[③]他还赋《阅筐儿港减河水坝作》诗一首：“减河制诚善，日久注为坑。前度命修筑，今来阅接成。港春流则断，涨夏杀其盈。原始宣防意，本因一篑营。”康熙修建北运河的筐儿港引河，既保障了运河的安全，又保障了漕运的安全。

---

① （清）王履泰著：畿辅安澜志·白河卷四。续修四库全书，第849册。上海：上海古籍出版社，2002年。

② 参见万新平、于铁丘主编：清实录天津史料汇编。天津：天津人民出版社，2014年。

③ 同上。

雍正三年（1725年）海河流域发生大水，七十余州县被淹，雍正皇帝派怡亲王允祥负责治水。怡亲王与当时的大臣都认为，在治水的同时可以兴办营田试行种稻，于是建立了京东、京西、京南和天津4个营田局，试种水田。天津局在雍正五年（1727年）到雍正七年（1729年）之间取得了很好的成绩。在设立专门水利机构后，允祥开展了大规模的水利工程，对天津的蓟运河加固河堤、建设水闸、疏浚入海口。雍正六年（1728年），允祥开发营田期间，将筐儿港减河石坝拓宽至60丈。这是为了解决杨村以下河道的洪水问题。雍正九年（1731年），又“于河西务上流之青龙湾建坝四十丈，开引河而注之七里海，仍展挖宁车河口，导七里海水而拽之北塘口，上下分消区画尽善运道”[①]。这条青龙湾引河自香河县红庙村以南、土楼村以北，分减北运河水，导入七里海，入蓟运河从北塘口入海。到乾隆时期继续根据实际情况对北运河上的减河进行改造，乾隆二年（1737年）将青龙湾石坝上移至王家务，坝长40丈，乾隆三十七年（1772年）将王家务减水坝坝顶降低了一尺，使泄洪效果更好。乾隆三十二年（1767年），乾隆皇帝经过筐儿港时“见坝身出水处高于河底七尺，则遇汛涨时，所减之水下注过猛，易致跌落成坑，排桩不无撼动”，要求直隶总督方观承“自应于石工之外接筑灰工十五丈，使坦坡渐平，已导其势”。[②]乾隆认为南北运河上“王家务、捷地、兴济三处减河皆所以宣泄盛涨，保卫堤上，别由一路入海，不使三岔河之水汇积，尤为畿南水利攸关，亦宜一律疏浚留淤，期于深通以易达。子牙河故道自谷家庄以下至吴家沟一带，河身窄狭，并应普律展宽，用消沥水，以卫民田”[③]。南北运河上的

① （清）陈仪著：直隶河渠志。文苑阁四库全书，第579册。台北：台湾“商务印书馆”，1982年。

② 万新平、于铁丘主编：清实录天津史料汇编。天津：天津人民出版社，2014年。

③ 同上。

这些减河，极大地缓解了运河洪水问题。

清代治河工程有岁修、抢修、另案、大工等，除了抢修、大工之外，新修或接添堤岸的另案和岁修是长年不断的。如乾隆二年（1737年）九月，大学士额尔泰等奏："今年汛水异涨，沧州、青县赖有减水坝得以分消；唯静海地居下游坍岸颓陡所在皆是。县北之独流地方尤为工程最险之处，下逮杨柳青一带运淀通联，南岸残堤如缕，倘有疏失，且恐殃及天津。应请于独流东岸建滚水坝，开引河一道，注之中塘洼……此坝一成，则正流济运而外，余波异涨，悉滚而出之。不唯静海河道全无羡溢之虞，即天津之三岔口，亦半减争流之势。"[①]北运河日益严重的淤浅治理，属于岁修措施。乾隆九年（1744年）十二月，漕运总督顾琮要求照子牙河下游用垡船挖沙之法，将所挖淤沙运至堤畔，为此需要"排造垡船二百只，添设衩夫六百名"。[②]乾隆十一年（1746年）三月，记录清淤的施工方式是："一，北运河挖浅系用刮板，所刮仍复漾河槽，请排造垡船一百二十只，与刮板兼用；一，淀河衩夫每月给银五钱，遇捞浅之月倍给，照北运河饷银之例；一，北运河既经添造垡船，衩夫浅夫俱需员督率，应照东、西两淀之例，添设千总二员；一、北运河长三百六十里，河宽流漫，水无正槽，应照束水坝之法，束水归槽，于支汊漫滩横浅之处层层截障，用通仓变价旧米袋囊沙紧扎，三路层铺坝外，水大时听其漫坝畅行。每袋需变价银八分，先备用二万条，试行有效，再请加增，若有剩余，留备下年之用。"[③]此次大兴土木之后，北运河保持了几十年畅通。

天津的河患，水大要防止河道决口，水小时则要挑浚河道保持航运，抢修和岁修是朝廷经常性的政务。

---

① 万新平、于铁丘主编：清实录天津史料汇编。天津：天津人民出版社，2014年。
② 同上。
③ 同上。

《清实录》中关于修运河的记录

时间	修运河记录	出处
康熙三十三年（1694年）	修筑通州至天津运河要儿渡等处堤岸	《清实录天津史料汇编》（一）第34页
乾隆元年（1736年）	天津、大名、清河、永定、通永五道所属河道堤埝民修工程，于每年霜降后	《清实录天津史料汇编》（一）第87页
乾隆二年（1737年）	北运河筐儿港、西岸杨村堤工	《清实录天津史料汇编》（一）第88页
乾隆七年（1742年）	天津、静海、青县、沧州、交城东光、吴桥、故城等八州县南运河纤道	《清实录天津史料汇编》（一）第121页
乾隆八年（1743年）	青县李家镇运河东岸	《清实录天津史料汇编》（一）第124页
乾隆九年（1744年）	北运河捞浅	《清实录天津史料汇编》（一）第157页
乾隆三十二年（1767年）	筐儿港口工外加筑灰工、王瘸庄起至梅厂东垫淤、水口中心挑河漕、捷地减河自坝口起至孙正家庄止、兴济减河自坝口起至道口止展宽	《清实录天津史料汇编》（一）第346页
乾隆三十五年（1770年）	天津府城之外侯家园等处漫溢之处合龙断流	《清实录天津史料汇编》（二）第384页
乾隆五十八年（1793年）	直隶、文安等处于千里长堤及天津、海河叠道格淀堤等工以工代赈	《清实录天津史料汇编》（二）第577页
道光四年（1824年）	估修直隶千里长堤自高阳县之刘家沟起，至天津县之西沽炮台止	《清实录天津史料汇编》（二）第737页
道光十七年（1637年）	自临清至南皮等处挑挖束水	《清实录天津史料汇编》（三）第825页
光绪十年（1884年）	北运河新冲河道拟拨款挑挖通畅，并将旧河头堵塞以利漕运	《清实录天津史料汇编》（四）第1594页

通蓟州的新开沽运河是明天顺二年（1458年）浚通的，当时征发军夫万余，且规定三年疏浚一次。明成化二十年（1484年）春正月，疏浚蓟州新开沽河道，成化二十三年（1487年）二月又疏浚一次。清入关以后，来自东北方向的军事威胁基本解除，但是蓟州方面的漕粮供应依然存在。主要原因就是清东陵的修建，需要供应守陵满汉官兵、守陵户以及太监官员的俸米，每年大概是三万石，开始也是通过天津转运的。由于要修建和管理清东陵，连接天津海口和蓟运河的新开沽河的重要性凸显出来，于是清代继续维修这条运河。新开沽河连接蓟运河，目的是让供蓟州的漕粮少走一段海路，这与唐代姜师度开挖沿海平虏渠的意图是一样的。康熙三十四年（1695年）四月，“自新河口起至北塘止，旧河基三十里……又自北塘起至下仓止并无淤浅。自下仓以上至蓟州前五里桥止，河路八十余里”。[1] 此后这条运河仍然保持每三年挑浚一次。乾隆四年（1739年）十月，直隶河道总督顾琮奏称：“蓟运河昔由天津大沽迤南兜转海口，趋北塘而达。嗣因入海风波之险，乃于大沽迆北开新河一道，避过海嘴，计长二十余里。河身亦不深通，面底亦不广阔，帮船必俟夏汛，潮水充盈，始可趱渡。且风浪排击，岸坍易塞。弁丁守候，重运耽延。今逐一测量筹划，必得大加开挖，以面宽八丈、底宽四丈、深一丈为度。每年即有沙淤，辄动岁银量为疏浚，即可仍复深通。”[2] 乾隆二十六年（1761年），朝廷加强了对新河的管理，“北塘海口至大沽口新河，计三十里，均系宁河县所属，并无专员管辖。查有该县芦台巡检附近河干，便于照察，请改为兼河之缺，今令其管辖新河，仍兼地方事务”。[3]《清史稿》对运道的记载是，乾隆二十六年“运蓟州粮船自宁河转入宝坻，由白

① 徐葆莹纂修：民国蓟县志。台北：成文出版社，1944年。
② 万新平、于铁丘主编：清实录天津史料汇编。天津：天津人民出版社，2014年。
③ 同上。

龙港、刘家庄达蓟州。水道淤浅，请责成官为疏浚”[①]。说明到乾隆二十六年还在努力维持着这条运河。到了乾隆三十年（1765年）“因河道淤浅难行，兼山水陡发，漂没军船七只。经总督方（观承）题将截漕运拨之例改为陆运”[②]。至此结束了这条水运路线。

放淤是清代治河的主要手段之一。海河流域河水的泛滥是自然界常态，华北冲积平原就是河流不断泛滥形成的，水灾是天津人民经常面对的天灾，但是泛滥的河水对泥沙的搬运作用也造成地面的上升，使原来的坑洼湿地变成良田。乾隆二十八年（1763年）三月，长芦盐政达色奏："天津积水自十三处沟闸畅流，共涸出地长十七八里……臣现督县劝农播种。"[③]这是自然淤成田地的例子。曾任天津道的陈宏谋有一段关于人工放淤造田的记载："在天津屡乘小舟咨访水利，得放淤法，水涨挟沙行，导之从左堤入、右堤出，如是者数四，沙沉土高，沧、景悉成沃壤。"[④]乾隆《天津县志》卷二十有陈宏谋《南运河放淤记》一文，详细记载了放淤的具体方法。这是人工有意识地放淤造田，不啻为在河水造陆的大背景之下顺其自然的良策。这一案例似乎也是后来天津海河吹淤填洼的先声。所以天津附近历史上一些著名的洼淀今已只是零星存在，如曾经被左思《魏都赋》称为“掘鲤之淀，盖节之渊”的白洋淀，号称九十九淀的文安洼，即《水经注·鲍丘水》说的“南极滹沱，西至泉州、雍奴，东极于海，谓之雍奴薮，其泽野有九十九淀”的雍奴薮，都渐湮灭无存，或面积缩小，

---

① 清史稿，卷九十五，杨锡绂传。二十五史，第十二册。上海：上海古籍出版社，上海书店，1986年。

② 徐葆莹纂修：民国蓟县志，卷八。台北：成文出版社，1944年。

③ 万新平、于铁丘主编：清实录天津史料汇编。天津：天津人民出版社，2014年。

④ 清史稿，卷九十四，陈宏谋传。二十五史，第十二册。上海：上海古籍出版社，上海书店，1986年。

这是自然规律。

人类开挖运河，其目的是为了解决水上运输问题，虽然是因势利导，但在某种程度上却是违反自然规律的。譬如天津地区的运河是南北走向，必然与海河水系向东泄入大海的方向及功能相矛盾。把众多水流逼入海河主干道，必然限制汛期时海河泄洪的能力。天津地势卑下，水灾频仍，雨季防汛是长年的事务。清代中前期对运河的治理，相对明朝要困难得多，这是因为明代的治河措施留下一些隐患，如可分洪的洼淀，以及原来的河道逐渐淤浅，并堤防逐渐冲缺等，但是水灾历年来却是连绵不断。总的来说在当时的生产力条件下，人的能力相对是有限的，在政府主导下的治河能力已经发挥到了极限，能让大运河维持一定的航运功能也是历史奇迹。

/ 第三章 /

长芦盐与运河

第一节 长芦盐区整合

渤海湾西岸自古就有煎盐煮海的传统，早期长芦盐区生产状态记载较少。古代盐业生产始终由官府控制，所有情况大多只能通过官方记载来了解，但长芦盐区处于不同政权的控制之下，政权不统一，记载也就不统一。唐以后，五代十国是中国历史上的一段大分裂时期，北方战火不断，经济比较落后，人口持续减少。后唐同光三年（925年），卢龙节度使赵德钧在芦台，即今天津市宁河区内，南部卤地设场煮盐，场名随地名，称“芦台场”。后唐清泰三年（937年）设置了用于储盐的新仓镇（在今宝坻区内）。辽天显十二年（937年），新仓镇内设置了专门管理盐务的机构——榷盐院。金以后改榷盐院为盐使司。新仓盐使司统管河间以北至山海关广大地区的产盐、储盐以及运盐等盐务。《日下旧闻考》引金人刘晞颜《新建宝坻县纪略》说，“同光中，以赵德钧镇其地，遂因芦台卤地置盐场，又舟行运盐，东去京国一百八十里。相其地高阜平阔，因置榷盐院，谓之新仓以贮盐。复开渠运盐贸于瀛莫间，上下利其资”。[1]

① （清）于敏中著：日下旧闻考，卷一一三。文渊阁四库全书，第498册。台北：台湾“商务印书馆”，1982年。

这段史料追述了后唐同光三年赵德钧建立榷盐院的经过。

辽应历十年（960年），后周检校太尉赵匡胤取后周政权，建立北宋。这时芦台地区在辽国的统治范围为，辽宋对峙线在海河到白沟河一线，长芦盐区由此被分为南、北二区，分属于辽金政权和北宋政权。这时界河以南的北宋还没有独立的盐税机构，盐税的征收是和其他商品税混在一起的。到庆历六年（1046年）宋朝管理盐的机构才出现，“张方平权三司使，河北盐务在沧滨二州，沧州务三，滨州务四，岁课九千一百四十五石以给一路”。[①]

靖康二年（1127年），金灭北宋之后，芦台的行政区发生变化，长芦盐区全部落入金朝的控制之下。1128年黄河南徙夺淮入海，此后长芦盐区不再受黄河决口的困扰。长芦两个盐区虽然都在金政府的控制下，但宝坻和沧州仍然归不同的盐司管理，南北分立，这是金朝对其新统治区的盐务管理格局。南部沧盐的供应区域很大，几乎覆盖了后来明清时期的直隶省南部、河南省北部的沿岸。这时，金政府在大都路与河北西路交界的地方，设置直沽寨，即天津的前身。到兴定三年（1219年），金政府划定了沧盐销售的南部边界，“阳武设卖官以佐军用。乞禁沧滨盐勿令过河，河南食阳武解盐，河北食沧滨盐，南北俱济。诏尚书省行之”。[②]

元灭南宋后建立了全国政权，于元延祐三年（1316年）在直沽设海津镇，最初作为元大都的粮食转运站。在海津镇附近的三叉沽也出现了盐场，成为长芦盐区的一部分。据元人王鹗在《三叉沽创立盐场旧碑》中记载：“有县曰宝坻、芦台、越支，畴昔之盐场也；曰三叉沽，则未之闻。

① （清）徐时作、胡淦著：沧州志（乾隆八年刊），卷五。台北：成文出版社，1975年。

② 金史，卷一,百李复亨传。二十五史，第九册。上海：上海古籍出版社，上海书店，1986年。

甲午（1234年）之秋，三叉之地，未霜而草枯，滩面宽平，盐卤涌出，或经日自生。”①

元人认为经国之费，盐税为重。有人估测国家经费，盐利居十之八。元朝后期，盐课总额在二百万锭左右，相当于国家一年钞币所入的一半以上。元太宗时代开始创立盐税之法，忽必烈时，先后在南北主要产盐区设都转运使司管理盐政，隶属于户部。其他地区，则设立盐课提举司或茶盐提举司。这时长芦盐区的管理仍然是南北分立，以南为主。南部盐区归河间路，管理机构名称变化较多。大德七年（1303年）南北盐区统一为河间路都转运盐使司，泰定二年（1325年）改称大都河间等路都转运盐使司。元代长芦盐南区的产量已经很可观。据《元史·食货志》记载，至元二十七年（1290年）增加灶户470户，办盐35万引，每一盐引重400斤，为14 000万斤。至大元年（1308年）又增至45万引，为18 000万斤；延佑元年（1314年），以亏课停煎5万引，此后直至天历年间，每年办40万引，为16 000万斤。

在元末战争中，河间路与大都路是农民起义军的攻击目标，长芦盐区沦为战场。至正二十八年（1368年），明军攻克大都，建立了明王朝。元末战争使华北人口大减，长芦盐的生产也极受影响，明政府成立之初开始向河北移民，长芦盐的生产逐渐恢复。《明史·食货志》记载，长芦小直沽二十四盐场，于洪武时，“岁办大引盐每引四百斤，共计六万三千一百五十三引三百斤另”，计25 261 500斤，总量仅为元末的六分之一多。

明政权继承了元末统一管理长芦盐区的做法，“置北平河间盐运司，后改称河间长芦所，辖分司二，曰沧州、曰青州，批验所二，曰长芦、

① （清）黄掌纶著，刘洪升校：长芦盐法志（雍正）。北京：科学出版社，2009年。

曰小直沽，盐场二十四，各盐课司一，分隶于沧青两司，均十有二”。[①] 永乐二年（1404年），天津卫设立。两年后，朱棣下诏迁都北京，同时形成了直属六部各府的北直隶。明代的北直隶括进了河间府，从而将长芦盐区整合到统一的地方管理机构中去。明代盐场数达到最高峰的二十四场。天津地区小直沽批验所出现盐坨地，所属盐场也有所调整。

明代中后期长芦盐区生产出现了重大革新，即从煎煮向滩晒过渡。据明章潢《图书编·长芦煎盐源委》记载，在嘉靖年间有福建人来海丰场传授了滩晒法。《图书编》写于万历十三年（1585年），至少从那时开始，长芦盐区就开始有滩晒法了。清康熙初年长芦盐区大规模改煎为晒后，极大地提高了盐产量，天津地区盐场的生产潜力得以发挥。

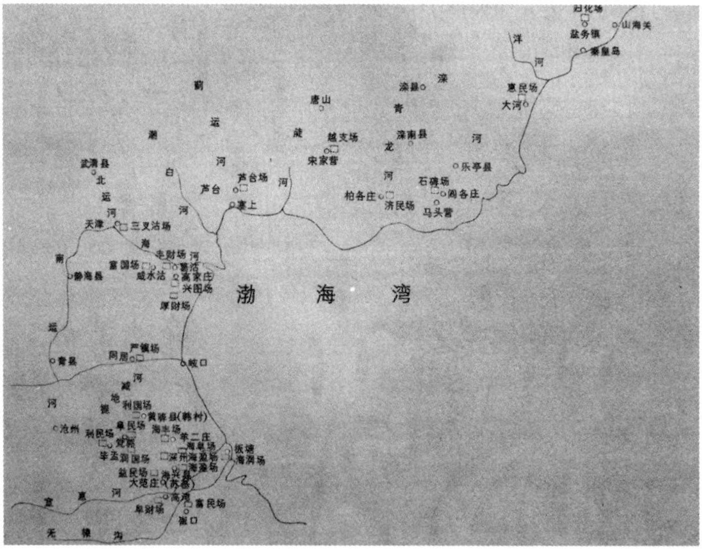

明代长芦二十四盐场分布图[②]

① （清）徐时作、胡淦著：沧州志（乾隆八年刊），卷六。台北：成文出版社，1975年。
② 此图为天津博物馆陈列品。

从明代开始，盐的生产开始出现北盛南衰。有史料表明，这是因河道变迁、运输条件改变造成的。《盐山新志》记载："明初南所为运同，北所为运判，尚有重南轻北之意，万历互调之时，北盛南衰已自可见。此后海丰仅一大使驻之，以迄于今。"所谓"万历互调"，是指万历二十一年（1593年），姚思仁奏请将南所同知与北所运判互调，谓"北所产多，事繁，同知法令易行；南所产少，事简，运判已足催办，请将两司所辖地方印务互调。于是以运判驻羊二庄者十余年及三十九年运判乃移驻长芦"。[①]其实北盛南衰的根本原因是水路运输的差异。万历三十六年（1608年），御史李应魁题本证实了这种状况："南北两所水陆异运，每引十万，北所七分，南所三分。运司分派相沿已久，第北所水运甚便，又日晒，所产肥，于商较利。故虽七分，引尚不足，而盐有余。南所陆运最难，又锅煎产瘠，不利于商，故虽三分，引犹有余，而盐不足。以致南所积引亏课，病商为甚。故南北分隶旧虽定制，地势远近商民不便。"[②]明代除了万历年将南北所的运判运同互调外，又从后期开始裁并南北司的盐场。隆庆年间，长芦二十四场减为二十场，南场减并三场，北场减并一场。清代继续裁并盐场。到康熙年间，长芦二十场减到十六场，南北各减并二场。雍正元年（1723年），莽鹄立调任长芦巡盐御史时，长芦盐区出现了"长芦诸商行盐地，有额引不能销者，有额外多销者"的现象，[③]实际就是南场的盐没有盐商愿意认销，产销失衡，造成坨地积盐过多，私盐盛行。贩卖私盐的现象一直延续到清末。雍正十年（1732年），"巡盐御史鄂礼

---

① 贾恩绂辑：盐山新志（民国五年刊）。台北：成文出版社，1976年。

② （清）李卫等监修，唐执玉等纂修：畿辅通志。盐政，卷三十六。上海：商务印书馆，1934年。

③ 参见（清）黄掌纶著，刘洪升校：长芦盐法志（雍正），卷一。北京：科学出版社，2009年。

奏言，利民、阜民、利国、富民、海盈、阜财六场滩坨久废，从不煎晒，各灶户皆散处原籍。各州县请将六场灶户归各州县管辖，其灶课银两即归州县征解运司衙门奏销”。[1] 于是雍正十年南场再减六场，长芦盐区只剩十场。此后道光十一年（1831年）又废富国场，二十二年（1842年）兴国场并入丰财场，长芦盐区只剩下八场。

摊晒技术的普及和盐产量的增加，意味着南北场的生产都可以充分满足需求，而北场具有河运的优势，既便于管理又便于建立新的运输体系，盐生产和运销的北移为大势所趋。清康熙七年（1668年），长芦巡盐御史署从北京移到天津的南运河畔，康熙十六年（1677年），长芦盐运司从沧州移驻天津，康熙二十七年（1688年），长芦盐运使衙门驻于鼓楼东街。

天津长芦盐运使衙门旧照[2]

① 王德乾等修，刘树鑫等纂：南皮县志。台北：成文出版社，1968年。

② 此图为天津博物馆陈列品。

第二节　引地与盐路

天津海河北岸有巨大的盐坨地，从那里出发，以北河（北运河、蓟运河）系、淀河（大清河）系、西河（子牙河）系、御河（南运河）系为骨干，辅以陆路，盐运系统基本覆盖了整个直隶省和河南的部分地区。包括直隶的九府、六直隶州、一百三十五州县、二营，河南的六府、一直隶州、五十三州县。据雍正《长芦盐法志》统计，直隶全省通过西河（子牙河）转运天津坨盐的共有46个州县，通过淀河（大清河）转运天津坨盐的共有31个州县，通过北运河转运天津坨盐的共有15个州县，通过御河（南运河）转运天津坨盐的共有23个。从天津盐坨通过河运或部分河运运出的盐约占长芦盐产量的83%以上，这说明在清代天津已经成为长芦盐的运销中心了。

漕运和盐运是朝两个相反的方向运输：漕运是把粮食从分散的产地集中，北京是终点，天津是这个集中路线上的重要枢纽；盐运则是从集中产地向消费地分散，天津是这个分散运输的起点。以天津为集散中心的交通网络，是由政府构建起来的。清代《长芦盐法志》的记载较系统，证明那时天津的盐路运输网已经完备了。盐运除了使运河具有双重的功能之外，把海河水系的上下西河（即大清河和子牙河）也开发出来。这个运输网在运河停止漕运功能后仍大放光彩，成为近代天津城市经济发展的重要交通条件之一。

明清以来长芦盐市场一直在逐步扩大，长芦的盐引不断增加。《畿辅通志》载：“明洪武初年，长芦岁办大引盐，每引四百斤，共计六万三千一百五十三引三百斤另。已而改办小引盐，每引二百斤，共计一十八万零八百零七引一百八十八斤。”[①] 按每引400斤和200斤分别估算，约折成12 630吨和18 080吨。“国朝顺治间岁额正改盐七十五万八千六百引”，[②] 按每引200斤算，折成75 860吨。“康熙十六年（1677年）八月，户部给事中余国柱条奏清查割没，部议额引七十七万三千二百九十二引，每引加盐二十五斤”。[③] 按每引225斤算，约折成86 995吨。《长芦盐法志》载：“雍正二年（1724年）以前岁额引九十二万七千二百四十六道。”[④] 按每引225斤算，约折成104 315吨，大约是明初的10倍。盐引是相对固定的，引额的增加说明销售量的增加，也可以间接反映出产量的增加。盐引折算的量虽然无法精确，但增长的趋势是明显的。

长芦盐商的销售区域——引岸——并非一成不变。明万历以前，长芦盐引岸为顺天府、永平府、保定府、河间府、真定府、顺德府、广平府、大名府、延庆府、宝安府等10府148州县。万历十七年（1589年）增加了开封府属22州县，康熙五年（1666年）增加了杞县、通济、太康、蓝阳、仪封等5县。以后康熙年间又陆续增加了宣府口北的深井、东城、西城3处煎盐地，河南怀庆府的河内、济源、修武、武陟、孟县、温县、陈州、项城、舞阳等县。到康熙二十六年（1687年），长芦盐引岸已达包括直隶、河南两省的近二百个州、县、营、卫。不管是因为人口的增加，还是因为引岸的增加，总之，盐的运输量逐渐增加。这使处在九河下梢的天津卫，其地理区位优势更为凸显。

① （清）沈家本、荣铨修：光绪重修天津府志。天津通志·旧志点校，上卷。天津：南开大学出版社，1999年。

② 同上。

③ 同上。

④ 同上。

明、清、民国长芦盐销量表[①]

年 代	销（产）量	每引重量	折合斤数
明末	239 850引	每引650斤	约1.559亿斤
清雍正	966 046引	每引310斤	约2.995亿斤
清末	662 497引	每引590斤	约3.909亿斤
1937年	产盐44.2万吨		约8.84亿斤

许多盐业管理机构移驻天津，必然吸引众多盐商汇聚津门，这也意味着大量财富向天津聚集。天津盐商自盐场购盐后便将其存贮于海河东岸的盐坨地，如此既便于河运又便于政府管理。

早在明代，长芦盐运使司就在盐坨设有掣盐厅，地址位于东门外海河西岸，在小直沽设批验所，盐商在天津海河东岸买地筑坨存盐以备查验待运。万历三十八年（1610年）制定两坨制，即将盐坨分为新旧两区域，未掣的盐为生盐，堆于旧坨，已掣的盐为熟盐，堆于新坨，中间筑墙分隔，界墙中间设有两道门，以便将称掣后的盐从旧坨抬入新坨。两坨均邻河设门，便于旧坨运入，新坨运出。崇祯年间，两坨制废除。清顺治元年（1644年）恢复两坨以备稽查。官府发给盐商引票，盐商按税率缴税款，再到盐坨地按引额支盐。康熙十六年（1677年），天津盐坨重修，为了区别于沧州盐坨，天津盐坨也被称为北坨。天津盐坨南起季家楼，北至掣盐厅，呈带状环绕海河，有坨地二百四十余条。数以千计的盐包排列在天津城外的海河岸边，十分壮观。

清代的掣盐与明代有所不同，除在坨内由批验所掣盐外，在通往销地的交通要口也设有掣盐厅。如天津东浮桥下的盐关厅，专门掣验盐船，经验引、查数、抽秤后，方开关放行。沧州南所的盐也要到天津称掣查验。

---

① 唐人粤主编：中国盐业史·地方编。北京：人民出版社，1997年。

“旧例四季称掣，后因夏涨冬涸，改为春秋二关。先期运司造册详院，委有司一员同所辖分司临坨称掣，春关不过三月，秋关不过八月……称掣后，商将水程先赴天津道衙门、天津同知衙门挂号，然后赴运司北分司、批验所挂号，仍造册呈送盐院，听候亲临盐关开放船只，间或抽包称掣重轻，有无私弊。盖长芦运盐全赖舟楫，春秋二时水平，故近日司盐政者随时验放，不拘春秋二关，商尤称便”。[①] 康熙十六年（1677年），清代芦台场盐部分靠蓟运河运销，出蓟运河口海运入大沽口，经天津坨转运。康熙十九年（1700年），挑浚筐儿港引河，又有部分盐经筐儿港引河运到天津盐坨。同治十三年（1874年），由筐儿港引河改道金钟河运至天津盐坨。丰财场盐则全部靠海河运至天津盐坨。[②]

1900年，盐坨地为法、俄侵略军所据。1901年，盐坨地沦为租界，北段为奥租界，中段为意租界，南段为俄租界。1902年，盐商建成挂甲寺新坨，占地286亩7分7厘，坨地146条。1903年，盐商为便利火车外运，又在新开河南、京奉铁路以北、新车站（今北站）以东买地建坨一处，占地73亩9分8厘。到1914年，这两处盐坨均被裁撤。

---

① （清）黄掌纶著，刘洪升校：长芦盐法志（雍正），卷十。北京：科学出版社，2009年。

② 参见（清）黄掌纶著：长芦盐志。天津：百花文艺出版社，1992年。

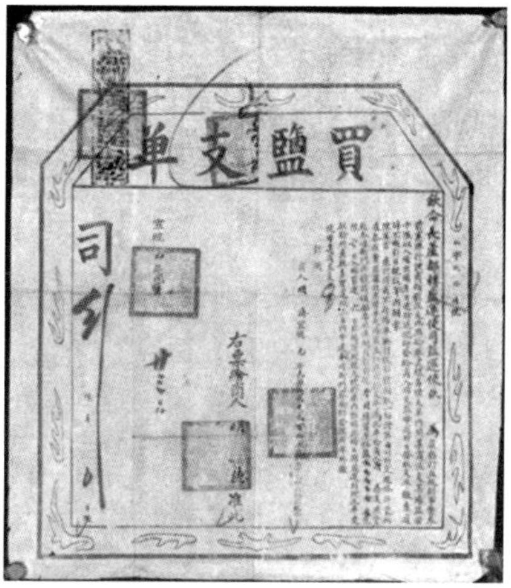
買鹽支單
司

买盐支单①

《潞河督运图》中的盐坨

上图中画的正是盐坨地的席包，装卸工正在拆垛、倒运，他们揭开苫盖的芦席，用挠钩将盐包拽下，然后将其抬到船上。

① 此图为天津博物馆陈列品。

盐坨地称盐[①]

水运是古代大宗物资运输的首选方式，盐是大宗物资，河运最划算。明人邱濬估计，“河漕视陆运之费省十三四，海运视陆运之费省十七八”。[②]盐场距离河道的远近不同，运输价钱也不同。明弘治九年（1497年）七月，《明实录》记载：“长芦诸场以临水近远为上、中、下三等之分，一等者每引价银二钱五分，二等者二钱，三等者一钱五分。山东诸场俱止一钱，唯涛洛一场止于五分，从之。”[③]长芦盐的盐路实际就是以海河水系为主干线展开的。

汉沽地区盐场产的盐是先从蓟运河出海，再从海河运到天津河东的盐坨地集中；塘沽盐场的盐则直接从海河运到天津，然后再从这里的盐坨地分运到各县。有一部分县距离盐产地较近，可以直接从盐场运达。北路从汉沽陆路直接运达的县有：卢龙、抚宁、昌黎、临榆、滦州、迁安、乐亭、遵化、丰润。南路从沧州直接运达的县有：沧州、南皮、盐山、庆云。其他的州县都是由水路运达。

① 此图为天津博物馆陈列品。
② 邱濬著：大学衍义补。文渊阁四库全书，第712册。台北：台湾“商务印书馆”，1986年。
③ 万新平、于铁丘主编：明实录天津史料汇编。天津：天津人民出版社，2012年。

盐运水路以北河系、淀河系、西河系、御河系为骨干。

北河系包括北运河和东河，即蓟运河、潮白河等，其中杨村和张家湾为主要落厂地（交通节点）。杨村是个小中心，除武清外，东安县、旧州营也从杨村落厂换车运，武清部分引盐由河西务落厂。张家湾是个大中心，宛平、大兴共十五六万引盐都在此落厂，其次通州、顺义、怀柔、密云、昌平、延庆都是从张家湾落厂换车运。采育从北运河马头直接落厂。通过蓟运河运达的县有：宁河（汉沽）、宝坻（汉沽至马营落厂）、三河（汉沽至宝坻潮河上的白龙港落厂）、香河（由石灰厂落厂遵化，汉沽至北河新安镇落厂转）、蓟州（汉沽至北河宝坻白龙港落厂转）、玉田（汉沽北河至新安镇落厂转）、平谷（汉沽至北河白龙港落厂转）。

淀河系包括大清河及白沟河、潴龙河、唐河等支流，直接运达的县有：文安、霸县（苏家桥）、保定（新镇）、清苑、雄县、永清（至霸州换小船车运至新安镇）、安肃（清苑县南关东）、安州、高阳（至刘李厂）、任丘（至本县赵北口）。大清河的转运中心一是保定的张青口，由张青口落厂转运的县有固安（换小船至茨村落厂白沟河）、定兴、博野、蠡县、涞水、房山（换小船白沟河至本县拒马河琉璃河落厂）、良乡（换小船白沟河至本县拒马河琉璃河落厂）、肃宁（由河间落厂转运）；一是保定府（南关府河），由保定府落厂转运的县有满城、唐县、完县、易县（及定兴县北河）、阜平、行唐、新乐、定州、曲阳。

西河系指子牙河、滹沱河和滏阳河等支流。通过西河直接运达的县有献县（至臧家桥）、大城（南赵）、束鹿（至武邑圈头落厂）、河间（至本县沙河桥）、蓟州、武邑（圈头）、衡水、隆平（牛家桥）、宁晋（白木）、武强（小范）、巨鹿（张家庄）、任县（邢家湾）、永年、曲周、鸡泽（旧城营）。宁晋县白木码头是较大的中心，从白木转运的县有正定、获鹿、井陉（由白木车运至获鹿，再用驴驮至本县）、栾城、元氏、赞皇、平山、晋州（原由衡水，1953年改由白木落厂）、赵州、高邑。在任县邢家湾转运的有沙河、南河、唐县、内丘（如遇水浅即于隆平之贵王庄转）。在衡水转运的县有无极、平乡（换小船至本县下庄桥落厂）、邯郸（换小船至本县苏漕落厂）、成安（换小船至邯郸县苏漕转）、磁州（换小船至本州琉璃镇）、武安（换小船至邯郸县苏漕转）、涉县（换小船至邯郸县苏漕转）。在武强转运的县有饶阳（小范转）、安平（小范转）、深泽（小范转）。在隆平转运的县有柏乡（牛家桥）、临城（牛家桥如遇水浅即于辛庄霸王营转）、邢台（如遇水浅即于隆平之贵王庄转）。从其他处转运的县有新河（由冀州埝口转）、深州（武邑县圈头转）、肥乡（曲周转）。

御河系包括南运河及漳河、滑河等支流。通过御河直接运达的县有静海、青县、交河（泊头）、阜城（泊头）、宁津（连镇）、景州（安陵）、故城、东光、大名（龙王庙）、元城（小滩）、清河（油坊）、内黄（楚旺）。通过御河转运的县有吴桥（景州安陵转）、南宫（故城郑家口转）、枣强（故城郑家口今改为衡水转）、广宗（清河县油坊转）、威县（清河县油坊转）、广平（山东馆陶县馆陶镇落厂转）、开州（至内黄楚旺落厂转）。御河最重要的转运码头是大名府龙王庙，直隶从这里转运的县有南乐、清丰、长垣（龙王庙换小船至浚县道口转）、东明（另从白水潭换小船至浚县道口转）。大部分河南的引盐也是从大名龙王庙和白水潭转运的，包括祥符、陈留、汲县、新乡（龙王庙换小船至本县落厂）、辉县、获嘉、汤阴（龙王庙换小船至本县五陵镇落厂）、延津（龙王庙换小船至汲县卫辉车运至本县）。有一些河南的县在大名白水潭或龙王庙落厂后，通过一段陆路再渡黄河，包括杞县、尉氏、仪封厅、蓝阳、通许（白水潭换小船至浚县新镇落厂车运至蓝阳县李六口渡黄河，至七村落厂）等。所谓白水潭换小船，实际就是换剥船。

由此在日益繁忙的内河航运中出现了一批著名的中转码头：子牙河

的南赵扶、臧家桥、小范、邢家湾、苏曹；大清河的苏桥、张青口、保定南关；北运河的杨村、河西务、张家湾、白龙港；南运河及卫运河的泊头、龙王庙、白水潭、安陵、连镇、馆陶、油坊等。甚至出现了几个叫“小天津”的地方，如山东临清、滑县道口镇、故城郑口镇等。华北地区是商品经济发展较晚的地区，有人估计“在明代以前，大约市场上大量值的工业品是盐，其次是丝织、铁器等。到清代，棉布代盐在市场上占主导地位，这是一个进步。因为盐的产销，仅决定于人口数量；布，则与社会经济的发展密切相关”①。清代初期华北地区商品经济也并不算不发达，长芦盐路通过河道向直隶省腹地的辐射，实际是对华北商路的早期开发，互动的盐业经济第一次推动了京津冀的整合，推动了清代直隶的经济发展。长芦盐业更带动了天津商品经济的发展，提升了天津地位。四通八达的河道，赋予天津商品集散中心的色彩。开埠以后的天津，开始出现新的经济要素，漕运和盐业逐渐淡化了其经济支柱的地位。近年来天津地位的不断提升，进一步突破了京津冀三地的行政格局。但不可否认的是，历史上长芦盐区的整合为近代天津成为北方的中心准备了条件，是天津崛起的先声。

第三节　盐商与剥船

清代每年漕粮运输量为400万石，长芦盐的运量相当于漕运量的40%左右。明代时漕船有一万二千余只，到了清代逐年减少，到嘉庆十四年(1809年)，漕船仅余六千二百多艘。而且漕船大部分来自南方，天津帮

① 吴承明：论清代前期我国国内市场。历史研究，第1期。北京：中国社会科学出版社，1983年。

额定只有35只，“天津卫十四只五分，天津左卫十二只一分，天津右卫九只八分”。[①] 通过运河的盐运与漕运有一定的重合，漕船数量多少与盐运关系不大。所谓天津盐运与漕运的矛盾重点应当是剥运，天津运河的特点是南北运河对流汇入海河，特别是北运河为上水，上下游高程差距大，水涩舟胶，从天津杨村以上河道基本上需要剥运。一般需要剥四存六，或剥三存七。康熙十七年（1678年）规定，“每船载米不得超过四百石，入水不得过六捺，空船不得过四捺”。[②] “捺”是民间的度量，就是俗称“揸”的意思，即把手张开，拇指头儿到中指头儿的最大长度，约为七寸左右。满载船入水不得过六捺，就是吃水最深不能过四尺二寸。

明代曾经设官办剥船，“巡仓御史王象恒上仓漕八要，上命该部议之……劄船户帮贴以省烦苦。河西务剥船八百只，派正户八百家，又佥帮户二千四百家”。[③] 清初沿用明制，天津有官办剥船600只，即红剥船。所谓红剥船就是涂成红色，专门用于剥运漕粮的官剥船。这种船长五丈八尺，载重400石，与漕船差不多。如前文“剥船为济运设，遇南船胶浅，则分剥起运。于明本武清、香河、漷三邑力役照民佥船，自为撑运，以三邑滨海之民习知水性故也。隶清者六百十二只，隶香河、漷者一百八十八只，本永乐时旧制云……顺治四年（1647年）仍明制，于顺天府属之永、东、香、通、武、宝六州县佥派剥船六百只，每船一只给小地十顷，免其地粮以供剥运之用”[④]。这些剥船船户例受天津钞关部差管辖。这600只剥船并不够用，因此还得另雇民船。不管是南北运河的漕运还是上下西河的盐运，雇用民船的来源都是一样的，从现存的《潞河督运图》中画

---

① （明）席书著：漕船志，卷之三，船记。北京：方志出版社，2006年。

② 中国历代食货典二，卷一七〇。台北：台湾“中华书局”，1983年。

③ 万新平、于铁丘主编：明实录天津史料汇编。天津：天津人民出版社，2012年。

④ （清）洪肇楙纂修：乾隆宝坻县志，卷十六。台北：成文出版社，1969年。

的天津盐坨地装盐的船估计，其长度也与漕粮官剥船的长度相仿。于是，这些另雇的盐运民船就与漕运存在征民船的矛盾了。当然，天津附近河道中的民船各种尺寸都有，并非都与官剥船的制式相同，如近年天津北辰区张湾遗址出土的明代二号沉船就长12.66米，约为四丈左右。即使官方雇到的民船也是大小不一。据《清史稿》中记载："剥船，直隶旧设二千五百艘，二百艘分拨故城等处，八百艘留杨村，余千五百艘集天津备用。后雇觅堪装漕粮二百五十石民船五百艘，以备装载。"这250石的民船就是较小的剥船。

漕粮运输的终点在通州，盐的运输是从天津运往四个方向。其中通过南运河的539 389石盐与漕粮方向相反，而通过北运河的346 418石盐与漕粮方向是重合的，与漕运的矛盾更加突出，因此其落厂的地点选在张家湾，避开了漕粮终点的通州卸船处。

盐是仅次于漕粮的重要物资，盐运并不是临时任务，就天津地区来说，盐运和漕粮剥运的矛盾日益突出，剥船的数量越来越不够用。从政府的缓急排位上，要先尽漕粮起剥，然后再装运引盐，但是由于船只紧张，运盐脚价要高于漕船剥运，对船户更有吸引力，从而影响漕粮剥运的效率。船只不足是主要矛盾，每逢运盐季节，盐运与粮运时间交错，剥船更加紧张。乾隆四十八年（1783年）五月，上谕说："现当剥粮之时，天津一带备剥船只，若照御史管于珍条奏，粮盐并运，转恐滋扰。请仍先尽漕粮起剥等语。所奏是，依议速行。漕船关系天庾正供，且本年回空漕船，尤须早出东境。若令粮盐并运，则民间船户希冀运盐多得脚价，势必贻误漕运。"[①]这说明虽然长芦盐也有官运性质，但是比起"天庾正供"的漕运，还是排在后面，另外还透露出盐运的脚价要比剥运漕粮优厚。

---

① 万新平、于铁丘主编：明实录天津史料汇编。天津：天津人民出版社，2012年。

原来的官剥船由于管理不善，弊端丛生，领船船户受天津钞关部差管辖，每年河冰未化之时，部差催促过堂守候，苦累不堪言。由于管理上的困难，清政府干脆裁撤了官剥船。废除了官剥船后，等于剥船全部雇用民船，但又有新的问题存在，由于漕船到天津的时间无法确定，于是出现招来的民船在杨村空等漕船的情况，又影响了盐的运输。乾隆二十二年（1757年）八月，“据方观承奏称，亲赴天津一带雇备民船剥运。并于东西两淀查办船只，期无迟误等语”。[①] 遇到天旱水浅，天津雇不到足够的民船，就连原来官方控制的官剥船也没有了，不得不到处搜罗船只。既然船只不足是主要矛盾，乾隆在位时首先就要考虑筹款添造船只，解决盐漕运输的主要矛盾，筹款的对象首先就是盐款。深受运输限制的长芦盐商，不管是自愿还是有官方压力，闻讯响应，主动呈请捐银造船。此举虽属迎合皇帝，实际也是双赢的办法。

乾隆五十一年（1786年）开始，盐商认捐30万银两可造船1 500只，加上后来又筹款生息的官造船只共2 500只，原计划10年建造完成，实际直到27年后的嘉庆十九年（1814年）才完全实现。所造2 500只船足够轮转剥漕之用了。新旧剥船派沿河天津等18州县分管，招募船户。这18个州县是：天津、静海、青县、沧州、南皮、交河、东光、吴桥、通州、武清、香河、文安、大成、任丘、雄县、新安、霸州、安州。[②] 新船由天津道暨杨村通判管理，每年春天以前报到，这在一定程度上恢复了官办剥船制度，且10年一期的官剥船还得由官方续造。道光二年（1822年）五月，颜检等奏：“准续增官剥船一千只，由江、广省承造，解送直隶应用，现届十年满料，自应先将糟朽剥船预行造送。着江西、湖北、湖南等三省

① 万新平、于铁丘主编：清实录天津史料汇编。天津：天津人民出版社，2014年。
② 参见（清）黄掌纶著，刘洪升校：长芦盐法志（雍正）。北京：科学出版社，2009年。

预造新船三百只，务于明春解送直隶以备顶补，其余剥船俟派员验挑后再行续造。”[①] 道光十六年（1836年）七月，“直隶旧设官剥船一千五百只，添造船一千只，均于漕船未到之先调集杨村验明备用，各省军船果能按限早来，此项船只原足敷剥运之需”。[②] 这些商造的船并非专运漕粮，仍然还是兼运引盐。随着新船陆续建造，南北运河剥船紧张问题逐渐缓解。

且清代官员对剥船户的管理异常严厉，装满漕粮后，需要重新苫盖，粘贴封条，一方面防止有人偷盗粮食，另一方面却也造成了胥吏借机需索之弊。道光十六年（1836年）八月，协办大学士直隶总督琦善等奏：“查道光十三年（1833年）奏办章程，派汉坐粮厅驻扎起剥处所，查明剥船有可作弊之处，全行钉固，及米石上船，复将重席苫盖，上用竹片钉实，粘贴封印，以杜偷窃。剥船到坝，由满坐粮厅逐船亲验启封。”[③] 所以虽然剥船数量问题解决了，但其实管理上仍然十分混乱，官吏随便扣船的现象屡有发生。

扩容后的官剥船基本上解决了盐漕争船的局面。但从道光年间，由于运河的状况越来越差，恢复漕粮海运又提上日程。道光六年（1826年），清朝第一次实行漕粮海运，天津接到沙船1 557只。天津道为接运沙船准备了1 500只剥船，交兑地点在天津旧城东南角以下的海河岸。道光七年（1827年），“那彦成奏：……海运漕粮由津运通全在剥船应手。上年于官剥二千五百之外，请雇民船五百只，分拨备用，现又挑除满料船，四百数十只，江、广所造新船一时不能运到，自应宽为筹备。着饬令沿河各州县，添雇民船四百数十只，除留备南粮拨用外，余悉留为接剥海运之

① 万新平、于铁丘主编：清实录天津史料汇编。天津：天津人民出版社，2014年。
② 同上。
③ 同上。

用，以期应手无误”。[①] 此后，到咸丰年间黄河改道，漕粮海运便成为常态，但运河剥船的数量并没有减少。

漕运和盐运造就了一只庞大的剥船队伍。据《津门保甲图说》统计，清中期整个天津共有船户6 168户，北运河和南运河船户以剥船户为主。1860年天津开埠以后，天津的运河系统开始发挥天津进口洋货和出口土特产品的贸易功能，这些船户开始转向民间的货物运输。光绪二十年（1894年），清朝朝廷议定修建天津到北京的铁路，即津芦（卢沟桥）铁路，1897年，津芦铁路延伸到永定门外马家堡。这条铁路可以代替北运河上的剥船，解决漕粮运往北京的问题，但是只赶上了漕运的尾声。铁路时代的开始逐渐结束了盐运单纯依靠河运的历史，但由于传统河运的覆盖面和价格优势，在天津工业文明发展的早期，船运依然发挥了重要的过渡作用，其推动力量与漕运时代在天津成长起来的这支剥船队伍密不可分。

第四节　盐商对城市的贡献

中国古代的绅商都有投资慈善事业或公共建设以博得善人名声的传统。长芦盐商大量聚集，凭借自身雄厚的财力，在市政建设方面发挥了不可替代的作用。他们修筑城墙，铺路架桥，兴建庙宇、园林，建设行宫、官署等，强化了城市形态。

位于海河与南运河畔的天津城修筑于明代永乐初年，当初以夯土做墙。明弘治年间和万历十四年（1586年）曾两次重修。此后，再没有进行过大规模修葺。直到清雍正三年（1725年），适逢雍正皇帝批准将天津卫

---

① 万新平、于铁丘主编：清实录天津史料汇编。天津：天津人民出版社，2014年。

改为天津州，随后又升为直隶州的时候，天津发大水，城墙几乎全部损毁，雉堞倾圮，门楼颓坏，砖无全块，城壕填塞。当时的长芦巡盐御史莽鹄立向雍正皇帝建议重修天津城墙，并为此凑银四万三千余两。雍正皇帝接奏报后批复道："此事且缓。可问问安尚义之子，他等可愿捐此力否。"这是雍正在给安家出题目。面对雍正的提议，安尚义、安岐父子"受宠若惊，希望通过此事恢复自家的形象，提升自己的声誉，所以不但表示同意，还多有堂皇之语"①。从雍正三年（1725年）秋冬开始，安氏父子开始了重修天津城墙的工程。直到雍正十年（1732年）五月，天津城墙重建工程才最后交付验收。东南西北四座城门的题额分别改为：镇海、归极、卫安、带河。②

曾任顺天学政、刑部侍郎的钱陈群在《安麓村五十寿序》中描写安岐修筑天津城墙时说："凡陶冶工作，安岐必躬自督视，擘画尽善。经六寒暑工竣，费白银数十万，存活失业穷民数千人。"

此后，天津盐商还曾多次捐银修葺城墙，其捐银基本都是官府分派的。

天津旧城厢地处海河与南北运河交汇之处，地势低平，河流纵横，水运发达。《畿辅通志》曾这样描绘天津："地当九河要津，路通七省舟车，九州万国贡赋之艘，仕官出入、商旅往来之帆楫，莫不栖泊于其境。"为满足水上运输的需要，天津主要河流上修建了许多开启式的浮桥。大清河、南运河及海河等河流上的浮桥，多由一艘艘可移动的小船以并排成行的形式架设而成，每当需要开桥时，将中间的一些小船移开即可。《潞河督运图》中就描绘了浮桥开桥时的情景。

---

① 王伟凯：论雍正三年天津修城及其法律意义。城市史研究，第23辑，天津社会科学院出版社，2005年。

② 参见（清）李梅宾等纂：乾隆天津府志·城池公署志。天津通志·旧志点校，上卷。天津：南开大学出版社，1999年。

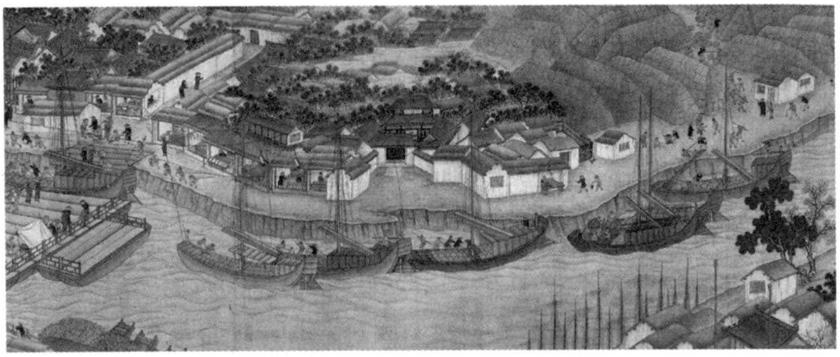

《潞河督运图》中的浮桥

康熙五十四年（1715年），长芦盐运使宋师曾等人在城北三里的大清河下游修建了天津的第一座浮桥——西沽浮桥。这座桥使用16只浮船，长26丈，耗资两千余两。第二年，宋师曾等又在北门外南运河下游的马头渡口一带捐建了一座浮桥。因该桥位于城北，百姓称之为“北浮桥”或“北大关浮桥”。

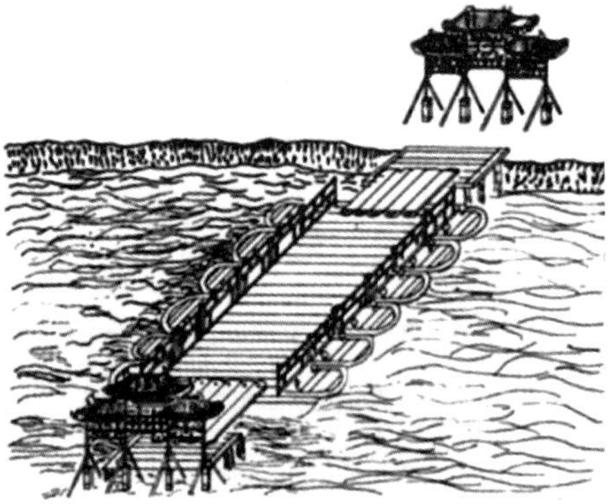

东门外盐关浮桥[1]

① 此图选自（清）黄掌纶著，刘洪升校：长芦盐法志（雍正）。北京：科学出版社，2009年。

雍正八年（1730年），长芦盐运使司青州分司孟周衍倡捐在海河上游东门外盐关处修建了盐关浮桥，时称“孟公桥”。这座桥用14只木船连缀而成，又称“东浮桥”。

乾隆五十四年（1789年），盐商又在海河楼以西修建一座浮桥。盐商查氏还捐修了龙王庙义渡。除搭桥外，盐商们还纷纷出资修筑道路。人称“海张五”的张锦文维修了通往北京的西沽桥道，侯肇安、华光炜先后维修了北门石道，姚海章维修了南门石道。道光四年（1824年），经长芦巡盐御史阿尔邦阿奏请修筑天津西沽叠道。光绪十年（1884年），盐商们还共同捐资维修了天津城内的街道。

寺庙是古代天津城厢内外主要的公共活动场所，由于信众较多，需要经常维修，而经费也多出自长芦官、商。清代由盐商捐建和重建的天津主要庙宇有：顺治六年（1649年）复建的海河东岸盐坨的海神庙、巡盐御史署东的熏风烈日祠，康熙三十六年（1697年）重建的丰财场大沽口的海神庙，康熙四十五年（1706年）重葺的南门外海光寺，雍正四年（1726年）重修的海河闸口西岸宏仁庙、三岔河口北岸的崇禧观，乾隆元年（1736年）重修的三岔河口北岸的望海寺，乾隆三十二年（1767年）重修的丰财场大沽口观海台，嘉庆六年（1801年）重修的海河西岸的恬佑寺，嘉庆六年（1801年）重修的东门外小直沽的天后宫。

因乾隆皇帝曾多次“巡幸”天津，为给乾隆皇帝修建“巡行驻跸之所”，经巡盐御史高诚奏准，芦商于乾隆三十年（1765年）在天津城南门外海河东岸（今河东区六纬路十三经路一带海河沿岸）开始营建柳墅行宫。行宫沿河建牌楼，外宫门向西，内宫殿则向南，共有房屋500间，宫墙长240丈。乾隆皇帝为行宫题名，并曾8次下榻，[①]后又经盐商多次

① 参见（清）黄掌纶著，刘洪升校：长芦盐法志（雍正）。北京：科学出版社，2009年。

修缮。

乾隆三十八年（1773年），长芦盐商捐资兴建了位于三岔河口北岸的海河楼，乾隆皇帝为其题名，并在“巡幸各处庙宇”时将此作为“茶膳之所”。海河楼共有房屋152间。

海河楼景色[①]

盐务官署是盐商们积极捐修的另一个重点。这些建筑由于规模较大，成为城厢地区最重要的建筑群之一。早在明万历三十九年（1611年），巡盐御史毕懋康及众商就捐资兴建了天津分司衙署，位于天津城东门外的海河西岸，共有房屋98间。到了清代康熙年间，作为长芦盐区最重要的两个管理机构——长芦巡盐御史署和长芦盐运使司又先后从北京和河北沧州迁至天津。巡盐御史署由长芦巡盐御史张吉午及各官、商捐银建成。雍正二年（1724年），盐商们又捐资进行了重修，整个官署有房屋122间。康熙十六年（1677年），长芦盐运使司衙署由沧州迁至天津时先是租赁民

① 1816年，英国外交使节阿美士德（William Pitt Amherst，1773—1857）来华，这是阿美士德绘制的海河楼景色。此图为天津博物馆陈列品。

房办公。康熙二十七年（1688年），长芦盐运使任玑和商人们捐银买下了城内鼓楼东街的民宅，将此处改建成长芦盐运使司衙署，有房屋242间。

长芦盐运使司衙署的到来，使天津成为长芦盐区的管理中心，促进了盐商财富的积累，为天津城市的持续发展提供了源源不断的资源。不管盐商是出于自愿还是被胁迫，他们在客观上都为天津市政建设贡献了大量资金，或者说是主要资金。盐商的捐助改善了天津城市的基础设施，在很大程度上提升了天津城市的地位。

第五节　盐商与城市文化

天津城市雅文化的繁荣及传承，与漕运、盐业的发展有着不解之缘。经过长期发展，到了清代，长芦盐生产、运销和管理的中心已经转移到天津。这一时期，富而好文的长芦盐商们凭借自己雄厚的财力和深厚的文化底蕴，自觉弘扬、传承经典文化。他们在各自的私家园林中聚集各地的文人雅士，大批江浙士子沿运河进出京城时，纷纷落脚津门，在这些园林中赋诗填词、著书立说，由此培养了天津的雅文化氛围，使天津这个卫所一跃成为人文荟萃的“小扬州”。

据不完全统计，在清代，长芦盐商们在天津兴修的私家园林不少于23处。清代初年，这些盐商园林多毗邻运河而建，稍后也出现于海河两岸，其中多数还特意选择在河流的内弯曲处，由此当时一些文人墨客题咏盐商园林的诗句也多与水景有关。如吴雯颂问津园“河流带残雪，轻舟问前渡”（《春初过问津园》）；张霔咏七十二沽草堂云“鸥影开门白皎皎，潮声卷帘青茫茫”（《草堂》）；赵方颐描述怀园“到门封舶棹，入竹鸟提笼”（《五月二日游怀园又作》）。到了雍正、乾隆时期，园址的选择自然不再限于河道附近，同时园林对园外环境的依附也逐渐疏离了造园的中心理念，设计者们转而关注园内景物的构思。如乾隆年间建成的萧闲园就位于城中心钟鼓楼的东南方，主人华鼎元在诗中说“老翁意趣本消闲，结构名园近市阛”(《萧闲园》)。又如乾隆晚期建成的寓游园，坐落于旧城东门外，李承鸿赋诗咏道“花柳天然合，回环地势难”(《构寓游园成，同人以十景诗见贻，赋此为答》)，反映出此时的造园者在园内空间结构上营造景观的倾向。[①]

在天津的盐商园林亭馆中，声名颇著的有张氏父子的遂闲堂、安氏父子的沽水草堂和查氏父子的水西庄等。

张氏家族的核心人物张霖（1658—1713年），字汝作，号鲁庵。直隶抚宁人。其父“顺治间行盐长芦，遂家天津”。张霖先后扩建、兴建了问津园、篆水楼、一亩园，并在一亩园内建起了遂闲堂，共置产业近百万银两。其中，问津园大致位于今河北区中山路的原造币总厂旧址；一亩园位于问津园西，与其相邻；篆水楼位于老城外东北，南运河与海河交汇处。

张霖的堂弟张霔（1659—1704），字念艺，号帆史，一号笨仙，又号笨山。张霔生于天津，是清代早期天津著名诗人和成就最大的书法家之一，著有《绿艳亭诗文稿》《秦游集》等。张霔在旧三岔河口东建有帆斋，作为他读书的地方。他的书房名为“欸乃书屋”。这里也是清初天津文人的雅集之处，并形成了以张霔为首的帆斋文人团体，成员包括黄谦、龙震、梁洪、大悲院僧世高等，其中的一些人为盐商后代。

张霖的重孙张映斗生活在乾隆年间，他以“恢复先业”为名，在问津

① 参见张亦弛著：从文人纪事题咏看康雍乾时期天津盐商私家园林的转折。中国园林，2013年6月。

园的旧址上兴建了“思源庄”，成为张氏祖先墓园，也是当时文人汇聚之处。乾隆年间天津著名诗人康尧衢曾作有《张鲁庵茔园》一诗：“芍药池南柳色边，小桥横锁墓门烟。几时不到思源望，细雨春深种麦田。”

在张氏的私家园林中，张霖、张霔等人招揽名士，诗酒唱和，品书论画。康熙中叶，出入遂闲堂的文史学者有姜宸英、朱彝尊、方苞、赵执信、吴雯、沈一揆、汪士鋐、查慎行、邵长蘅、朱书，戏曲家有洪昇，画家有石涛、王翚，数学家有梅文鼎等。遂闲堂开津门雅集之风，人文盛于一时，开创了天津诗学的鼎盛时期，故称“天津诗学实自霖倡之”。这些文化名人大部分来自文人荟萃的江浙或是经济发达的运河沿岸。如姜宸英，字西溟，号湛园，浙江慈溪人，是当时著名学者、书法家，与朱彝尊、严绳孙并称“江南三布衣”。朱彝尊，字锡鬯，号竹垞，浙江秀水（今嘉兴）人。他博通经史，擅长诗词，又精于金石考证之学。康熙十八年（1679年）应博学宏词科，授翰林院检讨，曾参与《明史》修纂。朱彝尊罢官南归时来到天津，受到张霖、张霔的款待。张霔作有《送朱锡鬯检讨南归》《坐锡鬯先生舟中，值梅子定九适至》诗。朱彝尊也曾在天津赋诗填词数首，并撰有《天津卫稽古寺重修藏经阁记》和《大悲院记》。梅文鼎，字定九，号勿庵，宣城（今属安徽）人，清初著名的天文学家、数学家。著有《明史历志拟稿》《历学疑问》《古今历法通考》《勿庵历算书目》等。石涛，清代画家。法名原济，一作元济。本姓朱，名若极，字石涛，又号苦瓜和尚、大滌子、清湘陈人等。他在天津创作的《游华阳山图》现藏于上海博物馆。石涛还在《清湘书画稿卷》中详细记载了1691年张霖在天津遂闲堂宴请他的情形：“辛未冬日雪中，张汝作先生见招，才人杰士，拥坐一时，公来日有都门之行，赋谢兼赠。”

康雍时期在天津城市有文化声望的盐商还有安尚义、安岐父子。

安尚义、安岐父子为旗籍朝鲜人，是清代康熙、雍正时期在天津生活的长芦盐商。借经商所得，安氏父子，特别是精于书画鉴赏的安岐（1683—1744或1746）收藏了大批珍贵文物。安尚义在天津城东南六里的海河岸边兴修私家园林——沽水草堂（又名“古香书屋”），于此间经常邀集各地名家，品评书画，鉴赏古董。

安岐博文儒雅，学问宏通，性嗜古诗，对淮扬天津一代诗风多有贡献。他居津前后约三十年，其对于书画精品的收藏上至三国魏晋，下到明代末期，范围极广，数量甚丰。安岐鉴赏之精，誉满海内，他曾撰《墨缘汇观》，至今仍为书画界鉴定的经典。安岐大致前半生主要生活在天津，后半生主要生活在扬州，[①]当时享誉国内的私家园林有扬州的“安家巷”和天津的“沽水草堂”。天津、扬州两地均是大运河上的重镇，安岐奔波于两地之间，促进了南北文化的交流。

安岐为人慷慨，在民间素以“好士”著称，时人评论说：“江淮间文士之贫而不遇者，多依以为生，麓村始终礼遇之，不稍懈也。”与安岐交好之人有王石谷、陈奕禧、钱陈群、查礼、张得天、顾维岳等人。其中王石谷被称为“清初画圣”，与王鉴、王时敏、王原祁合称山水画家“四王”。钱陈群曾历任顺天学政、刑部侍郎等职，精于书法，与沈德潜并称“江浙二老”。

经过张霖、安岐两个盐商家族的积淀和传承，到雍正、乾隆年间，出现了天津最著名的文化园林——查氏水西庄，水西庄的出现标志着天津文化发展鼎盛时期的到来。

早在发家之初，长芦盐商查日乾就在其东门里的老宅于斯堂内交结、款待过往文人。雍正元年（1723年），他又与儿子查为仁、查为义等在城

---

① 参见高鹏著：芦砂雅韵——长芦盐业与天津文化。天津：天津古籍出版社，2017年。

西南运河畔兴建私家园林水西庄，于雍正十一年（1733年）建成。

查日乾（1667—1741），字天行，号惕人，又号慕园。查日乾善交游，对过往文人名士招待周详，并多有诗文赠和，著有《春秋臆说》《史腴》。且他富而好文，诗书传家，满门风流，人才辈出，其子女皆有诗文流传。

查为仁（1694—1749），字心谷，号蔗塘，又号莲坡，查日乾长子，康熙五十二年（1711年）乡试第一。其诗文集主要有《蔗塘未定稿》《蔗塘外集》《绝妙好词笺》等。查为仁与词人厉鹗合撰的《绝妙好词笺》，被收入《四库全书》。查为仁的《莲坡诗话》是清代诗话中的重要作品，被编入《清诗话》；他的《蔗塘未定稿》被版本学家认定为乾隆中期精写刻本的代表。

查为义（1700—1763），字履方，号集堂，又号砥斋，查日乾次子。查为义工诗善画，著有《集堂诗草》。其墓志铭为著名学者纪晓岚所撰。

查礼（1715—1782），原名为礼，又名学礼，字恂叔，又字鲁存，号俭堂，查日乾三子，曾任户部陕西主事、太平府知府、四川宁远府知府、四川按察使、布政使、兵部侍郎兼都察院右都御史、湖南巡抚等职，恩赐花翎，诰授资政大夫。《清史稿》中有他的传。查礼擅写山水花鸟，尤善画梅，著有《铜鼓书堂遗稿》等。

查善和（1733—1800），字用咸，号介仲，又号东轩。查为仁次子。著有《东轩诗稿》。查善和曾重振家业，且长于作诗。

查彬（1762—1821），原名增印，字伯埜（野），号憩亭，又号湘芗，查为义之孙，乾隆四十九年（1784年）进士，曾任信阳州知州、河南乡试统考官等职，著有《湘芗漫录》《采芳随笔》《小息舫诗草》等。

查氏家族对女眷学习诗词歌赋也提倡和宽容。查绮文，字丽言，号芬余，是查为仁五女，有《丽言诗草》存世；查容端，字淑正，是查为仁次女，著有《晓镜阁稿》。查为仁夫人金至元的诗集——《芸书阁剩稿》，由著名文人赵执信作序。

水西庄内款待、资助著名文人、落魄下士，甚至僧侣等从未间断，使得水西庄蜚声南北，引得众多名士驻足流连于此。一方面京杭大运河促进了水西庄文化沙龙的繁荣，另一方面水西庄的兴盛与乾隆元年博学鸿词科的举行是分不开的。因博学鸿词科而来到水西庄的宾客有很多，包括汪沆、万光泰、王霖、余峰、张凤孙、周长发等。在水西庄中进行诗文酬唱的文人雅客尤以江南文人居多，多为科场、仕途不如意的文人或满腹经纶、志满心高的士子。有些文人遭遇科场不第或官场失意，借助水西庄雅集酬唱的平台得以抒发缓解，而水西庄主人源出江南的人脉关系和颇具共情的遭遇也吸引了众多文人墨客。独特的地缘和人缘成为水西庄迎来兴盛局面不可或缺的因素，其独具风格的景色和繁荣的文化活动，也让清代著名诗人袁枚赞不绝口。他曾把天津的水西庄和扬州的小玲珑山馆、杭州的小山塘等名园相提并论，说明当时水西庄的活跃程度与美誉名气。

雍正、乾隆年间是水西庄文化发展的高峰。查氏父子在水西庄刊刻图书，收藏金石、书画，款待南北名流才俊、津门乡贤，有二三百人。他们在此赋诗填词、评书品画、著书立说，创造了灿烂的水西庄文化，这里一时成为天津文化的传播中心。

水西庄禊图[1]

① 此图为天津博物馆陈列品。

由于种种原因，水西庄与张氏遂闲堂、安氏沽水草堂一样，未能免于衰落，但天津的文人仍以一种自觉的意识继承了水西庄的衣钵，延续了津城传统文化的余脉。朱岷的外孙梅成栋（1776—1844）就曾在水西庄组织梅花诗社。梅成栋编的《津门诗钞》辑录大量水西庄诗词，有“天津诗薮”之称。

1928年城南诗社雅集合影①

1921年，严修发起组织城南诗社，在一定程度上就是想重现水西庄“觞咏酬唱”的盛况。城南诗社参加者达百余人。

1933年6月，河北第一博物院院长、严修之子严智怡组织成立了水西庄遗址保管委员会，计划将水西庄遗址开辟为公共文化园林。

天津文人王守恂指出：“吾乡提倡风雅，有张氏遂闲堂，查氏水西庄。张氏宾客如吴天章、赵秋谷；查氏宾客如厉樊榭、杭大宗，此康雍乾嘉时代名人之记载也。道咸时有梅花诗社及续梅花诗社，为梅树君先生先

① 此图为天津博物馆陈列品。

后（梅成栋及嗣子梅小树）主持。嗣杨香吟先生倡立消寒诗社。自是而后科举盛行，乡人多从事帖括，风雅几至中绝。近年严范孙、赵幼梅同立城南诗社。范孙故后，幼梅继起，直至今日，人才之多，著述之盛，有加无已。”纵观历史，天津城市传统文化的兴起、传承和发扬光大无不有赖于盐商家族这一特殊团体，“沽上文坛风雅之事，一盛于国初张鲁庵方伯之遂闲堂，再盛于查莲坡居士之水西庄”“又颉颃于张、查间者，有子升金氏、麓村安氏，宏奖风流，争树坛坫，人皆慕仿”。[①] 在长达二百余年的时间里，盐商凭借着自身的经济实力、对文化雅趣的追求和影响力，推动了天津文人群体的形成，承前启后，继往开来，使天津摆脱了文化边缘的地位，成为运河沿岸的文化重镇。

1936年，水西庄遗址保管委员会在水西庄遗址合影[②]

天津位于运河之畔，大运河既是漕运的必经之地，也是各地文人出入北京的必经之地。虽然天津历史文化积淀相对较浅，盐商的文化园林，正好提供了南北文化交流的平台。大运河不仅带来了物流，也带来了文

① （清）梅成栋撰：津门诗钞弁词，津门诗钞（上）。天津：天津古籍出版社，1986年。

② 此图为天津博物馆陈列品。

化互动，造就了一批运河边的雅文化沙龙，这一文脉一直延续到近代。

天津最初的地方卫学建于明正统元年（1436年）。从清代初年到民国年间，天津卫学的维修和重建却与芦盐官、盐商有着直接的关系。

顺治十年（1653年），长芦巡盐御史张中元就带领地方官员捐出自己的薪俸作为修缮天津卫学的经费。这是清代天津卫学（文庙）的第一次大修。顺治十六年（1659年），长芦盐运使卢纮又倡修天津卫学。康熙八年（1669年）和十六年（1677年），长芦巡盐御史李棠和再任长芦盐运使的卢纮先后两次修葺卫学。雍正三年（1725年），天津卫学改为州学；雍正九年（1731年），因天津升州为府，卫学遂改为府学。两年后，长芦巡盐御史鄂礼等人组织重修了府学学宫。乾隆八年（1743年）和十六年（1751年），长芦盐运使倪象恺和卢见曾又先后重修过府学学宫。同治二年（1863年），长芦盐商杨成钰、张凤墀、华树、黄昭融、徐墀、王敬熙、姚承丰等人捐资重建天津府、县学宫，后因经费不敷，求助于大盐商、人称“海张五”的张锦文，其“慨然任之”。长芦盐官和盐商对于官学的赞助显然对于其后代跻身科举不无企望，客观上对于天津主流教育机构的完善大有裨益。

除了官办的教学组织外，在清代，天津还出现了其他办学形式，就是由地方官署或者个人出面操办，经费主要由民间筹集的教育机构。这种机构既发挥了官办教育的优势，又调动了民间绅商的办学积极性。这种形式的教育包括“社学”“屯学”和“运学”等。其中“运学”也称“商学”，是由盐商或盐运使衙门牵头创办的，打上了深刻的长芦烙印。

除了官学，天津的私塾教育也非常普遍，但学生需要交纳一定数量的学费才能入塾学习。而对于那些交不起学费的贫家子弟来说，则可以免费进入“义学”“义塾”接受初等教育。长芦官、商们为此兴建、资助了一批“义学”，带有社会慈善性质。如雍正七年（1729年）和九年（1731

年），巡盐御史郑禅宝和盐运使彭家屏在东门内外各创办了一所义学，办学经费由长芦盐运使司支付。乾隆五十七年（1792年）和六十年（1795年），在东门内和北门内也出现许多蒙童义学，嘉庆二年（1797年）和八年（1803年）又兴办3所义学，其办学经费均由长芦盐商所捐款项支付。同治四年（1865年），长芦盐运使克明又一口气创办了8所义学。这些义学对于天津启蒙教育的普及发挥了较大作用。

书院教育则是天津教育的另一个重要领域。天津书院的历史并不算悠久，数量也不是很多，但书院一经出现就受到长芦官、商们的关注和资助，天津著名的书院大多有他们的印记。

康熙五十八年（1719年），天津第一所培养科举人才的三取书院开始兴建，坐落在天津城东北角，三岔河口东岸赵公祠旧址上。三取书院初名“郁文学社”，乾隆二十五年（1760年）改名为“三取书院”，意思是乡试、会试、殿试都考取。这座书院每年的经费最初由盐商捐给，后改由长芦运库支付。书院由天津著名学者、雍正癸卯科进士王又朴主持。三取书院于乾隆四十四年（1779年）和嘉庆六年（1801年）两次重修。其中，嘉庆六年的重修由盐商操持。同治七年（1868年），书院迁至河东盐关厅后，也就是今天的建国道西口南侧。光绪十三年（1887年），又经盐商拓地改建。

乾隆十七年（1752年），天津影响最大的书院——问津书院在南门内建立。书院用地为盐商查为义捐献。康熙六十年（1721年）进士、长芦盐运使卢见曾，与商人们捐资两千四百余两，并亲自督建。乾隆五十七年（1792年），长芦盐运使嵇承志重修问津书院。嘉庆六年（1801年），盐商们又进行了修葺。书院经费由长芦运库“闲款生息项内支给”。在问津书院任主讲的多为学界名流，他们所讲的内容多以“诗赋乐府”见长。嘉庆六年（1801）进士、翰林院编修、道光初年曾任长芦盐运使的叶绍本曾在此讲学。叶擅于古文，著有《白鹤山房集》。光绪十年（1884年），著名学者李慈铭任书院主讲。直到光绪朝前期，问津书院一直十分兴盛。1900年，八国联军的入侵使问津书院遭到巨大破坏。

问津书院旧址[1]

道光七年（1827年），国子监学正王天锡、著名诗人梅成栋、三品守备侯肇安等人捐资将西北角文昌宫旁的海潮庵改建为书院，即辅仁书院。书院的名称是希望以“仁”来辅助天津学业的意思。书院建成后，长芦盐运使金洙借拨长芦运库款年息半数作为书院的经费。书院的主持人包括王天锡等人，任教者多是当时的社会名流，有著名诗人、举人梅成栋，进士沈兆纭（沄）、吴惠元以及天津著名教育家杨光仪等。辅仁书院每年招收学生80名。盐商后裔严修、李叔同等都曾在辅仁书院学习过。

① 此图为天津博物馆陈列品。

辅仁书院旧址[①]

同治十三年（1876年），会文书院在老城东门内仓廒前落成，由长芦盐运使祝垲等人筹建，并得到盐商严克宽（严修之父）等人资助。建院初期，经费由长芦运库支付。随着学习人数的增加，光绪五年（1879年）严克宽等又加以扩建，添建了房舍、藏书室。同时设立会文总塾和崇正总塾。由于已建的“三取”“问津”和“辅仁”书院均为初等启蒙教育，会文书院在办学之初就提出，要“专课举人”，因此会文书院的办学起点较高。长芦盐商后裔、天津近代著名教育家林墨青曾在会文书院学习过。

光绪十二年（1886年），长芦盐运使周馥等人在三岔河口水师营东，也就是今天的金家窑大街东口创办了集贤书院。书院规定专收外省举人、贡生、监生。书院以举业为主课，以经文、策论、时务等为辅科。

清末废除科举之后，近代新式学堂在天津兴起，长芦的盐官、盐商们又兴建了众多学校，包括大中小学，其中就有享誉全国的南开中学和

① 此图为天津博物馆陈列品。

南开大学等。资料表明，当时天津新建学校所需要的资金有不少来自对盐商征收的额外费用或盐商捐献。清末每年盐商集资达9万两，其中6.4万两用于学校教育。在筹办近代教育的过程中，长芦盐商后裔严修、林墨青曾经起到过非常重要的作用，被视为天津近代教育的先行者、带头人。

光绪二十八年（1902年），严修、林墨青与盐商王贤宾、李宝恒、王文郁等人在会文书院的旧址上，将几处分散的学塾整合在一起，创建了民立第一小学堂。同年，严修、林墨青又在原问津书院的旧址兴建了民立第二小学堂，办学经费由盐商张锦文之孙张炳等人提供。1937年民立第二小学堂更名为问津小学。

光绪二十九年（1903年），严修、林墨青在城西北隅的城隍庙创建了天津第一所官立小学——天津城隍庙官立小学堂。光绪三十年（1904年），严修创办的严氏家塾与盐商"益德王"创业人王益斋之子王奎章的家塾合并，共同创办了私立中学堂。该校后改称敬业中学堂、私立第一中学堂。光绪三十二年（1906年），王奎章之子王益孙捐银一万两，严修捐银五千两在南开建设新校舍，更名为"南开学校"。1910年，供盐商子弟入学的长芦官立中学堂也并入南开学校。1919年9月，严修等人又创办了南开大学，校址初设于南开学校内。1923年8月，迁至八里台。1924年，南开女子中学成立。1928年，南开小学成立。至此，南开学校体系形成。

除了普通教育外，盐商及其后裔还创办了一批具有职业教育性质的学校，为国家培养了一批急需的特殊人才，使天津的职业教育走在了全国的前列。

光绪三十一年（1905年），北洋师范学堂在天津新开河北岸创立，今天的河北区志成道中学就是当年的校址。当时官府决定，从每引盐中抽税0.15两，用以资助北洋师范学堂及其附属小学。宣统三年（1911年），北洋师范学堂改为直隶高等商业学堂。1914年并入直隶公立法政专门学校。

光绪三十四年（1908年），林墨青创办了直隶音乐体育传习所，专门培养小学音乐、体育教师。校址位于今河北区中山路（一说在西北角文昌宫）。它是中国第一所培养近代音乐、体育教师的学校。

1907年8月北洋法政学堂开学，这是中国第一所法政专门学校，校址位于今河北区志成道。这所学校的5.5万两办学经费来自长芦盐商何福咸。1912年改称北洋法政专门学校。

1907年，由长芦盐运使司主管的中国第一所公办护士学校——北洋女医学堂建立，学校经费来自长芦盐税。学校聘请中国第一位女留学生金韵梅（1864—1934，亦称金雅梅）为总教习。

除了学校教育外，长芦盐商还兴办了一批社会教育机构、组织。比较重要的有广智馆、崇化学会等。

1915年，林墨青创立了社会教育办事处，出版有《社会教育星期报》。

1925年1月，林墨青又创办了天津社会教育广智馆，馆舍位于西北角文昌宫东原社会教育办事处。馆内展出天津土特产品、工农业生产过程、科学常识等照片、图表、模型和实物等。1928年天津社会教育广智馆更名为天津广智馆。

天津广智馆旧照[①]

1927年8月，为了宣传中国的传统文化，“补学校之不及”，严修、林墨青等人与同为盐商的华世奎创办了天津崇化学会，敦请长洲章式之先生为主讲。同年10月25日，崇化学会讲习科在严修的蟫香馆举行开学仪式。办学的二十多年来，崇化学会为社会培养了众多的国学研究人才，弘扬了优秀的传统文化。

从明清到近代，长芦盐官、商们的兴学之举成为推动天津教育持续发展的重要动力，长芦盐业的雄厚资金又为天津教育的成长壮大提供了不可多得的宝贵资源。

① 此图为天津博物馆陈列品。

第六节　天津城市的发展

一、城市地位的上升

天津在明代是“卫”的建制，天津卫署在北门内西侧，明永乐三年（1405年）建。天津左卫署在天津卫署东，天津右卫署在天津卫署西。三座卫署的后面和西侧，分别修建了经历司署、镇抚司署，前、后、左、右、中千户所署。三卫的大小衙署24座。城内虽然尚未建立正式的行政机构，但已经根据城市发展的需要增设了一些必要的官员。随着人口的不断增长，商业发展起来，事务日渐繁多，词讼纠纷时有发生，单靠卫所已难以治理这个军民混杂的商业化城市。

随着漕粮河运的繁忙和天津水次仓重要性的增加，宣德十年（1435年），明政府在天津设立了户部分司，户部分司署在北门里户部街。户部主事直接掌控仓储的运作及漕粮的收支，衙门名为户部管仓分司署，是中央派出机构，官员叫户部分司监督，等级为正六品，比知县级别还高。钞关的管理权由户部主理，天津道兼理。为加强对治安的管理，明正统元年（1436年）设立天津经历司衙门。到弘治年有刑部侍郎白昂建言：“天津之地，水陆咽喉，所系甚重，请增设宪职一员为兵备官。”于是皇帝于弘治三年（1490年）十一月敕语：“增设山东按察司副使一员，整饬天津等处兵备……天津三卫系畿内重地，东濒大海，北拱京师。因无上司钤束，以至奸盗窃发，军政废弛，地方骚扰不宁。今特命尔整饬彼处兵备，专在天津驻扎。自天津至德州止沿河附近军卫有司衙门，悉听管辖……一应军民词讼，应受理者即于问理。官员有犯，五品文职以下听尔拿问，五品以上并军职，奏闻区处。”[①]这段敕语规定了这个山东按察副使职责：统一管理天津至德州附近，包括天津三卫在内所有军卫衙门；虽为山东按察副使，但驻扎在天津；有一定的行政管理权。按察副使为正四品，因为天津没有行政级别，所以隶属山东。这是一次提升天津地位的较大调整。明朝时的兵备道，全称为“整饬兵备道”，主管兵备事宜。由于兵备道不是专缺，出任兵备道的职务品级，是以他本身的原官衔为准。天津的兵备道就是按察副使，是正四品。此职虽为临时设置，在正德年间还一度裁撤，不久又复设，“至于明末不废”，这是明代天津最高品级的官职。天津兵备道在城内西北隅，后迁到东门里的路北。明代中后期，随着天津重要性的增加，又增添了通判一职。嘉靖四十三年（1564年）十一月，“吏部复御史秦嘉楫条陈时政四事……天津卫止设武官而无文吏，事多隳废。宜于河间府设通判一员，分署天津，专理民事”。[②]明代通判一般为正六品，天津通判也是根据需要临时设置的职位，所以天津通判隶属于河间府。

学术界认为，明朝小冰河期的冬天非常寒冷。北方的酷寒使降雨区域普遍南移，导致明朝全国各地几乎连年遭灾。先是秦晋，后是河洛，继之齐鲁、吴越、荆楚、三辅等地，并出现全国性的大旱灾。这样长时间和高密度的灾害严重削弱了明朝的国力。1619年以前，气温最为寒冷的时期整整延续了二十余年，萨尔浒之战正是发生在这时。由于辽东战事吃紧，天津成为后勤基地也是必然的。

早在明万历中后期，天津、山东沿海地区倭寇为患，天津的军事地

---

① 万新平、于铁丘主编：明实录天津史料汇编。天津：天津人民出版社，2012年。

② 同上。

位骤然提升，有几个大学士建议在天津设立巡抚官职。大学士张位建议："天津特设巡抚、总兵，专治海上事务，续调水兵属管领，与旅顺、登、莱、淮扬声势联络，以震军威。"大学士沈一贯建议："请于天津、登、莱沿海居中处所设立一巡抚，率总兵、兵备、参、游总辖海道。"[①]《明史·职官志》中记载："巡抚天津地方赞理军务一员。万历二十五年（1597年）以倭陷朝鲜，暂设，寻为定制。"于是，明朝廷升山东右布政使万世德为都察院右佥都御史海防巡抚，天津巡抚由此而设。万世德受事后，不久因流言蜚语被罢免，以汪应蛟为代理。后来给事中张辅上疏皇上，请求万与汪应蛟互换职务。万世德受命，北入辽东界，大胜倭寇。万历二十七年（1599年），朝鲜事宁，天津巡抚便罢。天启元年（1621年），天津巡抚第二次设置。此次复置的原因是明朝的辽阳地区被后金攻占，辽阳失守。面对此形势，天津的军事重要性又凸显出来。经过廷议，明熹宗同意方震孺议请天津添设巡抚御史一员的建议，任命毕自严为天津巡抚。天启三年（1623年）正月，还命铸督理辽饷兼巡抚天津等处关防给毕自严。在天启二年（1622年）四月时，又升光禄寺少卿李邦华都察院右佥都御史，巡抚天津。于是天津同时有了两个巡抚，后来廷议"天津巡抚与督饷部院宜归并"，天启三年（1623年）闰十月，天津巡抚李邦华升任兵部右侍郎，"诏以巡抚事务着督饷官毕自严兼管"，十一月，"准改天津兵归并督饷官，即与另给关防敕书"，[②]把督饷部院与天津巡抚合一。崇祯四年（1631年）时，设置山永巡抚，全衔称巡抚山海关、永平等处地方，赞理军务，辖区包括永平府以及山海关附近等地。天津巡抚所辖之武清、宝坻、滦州及乐亭一州三县悉归山永巡抚管辖，天津巡抚的管区缩小了。此后任天

---

① 万新平、于铁丘主编：明实录天津史料汇编。天津：天津人民出版社，2012年。
② 同上。

津巡抚的有李长庚、黄运泰、崔尔进、翟凤翀、郑宗周、贺世寿、杜三策、李继贞、冯元飚等10人。明代由于天津只是个卫，不是行政建制，所以无论是按察使副使、通判还是巡抚，无论品级多高，都是因地方军事形势告急而临时委派。巡抚的管辖区随时变动，不是专署天津，按察使副使还挂在山东省，天津通判挂在河间府，所谓名不正，言不顺。但是不管怎么说，由于天津战略地位越来越重要，它所涉及的各种特遣官员的级别也越来越高，如巡抚一职，一旦设立就不能再裁撤。这意味着天津的地区行政管理中心地位不断提升，为以后行政建制的提升奠定了基础。

明代天津的盐业亦有了进一步发展，当时长芦都转盐运使司设于沧州，天津附近的盐场有三叉沽场、富国场、兴国场、厚财场和丰财场，在小直沽则设有批验所。当时明政府设长芦巡盐御使一人，监察长芦盐政，“长芦盐政特差御史巡视，驻扎天津，始于明洪武、永乐两朝，以山东诸场兼之依巡按例岁一更代为常”。[①]

明朝灭亡，从1650年后气温一度快速回升，接着就是清朝所谓“康乾盛世”。清代初期天津仍然延续了明代“卫”的建制。天津一个城市的编制分成三卫，而且分散驻扎在附近一个区域，似乎是对天津城市的某种忽视。顺治九年（1652年）六月，“天津左卫、右卫归并入天津卫”，[②]同时结束了卫所官员的世袭制。三卫的合并使天津的城市行政地位有所突出，实际上此时天津的经济地位正在慢慢提升。首先是运河带来的天津商品经济在日益繁荣，其结果就是康熙元年（1662年）河西务的钞关搬到天津。钞关就设在北门外的运河边，天津人称“北大关”。

---

① （清）沈家本、荣铨修：光绪重修天津府志。天津通志·旧志点校，上卷。天津：南开大学出版社，1999年。

② 万新平、于铁丘主编：明实录天津史料汇编。天津：天津人民出版社，2012年。

天津北大关浮桥旧景[①]

巡按长芦课察院公署原来设在北京宣武门外，长芦巡盐御史每年沿运河巡视天津、沧州、山东盐运，当地“皆设馆廨”。天津的馆廨在天津“原裁户部饷司衙门”处，位置是从侯家后沿南运河南岸下行，距三岔河口不远，后来俗称“盐院”。由于长芦盐业在天津的事务越来越繁忙，康熙七年（1668年），巡按长芦课察院公署迁来天津，此时天津已经逐渐成为长芦盐的集散中心。康熙十六年（1677年），长芦盐运使司衙门也从沧州迁到天津。虽然天津还没有行政名分，但钞关和巡盐御史等重要经济管理部门已在天津配齐，行政设置呼之欲出。

早在明朝弘治五年（1492年）时，就曾有人提议添设天津州。当时鸿胪寺右少卿建言，“天津南至静海县百余里，北至通州二百余里，中间具

① 此图为天津博物馆陈列品。

无有司衙门，事多废弛，乞开一州于天津城内”。[①] 由于当时天津已设按察副使，结果并未实现。雍正三年（1725年）三月，根据直隶总督李维钧请求“改天津卫为州，设立知州一员，改卫经历为吏目，教授为学正”[②]。新设的天津州所辖村庄也有所调整。最初天津州属河间府，将卫所原辖的143个屯庄就近并入武清、静海、青县、沧州、南皮，又将武清、静海、沧州三处267个村庄划归天津州。后来巡盐御史莽鹄立“请改为直隶州，以武清、静海、青县属焉”。于是，同年九月，“升直隶河间府所属天津州为直隶州，管辖武清、青县、静海三县”。[③] 在天津改为直隶州不久，直隶总督唐执玉又向清政府提出：“天津直隶州系水陆通衢，五方杂处，事务繁多，办理不易，请升州为府，设知府一员。粮捕通判一员、经历一员、教授一员、训导一员；附郭置天津县，设知县一员、县丞一员、典使一员；该州学正唯教谕。此新设一县，同该州原辖之青县、静海及沧州、南皮、盐山、庆云一州三县统归新升之府管辖。其旧设之河间府海防同知，应就近改属天津；天津旧设之州同吏目，应请淘汰。”[④] 于是在雍正九年（1731年）二月，天津的行政级别又从州一级上升为府一级，下辖天津、静海、青县、沧州、南皮、盐山、庆云等六县一州，成为畿辅首邑。天津府公署在原旧卫署，位于城内大仪门西，北门内西侧，天津府经司公署在府署东。天津府同知公署在西门内。天津镇总兵官署，简称镇署，俗称镇台衙门，在鼓楼西北。天津府学（文庙）东建有教授署和训导署。建于清雍正十二年（1734年）的天津县署，坐落在东门内仓门口，是天津县最高行政长官所在地。由于天津府县同城，因此府学与县

① 万新平、于铁丘主编：明实录天津史料汇编。天津：天津人民出版社，2012年。
② 同上。
③ 同上。
④ 万新平、于铁丘主编：清实录天津史料汇编。天津：天津人民出版社，2014年。

学也同城。到这时天津城内已经是衙门林立了。从雍正三年（1725年）到雍正九年（1731年）的6年之中，从州到府的直线提升，说明无论是税收还是城市的发展，天津早已是冲繁疲难的总汇之所了。

天津县署旧貌[①]

二、从集市到街市

传统社会最初级的交易市场是定期的集市，集市是不能维持每天进行交易的市场，然后是市镇中常年开张的街市。由于交换的需求层次不同，形成集市、小市镇、城市和大都市不同级别的城市系统。在古代商品经济不发达的中国，象征国家控制点的县城中却往往只有集市，不能形成街市，说明大部分县城市场的经济总量不足以维持每天交易，与其政治级别不匹配。明初时天津有五个集市，弘治六年（1493年）又添了五集一市，每集三天，这样天津每一天都有一个集市，分别是：

① 此图为天津博物馆陈列品。

宝泉集在鼓楼，初五、十五、二十五；

仁厚集在东门内，初三、十三、二十三；

货泉集在南门内，初六、十六、二十六；

富有集在西门内，初九、十九、二十九；

大道集在北门内，初八、十八、二十八；

通济集在东门外，初二、十二、二十二；

丰乐集在北门外，初十、二十、三十；

恒足集在北门外西，初七、十七、二十七；

永乐集在张官屯，初四、十四、二十四；

宫前集，初一、十一、二十一；

安西市在西门外。[①]

这说明明代弘治年间天津的商业水平还处于集市阶段，这些集市有一半在城外。《天津卫志》还提到“城西北沿河一带旧有杂粮店，商贾贩粮百万，资运京、通”“河东新创杂粮店，商贾贩粮通济河东一带村庄”。在城市里赶集，说明这个城市的商品交换需求不足，集市数量的增加，说明交换需求在增长，一半的集市在城外，特别是城西北和河东杂粮店的发展，说明城市的经济功能在城外发展。从这种情况看，虽然漕运对天津的商品经济发展有一定的促进作用，但是这种发展有一个过程，不是一蹴而就的。由于历史上缺少统计数字，我们不能精确估计各时代天津的经济总量，但是集市的商品交易形式告诉我们，不能对明代天津的城市经济发展水平估计过高。有人注意到明万历《歙志》说：“今之所谓都会者，则大之为两京、江、浙、闵、广诸省；次之而苏、松、淮、扬

---

① （清）薛柱斗著：康熙天津卫志。天津通志 · 旧志点校，上卷。天津：南开大学出版社，1999年。

诸府，临清、济宁诸州，仪真、芜湖诸县，瓜州、景德诸镇。”这里列举的都会根本就没提天津，天津当时的地位还不如临清，因此过去人称天津有“小临清”之称，直到清代才换位。

明朝政府于宣德四年（1429年）设立钞关，按船只大小征收以纸钞为主的往来船税。那时，除了漕船夹带之外，运河上还有大量运货的商船，经过钞关时，都要缴税。明代通过河运收缴的税率大约达到货物价值的20%。明代全国设立了八大钞关，有七个钞关设在运河沿线，即崇文门（北京）、河西务（原在漷县）、临清、淮安、扬州、浒墅（苏州城北）、北新（杭州）。明代万历年间，运河上七个钞关的税收达三十一万余两，到了天启年间，增加到四十二万余两，约占八大钞关税收总额的90%左右，其中，临清、河西务、崇文门三关的税收，远高于南方各关。明正统十一年（1446年），朝廷将漷县钞关移至河西务。康熙元年（1662年）钞关移驻天津。清代天津关税口共有12处：苑口、东安、永清、杨村、蒙蔡村、河西务、王摆、张湾、三河、独流、海下、杨家坨；又在东马头、西马头、东沽、西沽、稍直口、杨柳青、三岔河设役巡查。明代河西务税额为35 847两，清顺治十三年减4 947两，为30 900两。根据《康熙大清会典》统计，康熙元年移设天津关后，加征天津道税银4 180两，总额为35 080两；康熙二十五年（1686年），增5 384两，共40 464两；康熙末年增铜斤水脚银7 692两，合为48 156两；康熙年间天津关在定额之外已出现盈余。康熙十五年（1676年）、十六年（1677年）除正额之外，每年报解“盈余银二万四千三、五百余两不等”，实际征银达7万两。雍正年间天津关税收实征税银在7万至8万两。如雍正二年（1724年）征收盈余银两万二千二百余两，与正额合计为七万零四百余两；雍正五年（1727年）实征税银八万七千八百余两；雍正十年（1732年）税收总额70 400两；雍正十三年（1735年）合计74 208两。乾隆以后关税银起伏较大，乾隆十八年（1753

年）突破十万两，以后最多时12万两，嘉道年基本维持在十万上下。[①]

钞关从河西务迁到天津以后，天津关税银逐年上升。税收的增加，反映了天津商品经济的逐步繁荣，实际上运河漕船夹带的免税货物还没有计算在内。清朝时的规定是“凡优恤运军每船北上，许随载土产物百石，头工、舵工水手共二十六石，回空随载梨枣六十石，经过关津免其输税”[②]。当时统计漕船共有6 969只，按照这个数，每年至少有八九十万石土产随船北上，有十八万石以上的梨枣南运。天津是漕船进入北运河前的最后一个大城市，由于北运河水浅，400石的漕船也经常要在此剥运，船上的一百多石土产再运到通州很不方便，因此天津是最好的卸货地点，我们相信大部分土产是在天津就地解决的。随漕船过天津的还有许多民船，乾隆年有一则灾年免税的史料：“今闻近省商贾来船亦陆续渐至，若贩运日多，则阎闾可无乏食之虞，而商民亦收贸易之利，所当额外加恩，俾其踊跃从事者。着将临清、天津二关米豆之船免其纳税。”[③]说明漕运之外，天津的粮食贸易也很兴旺。于是天津北大关成了一处十分拥挤的卡口，每逢开桥就出现壮观的场面，“漕艘每过浮桥开关上关时，各种行船蜂拥随集，皆附漕船拉杂联络，以争速过浮桥，一开一上甚属烦难。唯道宪例委营弁，持鞭长丈余，驱逐杂项争过民船，名曰‘打当’，实开路之先声也。膺是差，东浮桥上河管千总王弁名浦者，品既神骏，鞭法如撤金蛇，每响一鞭，观者无不喝彩，亦绝技也”。[④]

---

① 参见高富美著：清代天津关及商品流通。城市史研究，天津：天津社会科学出版社，2010年。

② （清）允裪著：钦定大清会典·户部漕运，卷十三，文渊阁四库全书，第619册。台北：台湾“商务印书馆”，1982年。

③ 万新平、于铁丘主编：清实录天津史料汇编。天津：天津人民出版社，2014年。

④ 金鞭电撤。直报，1895年6月28日。

清代中后期，天津城市商品经济水平由集市阶段进入街市阶段，这样的街市不再是赶集时才聚集的摊贩，而是沿街排列的铺面。1846年的《津门保甲图说》中统计的铺户数量已超过负贩的数量，而现在见到的最早的街市资料就是《津门保甲图说》上标识的带“街”的地名。如城西北沿河一带有：双街口、太平街、双忠庙大街、曲店街、西杂粮店街、三道街、二道街、大街、肉市街、小洋行街、缸店街、针市街、估衣街、锅店街、单街、河北大街；城东一带有：南斜街、扒头街、磨盘街、北新街、小洋货街、棋盘街、杂粮店街、兴隆街。这些“街”大都是专业的商业街，有些不带街名的也是很繁荣的商业街，如“宫南”“竹竿巷”“侯家后”等。城内的东西南北四条大街，应当也是商业街。

马头东街紧邻北大关的运河码头，传说从南方来的贫苦船工不习北方寒冷的天气，大都买不起新衣，只买些旧衣服穿。这里买卖的人多了，逐渐就出现了许多专门卖旧衣服的店铺和摊点，很多外地客商甚至到这里专门批购旧衣，再运回南方销售。最初，估衣街只有估衣铺，是小贩摆摊卖旧衣服的小街。道光四年（1824年）崔旭的《津门百咏》描绘道：“衣裳颠倒半非新，挈领提襟唱卖频。夏葛冬裘随意买，不知初制是何人？”后来人们将马头东街便称作“估衣街”。估衣街是大胡同地区最繁华的一条东西向的街道。沿估衣街从西至东，两侧依次有五彩号胡同、归贾胡同、范店胡同、金店胡同等；估衣街南侧还有多条胡同可通达北马路，依次有耳朵眼胡同、万寿宫胡同、邑翠里胡同、沈家胡同、杨家胡同等等。这些胡同宽窄不一，宽的七八米，窄的如耳朵眼胡同宽度不足一米五，那也是耳朵眼炸糕的诞生地。清初，估衣街沿河一带，出现了许多杂粮店铺，“商贾贩粮百万，资运京、通，商民均便”；这里建了潮帮公所（针市街）、山西会馆（锅店街）、闽粤会馆（针市街）、山东济宁会馆（崇福庵）、江西（豫章）会馆（街南万寿宫胡同）、当行公所（北门外以东）等；北门外还有馆驿楼，上悬“津门重镇”“畿南要津”匾额。

康熙元年（1662年），天津钞关从河西务移驻天津，人称大关，划归天津道兼理。关署在北马头渡河北路西甘露寺旁。据光绪《津门杂记》记载：钞关征收水陆出入货物税银。每年秋令来往商贩云集，出入货物更多，俗谓之“秋头子”。康熙五十五年（1716年），由于来往人多，在北马头渡口由天津道朱纲、盐法道宋师曾捐造了浮桥，称北浮桥，因钞关在此，又称钞关浮桥、北大关浮桥。浮桥是用木船连缀而成，有船经过则开桥，船过以后则闭桥；引桥及搭板也是木结构，能适应每日潮差的变化。天津旧城北门到钞关浮桥的大街叫北门外大街，北门外大街并不长，沿街商铺林立，一家挨一家。一过浮桥就是河北大街。这条街也是商业繁华的一条南北交通要道，两旁的店铺以经营土产杂品为主，是典型的土产一条街。

清末的河北大街[1]

天津的针市街、竹竿巷等街名，与广东商人经营商品种类有关。前者因粤商北运的货物以手工业品缝衣针在此设行出售量最大，故得名针市街；后者则因广东、福建等商人从南方运来竹竿、竹筷、竹篮等竹制品在此售卖，故称竹竿巷。后人称“竹竿巷棉纱商毕集，针市街向为闽粤

① 此图为天津博物馆陈列品。

晋三帮多而且盛之处”。由于经济上的联系，运河沿岸的一些城市，出现了许多同名的街市，像天津有一条街叫“锅店街”，旧时山东的张秋与临清两地都有“锅店街”；天津与临清都有一条“耳朵眼胡同”，杭州、徐州、济宁、临清、德州、天津、北京等城镇，都有一条叫“竹竿巷”的街市；江苏淮安也有一条“估衣街”。运河城镇街市同名反映了其相同的经营品种，也可以称其为运河街市。

《津门杂记》中有诗：“津关高设在河干，一到河冰收税难。只盼新秋风色好，洋船广到百忧宽。”所谓“洋船”，是福建、广东的商船。他们每年从南方运来糖、米、茶、水果、竹木以及各种经过香港进口的杂货，然后又满载着北方的山货、药材、豆类、棉花、布匹等货物回去。闽粤商船的数量很庞大，所交的税占天津钞关的比重很大。靠近河岸港口的北门外、东门外，出现了“洋货街”，东门外叫洋货街，北门外叫小洋货街，专销南方的糖、茶叶、烟草、瓷器、玉器、丝绸、香料、苏木、药材等。康熙二十三年（1684年）开放了海禁，闽粤潮帮的商船到这里停泊，万商辐辏，出现了亘古未有的景象，康熙有诗云：“贾船商舶运樯至，贡赆时看集万方。”据《澄海县志》记载：“邑之富商巨贾当糖熟时，持重资往各乡买糖……候三四月好南风，租舶艚船装所货糖包由海道上苏州、天津。”①

嘉庆十五年（1810年）有规定：“洋船到天津，在东码头以上停泊起货，五船为一排，十船为一帮，不准参差。其卸货之后，尚须置买回货，限十五日退泊开船出口，免致拥挤河道。所有闽粤水手，不许容留居住，责成地方官厅严行示禁。”② 这段记载反映了嘉庆年间闽粤商船来津时海河上拥挤之盛况，规定了商船卸货之后限期离港，但所谓秋季返航

① （清）蔡继绅著：嘉庆澄海县志。中国地方志集成。上海：上海书店，2003年。

② （清）昆冈等修，刘启端等纂：钦定大清会典事例。续修四库全书，第802册。上海：上海古籍出版社，1993年。

之说，当为推想而已。乾隆四年（1739年），广东、福建的商人就在南运河边建立了闽粤会馆。闽粤会馆值年两省公举，闽粤各一，两帮各立帮号，闽帮名“苏万利”，粤帮名“世德盛”。会馆置有公产，闽帮住福康里，广帮住岭南栈，另有潮帮住潮义栈。乾隆年间闽粤会馆又修建“闽粤山庄”，作为公共墓地。在乾隆初年到乾隆末年的50年里，会馆发挥了积极作用，闽粤并潮帮通力合作，很快发展壮大起来，仅粤帮的大商号就已有十余家，小商号也有三十余家。[①] 南方海船中还包括江浙商船，江浙地区北上天津的商船以宁波、上海等地为主。上海的商船多为载重300到500石的沙船。他们将江浙的布匹、茶叶运往天津、东北等地，又将北方的杂粮、干果、药材运回南方，从乾隆初年的“岁行两次”，到乾隆中后期一年四回。[②] 光绪十二年（1886年），浙江商人在户部街建了浙江会馆。

天津不但是漕运枢纽，也是民间粮食集散中心。“保定、河间、正定、顺德、广平、大名等府，赵州、冀州、深州、定州等直隶州，以及顺天府四路同知所属各州县民间日食，全赖由津水运接济”，[③] 更不用说天津城市中还要满足二十来万人口的吃饭问题。漕粮之外还有民间粮食贸易。运粮船本来大部分靠内河航运，因此天津许多粮店、斗店都是沿河而立。天津最早形成的粮食市集有三大集，分别是东集、西集和北集。北集最大的斗店是同顺永斗店，西集最大的是怡和斗店（原名怡和公斗店），斗店就是买卖粮食的牙行。其中怡和斗店曾是西集上唯一的斗店，开业于道光年间（一说开业于乾隆元年，即1736年），地点位于永丰屯御河南岸。

① 参见闽粤会馆——天津最早的俱乐部。天津青年报，2004年6月24日。

② 刘贺彬：清开埠前天津港与华南海洋贸易的发达及其原因。前沿，第3期，2010年。

③ 乾隆五十二年五月十八日直隶总督刘峨奏折。宫中档乾隆朝奏折，第64辑。台北：台北“故宫博物院”，1982年。

西大湾子曾是南北贸易的集散地。明代以后，始称永丰屯，是一个大集市。《天津卫志》中曾记“永丰集，在张官屯，初四、十四、二十四”。清康熙年间，经运河运来的粮食在此处装卸集散，出现了多处粮栈，使永丰集发展为以粮食为主的专业集市。在西大湾子集散的货物主要以粮食为主，其中怡和斗店是最大的粮栈，怡和店西街的名称便来自该店。怡和斗店是天津城西的一个大型的粮栈，不仅可以买卖粮食，还可以储存粮食。天津市红桥区文物保护管理所征集并保管的一通石碑碑文中有记载：“天津旧西门迤西统谓之河西集，向有额设斗纪八名，内沿河四名，距河较远者四名，均有一定界限，不准任意挪移。”[①] 西大湾子原来是一个河湾，南侧是西集，北侧就是梁家嘴。梁家嘴人口密集，有三座庙宇——土地庙、放生院、般若庵。当时，因梁家嘴两岸设立了码头，与之配套的集市、货栈、粮店、车行、脚行、饭馆、茶楼、澡堂、药铺等应运而生，渐渐形成了一个商业区。

东集在海河三岔河口以东大口沿河一带，因粮食转运，粮商们前门收粮，后门批发，批发和零售的规模不断扩大，配套的银号、钱铺、货栈、大车店等云集，这里形成了以粮店前街和粮店后街两条大街为核心，由十几条胡同组成的商住集聚区。[②]

随着海禁的开放，清代从海路运到天津的粮食也不断增多。天津与东北的粮食贸易始于康熙初年。当时，天津粮食供应紧张，粮价高昂，清政府接受天津塘沽海上官纲户郑世泰之建议，开海禁，允其“用海舟贩运奉天米谷，以济津民”。康熙三十五年（1696年），令海商运米到天津，正税之外，免其杂课。乾隆四年（1739年）五月，“谕令商贾等将奉天米

① 张志忠主编：斗店移集告示碑。天津市红桥区碑石铭刻辑录及释文。天津：天津社会科学院出版社，2011年。

② 参见阿英著：庚子事变文学集。北京：中华书局，1959年。

石由海岸贩运，以济畿辅”，十月，“命嗣后奉天海洋运米赴天津之商船，听其流通，不必禁止”，因而奉天贩运粮食大量增加，据嘉庆四年（1799年）统计，仅天津县“向来以商贩东省粮石营生者，每岁约船六百余只，每船往返四五次或五六次不等”。[①] 海禁的放宽及里河运粮的发展，为天津粮业的兴起创造了极好的条件。康熙年间天津赴东北贸易的商船不过十数艘，到了乾隆年间已增至数百艘。天津居民靠搬运粮石生活者不下数万人。清代后期天津已经发展成为当时非常发达的商业城市了。

运河漕运带动了南来北往的商品贸易，盐业集散中心的形成带来了大量的财富。人口的增长需要更多的口粮，而大量的粮食贸易又支持着越来越多的城市人口。天津在行政级别提升的同时，城市人口不断增加，到了1846年，天津城区人口已发展到二十万左右。丰富的商品交易形成了众多的行业，其特征就是出现了分工明确的专业街市。天津开埠以前的城市规模，已经是传统社会中的佼佼者。但这些发展并不是封建政权设城的初意，而是顺应时代发展而成。虽然天津迟迟没有得到相应的行政级别，但它每一步的提升都是实至名归。

三、清代天津人口结构

受第一次鸦片战争的震动，清政府开始在天津城乡内外及四乡调动军队，加强战备，并整顿保甲，设立义民局，守望相助。《津门保甲图说》是清代天津一份不可多得的人口普查资料，成书于1846年，该调查“爰据见（现）在形势，以河海为经纬，分别绘图，图系以说，俾观者得其梗概云”。[②] 所谓“说”，就是人口统计。雍正四年（1726年），吏部议

① 万新平、于铁丘主编：清实录天津史料汇编。天津：天津人民出版社，2014年。
② 津门保甲图说。天津通志·旧志点校，下卷。天津：南开大学出版社，2001年。

行保甲法，规定："十户立一牌头，十牌立一甲长，十甲立一保正。"保甲制度中国自古有之，目的是维护地方治安和收取税赋，虽然历来难称精准，但是基本上可以看出当年天津城市的人口规模和职业分布。乾隆五年（1750年）首令天津岁奏民数，次年规定通过保甲系统统计男女老少全部人口，保甲成为天津户籍管理的基础。

《津门保甲图说》前七幅图可以看出当时市区的范围，即县城内、东门外、西门外、南门外、北门外、东北城角、西北城角。由于天津城市经济功能的特殊性，漕运与盐运依靠运河与海河运输，大量的商业人口聚集在东门外和北门外的沿河一带，而城墙之内主要是官府和富人的居住区域。根据图说的统计，天津城内有各种身份的家庭9 914户，大小男妇95 360人。而整个市区32 857户，大小男妇198 643人。城里人口只占48%，户数只占30%。这种格局说明天津城市的形成与河道密切相关，除了漕运和盐运之外，清代民间商业运输也相应发展起来，连钞关也建在运河上，充分说明天津是因运河而生，因运河而长的特点。

中国古代等级秩序有士、农、工、商之分，明代天津建卫的人口统计就有民、军、匠、灶之分。清雍正年摊丁入亩后，按丁收税的意义降低，而城市中人的职业与身份却越来越复杂。外地来津的生意人越来越多，真正天津的原住民占比越来越少，所谓"本卫土著之民凋零殆尽，其比间而居者率多流寓之人，是津门虽商贾凑集之地，而土著不得获其利"[①]。天津是一个到清代才迅速发展起来的城市，人口统计相对复杂。《津门保甲图说》中市区分类列举了天津居民的十几种身份，包括绅衿、盐商、铺户、烟户、土住、应役、佣作、负贩、船户、医卜、乞丐、僧道等。

① （清）薛柱斗著：康熙天津卫志。天津通志·旧志点校，上卷。天津：南开大学出版社，1999年。

《津门保甲图说》人口统计表①

	县城内	东门外	西门外	南门外	北门外	东北城角	西北城角
绅衿	288	129	39	3	103	36	56
盐商	159	110	4		502	13	34
铺户	3 132	2 975	823	280	3 196	318	902
烟户	2 887	1 975	1 526	418	1 426	1 087	658
土住	257	113	197	31	31	78	39
应役	1 139	383	156	19	427	95	119
佣作	30						
负贩	1 935	1 330	465	102	799	762	318
船户	19	200	327		131	192	94
医卜	11				1		
乞丐	25	22	7	2	10	14	9
僧道	32	29	15	4		17	8
大口	30 750	23 044	9 132	1 935	24 209	9 131	6 815
小口	64 610	11 060	2 068	881	7 204	4 077	3 727
户数	9 914	7 077	3 399	858	6 635	2 639	2 335

其中：绅衿，一般指绅士，即过去有官职而退居在乡者；衿，指生员，即有功名的人。这是天津贵族阶层。

盐商，是有食盐专卖权的商人。他们是天津人口构成的特点，是最富有的阶层。

铺户，是指开店铺的人户，是当时封建政府从户籍管理的角度对商人的称呼。通常铺户都有一个带门面的店铺，只是经营规模大小不同，

① 津门保甲图说。天津通志·旧志点校，下卷。天津：南开大学出版社，2001年。

大多数的铺户都属于小家小户的买卖。

烟户，不是指以种烟制烟为业之人，是人烟的意思。清代实行严格的户籍管理制度，各乡里登记的丁户册籍，谓之烟户册。乡民则称烟户。

土住，应当同土著，是与“移徙”“流寓”相对的，古代文献中一般指附着于土地，世代定居者。

应役，当指官府里各种当差应役的。

佣作，从图说整体分类来看，佣作应是从事农业的劳动者。

负贩，指走街串巷的小贩，或在街肆摆设摊位的摊贩。

船户，从事河海运输的养船户，在天津应包括为漕粮倒运的剥船户。

其他身份不言而喻。

值得注意的是，依据《津门保甲图说》的身份排序，除了绅衿仍在第一位以外，盐商、铺户排在第二、三位，也就是说在天津，商人的身份已从末业上升到第二位。烟户和土住不是职业身份，应当包括了从事无法细分的各种职业人等，只是把世代定居者分出来了，同时说明，清代天津已有外来人口大量存在。

再来注意各种身份的人群分布。

绅衿，占天津总户数1.99%（只有户数统计），其中城里占总绅衿数44%，东门外占19.7%，北门外占15.75%。

盐商，占天津总户数2.5%，其中城里占总盐商数19.34%，东门外占13.38%，北门外占61%。

铺户，占天津总户数35.38%，其中城里占总铺户数26.94%，东门外占25.59%，北门外占27.5%，西门外占7%，南门外占2.4%，东北城角占2.74%，西北城角占7.76%。

烟户，占天津总户数30.36%，其中城里占总烟户数28.94%，东门外占19.8%，北门外占14.29%，西门外占15.3%，南门外占4.19%，东北城角占10.9%，西北城角占6.6%。

负贩，占天津总户数17.38%，其中城里占总负贩数33.88%，东门外占23.29%，北门外占13.4%，西门外占8.14%，南门外占1.78%，东北城角占13.34%，西北城角占5.57%。

另外土住占天津总户数2.27%；应役占天津总户数7.11%，其中城里占总应役数48.71%；船户共有963户，占天津总户数的2.93%。

天津过去有句俗语："东门贵，西门贱，北门富、南门穷。"从人口统计的分布看，确实如此。高贵的绅衿住城里的占了一半，其次是东门外占1/5，超过北门外，而富有的盐商则一多半住在北门外。

明确属于经商职业的，数量从高到低依次为负贩、铺户、盐商，三者相加，有18 159户，占全城人口的55.26%。他们多聚集在北门外。北门外的南运河是通向江南的商道，其重要性超过上下西河，因此是天津最大的商业中心。

《津门保甲图说》成书时正值政府对闽粤商船严格控制的时期。书中透露："闽广商船停泊处所宜酌量变通也。查自大沽至天津郡城，路程约一百余里，水程约二百四十余里，其间曲折纡回，兼之风潮不常，闽广船大载重，往往从大沽入口，半月方能抵郡。及到郡城停泊，连樯排比，以每船五六十人计之，舵水人等约在一万上下……后即令在葛沽一带停泊，听候盐政及天津道衙门查验，其货物即由该商自雇小船剥运到津。投行贸易，本船不必抵津……上海、宁波等处商船宜酌定稽查章程也。查天津所有南货均由上海、宁波沙船载运，该船舵水每船不过十余人，且非大帮并来，与闽广船六、七月同时麇至者有间。"[1] 书中又记闽粤商人借助船舶从海上到达天津，"建帮之船头绿色，潮帮之船头红色，故

① 津门保甲图说。天津通志·旧志点校，下卷。天津：南开大学出版社，2001年。

有绿头、红头名称，先泊于闸口，后移于葛沽，其船由南至北远涉重洋，故津人又名之曰洋船”。在清代的官方文献中，也屡有“闽粤洋船”之称谓。广东人至迟于清康熙年间已进入天津从事商业活动。天津文献资料说：“溯当前清初季，海禁大开，闽粤两省商人来津贸易者日众，其时均乘红头船，遵海北来，春至冬返。”闽粤商人长途跋涉抵津后，“嗣因客货抵津，寄顿无所，加以海船惯习，入口出口均须虔祀天后，报答神庥”，于是联合建造会馆安顿人员货物。闽粤商人在天津流动人口中占一定的比例。

沿南北运河和海河居住着大量为船运服务的剥船户，《津门保甲图说》特别列出船户一项，虽然大部分船户不在市区，而是散布在沿河各村庄，对于天津这个高度依赖河运的商业城市，船户的存在是至关重要的。该书统计的船户共有6 168户。除市区及零散船户外，较为集中的几处如下。

北面并东北一带村庄船户共185户。

西北一带村庄船户共1 277户，其中船户较多的村庄有西沽387户，丁字沽280户，天齐庙60户，南仓60户，吴家嘴98户，中仓65户，王秦庄84户。

西面一带村庄船户共72户。

西南一带村庄船户共有625户，其中船户较多的村庄有杨柳青160户（另船伙377户），马神庙西334户（另船伙244户）。

东南一带村庄船户共有3 046户，其中船户较多的村庄有郭家庄121户，张家嘴42户，卧河庄44户，窑上庄62户，北杨码头56户，秦家庄刁家庄126户，下郭家庄114户，小赵北庄137户，四里沽86户，咸水沽139户，东大街150户，西泥沽63户，张家庄28户，柴家庄62户，东泥沽68户，新城29户，邓善沽56户，小梁子36户，大梁子34户，大沽379户，东大沽465户。[①]

---

① 津门保甲图说。天津通志 · 旧志点校，下卷。天津：南开大学出版社，2001年。

从统计上看，船户主要集中在南北运河和海河沿岸。西北一带1 277户船户主要活动在北运河上，考虑到北运河上剥运漕船的任务较重，这里的船户应当以剥船户为主。统计范围到北仓地区为止，不包括杨村以上的船户，估计北运河上的船户应几倍于天津北运河边的统计。其中西沽与丁字沽的船户明显多于附近村庄，这与它们位于上下西河河口有关，文献中也有通过西河剥运漕粮的记载。天津市区有船户963户，与其河运枢纽地位相关。西南沿南运河一带有625户，仅杨柳青一地就有近四百户，还有船伙六百多户。这些船户除了为漕船剥运以外，还可能更多地是在南运河上跑运输。从市区到大沽海口的海河沿线的村庄，共有3 046户船户，他们主要集中在咸水沽一带和东西大沽地区。这些船户分三类：一是跑奉天的海船，二是为北来海船剥运的剥船，三是渔船。随着海运的日益发达，天津养海船的专业大户不断出现。例如：西大沽的高家，有海船九十多艘，还有自建的船坞；汉沽的邵显章，因养海船而发家，人称“邵半河”。官方对商船渔船的管理规定是“查天津、宁河等处商船，向例只准赴奉贩运粮石，由天津道请有宪台衙门粮照，填给收执，回棹呈交，不准乘机多贩，私越外洋，其渔船领有鱼票，亦不准远越重洋”。

《津门保甲图说》的统计很难说是完备的，如其中没有对流动人口的统计，并且对烟户缺乏界定等，我们无法苛求前人做超出时代的事，该统计已经让我们获得了当时城市的宝贵信息，比如城市形态是如何沿河发展的，城市人口中经商的占比，商人在城市中地位的提升，大量船户在城市周边的存在，等等。尤其是对商人统计的排列顺序大大提升，排在仅次于绅衿之后。这些记载对后人研究天津城市起源及性质具有不可替代的作用。

/ 第四章 /

河之运与城之运

第一节 黄河北徙与漕运终结

自从南宋建炎二年（1128年）黄河改道夺淮入海以后，山东以北的运河维持了七百多年的漕运功能。清道光年间，黄河不仅造成南方运河淤塞，而且还连续发生溃决，在1841年、1842年、1843年、1851年发生了4次大的溃决。黄河溃决的主要原因仍然是泥沙淤垫河道。这些溃决预示着黄河已经到了改道的前夜。其实，当时人们已经注意到黄河河床不断淤高的危险。1842年，魏源就建议用人工的方式，使黄河改道北流。他说："由今之河，无变今之道，虽神禹不能为功""使南河尚有一线之可治，十余岁之不决，尚可迁延日月。今则无岁不溃，无药可治，人力纵不改，河亦必自改之"。[①]

1855年，黄河在河南兰阳北岸铜瓦厢决口，先流向西北，后折转东北，在张秋夺山东大清河入渤海。铜瓦厢以东数百里原本穿苏北汇入黄

① （清）魏源著：魏源集，上册。北京：中华书局，1976年。

海的黄河河道自此断流。黄河决堤之后，黄水将口门刷宽达七八十丈，一夜之间，豫、鲁、直三省许多地区顿成泽国。另外，黄河改道还标志着京杭大运河开始走向衰落。对天津来说，这一年恰好是第二次鸦片战争中大沽口之战的前三年，也是城市将迎来巨变的前夕。黄河改道从山东入海，并没有彻底改变海河流域的格局，只是截断了山东南旺“七分朝天子”的汶河来水。南运河上游只能依靠漳卫河的来水，这就使南运河作为海河支流更加名副其实。

铜瓦厢决口处[①]

从道光年间开始的漕粮海运到后来的太平天国起义，均对运河漕运造成了重大打击。太平军占领武昌以后，控制了长江航道，咸丰三年（1853年）太平军据守扬州，河运停阻，江浙漕粮全数改由海运。太平军占领镇江、扬州以后，切断南北运河、夺取清朝粮仓、毁坏漕船设施，就等于掐断了清朝的命脉。苏浙的漕粮改为海运，确实是不得已而为之。1853年，湖北、湖南、江西、安徽4省漕粮改折（即本色改折色，指用银两或其他物品代替粮食）。海运到北方的苏浙漕粮仍然是通过天津北运河

① 作者自摄图。

运到通州。

从那时起，河运海运的争论从未停止过，黄河改道虽然给河运派以致命的一击，但运河漕运还是在断断续续地艰难维持。黄河北徙后，清口顺清河上接中河，船行无阻。漕舟北上，径由安山镇、戴家庙渡黄河至八里庙，经拦黄坝，绕盐河、坡河，渡黄河达张秋。同治年间还有人建议堵塞洪泽湖三河口，抬高水位，导淮入故道。但是由于故道尚未浚深，担心湖堤危险，此议并未实行。淮北盐商每年于三河口湖尾，筑草坝蓄水运盐。

主张继续维持运河河运的一派，有很重要的一条理由：外夷构衅，海运不安全。1858年5月，英法联军逼近大沽口时，正好也是海上漕运繁忙的时期。为了避免漕粮的损失，清政府的措施是："夷船北来，意甚叵测，如有续到漕船，饬令驶入偏僻海口，暂行停泊守护，俟探明天津情形，或仍催前进，或设法起运……现在英法两夷船只，业经驶入天津海口，官军接仗失利，炮台被占。此时海运粮米石已入口者不过五十余万石。此外均在放洋，尚未到口。即着谭廷襄、崇恩各饬所属查察，已进天津近处小口者，着崇恩饬属酌量地方。或囤积仓廪，陆续由河运至通州，或俟探明天津事定，再令由海前进。"[①]1859年，在第二次大沽口交战之前则提前做了筹划："如有夷船在天津海口滋事，即将各漕船驶赴盛京之牛庄及山东之浦台、利津等处暂为停泊，俟夷船退后，再赴天津收口。其业经放洋船只，如能于夷船未经北驶以前，趱行前进，赶紧到津，尤为妥协。"[②]一方面，大沽口的战事确实给海上漕运造成了巨大的麻烦；另一方面，早期民间雇佣的木船也很容易发生事故，同治七年（1868年），

---

① 万新平、于铁丘主编：清实录天津史料汇编。天津：天津人民出版社，2014年。
② 同上。

由于津沽河面狭窄，常有沉船失米之患，于是清廷在大沽增设海运外局。且天津的剥运民船也有很多弊端，延煦、毕道远的奏折称：“江浙白粮到津，向雇坚大殷实民船剥运，近来弊窦丛生，私立船捐名目，公然卖放，辄以窄小破船塞责，或冒充民船应募。驾驶之人又多官剥船户，作弊是其惯技。本年竟有全船沉失，船户潜逃情事，莫若由江浙粮道一手经理等语。”[①] 这一时期漕粮还是河海并运的。

同治十年（1871年）四月，在天津小闸口西大街南石院，建立了江浙沙船公所。就在这时，轮船招商局的成立为漕粮海运提供了先进的运输方式。1872年9月，李鸿章派朱其昂、朱其绍在天津、上海联络华商，招集资本，选购船只，招聘和雇用管理航业和轮船驾驶人员，开漕粮改由轮船海运之始。1872年12月26日，清政府批准了李鸿章的奏折，自1873年始，每年清政府拨江浙海运漕米20万担，由招商局轮船运往天津。轮船海运可以有效地减少海上航行的危险。轮船“到津之后，先行上栈，为此须先于天津紫竹林一带修造栈房，所需费用先向江浙海运总局借款置造，于水脚项下陆续扣还”[②]。关于栈房，《津门杂记》记载：“近年添建仓库一处，计三座。每座厂十二间，宽三间，共一百零八间，以备海运存粮，名为海运官栈。”[③]

同治十一年（1872年），轮船招商局的领运方式是：“由商人借领二十万串为设局资本，盈亏悉由商任之。购坚捷轮船三艘，每年拨海运漕米二十万石，由招商轮船运津，其水脚耗米等项，仍照向章办理……轮船每艘载米三千石，填发连单，由津局稽核，一切领银领米等结悉罢之。轮船运米，由上海道填给免税执照，并援例得酌带二成货物。其洋药及

① 万新平、于铁丘主编：清实录天津史料汇编。天津：天津人民出版社，2014年。
② （清）张焘著：津门杂记。
③ 同上。

二成之外另带货物，仍须纳税。”[①]这是中国第一家官督商办的新式公司。当时中国的海上运输正面临着洋船的排挤，而成立轮船招商局也是与洋船竞争沿海航运之举。官督商办即由官方设局，民间招商，在当时不失为一种创新。最初招商局的任务是每年剥运苏浙漕米20万石，实际第二年就达到五六十万石，占海运总数约一半。至光绪末年，漕粮海运就全由招商局办理了。

中法战争发生后，海上不安宁，又有反对海运的人奏请将漕粮改由河运。光绪十年（1884年），太常卿徐树铭建言："漕粮宜全归河运，请于运道经行处疏浚河流，修治闸坝，并选雇民船以济运……十五年从山东巡抚张曜请，改拨海运漕米二十万石仍归河运。”[②]这样，光绪十二年（1886年）又部分恢复了河运。然而运河每况愈下，弊端越来越严重，维持河运已经十分困难。光绪二十二年（1896年），王文韶奏："南漕改行水运，唯江北漕粮仍由河运，复于苏、松项下提拨米十万石并入河运。船多道远，自黄入运，自运入卫，节节阻滞，船户穷无复之，窃米掺水，诸弊丛生……盖运受黄病已非人力所能挽救。拟请自本年始改拨苏漕之十万石统归海运。其江苏冬漕仍办河运，以保运道。”[③]

其实，清代在相当长的一段时期，河运数量已大为减少。同治元年（1862年），署理河南巡抚张之万奏准朝廷："河南州县征漕均非本色，大抵折收其价约每石折制钱六千有另，以现时银价计之，将及四两，而折漕例价本轻，历年办理直为官吏利薮，请照湖北办理之意变通，今年仍行折漕。令各州县均以三两三钱解交司库，以二两一石折为天庾正供，

① 清史稿，卷一二二，食货三。二十五史，第十一册。上海：上海古籍出版社，上海书店，1986年。

② 同上。

③ 同上。

解部库以一两作为该省兵饷，所余三钱留为通省办公之用。”[①] 于是，河南省绝大多数州县漕粮折每石银3.3两（原定0.8两），少数州县折3两或2两。这样就减少了河南的38万石的漕粮运量。

天津地区的南北运河治理一直是清政府的要务，特别是北运河，经常发生的洪水对漕运的威胁很大。早在咸丰八年（1858年）夏四月大沽口之战前夕，咸丰皇帝曾谕军机大臣：“……闻武清县之王家务、天津县之筐儿港两处引河，皆可归入宁河县之芦台入海，由此泄水，即可使夷船不能再行前进，并着妥善办理。”[②] 可见当时北运河的引河还有了防御夷船的功能。同治三年（1864年）永定河北徙，河道淤浅，逐渐威胁北运河的安全。清政府曾经于柳坨筑坝堵截北流，引归旧河，经东安、武清、天津入海。光绪七年（1881年），清政府还在天津北运河与子牙两河交汇处之下游辟新河，以泄两河及永定河洪水。光绪十九年（1893年），北运河上游潮、白等河狂涨，水势高于堤巅数尺，原筑上堰，俱没入水中，运河水旱大小决口七十余处，由津运京米麦杂粮千数百艘船，在杨村阻浅。清政府命李鸿章将各口堵合，并疏浚河身，停蓄水势，以利舟行。但不管运河漕运如何衰落，还是一直坚持到1900年八国联军入侵之前，当时天津已经是战场，由海路运到的漕粮也为联军所掳，“江浙漕米尚未运齐，到津米石亦因战事无从运通，现在军食孔亟，闻本届漕米上海招商局约尚存三十万石，海道既阻亟应变通办理……改由运河兼程赶运……查天津招商局已被洋人占住，存米四十余万石，洋人据为已有”。[③] 当时慈禧太后逃往西安，前途未卜之际，还临时安排改变漕运方向，转向内

① （清）载龄等纂修：钦定户部漕运全书。续修四库全书，第836册。上海：上海古籍出版社，2002年。

② 万新平、于铁丘主编：清实录天津史料汇编。天津：天津人民出版社，2014年。

③ 同上。

地。随着战事的平息，清政府又规定，以往天津至北京地段需要剥船起剥及雇车马转运，以后改由火车“径运京仓”。漕粮由海运直接运至塘沽，再由塘沽装入火车，运至京师永定门内卸车，然后在先农坛处附近，“自南而北接修岔道，以备日运三次”。鉴于当时铁路已建成使用，到光绪三十二年（1906年），署两江总督周馥奏准：“海运米石运抵塘沽，改由铁路火车径运京仓交兑，所有增给剥船户耗米价银，及加给剥船户津贴银两等款，停止开销。”战后，出于财政考虑，清政府终于接受了他们原来所不愿接受的铁路运输，而漕运也逐渐有了河运—海运—部分铁路运输的转变。但这种情况也没有持续多久，光绪二十五年（1899年），御史秦夔扬奏江北运河漕米劳费太甚，拟请停办。转年（1900年）南北漕粮全数改折，漕运停罢。从此南北运河失去其固有使命，往日繁荣，皆成陈迹。其实漕运在清末之时已经成为劳民伤财无用的包袱，戊戌变法期间，梁启超、康有为等有识之士都对漕运进行过批判，认为在交通发达的时代，漕运成了商人之事，不过“京师一米店之事耳”，而仓场、漕运两总督的职责“不过南北两支店司事耳”。[①] 漕粮改折彻底结束了运河的保漕负担，天津的南北运河作为海河支流，继续发挥着一定的商业运输作用。不过，运河在功能和性质上都发生了根本的改变，成为近代天津港口连接腹地运输网络的一部分，为近代天津城市的发展起到了承上启下的作用。

---

① 参见（清）康有为著：康有为政论集，上册。北京：中华书局，1981年。

第二节　千年未有之大变局

一、海防的经营与失败

天津卫设立之初的主要目的是保障运河漕运，明代中后期海上威胁开始出现，主要是倭寇的侵扰，为此开始建设天津的海防设施。万历四十六年（1618年），辽东努尔哈赤建立后金，与明朝军队进行了多年的战争，清军入关前甚至曾深入腹地到了天津附近。崇祯十五年（1642年），清军在贝勒阿巴泰率领下，分路从墙子岭入关，会于蓟州，然后又分道，一攻通州，一逼近天津，天津一度告急。

天津地区的海防设施主要是指位于渤海之滨的两个炮台体系：一个是位于蓟运河出海口的北塘炮台，另一个则是位于海河出海口的大沽炮台。

明朝中期以后，由于明朝国力减弱，海防松懈，倭寇与海盗的袭扰日益猖獗。为了确保首都的安全，明朝政府在大沽海口布置重兵把守。万历二十年（1592年），日本发动侵略朝鲜的战争。明朝政府一方面加强渤海沿岸的防守，防止日军直接侵犯中国首都；另一方面准备援助朝鲜。这使得天津成为护卫京师的门户和援朝后勤基地，不仅当地驻军增至两万三千余人，而且于1597年在天津设置海防巡抚。大学士张位奏："天津特设巡抚、总兵，专治海上事务，续调水兵俱属管辖，与旅顺、登莱、淮扬联络，以震军威。"[①]在此期间，明朝政府加强了大沽海口的防御设施，

① 万新平、于铁丘主编：明实录天津史料汇编。天津：天津人民出版社，2012年。

在北塘修建了两座炮台，史称“北塘双垒”，后因长年无战事被弃用。[①]

到了清朝，大沽海口驻军时有加强。雍正三年十二月六日（1726年初），清政府设立天津水师营，驻扎大沽海口卢家嘴，辖有水师官兵2 000人。乾隆九年（1744年），又增兵1 000人。此后陆续裁撤，先是乾隆二十五年（1760年）裁撤500人，后又于乾隆三十二年（1767年）因海上无事，裁撤了水师营。1816年英国使节阿美士德的中国之行对嘉庆皇帝产生了一系列重要影响。1816年8月22日，就在阿美士德使团前往通州之时，嘉庆皇帝突然下旨，要求在天津海口恢复水师驻防，指出：“天津为畿辅左腋，大沽等海口直达外洋。从前曾建设水师驻防，后经裁撤。该处拱卫神京，东接陪都，形势紧要，自应参考旧制，复设水师营汛，以重巡防。”嘉庆对阿美士德来朝并没有多大兴趣，相反，他对修建大沽炮台却抓得很紧、很细。对于修建经费，嘉庆皇帝也有所指示。当时，长芦盐商打算为此捐银20万两，但嘉庆帝于二十二年（1817年）正月指示长芦盐政嵩年，“天津添设水师经费本无须商力捐办，今伊等请捐之项，仍系借用库银。又肯俟前此捐款扣完之后，再行起限缴纳。拖延年限，徒有捐输之名，毫无实济。所有此次请捐银两，盖不赏收”。要求直隶总督方受畴会同嵩年“于运库征存加价项下，酌拨银二十万两以内，以为建盖官署、兵房、炮台、战船等项”。[②]

经过一番周折，大沽南岸炮台于嘉庆二十二年（1817年）五月竣工。炮台高1丈5尺，宽9尺，进深6尺。北岸炮台于嘉庆二十三年（1818年）三月动工，六月初九日完工，规模稍小。炮台内均为木料结构，外用青砖砌成，白灰灌浆。

---

① 参见天津市塘沽区地方志编修委员会编：塘沽区志。天津：天津社会科学院出版社，1996年。

② 万新平、于铁丘主编：明实录天津史料汇编。天津：天津人民出版社，2012年。

明清两代政府对于大沽海防的经营可谓开始既早，亦用心良苦，但受当时技术水平的限制，又缺乏战事考验而长期疏于维修，显然无法抵御即将到来的西方列强的大炮轰击。

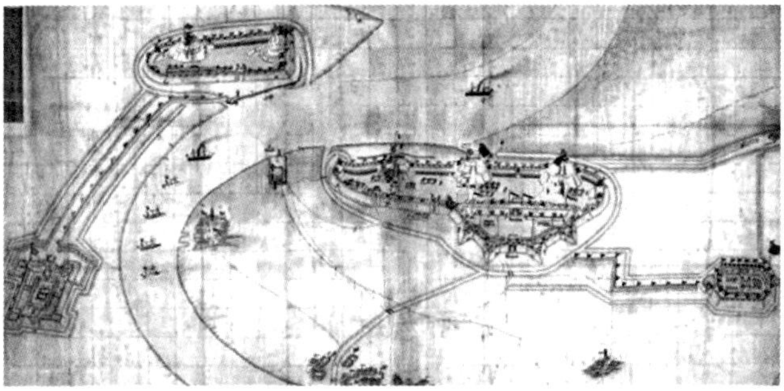

八国联军入侵前的大沽炮台①

1840年第一次鸦片战争开始后不久，英国侵略军就按照既定计划北上天津。1840年8月9日，义律率领英国8艘军舰驶抵天津大沽口外。当英国军舰抵达大沽炮台的时候，天津地区守军有八百余人，能作战的只有六百余人，而大沽营的兵力只有二百余人。经过“白河投书”和大沽谈判，9月15日，英国舰队南返，历时37天的大沽口危机就此结束。

大沽口危机给清政府敲响了警钟，重建海上国门势在必行，接替琦善任直隶总督的讷尔经额立即在大沽口海河南岸添筑炮台2座，北岸添筑炮台1座，均为上砖下石，高5.3米，宽40米，进深26米，呈长方形。台前筑土为坝，以御风浪冲击。同时又将南岸旧有炮台修复加固，并于1841年7月完工。重建后的大沽口要塞共有炮台4座：南岸3座，北岸1座。

① 此图为天津博物馆陈列品。

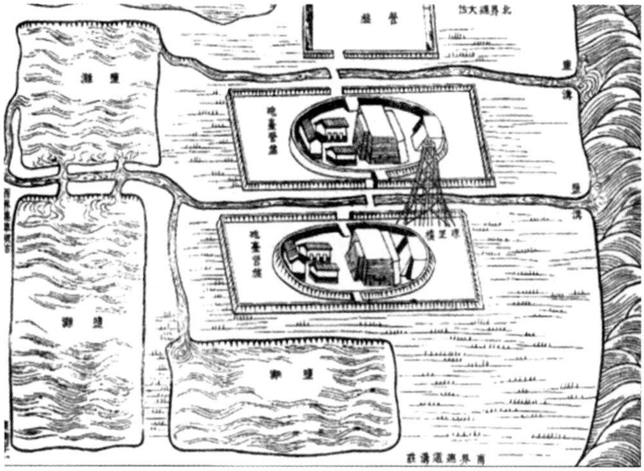

《津门保甲图说》中的大沽炮台

在修筑炮台的同时，新铸和调拨大小火炮344门，其中，五千斤、七千斤铜炮各10门，一万斤、八千斤铜炮共8门。三百斤以上的火炮合计144门，用于行军近战的三百斤以下至百余斤的小铁炮200门。由于远离战场，清朝的官员对中英武器装备的优劣情况缺乏了解，对即将到来的海防战争，并没有清醒的认知和充足的准备。

到1850年，大沽炮台还有两千斤以上至一万斤重的铜铁大炮51门，一千六百斤以下至四百斤之铜铁炮91门，共计142门。

1856年10月，英国借口“亚罗号事件”，对中国发动第二次鸦片战争。1857年12月，法国借口“马神甫事件”，与英国组成联军，攻陷广州。随后，1858年4月，英法联军北上天津。从4月13日开始，英、法、美、俄四国公使率领26艘舰艇、4 000名侵略军陆续抵达大沽口。

当时，大沽口要塞配有各种口径火炮290门（一说137门），但多数为中国旧式炮。

第二次鸦片战争中，1858年5月20日，经过激烈战斗，英法联军攻占了大沽炮台。同年6月2日，咸丰皇帝任命僧格林沁为钦差大臣，负责京津一带的防御。7月10日，咸丰皇帝又谕令僧格林沁："其由天津至海口一带，即应预为防范，严密布置。"8月，僧格林沁抵大沽，开始重建被英法联军毁坏的大沽炮台。

僧格林沁不仅重建了战前的4座炮台，还重建了1840年被废弃的北炮台。这5座炮台后被命名为威、镇、海（南岸）、门、高（北岸）。此外，又在北炮台以北约一里许的地方兴建了石缝炮台。这样大沽口南北两岸各有炮台3座：南岸前炮台高15米，中炮台高12米，后炮台高9米；北岸前炮台高15米，中炮台高9米，石缝炮台高9米。还兴建了兵营、营墙，挖掘了壕沟。北塘炮台也进行了重建。南岸前炮台和中炮台各安设铜炮3门，分别为一万二千斤、一万斤和五千斤，后炮台安设五千斤铜炮1门；北岸前炮台和中炮台各安设重炮3门，石缝炮台安设重炮3门。这些重炮主要用于攻击舰船。此外，还在营墙上安设了用于攻击登陆部队的小炮。还在距海口百余里的双港构筑要塞。到1859年4月，大沽防御体系基本布置完成。守军严阵以待，随时痛击来犯之敌。同年6月25日下午，再次来到大沽炮台水域的英法军舰与炮台守军发生激战。英法联军大败而归。大沽防御体系经受住了这次战火的考验。

第三次大沽之战前僧格林沁认为英法联军"所恃究在船坚炮利，若使舍身登陆，弃其所长，用其所短，或当较为易制"。他说的是对英法军队，可以放入陆地上来打，这正利于清军马队抄袭与之野战。僧格林沁骑兵出身，擅长马队奔袭，故有此想法，也说明他不谙西方军队的装备、战术和战史。

1860年8月1日，英法联军在北塘登陆，随即占领了北塘炮台。此后，英法联军开始从背后向大沽炮台进发，并于21日经过激烈战斗攻占了大沽炮台。

直至《北京条约》签订后，1865年7月29日，崇厚带领署天津道李同文、天津府恩福、署天津镇春霖、署大沽协张秉铎在大沽举行接收炮台仪式。至此，被英、法军占据五年之久的大沽炮台归还中国。

第二次鸦片战争结束后，鉴于大沽炮台在战争中表现出来的京都海上门户的战略地位，清政府开始按照近代化标准改造大沽炮台。最早负责改造大沽炮台的人是时任三口通商大臣的崇厚。到1866年10月，炮台工程竣工。这只是大沽炮台改造的开始，真正的改造应始于李鸿章任直隶总督时期。

1870年李鸿章出任直隶总督，负责奉天、直隶和山东等地的海防事宜，1871年李鸿章在视察大沽口炮台时，发现大沽炮台损毁严重，不足以御外侮。李鸿章便命令调苏州洋炮局制造的大小炸炮和金陵机器局制造的洋炮陆续运津，并让人从国外购置西洋新式巨炮。

大沽炮台的建设是在李鸿章选择重点海口实施防御的思想指导下进行的。而李鸿章的这一思想又与德国海军军官希理哈1868年出版的《防海新论》有关。1873年，英国传教士傅兰雅和中国学者华蘅芳合译了这部著作。

李鸿章在给朝廷的奏折中援引希理哈的观点阐述了重点设防的理由："中国兵船甚少，岂能往堵敌国海口，上策固办不到。欲求自守，亦非易言。自奉天至广东沿海袤延万里，口岸林立。若必处处宿以重兵，所费浩繁，力既不给，势必大溃。唯有分别缓急，择尤为紧要之处，如直隶之大沽、北塘、山海关一带系京畿门户，是为最要。"李鸿章还接受了希理哈的"定而不动"与"挪移泛影"的观点。他对于水雷的认识更是来源于《防海新论》。[①]

李鸿章将“我能击人而防敌人击我”作为改造炮台的主要原则，除修筑营垒、里外夹墙外，还在炮台前面加筑了护台。在炮台内外还安设了德国克虏伯和英国阿姆斯特朗等兵工厂生产的新式海岸炮和水雷。李鸿章在1871底上奏的《大沽海口酌定营制章程折》所附章程中记载了大沽炮台改造的最初进展：“南北两岸炮台原设大小铁炮九十三尊，内有数尊购自西洋，同治十年五月又添购外洋二百磅炸弹来福钢炮二尊、六十八磅炸弹开花铁长炮二尊、又六十八磅炸弹开花铁炮二尊，共设炮位九十九尊，内三千斤以上大炮六十四尊、一千斤以上中炮十三尊、一千斤以下次炮二十二尊。”

关于炮台，他说：“如口内炮台壁垒格外坚固，须能抵御敌船大炮之弹，而炮台所用炮位，须能击破铁甲船，又必有守口巨炮铁船，设法阻挡水路，并藏伏水雷等器。”

李鸿章在重建大沽炮台的同时，对北塘炮台也进行了改建。其南岸建有长炮台2座、平台7座；北岸建有圆炮台1座，平台3座。

1873到1877年，李鸿章在大沽西部30里处的新城构筑海防设施。新城“屯驻重兵，城内建大炮台：一曰镇海炮台，一曰备西炮台，一曰定沽炮台，与大沽炮台前后接应”[②]。

1876年，天津机器局东局试制水雷，多次在大沽海口试验，获得成功。1879年，李鸿章架设了大沽炮台、北塘炮台与直隶总督府之间的电报线。1888年，以唐胥铁路通车为标志，大沽海口的海防已经初步形成了以海岸炮台为依托，以守口炮舰为辅，以唐胥铁路快速运兵为策应，

① 参见王宏斌著:《防海新论》与同光之际海防大讨论。史学月刊，第8期，2002年。

② 张侠等编：候补知县萨承钰上山东巡抚张曜南北洋各炮台情形书。清末海军史料。北京：海洋出版社，1982年。

并以电报为通信工具的近代化海防体系。1895年，李鸿章衙门的电话已和大沽炮台联通。随着北洋海军的建设，清政府在大沽口附近新建了一座船舶修造厂，作为大沽海防的重要后援配套工程。

1900年重新改建的大沽炮台在八国联军的再次围攻中发挥了英勇的抵抗作用。当时，大沽海口共有4座炮台，南北两岸各2座。其中的北炮台有炮74门，位于原石缝炮台旧址的西北炮台有炮26门；海河口南岸临河口处为南炮台，也称大营炮台，有炮56门，其南为新炮台，也称南滩炮台，有炮21门。其中的大口径火炮，均为克虏伯和阿姆斯特朗大炮。这些大炮是固定的，可以转动环射，既可向河口，也可向河身发射。但更多的为旧式火炮。

1901年9月7日签订的《辛丑条约》第八款规定："大清国国家应允将大沽炮台及有碍京师至海通道之各炮台，一律削平，现已依法照办。"[①] 从当年11月开始，天津的殖民政府都统衙门，陆续将拆除炮台的任务承包给商人，但要求承包商交出拆除下来的全部材料。1902年6月，炮台全部拆除。至此，经营了一百多年的大沽炮台，连同天津旧城城墙，被彻底拆毁。

大沽炮台是明清政府加强海防的标志。从鸦片战争开始，中国的海外形势发生了根本的变化，天津作为首都屏障的战略地位陡增，大沽炮台因此成为北方海防的核心设施之一，一直是首都大门的防御重点。天津的地位始终与国家的命运紧密相连。《辛丑条约》签订后，清政府沦为帝国主义列强统治中国的工具，中国完全陷入半殖民地半封建社会的深渊。从此，天津成为不设防的城市，也失去了海上国门的地位。

---

① 王铁崖编：中外旧约章汇编。北京：三联书店，1957年。

二、北方的条约口岸

天津开埠后，英、美、法三国率先在天津建立了租界。随后，德国、日本、俄国、意大利、比利时和奥匈帝国又在天津划定了租界。到1902年，共形成了九国租界，面积约为当时天津老城的8倍。

当时海关总税务司对海河航运水网系统的总体评价是：“在中国，除去上海或许还有广州，没有任何一个口岸像天津这样有着同内地如此良好的水陆交通。”由此，天津海河由沿海运输通道变为列强各国通往华北内地的必经之通道，通行的船只数量成倍增加。

划为租界的紫竹林地区原来大部分是荒地，其间有零星的村庄。1861年，英、法划定的紫竹林租界占地，包括段家庄、小土地庙庄、碾盘庄、王家庄、崔家庄、转角房、大井庄、花园庄等8个村落，其中英租界内居民126户，法租界内居民92户。在英法租界上游附近曾有一个皇船坞，专门存放帝王出巡乘坐的御船，建于康熙五十二年（1713年），另外，“这个地区之内尽是一些民船码头、小菜园、土堆及渔民、水手和这一类人的茅屋”。[①]嘉庆、道光年间，宁波帮曾在紫竹林设码头停泊南方来的商船。当时国内民船通过海河时的情况是：“约在7月底8月初，有多达150只巍峨之帆船连樯并至，迨至10月中旬乃多离去。此等船只有时并列碇泊，达13只之多，所余空间不敷通过一只轮船。”[②]这些传统的木船经常互相碰撞，而外洋来的海轮“在200吨至300吨者，便能使用，若吃水不足11英尺（英尺，英美制长度单位，1英尺合0.304 8米）者，则可径抵紫竹林码头，然后卸货与南人之栈房。若运费略高于驶往上海所

① ［英］雷穆森：天津插图本史纲。转引自：天津历史资料，第二期。天津：天津社会科学院历史研究所，1964年。

② 吴弘明编译：津海关贸易年报（1865—1946）。天津：天津社会科学院出版社，2006年。

需者，则可诱使此等船只，以大沽为最终目的地。如是运销津郡之商品，便可免去沿海运输之过高费用等”[①]。

1867年5月1日，经海关总税务司批准的《天津新海关章程》中规定："将天津航运停泊区划为上、下两域，一域为大沽口（自海口炮台至东沽海神庙）；一域为天津紫竹林（南自梁家园，北至天津新海关卡局码头北皇船坞）。"[②]英、法两国在划定租界后，经过两年的建设，到1863年，海河岸边先后修建了6处石块和木桩结构的简易码头。其中英租界内5处，第一码头长60英尺，第二码头长200英尺，第三码头长420英尺，第四码头长350英尺，第五码头长60英尺，计码头总长1 090英尺；法租界内1处，码头长90英尺。另有相应的库场、房屋建筑等。这些设施分别由怡和洋行（英）、美最时洋行（英）、亨宝洋行（德）、大阪商船株式会社（日）、日本邮船公司及招商局、开滦矿务局所使用。[③]外国人在天津修筑的码头，俗称"紫竹林租界码头"。早期到津的大型轮船多在紫竹林码头停靠；较小的帆船仍上溯三岔口码头装卸。早期的码头是河坡式的，轮船无法靠岸，必须搭设伸向河心的栈桥；后来改建为垂直式混凝土结构的码头，轮船即可靠岸装卸。[④]1892年至1901年，英租界在原有码头的基础上又新建了1 039英尺码头和222英尺河坝。随着对外贸易的不断扩大，租界的码头岸线也在不断地延长，仅1910年英租界又新建了长约315米的码头。

---

① 吴弘明编译：津海关贸易年报（1865—1946）。天津：天津社会科学院出版社，2006年。

② 天津市地方志编修委员会编著：天津通志·港口志。天津：天津社会科学院出版社，1999年。

③ 参见天津港史编辑委员会编：天津港史（古近代部分）。北京：人民交通出版社，1986年。

④ 同上。

就在英租界不断扩建码头的同时，法租界也掀起了建港高潮，到20世纪初，法租界的码头长度超过一千米。

英法租界码头的建设使紫竹林港区不断扩大。到1910年，以租界码头为重心的紫竹林港区新建码头（含河坝）四千一百多米，近代天津内河港的基本轮廓初步形成。

1898年8月29日，日本驻津领事郑永昌与津海关道李岷琛在天津签订《天津日本租界条款》，将小刘庄河岸百余亩地辟为日本停船码头。1904年，日租界建成300英尺新码头和1处河坝；俄租界建成2个码头，长200英尺，德、奥、比租界也修建了码头。1895年，德国在现河西区内设立租界以后，遂于区内海河段修筑钢筋混凝土板桩护岸，作为码头便于船只停泊。[①] 随着英、法、日等国租界码头的兴建，天津港的规模和职能也发生了重大变化，传统的中国帆船运输逐渐被大型的西方轮船运输取代；河运为主逐渐被海运取代；单一的内贸漕粮货类为主逐渐被多样的外贸杂货取代。租界港区逐渐取代了三岔河口港区，天津港区重心迁移。到1937年，租界一带共建有码头总长九千多米。

轮船招商局码头[②]

① 参见1922—1931天津海关十年报告书。转引自：天津历史资料，第五期。天津：天津社会科学历史研究所，1980年。

② 此图为天津博物馆陈列品。

1861年3月23日，天津海关设立，首任税务司为英国人克士可士吉。当年就有78艘英国船、6艘法国船和54艘德国船进入天津港。

咸丰八年（1858年），中英《天津条约》第三十二款规定："通商各口分设浮桩、号船、塔表、望楼，由领事官与地方官会同酌视建造。"同治六年（1867年）二月，大沽海口安设标杆旗号，以便过往船只遥望水位深浅；八月，大沽海口始设引水员，招雇英、美、丹麦人充当。同治七年（1868年），由海关税务司赫德拟定的《中国司水总章》经总理衙门核准，在各港试行，天津海关理船厅又拟引水章程八条具体施行细则。清政府将部分航政事务移交海关兼办，天津港务长由英国人洛维特担任，具体负责天津港政、船舶注册、检验、航标及验货征税等事务。同治八年（1869年）十二月二十三日，大沽引水公司成立，地址在东大沽。引水员是德国人奚里曼和两个英国人，引水公司的收支由怡和洋行代理，至此天津海港主权已为外人控制。

海河码头[①]

① 此图为天津博物馆陈列品。

1861年天津进出口贸易值为白银5 475 644两，1866年升为17 672 226两，比1861年增长3.22倍。开埠当年仅鸦片输入为1 482担（1担相当于50千克），1866年总量达到9 167担，价值576.8万两，占天津外贸进口额的33.4%，为进口商品中第一位。其他主要进口货物有棉花、毛制品、化妆品、纸张、糖、玻璃、火柴、燃油、五金等百余种。

1872年，三口通商大臣裁撤，紫竹林码头的外贸与关税完全由英国人控制。关税实行以5% 的低税率，又以2.5% 的子口税，免付内地各关之税。为此，外商蜂拥而至，紫竹林码头外轮逐年增多，1873年到津船290艘，船吨计13.4万吨，分别比开埠初期1861年的111艘，计2.7万吨，增长1.6倍和3.9倍。由于天津内河港对轮船吃水量的限制，1871年外资获准在天津经营剥船运输业务，为无法进港的大型船只剥运货物。1874年5月，天津第一家外资企业——英商集资兴办的大沽驳船公司成立，资本为33 000美元，地址在东沽小码头，有拖轮3只，驳轮6只。1889年9月，大沽驳船公司改组为股份有限公司，资本为白银50万两。

从开埠到20世纪初，天津航运的规模和职能发生巨大变化，传统的中国帆（漕）船运输逐渐被轮船运输取代；河运为主逐渐被海运取代；主权航运沦为殖民性航运。

1872年11月23日，李鸿章奏准试办轮船招商局，命在津海运委员朱其昂任总办，赴上海招商筹设总局。天津招商局是轮船招商局成立最早的分局之一，成立于1873年2月，由天津道丁寿昌、海关道陈钦主持，首开天津至上海航线（有船2艘），并于当年运漕粮20万石到津。局址设在紫竹林英租界内，在英国河坝前修有轮船码头及招商南栈。1874年，因漕米运量增加，扩建天津栈房3所，位于招商局英中街（今解放北路）的对面，后定名为“招商西栈”。1876年天津招商局并购美商旗昌洋行，辟为“招商北栈”。1883年又购入朱家码头，定名“招商东栈”。

怡和码头①

1901年，英商建成天津第一座钢板桩混凝土码头，长316.8米。随之，法国等相继兴建钢板桩混凝土码头。1904年，海河护岸工程完工后，日租界修建了长90米的码头，后陆续扩建至1 000米。1906年，法商万能轮船公司开航，在法租界河沿设码头。1911年，天津最早的一家民办直东轮船公司创建，在法租界海河沿设码头。1937年，以紫竹林为中心的码头总长九千余米，一部分为混凝土结构，一部分为木桩栈桥或石木混合结构。其中英租界建有怡和码头、太古码头、美最时码头等，码头港岸长约1 500米，居津门各租界码头之首。英租界码头设备先进，设起重机2架，每架运载能力为30吨。法租界码头总长1 500米，有东兴码头和大阪商船码头，系英商怡和洋行、美最时洋行和德商亨宝洋行、日本大阪商船株式会社、日本邮船公司及招商局、开平矿务局等合资公设。两个码头共长667米，宽10米，岸壁直立，用石块和木桩构筑而成，与码头配套的路面和仓储设施也较完善。在沿岸成立的轮船公司较大的有大阪公司、日本邮船公司、沪津轮船公司、近海船业、直东船业、北方船业等，在河沿还设有各公司运输房和海关办公室。1937年，由日本政府投资将

① 此图为天津博物馆陈列品。

码头改成钢筋混凝土码头，并增加仓储和装卸设施。到1936年，在天津的外国大小贸易行（包括航业商）2 686家，其中日本1 934家，英国185家，美国158家，法国93家。日本资本2 400万美元，占各国首位。

自从1898年海河淤浅，轮船不能直驶紫竹林码头，中外商人便开始在塘沽抢占地盘，修筑码头、库场。到1910年，在塘沽相继建成的码头有：怡和、太古码头（英），仪兴码头（法），孚油码头（美），八号码头（英、意、奥），久大码头（俄），德大、东兴、东沽小码头，开滦及招商局西码头，等等。因海河河道一直受到永定河泥沙淤积的威胁，如1927年永定河挟大量泥沙淤积海河，使河床平均淤浅1.8米，吃水3.96米以上的海轮无一能驶达市区码头，由此造成大沽口过驳繁忙。1928年，在大沽口过驳海轮达240艘次。随着进出市区码头的船舶船型日趋加大，海河航道又淤浅日重，中外行商纷纷转到海河下游的塘沽码头。到1935年，在塘沽拥有码头的商行有22家。1928年以前塘沽海河码头多为三合土面层的木桩栈桥结构，1929年塘沽建成了第一座混凝土板桩结构码头（开滦码头），专用装卸煤炭，到1935年方有钢筋混凝土板桩岸壁码头近305米，施工技术有所进步，码头质量得以提高。

1937年4月1日，日本海军省派人员勘察塘沽港口地形，计划在津修筑塘沽新港，策划将其建成侵略华北的桥头堡。1939年6月19日，日本在北平成立北支那新港临时建设事务局，隶属于兴中公司，制订修筑塘沽新港计划。1940年7月，日本北支那新港临时事务局由北平迁至塘沽，举行了新港动工仪式。1945年8月15日日本投降时，新港筑港工程实际完成工作量不及计划的一半。

塘沽码头一览表（1935年以前 ）[①]

码头名称	国籍	码头结构	附属设备	泊靠船数	使用部门
南开码头			芦台盐的堆存地之一	有全长1 170英尺的靠船码头	
新河码头		木造511英尺幅宽25英尺		2 000吨级轮船一艘	
美孚码头	美	木造幅宽12英尺	有铁路支线	全长236英尺	
太古码头	英		铁浮筒6个，有仓库和铁路支线	2 000吨级轮船3艘	供太古洋行上海航线轮船使用
启新码头	中	木造码头		2 000吨级轮船1艘	装水泥用
亚细亚石油码头	英			2 000吨级轮船1艘	
怡和码头	英	木造码头	有铁路支线	2 000吨级轮船2艘	
招商局东码头	中	铁浮筒4个		2 000吨级轮船2艘	招商局专用
开滦码头	中	钢筋混凝土码头	有铁路支线	长度为1 000英尺 2 000吨级轮船4艘	开滦矿务局专用
（北宁）铁路码头	中	木造码头，有1—8号码头	起重机1台	2 000吨级轮船3艘	铁路专用
邮局码头	日	木造码头		360英尺 2 000吨级轮船1艘	邮船公司专用

① 天津港史编辑委员会编：天津港史（古近代部分）。北京：人民交通出版社，1986年。

续表

码头名称	国籍	码头结构	附属设备	泊靠船数	使用部门
运输部码头	日	木造栈桥码头		137英尺 2 000吨级轮船1艘	军方不使用时日本船可随便使用
久大码头	中	木造码头		175英尺 2 000吨级轮船4艘	
仪兴码头	日法	木造码头		265英尺 2 000吨级轮船1艘	
东兴码头	日德	木造码头		2 000吨级轮船2艘	
招商局西码头	中	木造码头	有铁路支线	2 000吨级轮船2艘	
分遣队码头	日			2 000吨级轮船1艘	
大沽造船所南岸码头	中	木造码头		2 000吨级轮船1艘	
大沽铁工厂南岸码头	中	木造码头			驳船（剥船）专用
德河码头				2 000吨级轮船2艘	
华裕码头	中			2 000吨级轮船5艘	

截至1945年，天津内河码头计有：市区海河西岸码头3 134米、东岸码头2 102米，塘沽（包括新河、北炮台）码头6 092米。到1949年前后，海河两岸先后建有几百座码头，万国桥以下两岸四十余个企业共建有码头一百五十余座，岸线总长一万两千余米。至20世纪50年代末期，海河尚可泊靠3 000吨以下的海轮，但是随着天津港的重心逐渐向塘沽转移，海河作为外贸港口的角色，逐渐淡出历史舞台。

天津海河港区是伴随着租界的出现而出现，其主要功能是停泊海外轮船，促进国际贸易。天津的河海联运体系由以漕运为中心转变为以对外贸易为中心。海河在水运中的作用依然重要，所有内河航运增加的货运量都以进出口货物为主，而且其重要性随着国际贸易的发展与日俱增。铁路系统的出现，取代了部分河运，却仍然取代不了海河的作用。海河工程局的出现及其为改善航道所做的不懈努力就说明了这一点。后来，海河航道东移，是其通航条件日益恶化，满足不了日益增长的贸易量所致。

天津历年进出口外国轮船统计表①（1861—1899年）

年代	进港（艘）	出港（艘）	总计（艘）
1861年		111	
1862年		87	
1863年		134	
1864年		185	
1865年		209	
1866年		296	
1867年		262	
1868年	299	290	589
1869年	335	335	670
1870年	263	258	521
1871年	312	316	628
1872年	298	297	595
1873年		290	
1874年	300	300	600
1875年	337	336	673
1876年	413	410	823

① 以下两表据海关统计年刊编制。

续表

年代	进港（艘）	出港（艘）	总计（艘）
1877年	462	462	924
1878年		486	
1879年		434	
1880年	409	407	816
1881年	435	435	870
1882年	423	422	845
1883年	447	448	895
1884年	471	471	942
1885年	436	436	872
1886年		526	1 052
1887年	598	598	1 196
1888年		570	
1889年	582	582	1 164
1890年	585	585	1 170
1891年	674	672	1 346
1892年	549	548	1 097
1893年	638	637	1 275
1894年	679	678	1 357
1895年	691	688	1 379
1896年		697	
1897年	735	730	1 465
1898年	744	744	1 488
1899年	—	—	—

天津历年进出口外国轮船统计表（1900—1945年）

年代	进港	出港	总计（艘/吨）
1900年			852艘
1901年			
1902年			
1903年			1 446艘
1904年	766 390吨	767 861吨	1 534 251吨
1905年	885 518吨	885 515吨	1 771 033吨
1906年	1 196 156吨	1 195 830吨	2 391 986吨
1907年	1 095 422吨	1 092 652吨	2 188 074吨
1908年			1 571艘
1909年	1 159 178吨	1 158 928吨	2 318 106吨
1910年	1 150 569吨	1 150 316吨	2 300 885吨
1911年			2 187艘
1912年			1 815艘
1913年			1 999艘
1914年			2 295艘
1915年			1 962艘
1916年			1 740艘
1917年			1 510艘
1718年			1 609艘
1919年			2 122艘
1920年			2 323艘
1921年			3 299 203吨
1922年			2 812艘

续表

年代	进港	出港	总计（艘/吨）
1923年			3 853 831吨
1924年			3 042艘
1925年			3 824艘
1926年			3 744艘
1927年			3 402艘
1928年			5 591 786吨
1929年			3 158艘
1930年			3 624艘
1931年			3 349艘
1932年			5 790 161吨
1933年			6 167 684吨
1934年			5 998 091吨
1935年			5 797 300吨
1936年			3 730艘
1937年			4 389 823吨
1938年			5 808艘
1939年			1 488艘
1940年			6 399艘
1941年			3 470 231吨
1942年			3 363艘
1943年			1 838 538吨
1944年			2 179艘
1945年			268 900吨

续表

年代	进港	出港	总计（艘/吨）
1946年			925艘
1947年			2 216艘
1948年			2 494艘

第三节　内河航运之逆转

一、进出口贸易

天津开埠初期，洋货在华北地区并没有打开市场，因为中国农村自给自足的经济结构没有对外国商品的迫切需求。拿布匹这种生活必需品来说，当时海关报告称“中国广植棉花，黎民以之织成结实之粗布，该布比英国华而不实之机织布更合农民与劳工之所需。在众多乡村，用于织布之工本渺乎其小，盖因农闲时舍机杼则无所事事。无假机器，如是亦能存在之经济，在英国似不如欧洲大陆了解之深”①。这说明要打破自给自足的经济结构并不容易。因此，最初外国人还是依靠鸦片打开北方市场，如1863年，天津进口货的第一大宗是鸦片类，占进口货值的36.42%。1879年的海关报告称：“晋省，其居民有酷嗜药土之称者，半因严禁种植鸦片，半因，或许尤因罂粟之歉收，故对天津应市之鸦片所需额数颇

① 吴弘明编译：津海关贸易年报（1865—1946）。天津：天津社会科学院出版社，2006年。

多。”[①] 西方最具实力的布匹只占第二位，占总进口额的16.24%。

19世纪70年代后，天津口岸纺织品的进口量开始上升，1871年跃居进口货物的第一位，1873年纺织品占了进口总值的65.1%，在天津进口货物中占比最高。因天津是北方洋务运动的中心，之后进口商品中的军火和铁路器材成为进口的大宗。1893年，军火占天津所有商品总额的第一位，同年铁路器材占进口总额的13.32%，1898年上升到25.74%。这显然与北洋海军建设和铁路建设有关。而内地农村需要的西方商品则是那些低值的生活必需品，如西方机器制的洋针颇有市场。海关年报称，“1864年率皆普鲁士所产洋针之进口数，达140 563 000支，1865年为309 575 000支，本年则为289 369 500只，计67 450两。洋针取代拙钝土针之程度，提醒我等：尚有其他工具及用品，其形虽大于针，但产品与用料之比例却需小于针者，均可在国外制造，而以低于土货之价售予华人”。[②] 另外由于洋行不断地推广，煤油逐渐取代了传统的豆油和蜡烛作为照明原料，煤油灯比豆油灯明亮且便宜。“洋鬼子为了多卖洋油（美孚油、德士古油），凡买美孚牌保险灯或草帽灯一个，白白灌你一灯油（半斤），买了他们的灯，还怕你不再买他们的洋油（煤油）吗？”[③] 这些东西看似价值不高，却改变着人们的日常生活。1903年煤油进口才占贸易总额的1.01%，1908年则上升到13.77%。以1906年为例，“进口煤油共计17 046 002加仑（容积单位，1美制加仑约等于3.79升），内有9 031 262加仑系散装者；又8 014 739加仑系箱装者。煤油的来源和地区，其中由美国运来，计

① 吴弘明编译：海关贸易年报（1865—1946）。天津：天津社会科学院出版社，2006年。

② 同上。

③ 中国人民政治协商会议石家庄市委员会文史资料委员会：石家庄文史资料，第九辑，井陉史料专辑。1989年12月。

3 659 599加仑，由婆罗洲运来，计1 463 824加仑；由苏门答腊运来，计11 922 579加仑”。[①]使用方便的火柴也逐渐取代打火石，当时海关称火柴为自来火，中国民间称洋火。由于其制作工艺较简单，国内很快就出现许多火柴厂，在天津先后有北洋、荣昌、华昌、中华、三友等中外火柴厂开工，与进口火柴竞争。这是中国早期替代进口产品的典型例子。纸烟的情况也与之很相似。1913年“纸烟一项，上等者输入甚见减色，因本地工厂，多由外洋购运烟草，自行制卖。其价自较廉于外货也”[②]。1911年以前，年均进口纸烟42万千枚，1911到1920年均进口99万千枚，以后总的趋势是下降，原因也是技术含量低，本地易于仿造。初刻于光绪十年（1885年）的《津门杂记》中有“衣兜卷烟”一则，描述当年卷烟对社会习俗的影响。

天津进口的洋货除了城市消费外，还大量运往内地，在火车出现前洋货运输主要依靠天津河网水运，由此天津逐渐成为进出口贸易的中心。之后虽然运河漕运衰落，但是运货量并未减少，同时河运的格局也发生了变化。由于华北河流仅在夏秋之际河水上涨时方能便利运输，水运在华北一些港口的贸易运输中，并不占主导地位，如青岛、烟台、龙口、秦皇岛等地均是如此。但地处九河下梢的天津是一个例外。由于直隶（河北）省西北、东北、东南方向均有河流通向天津，19世纪下半叶，天津外销货物时夏秋两季水运作用极大，[③]除了南北运河的运输量在增加外，所谓西河流域的大清河、子牙河等河流的潜力也被挖掘出来。吴弘

① 吴弘明编译：津海关贸易年报（1865—1946）。天津：天津社会科学院出版社，2006年。

② 同上。

③ 参见张思：19世纪天津的对外贸易与传统市场网络。江沛、王先明编：近代华北区域社会史研究。天津：天津古籍出版社，2005年。

明编译的海关贸易年报称："其中南运河自天津至临清一段，全长1 000千米，其时众多大小民船比比皆是，满载洋货及南货溯流而上。卫河在临清交于南运河，且使之连于大名府及河南。唯其如是，豫、晋、陕等大省，以及内地之济南府并东昌府，乃能有所取给。实缘于此，洋货之价格一旦降至穷民者流亦堪购买，天津则成为中国外洋制品之最大销场。"

天津也是出口的大港口，出口的商品分为三类：一种是传统农副产品，包括豆类、果品、枣类、花生、茶叶、鹿茸（药材）等。第二种是在进出口贸易的刺激下，大幅度增加的产品，一些传统出口商品，如棉花、皮张、驼毛、羊毛、茶叶、烟叶等；另外一些新开发出来的出口商品，如猪鬃、草帽缏、肠衣、废骨等，这些过去被废弃的东西，变成国外的畅销品。第三种是城市初期的工业化生产的工业制成品，有些是出口加工

買土貨之報單

德商瑞记洋行购买中国土特产品的报单[①]

① 此图为天津博物馆陈列品。

产品，如棉纱、面粉、水泥、纯碱、卷烟、地毯等。1936年统计，在全国出口总值中天津出口的棉花占全国80%，羊毛占全国82.8%，蛋制品占全国33.8%，皮革皮货占全国35.2%，绒毯占全国82.9%，猪鬃占全国29.4%。这些产品中比较有意义的还是产自华北农村的传统农产品和新开发的出口产品。

“中国出口之草帽缏，在伦敦销场谓之为中国草缏，远胜于欧西各国所制者，因其价颇贱，即以此价销卖亦有盈利，现已大量取代后者”。[①]1869年，草帽缏首次载入出口货单中，当年出口量为85担，价值关平银1 280两；1877年增至5 945担，估值关平银208 077两，1878年计有9 216担，估值322 569两；1879年计有10 973担，估值384 069两。可见，草帽缏之重要性与岁俱增。商品需求量增多，农村成千上万的男人、妇孺无不编制帽缏，冬天照样生产。草帽缏的主要产地，有直隶的兴济、阳信、黄花店、苏济、玉田以及河南的南乐，上述各地之草帽缏，半为在津洋行之代理商所购，半为自立门户之中国商人所买。行销欧美之帽缏大多用以制作草帽，也有不少制成小工艺品，诸如针线篮、画框、精美织物等。草帽缏因以时尚为准，因此销路并不稳定。

猪鬃毛过去在农村是废弃物，经拣选后出口可做刷子，为机床上机油或刷漆等，用途很广。最初，位于天津的高林洋行主要以收购我国北方的马尾为业。马尾长的可以编织罗底，也可制作乐器的弓子，短的可以制成刷子，是机器保养的工具。后来有人发现过去被当做废物扔掉的猪鬃，做刷子绰绰有余，弹性好，不易折断，而且货源广泛，购价便宜。于是洋行从丰南一带，远到东北、内蒙古、宁夏等地开始收购猪鬃，同

---

① 吴弘明编译：津海关贸易年报（1865—1946）。天津：天津社会科学院出版社，2006年。

时将原来的马尾加工厂改为猪鬃加工厂，不到三五年形成一大产业。收来的猪鬃要先运至丰润，拣选剔净后方可装运来津。1893年天津猪鬃毛出口计7 200担，获得丰厚利润，“该货由东北县属村庄收买及牛庄旅客带来，每担本银约1.5两，盖此货大半系妇女、小孩选扎运售，再由洋商细择一律尺寸，分别装箱，运赴外洋，其价值之高低，皆视拣工之优劣也。现以天津所出之土货为极品，果是津产，出售时无需看样。其价截长补短而算，每磅可售洋2角5分，此货以春日所收为最佳，选工每担约需银4两，连船价并各费每担成本约银10两”。[1]后来由于喷漆技术的出现，猪鬃出口量一度退缩，其主要原因是需求减少。

猪鬃出口量统计表

年代	天津	秦王（皇）岛	汉口	扬子江上游
1901年	11 000担	—	6 000担	7 000担
1902年	15 000担	—	7 000担	9 000担
1903年	15 000担	—	8 000担	11 000担
1904年	15 000担	1 000担	10 000担	10 000担
1905年	11 000担	43担	10 000担	170担

出口商品中有两大宗，就是皮毛和棉花。“棉花、羊毛、生牛皮，甚见畅销。缘欧洲各战国，新编军队，以百万计，制备军需，以制服装，然上年所销者者尤巨，以故该货运出外洋之确数，尚不逮客岁。美国风气日见繁华，美丽皮张多用做修饰品。故各类皮件，自中国采办出洋者甚多。羔皮及羊皮，出口亦旺，为制造妇女手提小皮包之用，缘携用此物者盛行。且英国兵士制备外衣。去年冬令，带毛山羊皮，于战地颇不

① 吴弘明编译：津海关贸易年报（1865—1946）。天津：天津社会科学院出版社，2006年。

适用，今亦易用羔皮及羊皮也”。[1]

皮毛等畜产品大宗产自西北地区，在铁路修成之前，是通过陆路运输，只有到了通州才可以利用北运河。天津的水运网继承了明清长芦盐路的格局，即以北运河、上西河、下西河与御河为主干，西北的畜产品有些需要先运到河北进行加工后再运天津，就要经过西河了。海关年报说：“皮张、毛绒、猪鬃等类，有未能将原产之货径运来津者，必先于中途一处，将生者熟之，不洁者净之，复行装捆而后运津，缘天津一区水质较硬，于熟皮一事极不相宜，于细毛尤甚。唯本省之张家口，晋省之交城县同为熟皮之中心点，山羊皮均熟于张家口，羔皮咸熟于交城。山羊皮亦有自出产之地收集后运至张家口，拣选，剔净，缝之而成被褥，方可运津。”[2]生皮的销售对象，主要是外商，他们喜爱狐皮、黄狼皮、肚剥羔皮、水牛皮、黄牛皮、山羊板皮等珍贵皮毛，收购后将其运往上海、天津、大连等港出口。

20世纪30年代以后，棉花成为天津出口最多的商品。1932到1934年，棉花出口占天津出口总值的23.4%。棉花的产地主要在平原地区，因其体积较大，须乘河流之便，首选水运，由此出口棉花的生产与运销可以反映天津水路运输的概貌。

---

① 吴弘明编译：津海关贸易年报（1865—1946）。天津：天津社会科学院出版社，2006年。

② 同上。

海河上的运棉船[①]

1894年，津榆铁路由天津经津芦铁路（天津—北京卢沟桥）延伸至北京。京汉铁路1897年动工修建，至1906年建成。京张铁路1905年9月开工修建，于1909年建成。津浦铁路1911年9月南北分段通车。1912年，黄河铁路大桥建成，全线竣工通车。至此，以天津为中心的铁路网形成，极大地改善了天津港与腹地的交通条件，并部分取代了河运。但是当时正是天津进出口贸易快速增长的时期，货运总量的增长速度并不影响河道的运输需求，因此而形成了河运与铁路运输并行的时代。铁路彻底取代河运是20世纪50年代以后的事。可以说，河运为近代天津的早期发展奠定了基础。

二、内河航运的繁荣

近代天津开埠以后，进口洋货和出口土货的集散需求日渐增加。河南的药材、棉花，山西及河北磁州的煤、瓷器，河北南部的粮食、棉花

① 此图为天津博物馆陈列品。

及草帽缏，山东北部的棉花、羊皮、羊毛等，大都通过南运河运到天津，仅河南船队每年就有3 000个航次。[①] 这时，长芦盐在河运中的比重在下降，而内河运输量却在上升。1905年，南运河进出天津的民船有33 992艘，货运量达92.48万吨。同一年通过北运河进出天津的民船有16 288艘，货物运输量达42.44万吨，通过西河（包括大清河和子牙河）进出天津的民船达35 621艘，货物运输量达84.17万吨。“即使在20世纪初期，铁路、公路网络初成时，由于运费较贵等原因，直至民国初年，在华北各地货物集散天津的过程中，铁路运输总值上升至66.12%，水运仍保持着54.36% 的运输总值（铁路与水运货物有交叉）”。[②] 1912年，天津的内河运输量仍占天津对内贸易总额的43.6%。

20世纪初天津货运方式比较表[③]

年代	铁路	北运河	西河	御河	其余
1905	44%		20%	18%	
1906	48%		19%	15%	旱路7%
1907	43%	5%	21%	17%	海河5% 东河4%
1908	43%	水路共53%			旱路4%
1909	48%	2%	21%	16%	海河3% 东河6% 旱路4%
1910	48%	河路共48%	增1%	减1%	旱路4%
1911	45%	河路共51%			旱路4%

---

① 参见天津海关十年报告书1902—1911。天津历史资料，第十三辑。天津：天津社会科学院出版社，1981年。

② 李洛之、聂汤谷著：天津的经济地位（影印版）。天津：南开大学出版社，1994年。

③ 吴弘明编译：津海关贸易年报（1865—1946）。天津：天津社会科学院出版社，2006年。

续表

年代	铁路	北运河	西河	御河	其余
1912	52%	河路共44%			
1913	55%	水路44%			陆路4%
1914	55%	河路41%			陆路4%
1915	56%	河路39%			陆路5%
1916	60%	河路36%			陆路4%
1917	68%	河路28%			陆路4%
1918	65%	河路33%			陆路2%
1919	64%	河路33%			陆路3%
1920	71.5%	河路25%			陆路3.5%
1921	70.5%	河路25.5%			陆路4%
1922	74%	河路23%			陆路3%
1923	74%	河路23%			陆路3%
1924	74%	河路23%			陆路3%
1926	43%	河路54%			陆路3%
1927	50%	河路46%			陆路4%
1928	49%	河路46%			陆路5%

随着铁路与公路的迅速延伸及运输网络的形成，运费的下调，以及铁路、公路固有的量大、快速、安全等优势，水运逐渐退居为近代交通体系的辅助角色。显然，就是在华北区域堪称运输能力极强的海河，也确定是不能与一列能牵引800吨的铁路争输赢的了。由上表可见1912—1921年间，天津附近的北运河水运货物比重，由44%下降至25.5%，

经铁路货运的比重则由52%上升至70.5%。[1]到1931年前后，天津依然是华北地区内河航运的中心。

北运河对于来自西北和运往西北的货物仍有一定的吸引力，“运往蒙古之商货，先由水路运至去津120哩（哩，英里旧称）京郊之通州，后以骡子或骆驼再行150哩，而达于地际南蒙之张家口（去津计有两周路程），运费尤为昂贵”[2]“天津特有之出口货计有毡、毡帽、马毛、各色皮货、骆驼毛、绵羊毛、山羊毛、牦牛尾、水牛角及水牛皮。所有此类商品，除毡及毡帽率由直省所制外，均产于蒙古，蒙古之货源几乎取之不尽……在首要销场归化城，骆驼毛每担可以6.25两至6.5两购得。由归化城借骆驼、骡子或大车运至张家口，其运费每担8钱，以骆驼自张家口运抵通州，每担计银4钱5分，倘赖骡子运送则为7钱；后借船只由通州运达天津则需1钱”。[3]

南运河则是直到清光绪年间，在天津与北运河相连，名曰“御河”，实际是与临清相连的卫河，从临清起可称贸易航路。卫河是河南漕粮通南运河的运道，后来始终是连接天津到河南的商路。《临清县志》记载：“清华（属河南省）之竹，焦作之煤，以及天津之杂货、煤油等均由此河输入。而本地之棉、麦、牛皮等则由此河输出。每年帆船上下不下三千只。行船期达九个月。夏秋水涨，由此至德州并通小汽船。运河停运后，临清商务不多衰减者，赖此河运输之力为多。此卫河之利不仅在漕运一端也。”卫河的航运业在1905年平汉铁路建成后受到一定的冲击，即便

① 参见天津海关十年报告书1902—1911。天津历史资料，第十三辑。天津：天津社会科学院出版社，1981年。

② 吴弘明编译：津海关贸易年报（1865—1946）。天津：天津社会科学院出版社，2006年。

③ 同上。

如此，每天经卫河来往于天津和河南新乡之间的货船仍不下七百只，其中载重量百吨以上的大船约占1/3，船工三千余人。卫河在明、清时期都设有专门管理机构，掌管“济漕、灌溉”事务，并进行过多次疏浚。1933年，河南省建设厅曾拟“导黄入卫”计划，因技术上不易控制而于研究中夭折。1938年，日军侵占天津后，卫河航运基本上处于停顿状态。日军曾迫使豫北数万农民开挖引黄济卫总干渠，但是半途而废。中华人民共和国成立后，1952年引黄济卫，总干渠通水，卫河得到水源的补给，百吨以上的大船和小火轮，可以四季畅通。但由于黄河水含沙量过大，最终航运衰落。到1969年7月卫河航运处撤销，卫河运输彻底终止。[①]

三、腹地的繁荣

天津开埠以后，华北商业格局的变化带来了华北城市格局的变化，铁路网的出现使一些新的城市迅速崛起，如唐山、石家庄、邯郸、张家口等，而一些城市发展得慢些，如保定、承德等。交通要道是城市形成的原因之一，运河的诸多中转码头都有可能发展成为新的城镇，铁路网的出现对大城市的影响较大，但铁路并不是一下子就取代了河运，甚至在铁路开始兴建发展起来的时候，河运的绝对运输量还在增长。不管怎么说，从明清长芦盐运开辟的河运网，对古代天津城市的发展和近代天津大都市的形成都发挥了不可磨灭的历史作用。

在南运河方向，明清时期，泊头已经成为国家重要战略物资的转运站和民间物资的集聚辐散地。过去泊头鸭梨的主要集散地在天津口岸，故对外出口称“天津鸭梨”。到近代当天津进口火柴数量达到最高峰时，

---

① 参见杜莉娜：试析卫河历史与其航运的兴衰原因。中州今古，第02期，1997年。

催生了天津华昌火柴厂和北洋火柴厂的诞生。1912年，由河北沧县兴济商人钱立亭发起的泊头火柴厂的前身——泊镇永华火柴股份有限公司诞生，最初厂址选在沧县兴济镇。天津火柴界为减少竞争，曾请示政府设立了300里经济保护圈的法规，在圈内不能再设新火柴厂，而兴济距离天津在300里圈内。按照相关法规，兴济火柴厂被责令择址迁建。泊头火柴厂的建立，是天津进口货物刺激的结果，却也受到天津市场的压制。

油坊古镇是大运河上的重要码头之一，建有客运码头、百货码头、运粮码头、运盐码头、运煤炭码头等，总长933.8米，高10.2米。在明代至民国初年，油坊码头舟来船往，商贾云集，运输十分繁忙。密密麻麻的帆船把煤炭、食盐、粮食、百货日杂等货物运到这里，然后再运往其他地方。油坊码头是河北省邢台市清河、威县、南宫、故城以及山东高唐、夏津、武城等地的商品集散地。此地是清河县最发达的镇，建有商会，“唯油坊镇临运河商家稍盛，于民国十三年（1924年）刘喜元创办商会于油坊镇，是为清河商会之始”。[①]

尖冢码头位于临西县，是古临清的重镇，当地的絮棉、小麦、鸡蛋等农副产品由各商号挂秤收购、加工后，装船运至北京、天津等地。煤炭、木材、盐、铁、瓷器等外来物资则由曲周、邱县、南宫、广宗等县商人转运至附近村镇。水路码头带动陆路运输日渐繁荣。

德州所在的卫运河和南运河段，水源独立并相对充裕，此地无需通过陆运将粮食进行转运，德州也是青岛的港口腹地。

楚旺，位于河南省北部冀、鲁、豫三省交界处，咸丰三年（1853年），清政府在此设厘金局，专征船税。1921年商业复兴，设有英商亚西亚石油公司、美商美孚石油公司、哈德门烟草公司等代理处，还有打蛋厂、

---

① （清）黄汝香纂修：清河县志。台北：成文出版社，1969年。

煤厂、盐厂、银行、邮局、浴池及各种商业货栈和店铺，人称水旱码头。

运河边的道口据说居民来自山西洪洞县，附近有康、王、禹、蔡、薛、程等几家为主的小村。村民多从事渔业、摆渡与务农。至清代光绪年间居民已达1 754户，10 308人，手工业作坊（如肉食、糕点、制鞋、铁木加工等）已有相应发展。《道口志》记载，民国时期道口人口剧增至三万余人。1936年前后，经商人数多达万人，主要商行近百家，小铺店遍布各街。道口是三府白麦的集运地，粮行颇多，清代同治年间最盛。民国时期，这里有金盛店、源隆店、同盛店、聚昌店等四大粮行，另有其他小粮行四十余家。从清末至1937年，卫河水运十分繁忙。当时，道口南起三里桥，北至三里湾，十里河道两岸主要码头十余处，交通四通八达。如焦作煤炭需经此发往豫北、冀南、鲁西各地；京津面粉厂必用的原料——三府白麦多在道口码头集中北运；怀庆府的药材也要从道口装船运往天津。总之，它将周围数府粮食、棉花及土特产品自此集中外运，京、津、沪、宁煤、盐等百杂商品及“洋”货至此而销散，是华北重要的商品集散地，因此道口素有“小天津”之称。当年道口烧鸡老铺所做的烧鸡主要卖给南来北往的客商。客商的船就靠在水街的河埠头，人上岸以后，来到烧鸡老铺买上一两只烧鸡，经水路返回天津。于是，道口烧鸡通过这些客商的口口相传而名扬天下。

河南卫辉境内规模较大的渡口和码头有曲律渡口、汲城渡口、王奎屯渡口、城关渡口、板桥渡口、盐店码头、西码头、北码头、南码头、东码头等，其中西码头、北码头、南码头、东码头主要以运输粮食为主，附近建有储存粮食的大型仓库，今天河南省卫辉市区北部的卫河故道附近仍有“北仓”这一地名。1916年，周学熙在天津组建华新纺织有限公司，并出任公司总理。公司先后在天津、青岛、卫辉、唐山开办工厂，事务所、管理处均设在天津，卫辉厂的经理是王锡同。卫辉得以选址建厂与靠近棉产地和与天津的交通联系有很大关系。

冀东有滦河、蓟运河、北运河三大水系，冀东西部的蓟县、平谷、三河、香河、通州、顺义、怀柔、密云等县靠近北平，农产品、手工业品就近供应北平消费，有蓟运河、北运河与天津水路相连，天津的工业品和沿海产品溯河而上，源源而来。蓟中蓟南的丰润、玉田、宁河、宝坻等地交通以内河航运为主，多产芦苇、棉花，手工作坊、家庭手工业历来发达。玉田和宝坻是土布生产中心，但其兴起是在天津棉纺厂出现之后。1935年县城设有布业、线纱业、杂货业等同业公会，其中土布业28家，资本最高一万元。“由天津所购棉纱用大车径运县城，或由船运至王卜庄或三岔口，再载大车运至县城”。[①]1933年玉田县从事织土布的有8 100户，男工38 020人、女工640人、小工12 600人，以窝洛沽镇、鸦鸿桥镇、林南仓镇为中心。林南仓镇为中心的土布业，棉纱购自天津，由金钟河、蓟运河顺水道运抵，冬季封河季节则直接用大车运至。

遵化县虽非皮货盛产地，却是冀东较大的皮货市场之一，1931年前，县城皮货栈达一百余家。其皮货输出路线一条是用大车送至唐山，转火车直达北京、天津；另一条是用大车运到玉田县窝洛沽镇，走还乡河、蓟运河运到天津。窝洛沽镇是玉田县的航运中枢，该县产的棉花运到天津，蓟县的栗子、遵化县的水果和皮货大部分运到天津、唐山，主要通过窝洛沽镇转船。因此，该镇商号云集，1935年统计有商号81家。[②]

丰润县是北方猪鬃出口的发源地，1913年丰润县猪鬃出口占天津猪鬃出口量的70%。1920年，丰润专营猪鬃、猪毛的货栈达二十余家，以胥各庄为中心，南至米厂村、城坨村，西至么家泊村，北达韩城镇，东抵

① 北宁铁路沿线经济调查报告。转引自魏宏运主编：二十世纪三四十年代冀东农村社会调查与研究。天津：天津人民出版社，1996年。

② 参见同上。

礼尚庄村，方圆数十里之内，有近一百个村镇从事猪鬃加工业，大大小小加工厂和家庭作坊达三四百家。1945年日本投降后，丰润县猪鬃业慢慢重新兴盛。1947年经营猪鬃的货栈和加工厂有29家，1948年底增至一百余家。

根据《天津商会档案汇编》统计，1902到1913年间，直隶省在天津、保定、张家口、山海关建立了4个商务总会，顺德府、正定府、永平府、广平府、大名府5个府城，平乡、磁州、高阳、曲周、滦州、饶阳、吴桥、衡水、抚宁、束鹿、威县、河间、安平、遵化、乐亭、南宫、肃宁、武强、宣化、任丘、清丰、祁州、开州、定兴、易州、迁安、昌黎等27个州县城建立了商务分会。其中许多县商会不在县城，如大城县的商务分会设在王口镇，静海县商务分会设在独流镇，文安县设在胜芳镇，蠡县设在莘桥镇，丰润县设在河头镇，束鹿县设在辛集镇。此外，设有商会的市镇还有秦皇岛、彭城（磁州）、唐山、稻地镇（滦州）、泊镇、芦台、石家庄、伍仁桥镇（祁州）、晋县樵镇、青县兴济镇、抚宁县留守营、安新新安镇、束鹿县旧城镇等。其中称为商务公所的只有滦州稻地镇，其余均为商务分会。上述县镇大部分与天津有河运联系。1903到1911年天津总商会建立时，正是以天津为中心的铁路网刚形成之时，以天津为总商会的各县镇的经济都有了初步发展。这些县镇基本都是天津的经济腹地。其市场层级并非是自下而上形成的，主要取决于与天津河道联系的通畅与否，由河道决定的腹地特点是，天津超大城市的市场直接与镇一级的物资中心联通，中间没有中等规模的过渡城市。

天津总商会旧址[①]

近代以来，直隶省沿河州县的商业因交通的便利而发展，其上级市场无不沿河直接指向天津，很多地方传统产业被激活，而天津的进口货物也通过这些州县向内地渗透。如静海为河运的必经之地，因其所处的特定地理位置，贩运粮食而来的，可以南至卫辉、磁州，北至京师。同时其他商品也很丰富，“东则海滨之盐，西则独流洋芬港之苇席蒲藕，北则直沽之海味鱼虾，南则临清之百货”，使得静海相当繁荣。自漕粮海运后，运河航运价值降低，往来商人大量减少，“粮艘之竹木酒米无由再至，市廛较昔寥落焉”。[②]1900年以后，运河已经结束了其漕运的历史使命，海河水系完全成了天津的商品集散通道，货运的品种、数量与性质都有了根本的改变。漕运是政府行为，因此政府对于运河的治理是不计工本的，甚至为了保证运河畅通，不惜改变河流的自然状态。漕运终结后，天津成为河运贸易的中心。这时的运河概念较之以往已经有所扩大了。

---

① 此图为天津博物馆陈列品。

② （清）郑士蕙等修纂：重修静海县志，卷一，集市。清同治十二年刻本。

第四节　城市发展的新局面

一、票号与货栈

山西票号最早可追溯到山西平遥商人雷履泰带领同县人李正华，开设的最初名叫“西裕成”后改称“日升昌”的颜料庄。由于经常赴四川采办颜料，雷履泰便在四川设立了分庄，开始北京、天津与四川采用相互划款的办法解决资金流动问题。这样，既节省了运费，又避免了途中现银被盗劫的危险。后来，雷履泰联络四川来华北采购货物的商人，将现银交给四川日升昌分庄，换取汇票，持票向北京、天津日升昌兑取现银。同样，北京、天津的商人如果去四川采买，将现银交给京、津两地的日升昌，便可持汇票向四川日升昌兑取现银。日升昌则从中收取一定的汇水作为报酬。这种办法很快就得到了商人们的认同。日升昌也在不长的时间内赚得盆满钵满，汇票业务遂由兼营改为专营，为此设立了日升昌票号，总号在平遥，各省设立分号。票号的诞生正好与天津开埠以后商业的繁荣是同步的，适应了当时商品经济资金流动的需要。

日升昌的成功转型为其他经营绸缎、典当、茶叶、皮毛和杂货的山西商号谋求新的发展道路树立了榜样。这些商号纷纷仿效，相继成立了票号。总号一般都在股东所在县，分为平遥、太谷、祁县三帮。这些票号中有很多在天津设立了分号，道光初年（一说同治年间），天津有山西票号16家，资本额达到三百三十余万两。在这些票号中，除日升昌外，还有蔚泰厚、蔚丰厚、蔚盛长、蔚长厚、大德通、大德恒等。山西票号的早期活动主要在北方。票号发展后，业务上也有所扩充，除经营汇兑外，还衍生出了存款与放款等业务。

由于得到官府的支持，一些票号积累了雄厚的资本，并在全国各重要城市设立了分支机构，甚至设立海外分号。仅日升昌在国内的分号就达34家。票号的出现不仅加速了资金周转和商品流通，而且还促进了国内外的经济交流。

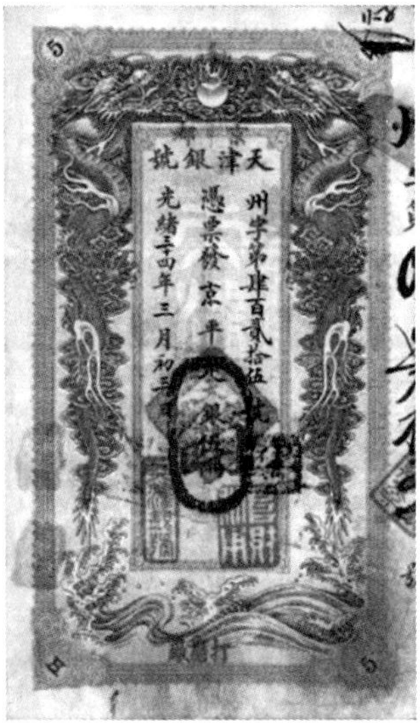

清代天津银号票据[①]

到1900年，天津的票号总号已达三十余家。在近代银行出现以前，票号是我国早期金融业中规模最大、实力最强的金融机构。据统计，1900年前，天津市场大约有6 000万两资金可以现款或信用等方式提供给商家，其中票号占2 000万两。

---

① 此图为天津博物馆陈列品。

虽然票号实力雄厚，但由于其家长式的管理，加之经营上的墨守成规，不能及时跟上经济社会的发展，多次错失转型的大好时机。1902年，北洋大臣兼直隶总督袁世凯在天津成立直隶官银号时，曾要求票号参与筹办，遭到拒绝；1904年，清政府组织户部银行时又邀请票号入股，但票号自恃业务繁盛，拒绝参与。直隶官银号、户部银行和交通银行成立后，官款都由它们收存和汇兑，票号业务因此大受影响。所幸有些商户因交往日久，仍能维持一些存放款和汇兑，票号业务尚能勉强维持，但票号总体数量有所减少。1908年，天津有票号26家：志成信、协成乾、中兴和、长盛川、大盛川、存义公、百川通、新泰厚、蔚泰厚、蔚盛长、蔚长厚、大任厚、义成谦、协同庆、裕源永、日升昌、大德王、大德通、蔚丰厚、福成德、锦升润、世义信、恒义隆、合盛元、独慎王、大义王。

清末，天津票号的分布比较集中。当时南运河边最繁华的商业街估衣街、锅店街和针市街有票号21家。其中，长度不足五百米的针市街上就集中了14家，包括中国第一家票号日升昌在天津的分号。1911年，辛亥革命爆发，清政府被推翻。由于票号放款只重信用，而且长期采取“北存南放”的做法，随着局势的发展，票号的存款被纷纷提取，而南方的放款又一时收不回来，以致周转失灵，收歇停业者接二连三。引领太谷、祁县、平遥票号50年的志成信票号于宣统年间倒闭。1914年，曾开票号先河的日升昌总分号也宣告倒闭。

民国初年，商业银行逐渐遍及全国，汇兑业务较票号更为便利、迅速，存、放款业务也因有抵押，使存款人更为放心，人们纷纷转向银行办理业务，票号进一步萎缩。到1917年，天津尚存票号19家，但业务范围均已缩小。到了1921年，向天津各家票号贷款最多的日商平野洋行，因贩卖金丹鸦片犯案，经理携款潜逃，使各票号损失达80万元之巨，大多被迫相继歇业。最后，仅剩大德通、大德恒2家，均转为钱庄。随着银行和其他金融机构的发展，以山西票号为主的天津票号告别了曾经的辉煌。

在天津开埠之前，随着天津城市商业活动的发展，物流、人流和资金流进出天津的活动日益增多。物流业除了车船运输外，仓储和货栈的需求也随之增加。早在清代，天津就出现了接待海上运输的货栈。嘉庆四年（1799年）的天津闽粤会馆碑记载："历来闽粤等省洋沙船只进口贸易，恐人地生疏，设立洋货起卸行，代客评价出售。唯洋船进出俟风帆顺利，为期迟速不一。货物到津查验后即须卸贮，以便归帆。但洋行既少，房屋无多，所来货物不能及时起卸，是以又开设洋货局栈之九家，此洋行局栈之所由也。"[①]这种局栈负责起卸、贮存、评价、出售，已具备后来货栈的功能了。随着近代天津城市的迅速发展，天津的粮行斗店是最重要的货栈。

漕运时代虽然每年有大批粮食通过运河过路天津，但是天津几十万人口的民食还是要通过民间贸易来解决。粮食贸易关系民生，是第一大物流，储存粮食并提供食宿服务的粮食市场被称为"斗店"。这些粮食都是通过河运来津的。清代天津的斗店主要集中在城东海河的东岸、城北以及城西北的南运河沿岸。集结南运河沿岸粮食的西集，集结大清河、子牙河等西河沿岸粮食的北集，集结北运河沿岸粮食的丁字沽集，三处最盛时斗店达二十余家。《天津卫志》记载："城西北河沿及河东一带杂粮商贾贩粮百万，资运京通，商民均便。"大批外县粮商（俗称"老客"）把粮食运到天津后，需要有存储之地，观测行情，善价出手。各斗店均设有储存粮食用的罩棚、厂棚、粮囤等。斗店不仅提供粮食存储，而且还在店内设立住宿的房间。每家斗店都会备有几十间住房，供粮商居住，

---

① 天津档案馆等编：天津商会档案汇编1912—1928，第二册。天津：天津人民出版社，1992年。

便于互相沟通情况，谈判交易。粮食老客住在斗店里，吃喝全由斗店负责，但要按日结算房饭费。[1]天津的斗店也是粮食购销中介，代客买卖粮食，属于牙行的一种，由官府发给牙帖经营。清道光年初，天津最早的粮食交易批发市场——怡和顺斗店在南运河南岸开张营业。在怡和顺之后，万春、同顺永、华丰裕和庆长顺（后改为同孚新）先后产生。现存的斗店移集告示碑碑文中记载："天津旧西门迤西统谓之河西集，向有额设斗纪八名，内沿河四名，距河较远者四名，均有一定界限，不准任意挪移。"说明斗店是官方认可的，其地界是固定的。七七事变前夕，位于天津市红桥区的5家斗店是西集的怡和顺、华丰裕、同孚新，北集的同顺永、万春，即俗称的天津"五大斗店"。

1850年以后，天津还出现一种新的粮行叫"斗局子"。斗局子在原河北区粮店街一带，其采购方向以南运河为主，西河次之。斗局子也是以批发为主，吸收了斗店存粮待售的做法，前有铺面，后建仓库，兼营采购、运输、存储等业务。斗局子除成发号外，又先后成立了成益号、成兴号、成庆号、成通号、成祥号、成安号等，到1900年，共开设了10个斗局子，地点均在粮店街一带。1900年以后，天津还出现过叫"大米庄"的粮行，经营大米、面粉和杂粮。主要字号有义生源、仁和义、公兴存、成发号、永增厚、怡厚德、元太义等。[2]

开埠以后，天津的货栈业迅速发展。除了粮行斗店，其他行业也各有货栈。如1890年位于马家口的锦泰栈，后来改名为锦记栈，专营泊镇鸭梨，因此马家口一带也被称为梨栈。1894年前后，又出现了大昌兴货栈，栈址初位于今河北区十字街，后迁至东浮桥（今金汤桥）海河沿岸的盐坨

---

① 参见朱仙洲：天津粮食批发商百年史。天津文史资料选辑，第28辑。天津：天津人民出版社，1984年。

② 同上。

附近。进入20世纪后，中国民族工业迎来了发展的黄金时期，工厂所需的原材料从各地源源而来，进一步促进了货栈业的发展。一战后，各国洋行卷土重来，在天津大肆采购工业原材料和土特产品，货栈得到了持续发展，其中一些货栈还尝试出口业务。如锦记栈从20世纪20年代初开始向日本出口栗子，获利颇丰；它还通过美商代理人向美国出口核桃、核桃仁、花生米等。交通货栈也向日本出口栗子。

天津进出口贸易的发展，吸引了大批商人往返于天津与内地之间。因为当时清政府不准外国人到中国内地经商，所以国内商品集散业务仍集中在中国商人手中。1896年《直报》记载，“本邑商贾及各州县外客均住河北大街各店者居多，以致各局行店同事及跑合之人赴各店贸易者竟如梭织……”

1908年天津的主要行栈表①

栈名	位置	业务
集安西栈	针市街	山西的洋布、杂货、药材商等定居
晋安栈	同上	同上
德兴栈	同上	同上
盛兴栈	同上	山东省及直隶各地的纸类、洋布、皮商等定居
潮安栈	同上	从福建、台湾来的砂糖商、木材商等定居
岭南栈	同上	广东省的砂糖、杂货商定居
通亨栈	同上	北京、口外各地的菌类、毛皮商定居
源为栈	同上	从冀州来的杂货商定居
易馨栈	同上	山西票庄、洋布、毛皮商定居
松茂栈	同上	山西银行家定居

① 根据侯振彤译：二十世纪初的天津概况。天津市地方史志编修委员会，1986年。

续表

栈名	位置	业务
公安栈	同上	从北京地方来的客人定居
同安栈	门市口内	茶叶商人定居
三安栈	同上	从安徽来的茶商定居
德兴栈	东北城南马路	从北京来的杂货商定居
三星栈	河北新浮桥	官吏及商人定居
福星栈	河北新马路	同上
福栈	河北新浮桥北	同上
土栈	河北三条石	同上
大兴栈	同上	同上

这份统计表显示，天津的货栈已经有了专业分工，大部分集中在针市街或靠近南运河装卸码头。各商帮都有固定的货栈，如山西帮在集安西栈、晋安栈、德兴栈，山西票庄在易馨栈、松茂栈，山东商人在盛兴栈，冀州商人在源为栈，北京商人在通亨栈、公安栈，安徽商人在三安栈、广东商人在岭南栈、福建台湾商人在潮安栈等等。

天津货栈的业务因各有侧重，大致分成以下几类。

1. 以经营粮食为主，有同和兴货栈、启泰栈等；2. 以经营山干货为主，有交通货栈、文记货栈等；3. 以经营鲜货为主，有锦记栈等；4. 以经营皮毛为主的，包括美丰厚行栈、鲁麟东栈、晋丰货栈等；5. 以经营棉花为主，有宝兴恒货栈、大通货栈、德源公货栈、通成货栈等（据1927年调查，全市较著名的棉花货栈有23家之多）；6. 以经营油料作物为主，有公庆成、大庆成等；7. 以经营药材为主，有公记货栈、通利公启记等。

货栈在专业化经营的同时，也出现了多种经营的发展趋势。锦记栈最初只经营泊头鸭梨，后来的经营品种中既有北方的苹果、桃、葡萄、杏、李子等，又有南方的橘子、甘蔗、香蕉、菠萝、荔枝、桂圆等，几乎垄断了天津市场上的南方主要水果。除主打水果品种外，锦记栈还经营山干货以及蔬菜、畜尾毛、草帽缏等。同和兴货栈原为代销屠宰好的猪肉（时称“白条”）和运输、转运各种货物的货栈，后来又开始经营山货、粮食、棉花、皮革等，在20世纪30年代的全盛时期，该货栈除了不经营鲜货水果外，几乎无所不包。同和兴货栈出现于1906年，经过10年的发展，到1917年前后，开始建造正式的仓库，并接待客商食宿，此后，又负责代办保险、报关、纳税手续，甚至代办融资，栈址也随着经营规模的不断扩大而多次搬迁，初设于今河北区十字街，后迁至河北区寿安街，再后又移至河北区北安道。1913年（一说1912年），交通货栈也在天津站附近的今河东区五经路（或七经路）开业。交通货栈的主营业务是干山货，如花生、核桃、红枣、栗子等，此外，还曾为著名的永利碱厂存储纯碱，存量经常在十万包上下，永利碱厂的兴旺发达带动了交通货栈的发展。

天津位于九河下梢，海河干流及其五大支流与金钟河、蓟运河等构成了四通八达的水上交通网，而近代以后逐渐完善的铁路运输系统，特别是京奉铁路和津浦铁路在天津的交汇，又使这里成为陆路交通枢纽。水、陆并进，相互衔接、补充，使天津成为中国北方自沿海进入东北、西北、华北的交通线的起点和咽喉，这就为天津货栈业的产生、发展创造了优越的地理环境。而天津货栈业的繁荣也证明了这一地理环境的潜力得到了较为充分的利用、开发。特别是铁路的修筑，使运抵天津的货物不再是小宗、零担，而是几十吨、几百吨的规模。1931年，同和兴货栈利用本不对外发运的陈塘庄车站一次性向遭受水灾的蚌埠运去粮食1 200吨，获得利润1万元。为了更好地利用铁路，同和兴在东货场设有专办铁路运输的栈房，向铁路局租了一块地皮，临时存放货物，并在自由道建有仓库；为了利用水路，同和兴在李公祠设有专办水运的栈房，货物沿金钟河、蓟运河可达河北省遵化一带。

英租界内的货栈一般是与对外贸易直接相关的皮毛货栈，以美丰厚行栈为代表。该行栈的前身是成立于清末的美丰东栈，栈址位于大沽路，是美丰洋行的加工车间。附近有洋行的洗毛车间和出口绒毛的洋行，因而配货、加工、交易等极为方便。

到了20世纪30年代，天津货栈业的发展达到顶峰。当时的货栈业不仅是城市商业中的一个较大行业，而且成为商业活动中不可或缺的环节。当时，全市有货栈近九十户，从业人员达3 200人。其中，以经营粮食的货栈为最多，有五十余户；其次为经营山干货的，十余家；再次是经营鲜货的，有四五家；其余二十余家经营棉花、皮毛、油料、药材。

城市的经济发展离不开人流、物流和资金流，在城市行业发展中，金融与客货栈是重要的基础行业。产生于天津并一度繁荣兴盛的票号，保证了天津与内地商贸的金融流动性，同时为天津早期外贸发展提供了不可或缺的本地金融信用。现代物流业的概念包括运与储，天津货栈业的发展是物流业的重要组成部分，是与天津内地贸易量的飞速发展相匹配的，其布局与专业化，适应了天津水路运输结构的变化，是天津货物贸易不可或缺的物流行业。

二、沿河发展的工业布局

天津近代工业产生于19世纪 60年代开始的洋务运动。在此期间，天津机器局、开平矿务局、大沽船坞和英商高林洋行打包厂等一批中外企业先后创办。由于官方的支持和市场消费的引导，天津近代工业得到了初步发展。到1900年，天津共有近代化的工矿企业36家。其中，外资19家，民族工业17家。

这些企业大致可以分为三种类型。

其一是政府出资兴办的与国家安全息息相关的企业，这类企业的规模一般都比较大，技术构成也比较高，因而资本额也比较大。主要有1866年开始兴建的天津机器局，由东、西两局组成，产品主要有火药、枪炮、工程船舶等；1873年成立的轮船招商局天津分局，以沿海运输为主；1878年创办的开平矿务局，以开发唐山附近的煤炭资源为主；1880年始建的北洋水师大沽船坞，以修造海军船舶为主；1887年创办的中国铁路公司，以铺筑唐津铁路为主。

其二是以市场为导向的私营企业，其产品多为与民生密切相关的产品。代表性企业有1878年招商局会办朱其昂创立的贻来牟机器磨坊，它位于法租界紫竹林的招商局后面，以蒸汽机为动力生产面粉，是中国最早的近代化食品厂。1884年，广东人罗三佑创办了天津第一家民办机器厂——德泰机器厂，厂址在小白楼附近，主要业务是修理轮船和矿山机器设备。1886年，汇丰银行天津分行买办吴调卿、天津武备学堂总办杨宗廉等人集资创办了天津自来火公司，生产火柴供应市场，厂址在今河西区贺家口一带。同年，万顺铁厂在英租界创办，生产造酒铁锅、钱铺用储银铁柜、中西马车，以及修理轮船、配置铜铁机件等。1887年，德、英商人在英租界中街创办的天津印刷公司，编辑印刷面向租界内外的《中国时报》和《时报》。1897年，吴调卿创办的北洋织绒厂，厂址在唐山道西端，产品主要是毛毯、军装和其他毛织品。它是天津最早的纺织企业，被誉为天津“第一家现代工厂”。

其三是直接服务对外贸易的企业，主要由11家外商经营的打包厂组成，其规模一般来说不是很大，厂址多位于英租界。代表性企业有1881年设立的英商高林洋行打包厂，厂址位于领事道；1887年设立的德商德隆洋行打包厂，厂址位于领事道；1888年建立的英商隆茂洋行打包厂，厂址位于海大道；1890年建立的英商安利洋行打包厂，厂址在达文波道；1890年创设的英商新泰兴洋行打包厂，厂址在怡和道；1898年建立的英商平和洋行打包厂，厂址位于海大道。[①]

经过1900年的八国联军侵华战争，天津为数不多的近代工业企业几年均被摧毁了。1902年8月袁世凯接管天津后，正值清政府实行“新政”，袁世凯借机在天津掀起了兴办实业的高潮。当时，袁世凯、周学熙等人在天津兴建了一批近代工厂，都靠近运河和海河边。

1902年底，袁世凯指派周学熙在北运河畔的大悲院原址创办了北洋银元局，后更名为户部造币北分厂、造币津厂，1910年停办。1912年，该厂恢复生产，并入位于大经路的天津造币总厂。

1905年夏，户部天津银钱总厂在金钟河畔建成开工，铸造各种金银铜币，后更名为天津造币总厂。

1906年，北洋劝业铁工厂成立，厂址在北运河畔的河北西窑洼。建厂之初，周学熙曾派专人前往日本大阪铁工厂学习先进的生产技术。这家企业能够制造车床、钻床、刨床、织布机、起重机、石印机等27种机械产品，开创了中国机器制造业的先河。

在官方的鼓励和支持下，民办企业纷纷涌现。1903年，吴调卿在河北金钟河锦衣卫桥一带创办了北洋硝皮公司。它不仅是天津第一家机器制革厂，还开创了中国近代制革业的先河。1903年，宋则久等在黄姑庵东老所胡同筹备造胰厂，定名为天津造胰股份有限公司。公司最初生产黑色肥皂，兼制蜡烛。后来，企业迁到了闸口元惠庵。1904年，张咀英在海河畔金家窑大街建立了天津第一家啤酒厂，初名松盛大麦酒厂，第

① 参见天津市地方志编修委员会编著：天津通志·附志·租界志。天津：天津社会科学院出版社，1996年。

二年改名为华萼啤酒公司。1908年，纪钜汾兴办了麟记烟草公司，厂址位于海河东浮桥一带。1911年，位于南运河畔侯家后的裕华织染公司成立，这是天津最早的织染厂，也是当时规模最大的织染厂，有织机100台，最初为脚踏铁轮机，后改为电力机，有职工200名，产品主要是经纬一色的平纹布，当时称“爱国布”。

与此同时，外商企业也纷纷重新布局天津。1902年，英商在天津兴建了万国汽水有限公司，厂址位于今解放北路的青年宫后身。1907年，德国人起士林在天津开设了食品加工厂，制作西式糕点，酿造啤酒等。厂址最初位于法租界中街，后迁到德租界威廉街。

据不完全统计，从1902到1911年，天津出现过的工业企业总计为139家，涉及矿业、水泥、机器制造、纺织、化工、食品等行业。其中纺织居首，41家；化工其次，31家（含火柴、皮革、化妆品、榨油）；食品（含烟草）居三，20家。支柱产业结构初见端倪。[①]

从民国初年到抗战前夕，是天津工业发展的“黄金时期”，支柱产业进一步壮大，企业数量显著增加。

1915年，直隶模范纱厂在新开河与北运河交汇处的西窑洼开办。这是天津第一家机器纺纱厂。1920年，该厂与恒源帆布公司合并，改为恒源纱厂。

华新纺织有限公司天津分厂始建于1915年9月，1918年9月投产，厂址毗邻金钟河与京津铁路线。1931年改名为华新纱厂。

① 参见宋美云，张环著：近代天津工业与企业制度。天津：天津社会科学院出版社，2005年。

华新纱厂车间[①]

裕元纱厂于1918年4月开工，是当时天津规模最大、实力最雄厚的纱厂，还曾是全国华商纱厂中资本额最多的企业，厂址在今河西区海河畔的小刘庄。

裕元纱厂[②]

① 此图为天津博物馆陈列品。
② 同上。

北洋纱厂始建于1919年，1921年9月投产，厂址在今河西区海河边的挂甲寺南北大街。

北洋纱厂①

1920年，裕大纱厂和宝成纱厂在海河之畔的郑庄子开工建设。裕大纱厂有纱锭3.5万枚，资本总额号称300万元。宝成纱厂有纱锭2.6万枚，总资本300万元。除上述六大纱厂外，天津市区内还有单纯的织布厂87家，布机1 821台。天津由此成为当时中国北方棉纺织业的中心。

民国年间，天津是中国羊毛集散地。为了充分利用这一有利条件，一些实业家在天津兴办了规模较大的毛纺织企业。1931年，朱继圣在天津英租界购地建厂，创办了仁立毛纺厂，生产制服呢，厂址位于今天的云南路。同年，宋棐卿创办了东亚毛呢纺织股份有限公司，生产“抵羊”牌毛线。厂址初在意租界，1936年7月迁至英租界。1934年，祥和毛纺厂在法租界巴黎路创立，生产“飞艇”牌毛线，后被并入东亚毛呢纺织股份有限公司。

天津的针织业始于1912年。第一家企业名叫郭有恒袜厂，厂址初在

① 此图为天津博物馆陈列品。

天津老城里的乡祠前胡同，后来随着生产规模的扩大，迁到了海河边望海楼一条胡同。1929年，华纶益记染厂在海河畔的河北粮店前街设立，它是天津第一家采用先进技术、设备的机器染整厂。

与纺织工业一样，天津化学工业在民国年间也得到了快速发展。始建于1917年的永利制碱公司使天津成为中国制碱工业的摇篮，它的创立是中国近代工业进步的象征。永利制碱公司在海河下游、渤海岸边。1926年，聂汤谷在汉沽创办了汉沽化工厂，1929年改为渤海化学工业股份有限公司，生产硫化钠、碳酸镁、碳酸钙和盐酸等。

永利制碱公司①

此外，1929年在新开河畔小王庄建成的永明油漆厂、1932年在海河附近大王庄兴建的利中酸厂也都进一步加强了天津作为近代中国化学工业基地的地位。1914年7月，范旭东在天津成立了中国第一家制造精盐的企业——久大精盐公司。1915年10月30日，久大精盐工厂在塘沽渤海沿岸竣工，结束了几千年来中国人食用粗盐的历史。

---

① 此图为天津博物馆陈列品。

从1915年到1925年，天津先后出现10家资本额在十万元以上规模的较大的面粉企业。其中，1920年建于子牙河、南运河畔赵家场的大丰面粉公司资本额达到百万元，是全国资本额最大的面粉厂之一。位于南运河畔梁家嘴的民丰面粉公司的资本额也达到了六十余万元。此外，位于意租界的寿星面粉公司、位于南运河旁大伙巷的福星面粉公司和位于北运河畔堤头的嘉瑞面粉公司的资本额也比较大。天津由此成为北方面粉业的重镇。

南运河边的民丰面粉公司[①]

1917年4月，留美归来的王晋生在距海河不远处的河北区金家窑创办了华北制革厂，生产皮革。1929年，又在三岔河口一带兴建新厂房，从而形成了以海河为界的东、西两个厂区。

自19世纪下半叶开始，天津北运河畔的三条石地区逐渐形成了小型民族铸铁、机器工业的集中地。借助河流运输之便，到20世纪二三十年代，发展到鼎盛时期。实际上，三条石大部分工匠来自南运河附近的交河县。到了1937年，三条石地区从事铸铁和机器制造的工厂有三百家左

① 此图为天津博物馆陈列品。

右，成为当时有名的“铁厂街”。

成立于1918年的三条石郭天祥机器厂生产车间[①]

据不完全统计，仅1912到1928年间，天津民族资本厂家就有2 471家，总资本额约82 427 000元，涉及66个行业。

在民族工业发展的同时，天津的外资企业也在不同时期得到发展。据不完全统计，1901到1928年，外商在天津设厂约九十家，资本总额约三千万元。[②]1928到1937年间，共有11个国家在天津投资建厂217家。[③]如1921年，天津最大的烟草企业——英美烟草公司天津工厂投产，时称“天津大英烟公司”。工厂位于今河东区大王庄的海河之畔。1924年，英商和记洋行在比利时租界（今河东区大直沽）的海河沿岸建成一家蛋品加工厂。同年，英国商人还在英租界中街设立了屈臣氏药房制冰厂，从事人工制冰。除了河流沿岸外，西方人在天津创办的这些工厂主要分布在租界及其周边地区。

① 此图为天津博物馆陈列品。

② 参见罗澍伟编：近代天津城市史。北京：中国社会科学出版社，1993年。

③ 参见宋美云，张环著：近代天津工业与企业制度。天津：天津社会科学院出版社，2005年。

外国人还在英法租界内创办了一些生产地毯的企业和制造香皂、染料的工厂。前者主要有1923年创立的海京洋行毛织厂，从事线毯、地毯制造，厂址位于今天的营口道；1927年建立的美古绅洋行纺毛厂，主要生产地毯与其他毛织物，厂址在今天的赤峰道上。后者包括中法造胰公司，厂址位于今天的滨江道；安西造胰公司，厂址位于今天的和平路。

1937年前后，日商在天津兴建的裕丰、上海、双喜等纱厂也都将厂址选在了海河岸边。从1935年到1944年，日本人在天津先后创办了中山钢业所等6家钢铁企业。主要生产设备有25吨平炉一座，中小型轧钢机各一套，以及一些拉丝、制钉设备。1945年国民政府接收了这些企业，后将其合并为华北钢铁公司天津制钢厂，厂址位于海河岸边。1950年该厂更名为“天津钢厂”。

1947年的一次工业普查表明，经过长期发展，天津已经成为中国当时第二大工业城市。那时天津有一定规模的工厂1 211家，占全国总厂数的8.6%，仅次于上海，居全国第二。天津职工人数为65 734人，占全国职工总数的8.5%，居全国第二。到1949年，天津市共有工业企业4 708家。[①]

天津近代工业的布局大致呈现出三种形式：沿河布局、沿海布局和英法租界布局。

考虑到无论原材料还是产品都需要水上运输，以及使用河水冷却等因素，天津近代的大型企业多分布于河流沿岸。其中，分布于海河沿岸的工厂多属于大中型企业。中小型企业多分布于南、北运河及子牙河、金钟河、新开河等河流附近。

一些大型的化工企业，因以海盐为主要原料而位于渤海沿岸。这些

① 参见天津市地方志编修委员会编：天津简志。天津：天津人民出版社，1991年。

企业主要包括永利制碱公司、渤海化学工业股份有限公司、东洋化学工业株式会社汉沽工厂和华北盐业公司氯碱厂等。此外，近代盐业生产企业久大精盐公司的精盐厂也在这里安家落户。

除此之外，英法租界也因为商业环境和交通原因，而成为工业聚集区。

天津近代工业重要门类分布区域表

工业区域	工业门类
海河两岸	棉纺织、造纸、冶金、烟草、食品、制革
南、北运河与子牙河	面粉、机械、纺织
新开河	纺织、机械、化工
金钟河	制革、纺织、机械
渤海沿岸	化学工业、近代盐业
英法租界	打包厂、毛纺织、机械、食品、化工

三、五方杂处

河海交通的便利，推动了天津城市人口的暴涨。中国传统社会往往有行业结帮和以地域结帮的传统，在天津的外地从商人员为了自身的生存与发展，都按照各自的乡籍，形成了各自的“商帮”，商帮往往也是行帮。天津市场的各地商帮很多，如在杂货行业中就有广帮、潮帮、山西帮、山东帮、怀庆帮、宁波帮等等。这些商帮大都在津建立了自己的会馆。根据其与天津的地理距离和交通运输途径，大致上可以分成三类：一是通过海路与天津建立商贸关系的，如宁波帮、福建帮和广东帮；二是与直隶省交界的相邻省，通过陆路加内河水路与天津建立商贸关系的商帮，如山西帮、河南帮、山东帮、安徽帮等；第三是较多地依靠水路联系天津的，如以冀州帮为代表的直隶商人等。

在津建会馆的主要有以下几处。

浙江会馆建于光绪八年（1882年），由北门里户部街浙江乡贤祠扩充而成。天津的宁波商帮和龙游商帮是浙江商人的骨干力量，以经营纸张、书籍、丝绸、绒线、银楼、成衣、竹木、桐油、药材、海货为主。这两个商帮虽然不大，却以勇于吃苦冒险、贸易无弗届远的品格享誉商界，行商坐贩遍布全国。天津商业中心有不少名店，都是宁波商人所经营。在天津经营进出口贸易、金银首饰业、银行保险业、绸缎呢绒业、钟表眼镜业、金银首饰业、木器家具业等的商人中，大多是浙江会馆中的主要人物与商业巨子。浙江会馆作为商贸活动的载体，有相当大的势力。如严信厚创立源丰润票号、新泰银号，获利后，复在天津估衣街开设物华楼金店、老九章绸缎庄。镇海人严蕉铭1882年来津，历任顺全隆、禅臣、绵华、立兴等洋行买办。叶星海和严蕉铭联手组织华商主持的打包公司，和李组才等成立利济贸易公司（为津门首家华人外贸行），还有李正卿和上海虞洽卿创办的三北轮船公司，都是宁波商帮在天津创办的主要企业。[①]1942年西服业同业公会宁波籍会员有95家，在全市244家西服业中占39%。[②]

---

① 参见林放，潘荣：略论宁波商帮北上天津。宁波职业技术学院学报，第4期，2005年。

② 参见刘文勇：宁波红帮裁缝在天津。天津文史资料选辑，第105辑。天津：天津人民出版社，2005年。

旅津浙江会馆商人经商行业一览表（1917）[①]

姓名	商业或工业名称	商号名称	地址
周运杓	五金	老顺记	英租界
严昭明	进出口	禅臣洋行	法租界
方若	房产	利津公司	日租界
叶炳奎	进出口	兴隆洋行	海大道
周永峰	金店	恒利	日租界
费振镛	金店	物华楼	日租界
李维庆	进出口	美丰洋行	法租界
娄裕焦	呢绒	福华公司	日租界

江苏会馆成立于光绪十三年（1887年），位于东门外磨盘街，由大官僚吴大澂、盛宣怀等募捐建立。清光绪年间（1892年）筹资置地建宅院成立同乡会，名“江苏会馆”。

旅津江苏会馆商人经营行业一览表（1917）

姓名	商业或工业名称	商号名称	地址
孙树勋			孙家花园
张锦镳	银行	道胜银行	英租界
余镛	洋行	华泰洋行	法租界
柯镇	铁厂	庆源铁厂	大口
陈鉴	药房	中西药房	锅店街
管凤和	药房		日租界
吴家修	药房		

① 天津商会档案汇编：天津商会档案汇编1912—1928，第二册。天津：天津人民出版社，1992年。后两表出处相同。

苏浙商人从事洋行、金店、药房等较高级的行业，显示出雄厚的经济实力。

乾隆四年（1739年），广东、福建的商人决定在南运河边修建闽粤会馆，乾隆十四年（1749年）时建成，"嗣因客货抵津，寄顿无所，加以海船惯习，入口出口均须虔祀天后，报答神庥。于是两省商人佥议按照客货缴纳海关税银数目多寡抽分，集资建造会馆一区，用以祀奉神祇，联络邦谊。至乾隆十四年（1749年）完全落成，即定名为闽粤会馆，示为两省所公建"。[①] 当年天津举办规模宏大的皇会，天后圣母要"回娘家"接受乡人的香火，就是回闽粤会馆。同时为本籍子弟开办学校也是其主要活动。广东和福建商人为天津带来了南方特产和进口货物，于是天津出现洋货街、小洋货街和针市街等专业街市。道光末年，会馆内部产生矛盾，广帮遭到闽潮两帮的排斥，两地商帮走向分裂。广东商人在天津经营兴盛时，从事的行业达二十多个，商号也有二百多家。清末留美学童陆续学成回国，大部分留在天津。其中一大批广东籍留学生云集天津，广帮的势力逐渐壮大，为天津注入了更多的人才和资本。光绪末年，天津海关道唐绍仪（广东人）倡议集资重新修建自己的会馆，并带头捐献白银，短时间内就集资九万余两，在城内鼓楼南大街购置原盐运使署旧址（约23亩），开始兴建。光绪三十三年（1907年）正月十四新会馆落成，命名广东会馆。广东会馆还在滨江道设立了广东学校。据记载，咸丰年间广帮在津人数达五千余人，到光绪年间，已超过一万人。在津的广帮商号员工90%以上是广东人。另据记载，咸丰十年（1860年）六月，在山东烟台有"洋船驶到，洋人、广东人约共一万四五千人、马一

---

① 天津档案馆等编：天津商会档案汇编1912—1928，第二册。天津：天津人民出版社，1992年。

千一二百匹、骡七十余头、大车四十余肆、独轮小车一百余轮、木桶、木箱、麻袋等多件。委员问以现居烟台何事，答以避暑，七月后即赴天津”。[①]

旅津广东会馆商人经营行业一览表（1917）

姓名	商业或工业名称	商号名称	地址
罗裕堂	机器铁业工厂	德泰	英租界小白楼
张公沩	绒毡工厂	华北城毡公司	法租界
罗金秀	机器铁业工厂	建安	日租界河边
邓毅亭	露酒药酒工厂	广兴居	英租界大沽路中
邓文显	洋广杂货	广隆泰	法租界
任德洋	中外印务局	怡泰	法租界
陈恒爵	中外牛皮庄	广生利	法租界
杨瑞云	中外印务局	发兴	法租界
杨文昭	中外牛皮各种南木	广发源	法租界
邓云涛	糖食杂货药材	福利和	针市街
萧仰宣	糖业	永生发	针市街
崔墨农	办花生豆	永兴号	针市街
张乙照	花生杂货	裕德号	针市街
麦云罗	杂货	德拜太	针市街
林祝南	杂货	恒丰盛	针市街
谭次珊	药材	公成利	针市街
易德泉	花生杂货	宜兴昌	针市街
易伟堂	花生杂货	信诚昌	针市街

① 刘正刚：清代以来广东人在天津的经济活动。中国经济史研究，第3期，2002年。

续表

姓名	商业或工业名称	商号名称	地址
李序东	糖食杂货药材	恒和昌	针市街
钟伯勤	杂货	宏裕公	针市街
郭康朝	花生豆	有昌隆	针市街
张铸颜	杂货	生和泰	针市街
邹泽樨	杂货糖业	明记	针市街
何沛芬	花生业	昌记	针市街
黄培之	杂货糖业	永利威	针市街
陈作聪	杂货糖业	宏恒	针市街
甘爵一	杂货	生源	针市街
黄溪臣	杂货糖业	福盛	针市街
杜焕臣	杂货糖业	万益成	针市街
谭仲余	上海公司水火保险	上海公司	针市街
谭仲余	杂货	公裕号、巨成号	针市街
陈香轮	杂货	致益隆	针市街
陈福贞	杂货糖业	全兴号	针市街
简云章	外洋钢铁食品油漆	简泗合盛	法租界

1917年福建帮已与广帮分家。比较起来，福建帮商人集中于糖杂货专业，广帮的商人则经营行业较广。

山西商人同样是实力强大的商帮，在天津也有自己的会馆。第一个山西会馆建于乾隆二十六年（1761年），坐落在河东杂粮店街。第二个山西会馆建于道光二年（1822年），位于河北锅店街，由盐、铁、票、染、锡、茶、钱、账、洋布、皮货、颜料、杂货、当行等13帮捐资修建。内有前后两殿和春秋楼戏台，后殿供奉关帝。山西商人在天津最有名的行业是票号业，天津是山西票号的发源地。清嘉庆以后，山西祁县、太古、平遥三地票号都在天津设有分号。山西人也在天津经营染料业、染整及染房、皮毛业、货栈业和其他行业。山西省产煤，清末晋商以275万两白银从英国福公司手中赎回了山西矿权，因此山西商人也经营煤炭，山西煤占天津销售市场的很大比重。山西人在天津实力很强。从1917年天津总商会的统计表可以看出，山西商人开办的洋布行、杂行商号众多，难以计数。

山东商人成立同乡组织较晚，原因可能是临清、聊城等地因为黄河改道而逐渐衰落，而且清代山东自成盐区，不像直隶各地因长芦盐而与天津关系密切。津浦铁路修通后，从德州到天津的费用与到青岛、烟台差不多。同治四年（1865年），在肉市口内西杂粮店街崇福庵内，曾经建有济宁会馆，其经费由山东济宁府州官商共出，但经济影响并不大。山东省只有东部与天津联系多些。据1935年山东同乡会会员登记簿可查，其会员多来自现在的济南地区、烟台地区、威海地区、德州地区以及滨州地区，上至政界显要、工商巨子，下至普通老百姓，人数最多时达到1 951人。[①] 山东旅津同乡会成立于1931年，原址在南市杏花村庆善里，后迁至大沽南路。山东鲁北旅津同乡会成立于1933年，位于大沽路，也称山东会馆。

天津还出现过一些其他地区的会所，如同治十三年（1874年），安徽籍直隶总督李鸿章倡建了吴楚公所，位于河北督署后老铁桥东。光绪六年（1880年），安徽庐州旅津同乡为纪念直隶巡按史丁寿昌捐资建立了庐阳公所，位于南马路丁公祠胡同。这些会所的成立主要依靠政治背景，其商帮在商业上没有突出作为。

---

① 参见王静：试论近代天津的山东旅津同乡会。历史教学（高校版），2007年7月。

与天津联系最密切的还有河运之便的河北省商人。河北商人一般称冀州帮，主要分布在天津、保定、北京等市，其中以天津为最多。冀州帮一般指冀州及其所辖衡水、武邑、枣强、南宫、新河五县商人，广义的冀州帮包括深县、武强、饶阳、安平、束鹿各县。更广义的还包括了深泽、宁晋、安国、景县、交河等县。[①]冀州商帮的发展最初以北京为中心，北京冀州帮主要从事五金业、铜铁锡品业、书业、古玩业、老羊皮货业、细皮毛业、新旧木器业、布业等行业，天津冀州帮则多从事五金业、皮货业、磁业、绳麻业、玻璃镜业、南纸书业等行业。冀州商人最初多半是由于生活所迫而来谋生的，本身并没有多少资金。冀州帮在天津的活动中心主要在河北大街，这条不到千米的大街两侧有二百七十多户商店，两旁胡同内还有不少作坊，涉及五十多个行业。河北大街一带被称为“天津卫里小冀州”。

三条石铸铁一条街就在河北大街附近，这里的铁匠最初来自河间交河县一带。咸丰十年（1860年），直隶交河县人秦玉清带领子侄在三条石开设了第一家铸铁作坊——秦记铁铺，主要生产大小铁锅。此后，不断有打锯条、锯钮、枣核钉、铁锚的工匠来三条石设烘炉，制作砧子、椰头、车锏、药碾子、农用犁铧等，后来发展到打螺丝、铆钉、机器零件或刃子活。据说三条石先后开过四十多家铸铁厂，许多都是交河人经营的。金聚成铸铁厂建于1897年，初建时规模很小，没有动力设备，生产的产品主要为铁锅、犁铧、镐头等日用器具。后来，金聚成从天津机器局学来了翻砂制模技术，代替了传统的泥工坯子做铸模的方法，用手摇风箱葫芦代替了大风箱，提高了生产效率。1908年以后，金聚成开始铸

① 参见王槐荫、刘续亭：天津工商业中的冀州帮。天津文史资料选辑，第32辑。天津：天津人民出版社，1985年。

造提供各机器厂加工用的整套轧花机和织布机毛坯。

冀州帮中出了许多有名的商人。冀县人史东初早年在天津创立了中国北方第一家独资经营的搪瓷厂——中成搪瓷厂，还有中昌香皂制罐厂。他还积极协助他人兴办三条石衡器厂、郭天成铁工厂等等。天津五金同业公会主席枣强人邸玉堂在天津创办了晋丰五金行等企业。还有建立了生生线绒厂的冀县人李蔚章、制造业玻璃砂的徐彩臣、“金鸡牌鞋油”的创立者傅秀山、宏中酱油厂的创办人李惠南、同升和鞋帽店经理衡水李溪涛、天津市磁业公会主席衡水徐梦、南纸书业同业公会主席枣强臧殿宸等。

值得一提的是，冀州帮在天津的饮食业也有许多名号，如全聚德、冀州焖饼、冀州驴肉等。

与冀州商人有关的还有安国的药材业，在安国药材帮里有一支怀庆帮，它实际是河南商帮。明清时期河南怀庆府地区盛产地黄、牛膝、山药、菊花等4种植物，简称“怀药”。怀药贸易日趋昌盛，怀庆药商联合形成怀帮，是当时号称安国十三药帮之一，并先后在武汉、禹州、北京、天津、西安、周口等地建立了怀庆会馆。天津怀庆会馆建立于同治七年（1868年），位于红桥区曲店街32号，由河南旅津药商即怀庆药商张连堂等率三十多家药行集资修建。会馆分前后二院落，戏楼居中，为怀庆药商居住、会友、储存药材之所。到了1943年间，成立了怀庆同乡会。《怀帮会馆重修志略》称：“尝思商贾往来，每仰赖天神庥而春秋祭赛，宜崇隆乎祀典。吾郡药帮迁于津也，历有年矣！每际酬神之时，常无肃静之（所）是。同治七年夏五月，张连堂、刘相成等遂会同泰顺理、云合兴、复泰合公同商购，置曲店街公所一处……”

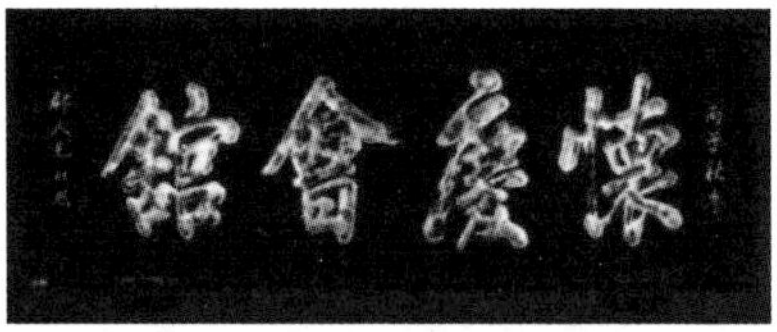

怀庆会馆匾额[1]

到1949年，天津有工商业同业公会一百五十余个。天津总商会在其组织架构上更强调行业公会，商会档案中一般按行业统计，淡化同乡会。1941至1942年天津共有商号17 501家，其中天津籍资本开设的商号有5 782家，超过半数以上的商号都是外埠移民开设。

各地商人比例统计表[2]

地区	天津	河北	山东	北方	南方	外国	其他	合计
资本主数	5 782	7 796	2 242	705	406	30	540	17 501
比重	33.04	44.54	12.81	4.03	2.32	0.17	3.09	100

从上表可以看出，河北籍商人数量超过天津籍的商人，位居第一，山东商人位居第三，而其余地区商人合起来只占9.61%。这个比例与其占天津总人口的比例相仿，说明经济因素是天津人口增长的主要原因。

近代工业化带来了天津工业人口的增长。天津真正的工业化飞跃是在第一次世界大战到20世纪20年代初实现的。1910年以前，所有大小中外工厂工人只有6 400人左右，而到1927年以前，已有75 000人，乘以当时的户口量（每户5人左右）可达380 000人，占当时城市人口的27.9%。到1922年天津新建了26家民族资本的大型工厂，资本总额达到

① 此为天津博物馆陈列品。

② 高艳林著：天津人口研究。天津：天津人民出版社，2002年。

29 000 000元，其中仅纺织业就达18 900 000元，[①]很多规模大的工厂在建厂初期直接从外地招工。20世纪30年代初，天津华新、裕元和恒源三大纱厂的3 399名工人，天津籍仅占23.78%。

在天津塘沽久大、永利制碱厂的工人中，籍贯是河北省的有341名，占52.3%，其他各省占将近一半。久大制碱厂建立时，雇佣的木工都是来自河北深县。

天津地毯工业的354名工人和228学徒中，河北籍和山东籍共占被调查总人数99.23%。被调查的织布工业工人中，河北籍和山东籍的占总数的94.32%。1929年，对天津地毯厂工人的调查也得出了几乎同样的结果，该厂被调查的300名工人，大多来自以上两省的农村。

天津的地毯作坊[②]

① 参见祝淳夫：北洋军阀对天津近代工业的投资。天津文史资料选辑，第4辑。天津：天津人民出版社，1979年。

② 此图为天津博物馆陈列品。

天津织布工人籍贯统计表[①]（1929）

省县别	地毯业	织布业	针织业
河北省	566	725	309
枣强	67	29	7
武清	55	47	29
束鹿	52		
深县	41	18	
武邑	22	35	7
衡水	14	18	
南宫	14	18	49
冀县	13	36	30
天津	12	39	11
北平	12		
景县	12	37	
易县	11		
盐山	11	29	
安次	10	12	
香河	10		
宁津		32	
饶阳		26	
静海		23	9
沧县		21	10
大城		18	7

① 方显廷著：天津织布工业。第二次中国劳动年鉴，1930年。

续表

省县别	地毯业	织布业	针织业
青县		15	
河间		15	8
献县		14	
故城		13	
清苑		13	
南皮		10	10
新城		10	
玉田			23
宝坻			14
寿光			7
其他	210	197	88
山东省	44	133	14
山西省	3		
安徽省	1		
其他	5	9	

表中可以看出，天津纺织业的工人大部分是河北省人。

从人口社会结构来说，下层民众是天津人口的主体。近代天津人口也应包括从各地聚集来的商人、资本家、下野官员、遗老遗少等富人，各种自由职业者，还有侨居的外国人等，这些人所占的比例较小。

中国人有强烈的家乡意识，各地商帮也愿意用家乡的员工，如内联升鞋业的东家是武清人，内联升的员工也不少是武清人。像河北“许多家长就攀亲附友，设法将自己的子弟送到天津亲朋的商店、作坊、工厂去学生意或学手艺”。[1] 光绪年间，聚集于天津的广东人已达一万以上，广帮的大小商号达二百家以上。天津的广帮商号所用员工，90% 以上是广东人。

天津的经济发展刺激了城市发展。与此同时，外国商品的输入在不同程度上也加速了农民的破产。近代中国华北农村早就存在着人口过剩的危机了，一遭到天灾人祸就会出现大批逃荒队伍。从1876到1878年，包括直隶在内，整个华北地区遭遇二百年未遇的旱灾，死亡人数超过一千万。在这样出现大批难民的背景下，天津是不乏人口来源的。这些破产农民一无所有，有相对的人身自由，只要能活命，什么样的工作都愿干。有手艺的人，如瓦、木、铁工、编织、做鞋、做鞭炮等很容易找到生路。有本钱的人可当小贩；有熟人同乡的可荐入店铺当伙计、学徒；大部分所谓食力的人只能当搬运工以及拉洋车、拉板车、打小工或为人佣作。天津在正式人口统计之外，还存在若干流动人口队伍，包括行商、季节工（如建筑工人）和无业游民，还有相当数量的游民靠乞讨为生。这些人口是无法精确统计的，问题是天津有多大的容纳能力。根据1936年统计，天津等大城市无业游民队伍可占在业人口的50% 左右。

人力车的出现，提供了低门槛的谋生手段。1895年，天津人力车总数有4 000至5 000辆。据《天津通志 · 大事记》记载，1919年“天津人力车增至六万余辆，车工达八万余人，以此谋生者在天津人口中所占比例可观”。1930年8月25日《益世报》称：“全市胶皮车之统计……又据工巡捐务处每月车捐项下所得，全市胶皮车登记，领取车牌者，已超过两万辆，而每月到该处纳捐者，约一万五千辆以上”“最近社会局调查统计股……

---

① 王槐荫、刘续亨：天津工商业中的冀州帮。天津文史资料选辑，第32辑。天津：天津人民出版社，1985年。

至车辆尚未详细统计，约在一万五千左右，车夫以早晚两班计算，总共亦有两万五千人左右”。《益世报》的报道数字比较笼统。根据保守估计，1930年如果天津的人力车超过两万辆，人力车夫不会少于五万人。20世纪40年代天津还出现了三轮车，人力车夫还会更多。

民国时期天津的人力车[①]

天津商业的繁荣也大大刺激了服务行业的发展，旅店、澡堂、饭馆、茶园大批出现。如天津澡堂子搓澡工分南派和北派，南派以扬州为主，北派以河北定兴、易县、涞水三县的人为主。澡堂的经营者分定兴帮和天津帮，其中以定兴人经营的澡堂较多，即便东家是天津人，从业人员大部分也是定兴人。[②] 随着冰窖业务日趋繁忙，天津还出现了冰车行业，用车送冰到户。冰车也分青县帮、沧县帮和杂帮。天津的剃头匠大部分来自宝坻，据说天津正月不剃头的习俗，就是由于宝坻人回家过年造成

① 此图为天津博物馆陈列品。

② 参见祁士明、周恩玉：天津的澡堂行业。天津文史资料选辑，第94辑。天津：天津人民出版社，2002年。

的。服务行业的发展不仅增加了城市人口，也增加了人口构成的复杂性。

天津港的码头工人[①]

天津是漕运时代的主要转输点，又是清代后期开埠以来的特大码头。当漕运停止之后，原来的漕帮大批涌进沿河城市，进而演变成青帮。青帮也传到天津。在城市中这些人没有技能，也没有资本，在劳动力市场激烈的竞争中，变成欺行霸市的恶势力。1900年以前，天津出现了一批地痞、流氓、土棍，总称“混混儿”，又称“混星子”“锅伙”。据《津门杂记》记载：“天津土棍之多，甲于各省。”随着外贸的发展，洋行增多，海陆运发达，进出口货物的搬运、装卸业务越加繁忙，脚行得到很大发展，脚行业亦成为混混儿争先经营的生意。

从1860年天津开辟为通商口岸以后，城市的迅速发展带来人口的大量增加。道光二十六年（1846年），天津城乡内外只有32 860户、198 716人（《津门保甲图说》）。到1906年时，人口增长迅速，达到35万人。到

① 此图为天津博物馆陈列品。

1937年，人口又增长了几倍，达到140万人，成为全国少数几个大城市之一。普通人口的迁入是天津人口增长的主要途径。1934到1948年，天津净迁入的人口总数是643 907人。

1947年12月天津市警察局居民籍别统计表①

籍别	人数	比例	籍别	人数	比例
总计	1 710 917	100%	台湾	304	
天津	688 661	40.25%	广东	2 890	
江苏	16 847		广西	415	
浙江	7 486		云南	88	
安徽	4 365		贵州	65	
江西	674		辽宁	4 836	
湖北	1 374		安东	569	
湖南	901		辽北	452	
四川	629		吉林	552	
西康	4		松江	448	
河北	805 995		合江	379	
山东	143 909		嫩江	144	
山西	13 047		黑龙江	206	
河南	13 879		兴安	98	
陕西	171		热河	137	
甘肃	14		察哈尔	438	
青海	8		绥远	259	

① 参见天津市政府统计处编：天津市统计总报告，1947年。转引自刘洪奎著：天津历史人口的状况。天津：天津社会科学院经济研究所，1984年油印本。

续表

籍别	人数	比例	籍别	人数	比例
福建	638		宁夏	3	
新疆	32				

这份统计未必精确，但大致比例应当是准确的。从上表可以看出，天津人口中47%是河北省人，8.4%是山东省人，其余省的人口加在一起不到5%，天津本地人只占40.25%。这40.25%也未必都是土著，因为天津最初设卫时就是移民，清中叶增长的人口也有一大部分是外地人。这一统计与前文天津商人籍贯的统计大同小异。可以说，天津城市人口的形成不是原住民自然繁衍的结果，甚至原住民也是外省迁移而来的。因此，天津人口不是有组织地移民，而是逐渐聚集而成的，但是他们的第二、三代都操天津口音，感情和习惯很快就会完全融入天津文化。

近代的天津文化是一种同化能力极强的强势文化，这也从一个侧面反映了“中华百年看天津”这一命题的客观性。天津城市文化的包容性与生俱来，天津文化就是由四面八方的文化交融、升华，融铸成新的、更精彩的城市文化。

/ 第五章 /

漂来的民俗

第一节　卫嘴子

“十里不同音，百里不同俗。”天津话与周边地区方言差别较大，特点突出。对此，天津学者李世瑜较早进行了田野考察，确定天津话的范围是一个三角形的方言岛。这个方言岛的底边距旧城北约一千米，尖端距旧城南约二十多千米。标明五个方言小区：(1) 天津方言区，呈倒置的等腰三角形。天津旧城是天津话的中心，它的四至（即等语线或同言线，同语线圈）从东郊徐庄子开始，经赵庄子、张贵庄、翟庄子、芦庄子、西郊北马集、南马集、北里八口、大韩庄、大芦北口、小南河、陈村、侯家台、华家庄到曹庄子。(2) 武清方言区。(3) 北郊方言区。(4) 静海方言区及海下方言区（属静海音系）。(5) 东郊方言区。[①]1987年，李世瑜先后两次南下，经过进一步地考察推测，天津话来自以宿州为中心的广大江淮平原。这与《天津卫志》说的天津“永乐初始群而居之，杂以闽

① 参见李世瑜，韩根东：略论天津方言岛。天津师范大学学报，第2期，1991年。

越吴楚齐梁之民”有关。但也有学者认为天津方言与宿州方言没有关系，“天津方言的底层是冀鲁官话，但在形成、发展过程中受到北京官话、东北官话、胶辽官话的影响”。[①]

2010年和2011年，由天津市政协文史委组织南开大学、天津师范大学的语言学教授组成天津方言寻根调研组，先后两次赴安徽调查。调研成果科学地证实了李世瑜等学者的观点，基本划出天津话的基础方言——淮北方言区的四界范围：以宿州、固镇和蒙城的三角地区为中心，即徐州市以南，淮南市以北，涡阳县以东，五泗灵（五河、泗县、灵璧）三县以西的淮北平原地区。调查参与者曾晓渝教授对比了天津话与相关各地方言，通过对“相关方言的声调格局”“古入声调的归派”“有关声韵母的读音”“连读变调的分析比较”“词汇语法特点分析比较”等方面的研究认为，就语音特点而言，天津话的声调格局与宿州、固镇话最为近似，而清入声归派与北京话基本相同。天津话大部分的词汇和语法现象与周边官话方言相同相近，也与安徽、江苏的中原官话、江淮官话有较多一致性。天津城的开拓者近一半人所操的“南京”中原官话（今苏皖中原官话和江淮官话底层），无疑是这个移民大群体的主流语言。天津话的“源”以明代“南京”（辖安徽、江苏区域）的中原官话为主，天津话的“流”则在周边北京、冀鲁官话的浸透过程中延续。[②]宋辽对峙期间，天津地区处于塘砾的沼泽地，后经黄河北徙，人烟稀少，只有泥沽寨、双港寨、三女镇寨、苇场港寨、小南河寨、百万涡寨、沙涡寨、独流寨、钓台寨等零星军事据点。金直沽寨和元海津镇仍然是军事据点，海津镇存在时间

① 王临惠，蒋宗霞，唐爱华：关于天津方言语音演变的几个问题的讨论——兼论天津方言的源流关系。语文研究，2009年3月。

② 参见曾晓渝：论天津话的源流。南开语言学刊，第2期。北京：商务印书馆，2010年。

相对长一些。随着每年周期性的有江浙船民往来，这里逐渐有了一些常住居民。“兵民杂居久，一半解吴歌”，[①] 是说当时居民的语言很受江浙的影响。当时天津的驻军是蒙古军，或是北方的汉军，元政府又向海津镇以东调来2 000康里军和5 000汉军。元朝灭亡时海津镇操各种方言的驻军望风而逃，没有发生重大战斗。从明朝建立到朱棣北迁建卫之间（1368—1404年），海津镇仍然是军事据点，因为朱元璋8次北伐蒙古，天津都是后勤运输要地，而且明朝仍然沿袭元朝的海路运粮。这一时期明政府从山东、山西和江南大批向河北移民，包括后来的天津地区。尤其是永乐迁都以后，为了充实首都地区的人口，进行了更大规模的移民。

根据天津各区《地名志》的统计，天津周边地区的村庄绝大部分是此时建立的。如静海区，明初建41村，永乐年建192村；西青区，明初或洪武年建68村，永乐年建41村；北辰区，明初和永乐年建62村；津南区，明永乐年建63村；东丽区，明永乐年建41村。另外市内五区共有71个地段出现在明初，而明以前天津周边的村庄极少。虽然《地名志》的材料难称准确，但也大致能说明当时的人口趋势。这说明天津周边郊县曾有各地的口音，随着时间的推移，就归化成今天的口音了。当时天津卫相当多的驻军是驻扎在从天津到南皮沿运河一带，即所谓七十二屯。这些地区的方言并没有变成天津口音，而是被当地同化了。

明初政权稳定以后，朱元璋曾经推广官话，并编印了《洪武正韵》一书，该书的序言说：“当今圣人在上，车同轨而书同文，凡礼乐文物咸遵往圣，赫然上继唐虞之治，至于韵书亦入宸虑，下诏词臣随音刊正以洗千

---

① （清）朱奎扬等纂修：乾隆天津县志。天津通志·旧志点校，中卷。天津：南开大学出版社，1999年。

古之陋习猗欤盛哉。”[①] 当时推广的就是“南京”中原官话（江淮官话的底层），基本就是天津城内卫军的家乡话，经历二百多年，比较稳定。城里讲的方言是优势语言，这是天津市区方言的基础。明英宗正统元年（1436年）置提学官，凡有武卫之处都要设卫学，天津左卫指挥使朱胜将自己的私宅作为天津卫学。卫学培养的是科举人才，这对强化中原官话也起了一定的作用。来自各地的移民，特别是对其第二、第三代具有很强的影响。从某种意义上说，天津话的“源”是明代的官话，也就是当年的普通话。

方言是地方文化的最有代表性的表象，一个人一张嘴就能分辨出你是哪里人，并且立刻把你归入那个地方的人群中去，包括性格、习俗、人性等等。商业往来和世俗化的倾向，五方杂处使天津的民俗风情丰富多彩，曾经的移民远离祖籍培育了百姓好抱团、好热闹，对人热情、直爽，同时又说话刁钻刻薄、不留面子的地方特色，所谓“卫嘴子”就隐含着说天津人太能说，而且嘴损的意味。天津民间俗语中大量的歇后语，反映了天津人幽默风趣、豁达豪爽的生活态度。如“挑水的看大河——全是钱”。天津人喝河水，挑水是个职业，挑水哥哥甚至供进了天后宫，可见其重要性。“水铺里的锅盖——两拿着”，水铺也是普遍的服务业，水铺的锅盖市民都熟悉。“宫北大街的帽铺——德兴（性）”“大德祥改祥记——缺了大德了”“梁家嘴过河——赵场（照常）办事”，这里面有天津的地名和买卖。“苏先生的膏药——没病找病”“刘二爷剥蒜——两耽误”“海张五修炮台——小事一段”“梅先生拔烟袋——不得已而为之”“王二狠子挨刀——赶在新律条上了”“赵老二扛房梁——顶这儿了”[②]“你走你的中山路，我钻我的耳朵眼”，这一类俗语都是天津人的掌故。作为长

① （明）乐韶凤、宋濂等撰：洪武正韵·序。文渊阁四库全书，第239册。台北：台湾“商务印书馆”，1986年。

② 戴愚庵著：沽水旧闻。天津：天津古籍出版社，1986年。

芦盐的运销中心，少不了关于盐的俗语，如“盐打哪咸，醋打哪酸”“官盐当私盐卖了”“没有不开张的油盐店”“盐堆里的花生——闲人（咸仁）”“盐店起火——烧包”“炒咸菜不放盐——有言（盐）在先”“猪蹄子不放盐——旦角（淡脚）”等。九河下梢必然有关于河海的俗语，如“船破有底，底破有帮”“放着河水不洗船”“光屁股坐板凳——有板有眼”“鱼过千层网——网网有鱼”“别把活鱼摔死了卖”“当当吃海货，不算不会过”。

不止方言，不少生活禁忌也带有水运大码头的痕迹，数不胜数。过去运河船家忌说“翻、沉、破、住、离、散、倒、火”等字眼，天津便把“箸”叫筷子，因忌说“翻”字，天津人烙饼时“翻个儿”要说“划个儿”。夏天天津人常在屋外砌一个锅腔子（简易灶膛）做饭，贴饽饽熬鱼一锅出，一来简单省事，二来免得屋里太热，这种锅腔子就有船民做饭的影子。另外天津不少民俗也受南方影响。如家里待客茶壶嘴不能冲着人，有人说这有送客的意思，其实这是来自南方青红帮闯码头时摆茶壶阵的遗风。天津人居住器用受南方影响最明显的是遍及民间的竹器。天津竹帘子使用广泛，到了夏天家家都挂，用坏了还可以修，于是街上到处是打帘子的竹篾匠。另外，家用的竹篮、竹篓、竹椅、竹筛、簸箕、竹筐、竹笆、竹伞、竹筒、笙笛、胡琴、灯笼、风筝、空竹等，处处离不开竹子。

天津皇会中表演类的玩艺会，也有不少是运河沿线地区传来的，很多天津的花会可以找到源流，如三岔河口“双伞阵图秧歌”就来自山东。据说是在康熙末年，一个旅居天津做理发和小生意的临清人李小喜传授给当地脚行工人后来由聚善水局组织成会。[①] 天津葛沽镇的“清平竹马阵”

① 参见中国民族民间舞蹈集成编辑部编：中国民族民间舞蹈集成·天津卷。北京：中国舞蹈出版社，1990年。

来自江西九江，东于庄的“同乐花鼓会”源于安徽凤阳，塘沽、汉沽沿海渔村的“飞镲”来自盐山羊二庄等地，杨柳青的“碌碡会”来自沧州。这些传承来历都与河道有渊源，又一次证明了天津也是各地花会的荟萃之地。

第二节　运河味道

运河为天津带来了南北各地的食俗，打开了天津人饮食的眼界，虽然天津没有形成影响全国的主流菜系，但仍不失为群芳荟萃的美食都会。中国地域辽阔，因地理环境不同而生产的作物各异，所谓“南稻北粟”，将黄河以南称为“稻作区”，黄河以北则为“粟（麦）作区”。受气候环境的影响，南北东西的物产又造就了各自的饮食风味，由此产生的地域味型，被冠以“南甜北咸东辣西酸”。就全国南北而言，以饭稻羹鱼为特点的南方饮食文化和以饭面（粟麦）食肉为特点的中原饮食文化存在着很大的不同。这两种风格迥异的饮食文化在中远古时期因交通闭塞而各自独立。随着漕运时代的来临，纵贯南北的大运河沟通了两大食区，南北饮食文化得到充分交流。“从隋唐到明清，运河不仅是封建政权漕运的大动脉，也是南北人民经济交流的大动脉，东南的粮、棉、盐、丝绸和海味，北方的煤、铁器、枣、栗、药材和皮毛，都是重要的交流物资”。[①] 这种交流在不同的历史时期产生了一个又一个高峰，最终实现了求大同存小异的大融合。

天津地区作为京师门户，是南北漕运物资转漕的大码头，是南北饮

---

① 林乃燊撰：中华文化通志·饮食志。上海：上海人民出版社，1998年。

食文化交汇融合的前沿地区。从南方作物的引种加工，到饮食风味的兼容并包，无不体现着南方饮食文化对天津的影响既深且广，而运河对这些起到了重要的作用。

水稻种植、制茶饮茶、酒品酿造随着大运河传入天津，改变了天津人的饮食习惯，并与当地饮食交融造就了天津独有的饮食文化。

北宋时期，由于南方的大米随运河进入北方中原地区，北宋官兵据守的天津界河防也增加了兵民的米食比重，稻米成为日常饮食的重要主粮。除了南稻北输外，军屯就地种植水稻则填补了北方无米稻的空白。《宋史》记载，雄州知州何承矩上言建议建立塘砾防线并开发稻田，得到沧州临津县令黄懋的支持。经过实验，营田丰收，于是朝廷下决心实施，共设塘泊防线九段，同时也扩大了种植水稻的面积，其中与天津地区有关的有三段。天津地区由此开启了种植水稻的历史，逐渐改变了天津地区的饮食结构。

明朝统一后，天津地区成为南北漕运南粮北输的重要节点，而天津地区的屯田植稻，也不断有官员主持提倡。屯田耕种的作物中，水稻占有一定的比例，这与天津地区水资源丰沛有一定的关系。万历二十七年（1599年），天津巡抚汪应蛟认为葛沽一带土地"无水则碱，得水则润，若以闽浙濒海治地之法行之，穿渠灌水，未必不可为稻田"。于是在万历二十九年（1601年）春，汪开始在葛沽、白塘进行试点，买耕牛、制农具、开渠筑堤，共开垦土地五千余亩，其中两千余亩种植水稻。[1] 清代天津诗人华长卿有《十字围》诗："河水澄清红稻肥，田间燕子双双飞。葛沽遥

---

① 参见（明）汪应蛟著：抚畿奏疏·海滨屯田试有成效疏。续修四库全书，第480册。上海：上海古籍出版社，2002年。

接贺家口，土人相传十字围。”[①]“十字围”即汪应蛟主持开垦的农田。此后，明代的袁黄、左光斗、卢观象、徐光启，清代的蓝理、周盛传等人，均曾致力于天津地区水稻种植。特别需要指出的是，清末淮军天津镇总兵周盛传率盛字军屯卫畿辅期间，开马厂减河，引南运河水灌溉稻田，培育出名满天下的“小站稻米”，树立了南稻北植的新里程碑。该米外观青色、半透明，有光泽，无垩白。蒸煮时米香四溢，饭粒完整，晶莹玉透，油润明亮，的确是“一家煮饭，四邻飘香”。其质量标准高于世界名牌稻米，成为天津地区的名特产品。“小站稻”曾是我国当时唯一以生产区域命名的水稻，又是全国第一个粮食作物地域性证明商标。

天津地区地处北方，环境气候不适宜种植茶叶。辽金元时期，在北方游牧民族的饮食习惯影响下，天津人逐渐养成饮茶的习惯，而茶叶主要依赖南方产茶区。

北宋时期，宋辽榷场贸易主要集中在北方边界地区。宋太宗太平兴国二年（977年），“始令镇、易、雄、霸、沧州各置榷务，辇香药、犀象及茶与交易”。榷场贸易输运到北方的茶叶主要是从东南产茶区经大运河水运至榷场。这些茶叶均属于商品茶。为便于管理，北宋朝廷特别制定了一套茶叶专卖制度，即民制、官收、商销的“交引”榷茶法。

金代，饮茶在北方各阶层盛行，居民的茶叶消费量依然很大。金宣宗元光二年（1223年），“河南、陕西凡五十余郡，郡日食茶率二十袋，袋直银二两，是一岁之中枉费民银三十余万也”。[②]

元明时期，南方的商船把闽粤江淮等地的货物贩运到天津，其中就

---

① （清）华长卿著：津门新乐府六首。转引自赵娜、高洪钧编：天津竹枝词合集。天津：天津人民出版社，2014年。

② 许嘉璐编：二十四史全译·金史，卷四十九，食货四。上海：汉语大词典出版社，2004年。

包括茶。大量茶叶作为商品在天津交易，使这里成为茶叶转港的重要枢纽。康熙二十二年（1683年），清政府解除海禁之后，天津便成为南方茶叶运抵北方的集散地，同时俄罗斯的茶叶贸易也在天津地区中转。天津人喜欢饮茶，而且喝茶方式很豪爽，迥异于南方。清末民初有笔记记载："……津人素有嗜茶之名，此可于茶楼戏园书场中觇之。此等处待客之茶壶，巨大无伦。储茗之盂，均用大号饭碗代之。一人一壶，顷刻立尽，茶房东奔西跑，应接不暇，饮量之大，颇足惊人。茶之销路既大，则业茶者之盛，不待言矣。"①

天津水系发达，但水杂质硬，不适合冲泡绿茶等鲜茶。天津人便以花茶为日常饮品，讲求茶汤红亮，花香扑鼻。各大茶庄为满足市场需求，除批发零售外，还要对茶叶再加工。制茶与销售一条龙服务成为天津茶商的一大特色。其中，名号茶庄以"正兴德茶庄"为代表。他们为了迎合天津人的喝茶习惯，坚持自采、自窨、自拼，每年从浙江、福建、安徽等地采购茶叶和茉莉鲜花，再经过拼配加工，使茉莉花茶有吃口，茶汤耐泡，花香浓厚。其成茶的行业等级标准是："最高的叫'奇鲜厚'（味道奇又鲜又厚），其次叫'鲜厚'，再次的叫'厚'（有底味而不鲜），以下叫'鲜'（只是味好但不耐冲），最次的叫'疲'（疲疲拉拉）。"② 老百姓的评判标准就是花茶档次无论高低，冲泡到底均不变色，是为首选。天津人以喝正兴德花茶为荣，并以此彰显自己的品位。由此可见，南方茶叶对天津市场的影响，已不是单单一个茶叶，还包括了南方的鲜花。以鲜花入茶，创制出新的茶品。

---

① 佚名：天津之社会观察谈。胡朴安编著：中华全国风俗志。石家庄：河北人民出版社，1986年。

② 郑星：百年老店正兴德茶庄。天津市政协文史资料研究委员会编：津门老字号。天津：百花文艺出版社，1992年。

元代定都大都（今北京），开启海运，调集江南米粟补给朝廷用度。伴随着运粮船而来的南方船工，将南方的酿酒技术传入天津。初衷一是慰藉漕运船工乡愁，二是祭祀妈祖，护佑船工平安。明人作《直沽棹歌》云："天妃庙对直沽开，津鼓连船柳下催；酾酒未终舟子报，柁楼黄蝶早飞来。"[①] 描述的即是漕运船工抵达直沽后，在天妃庙前以酒行祀的风俗。南来的漕运船工结束海上航行，进入内河大直沽，交卸漕粮，然后登岸修整，准备返航。在此期间，他们利用大直沽后街的优质小溪之水，自设烧锅酿酒。曾为天津主修天津府县志的清代学者汪沆在《津门杂事诗》中所写的一首诗："辛苦何辞粳稻输，楼船万斛转东吴。黑风幸免吹儿堕，酾酒椎牛祭直沽。"[②] 天津地区的烧锅大都分布在运河和海河两岸，主要是为方便漕运船民活动。

到明代，天津地区人口不断增加，酒的需求量不断上升。造酒所需的高粱，除本地供应外，依托天津漕运中心的地位，源源不断地从他地输入，以满足制造烧酒的需要。明永乐年间，大直沽村3 000户一万多人，约有一半村民以酿酒为生，酿酒的数量与质量都在逐步提高。时人有诗曰"人马过直沽，酒闻十里香"。嘉靖年间，大直沽的烧酒已经能够满足天津军民的饮酒需要。万历四十四年（1616年），在天津营田试验的徐光启引种的白葡萄，每亩可收百担，由此可用葡萄酿酒，开启了天津酿造果酒的先河。徐光启还培育川芎、鲜山药、甘枸杞、山茱萸、酸枣仁等药材，试验配制成药酒蔷薇露，颇有疗效。

清代，直沽酿造高粱烧锅酒，无论从质量到产量都有质的飞跃，较前代也更加考究。酿造高粱酒要经洗料、前净、后净、采曲、发酵、加

---

① 赵娜，高洪钧编：天津竹枝词合集。天津：天津人民出版社，2014年。

② 同上。

气、头淋、二淋、三淋九道工序。酒酿出后，还有一道深埋地下的工序，即将酒灌入酒坛，加锡盖密封，一至三年后酒才能上市。过去酒厂一般没有发酵池，必须把酒原料放入大缸中发酵，一个烧锅酒厂同时拥有几百口大缸并不稀奇。日久天长，有些大缸有了裂缝，发酵的原料液体从裂缝渗入地下，据说村庄周围的水源都带上了浓郁的酒香。当原料发酵时间一到，马上就要进入紧张的蒸馏出酒环节。1930年出版的《天津志略》记述："天津酒业尚称发达，大直沽一带，尤为最富之区。有烧酒锅十六处，所制白干酒，质量味醇堪称佳酿。"享誉津门的酒坊老字号有同丰涌、同沅涌、同兴涌、同华涌、仁和义、义聚永、义聚成、广聚永、义丰永、永丰玉、同丰和、同兴、永庆、王厚记、存益公、恒丰和、承记栈、福升太等，其中最有名的是清末大直沽烧锅义聚永。

直沽高粱酒的酿酒技艺日臻成熟，最终达到新的高度，由初期的南传引进，到反哺返销，随运河漕船走向全国。1931年出版的《天津县新志》记载："唯直沽之酒，广售远洋。"高粱酒广受好评，有人总结，天津直沽高粱酒"始于元，兴于明，盛于清""七百年薪火传递，二百年海外飘香"。

除了在高粱干白酒酿酒技艺取得一定成就外，天津还引进提升了各色露酒酿造技艺。唐尊恒诗《各色酒》赞道："茵陈玫瑰五加皮，酒性都从药性移。还是高粱滋味厚，寒宵斟酌最相宜。"[①] 乾隆年间，天津西关望族王国庆，在东门外临近海河的石头门坎开办广茂居酒店，特聘酿酒师指导酿造白干酒，品质极佳，行销天津及周边地区，广受酒友好评。这是天津地区有据可查最早的品牌烧锅酒。至道光初年，广茂居又扩建作坊，增加雇佣工，不惜重金购得露酒及药酒秘方，经试验，取得成功。

① （清）唐尊恒：津门竹枝词又十六首。赵娜，高洪钧编：天津竹枝词合集。天津：天津人民出版社，2014年。

时人用“色媚如梅，清香凝玉，香露四射，芳氲不绝”来形容其所制玫瑰露酒。药酒的酿制是严格按照五加皮酒与史国公酒的处方配制，将药材细切后用纱布包好，浸于定量白酒中封存，待药性充分溶解，贮存期满即成。广东、潮州、福建的客商将广茂居的各种酒带到南方，并出口到东亚及日本等国。这也是南北酒文化交流交融的一个最好例证。

大运河不只是促进了南北物产交流，还直接或间接影响天津地区饮食习惯，产生了许多著名小吃和风味菜肴。天津是漕运水旱码头，民间小吃味兼南北，乾隆年间举人杨一崑在《天津论》里描述天津著名小吃：“古楼北，出酱肉，双立园包子白透油，南糖、喜果、荤素菜头，映月斋点心正可口。”饮食文化名家高成鸢对天津饮食的见解：“从更大的时空背景，关于菜系形成的史、地条件，天津的漕运和盐商也非常重要。运河船夫的饮食，促进了天津小吃的繁荣，而小吃是烹饪技术出新的突击队。”他认为天津包子与淮扬的汤包有密切关系，而关于馃子由来的传说也可以证明馃子是通过运河传到天津的。[①] 很多民间小吃在运河沿岸分布很广，但是天津人把它们做成了精品。像包子是很普遍的食品，各地有很多名品，如临清的徐家煎包、窦家蒸包，南京小笼包、菜包，扬州汤包等，而天津的狗不理包子则做成了包子中的一绝。麻花的前身应当是“馓子”，据说馓子原是回族食品，遍布运河两岸的城乡。有名的如淮安的茶馓，做工、用料十分精细，天津麻花用独特的配料和工艺，同样将其提升为大众食品中的精品。山东人的煎饼卷大葱闻名于世，天津人用配置的豆面摊煎饼，加上鸡蛋、葱花、面酱，卷成美味的煎饼馃子。可以说，天津的著名小吃，无不打上运河的烙印。源于运河两岸的美食，结合天

① 参见高成鸢著：饮食之道——中国饮食文化的理路思考。济南：山东画报出版社，2008年。

津地区的物产，升华成适合天津人口味的美食。

看似天津独有的美食嘎巴菜，其实也有渊源。康熙年间文学家蒲松龄曾作《煎饼赋》，盛赞以切条的煎饼泡卤的吃法：“更有层层卷折，断以厨刀，纵横历乱，绝似冷淘，汤合盐豉，末锉兰椒，鼎中水沸，零落金条。时霜寒而冷冻，佐小啜于凌朝，额涔涔而欲汗，胜金帐之饮羊羔。”这大概就是天津嘎巴菜的原型了。有学者认为，乾隆年间，南运河边的山东、河北农民下天津卫，行囊中多自带煎饼充当干粮，吃时用开水冲青酱（即酱油）泡一下，即可泡软煎饼，又有了咸味，这就是一顿饭。其实，这就是煎饼汤的吃法。后来南运河边西码头一带的小饭铺做起了这种生意，将葱、辣椒、酱油炝锅做成卤汁，浸泡煎饼条，有滋有味，似菜非菜，主食副食兼有。嘎巴菜由此诞生。

贴饽饽熬小鱼更具运河特色。天津歇后语：“贴饽饽熬小鱼——一锅收（熟）”，正说明其做法简捷，非常符合运河船民们的饮食习惯。取自运河的鲜活小鱼，经简单烹制，再将玉米面拍成饼状，贴在熬鱼的铁锅内。鱼香四溢，饽饽沾了鱼汤，味美可口。

天津的杨村糕干也与运河有着不解之缘。据《武清县志》记载：“明永乐十九年（1421年）燕王扫北，‘随龙北上’的浙江绍兴府人氏杜金、杜银兄弟二人，携带妻儿定居杨村。为谋生计，以家传手艺制卖糕干为业。时因行旅客商不断，杜家糕干远近闻名。”[①] 浙东地区民间有使用晚粳米制作年糕的习俗，俗称“大糕”“夹糖大糕”，口感特别细、滑、韧。杜家兄弟顺运河到达天津武清，定居杨村，因不谙北方农田耕种，故做小本生意为生。他们从官家运粮船购得私米，按照浙东制作米面发糕的

① 武清县地方史志编修委员会编：武清县志。天津：天津社会科学院出版社，1991年。

方法，碾米磨面，掺兑白糖，蒸制发糕。由于发糕松甜可口，价格便宜，人们争相购买，买卖越做越红火。杜氏后人不断改进制作工艺，蒸发糕时多添一把柴禾，蒸出的发糕干松香甜，人们便称之为“糕干”。传至清代，杨村糕干店铺越来越多，规模越来越大，办成前店后厂，起了堂号，仅杜姓就有万全堂、万胜堂、万源堂、万顺堂等二十余家。据《武清县志》记载，清康熙皇帝南巡，三次驻跸杨村行宫，曾召见杜氏六代传人——万全堂掌柜杜馥之，称赞糕干“开胃健脾，不亚茯苓”，后便有了“茯苓糕干”的称呼。后来乾隆皇帝赐字“妇孺恩物”，并赏龙票一纸，使其可以购买官价白米，更使得杜氏糕干名声大振。1915年巴拿马万国博览会杨村糕干荣获三等“嘉禾”奖。

天津不仅有小吃，更有各式名馔大菜。由此也催生了酒楼饭庄。清光绪二十四年（1898年）印行、署名羊城旧客的《津门纪略》列出天津餐饮业54家餐馆，其中天津馆15家、京饭馆1家、山东馆2家、宁波馆2家、东馆2家、洋菜馆2家、羊肉馆4家、素馆2家、其他19家。至清末民初，《津门小志》记载天津商业区侯家后的餐饮业状况：“本埠饭庄约五百有奇。其中最著名者，为侯家后红杏山庄、义和成两家，其次则为第一轩、三聚园。装饰之华丽，照应之周到，味兼南北，烹调精绝，大有‘座中客常满，樽中酒不空’之概。下箸万钱”“侯家后本弹丸之地，而酒家茗肆，歌榭妓寮，大都聚于此处。就侯家后一隅而论，一日一夜，可费至千金”。[①] 戴愚庵《沽水旧闻》在“侯家后掌故”中对这一传统商业区也有描述：“独侯家后一区，繁华景象，又非今日之所有。该地商号麇集，歌馆楼台相望，琵琶门巷，丛集如薮。斜阳甫淡，灯火万家。辫丝帽影。

① 燕归来簃主人著：天津游览志。北京：中华印书局，1936年。

纸醉金迷。其开辟之早为津门各地之始。”[①] 可见，南运河畔的传统商业区是非常繁华的。

运河发达带来客流，天津域外的消费群体助推了侯家后地区发展繁荣。据民国时期的记载：“天津商肆之多且盛者，首推酒席馆……北京名公巨卿，遇有大宴会，辄苦拘束，不能畅所欲为；乃群趋津埠，呼卢喝雉，任意挥霍。风会所趋，而酒席馆遂应时大兴。高楼大厦，陈设华丽，远胜京师。每当夕阳西下，车马盈门，笙歌达旦。”[②] 这里所描述的王公巨卿趋津挥霍的情景，其消费能力应该是超过了天津本地。

民国初年，天津知名的八大成、九大楼、十大饭庄引领了天津餐饮业的发展。八大成主营天津菜，为聚和成、义和成、聚庆成、庆乐成、聚合成、明利成、聚乐成、聚德成；九大楼清真饭庄，即相宾楼、宾华楼、大观楼、迎宾楼、富贵楼、老会芳楼、会宾楼、鸿宾楼、畅宾楼；山东菜系以十大饭庄最为著名，即同福楼、全聚德、天源楼、登瀛楼、松竹楼、天兴楼、晋阳楼、万福楼、会英楼、蓬莱春。根据1934年《天津市概要》统计，20世纪30年代天津计有山东馆8家、济南馆2家、河南馆2家、四川馆2家、广东馆2家、保阳馆2家、山西馆2家、清真馆2家、西餐馆4家、中西餐馆5家、日餐馆3家。20世纪40年代，天津市的饮食业据不完全统计，到1946年天津菜馆多达百户，山东菜馆五十余户，江苏菜馆17户，广东菜馆17户，浙江菜馆3户，四川菜馆3户，西餐馆13户。[③] 至此，具有地方特色的饮食，从南到北，甚至包括洋餐，都来到天津落户，天

---

① 戴愚庵著：沽水旧闻。天津：天津古籍出版社，1986年。

② 佚名：天津之社会观察谈。胡朴安编著：中华全国风俗志。石家庄：河北人民出版社，1986年。

③ 参见中国民主建国会天津市委员会、天津市工商业联合会文史资料委员会编：天津工商史料丛刊，第四辑。

津餐饮业得到了全面发展。

天津地区坐拥山河湖海泉，挟鱼盐之利，物产极为丰富。漕运伊始，南货南味涌入天津。“一日粮船到直沽，吴罂越布满街衢”“兵民杂居久，一半解吴歌”。由于南方人多，早在元代南味的影响就较大。到了清代，天津菜馆中南酒馆仍占有相当的位置，去南酒馆似乎还是一种风尚。天津文人杨一崑所作诗歌《天津论》中点名三家餐馆——天兴馆、环佩堂和上林斋：“你请我在天兴馆，我还席在环佩堂，大吃大喝大唱”“来到竹竿巷，上林斋内占定上房。高声叫跑堂：干果鲜果配八样，绍兴酒，开坛尝！有要炒鸡片，有要熘蟹黄，有要泡肚烧肠”。[①] 通过所点的菜品可以基本判定，这些餐馆是以南方风味菜为主的南菜馆。南方风味菜肴的流行，对天津菜有直接的影响，让天津菜浸入了运河的味道。有了运河，南方的食材也不断地出现在天津的市场上，如山东海参、鲍鱼，广东的淡菜、鱼鲞、开洋，福建出产的鱼翅、鱼唇、鱼骨等干制水产品，江南的腐竹、干笋、火腿、绍酒等特产以及各种调味品，极大地丰富了天津人的餐桌。

天津风味菜的形成是多元化的，既受山东菜系的影响，也吸收了淮扬菜、杭帮菜的精华。山东菜讲究爆、炒、烧、炸、塌、扒，而且少不了以葱段为作料，口味以咸鲜为主。德州的“十大碗”、临清的“清真八大碗”、鲁菜的代表九转大肠、葱烧海参、四喜丸子、拔丝山药、油焖大虾、白蹦鱼丁、香酥鸡直接影响了天津名菜“八大碗”“四大扒”的产生。清末民初诗人冯文洵《丙寅天津竹枝词》称“本地风光八大成，四扒馆亦最驰名”。四扒或八扒馆俗称“二荤馆子”。八大碗有精细之分，其基本菜

---

① （清）杨一崑：天津论。转引自来新夏主编：天津风土丛书·津门杂记·天津事迹纪实闻见录。天津：天津古籍出版社，1986年。

炒青虾仁、熘鱼片、烩丸子、烩滑鱼、独面筋、氽白肉、扒肉条、扒鸡等，基本上是山东菜的做法。

淮扬菜是宫廷菜，对天津的饮食习惯影响也很大，特别是对上流社会。淮扬菜讲究炖、焖、煨、焐，讲究鲜、淡、滑、嫩。有名的鱼头豆腐、红烧狮子头、松鼠鳜鱼、水晶肘、清蒸鲥鱼、米粉肉、盐水鸭、酱汁排骨等，都已经渗透到天津的食谱中了。而杭帮菜本来就受宋代迁都时带入开封汴菜的影响，混合了江南菜与中原菜的味道，其中著名的有叫花鸡、红烧肉、雪菜蒸大黄鱼、龙井虾仁、蜜汁大方等。影响了天津传统名菜味型的菜，如官烧目鱼条、灯笼面筋、软熘黄鱼扇等酸甜口菜在天津菜中占有一定的比例，这在北方菜中是很罕见的。大酸大甜的罾蹦鲤鱼，自带开封汴菜软熘糖醋鲤鱼焙面、杭州杭帮菜西湖醋鱼的基因。特别是本属于江南的面酱，在天津广为使用，家常熬鱼、炸酱面、酱爆菜都离不开面酱；而北方普遍食用的大豆酱（黄酱、大酱），反倒很少入菜。这不得不说南方的饮食习惯对天津饮食的影响是深入而全面的。

总之，在天津文化开放兼容并包中，天津的饮食文化从物产到风味菜肴、饮食习惯，无不打上了运河的烙印，而又独具特色。

第三节　戏曲大舞台

一、从茶园到戏院

天津是个大码头，不仅是人流物流的大码头，也是戏剧曲艺的大码头。天津五方杂处，三教九流聚集于此，不同层次的各色人等形成了巨大的演出市场。梨园演戏古已有之，皇家如是，民间亦如是。

清乾隆五十八年（1793年）英国特使马戛尔尼率领的使团抵达天津时，直隶总督行辕对面白河岸边，一座戏台上正在演出戏剧。[①]

天津的戏剧演出活动历史很久远，明代戏曲理论家祁彪佳于崇祯八年（1635年）由京辞官南归，路过天津。他在日记记载，农历三月十五日，船过天津城的时候，“入城祷神设戏”。这一天正值妈祖节前夕，演的可能是与城隍庙会或妈祖节有关的戏。又说“吴期生相邀，乘别船往彼，命酌，观《白梅记》内有《东坡梦》一剧”。[②] 吴是祁的同乡，目前查不出其在天津是什么身份。所观《白梅记》是明代传奇，《东坡梦》则可能是元代吴昌龄的《花间四友东坡梦》或金仁杰的《苏东坡夜宴西湖梦》等杂剧，肯定都是当时流行的昆曲剧目。这是关于天津演戏最早的文献记载。天津这种公开的庙会演出，在后来的《津门杂记》中也有描述：“四月庙

① 此图为天津博物馆陈列品。

② 祁彪佳著：祁忠敏公日记·归南快录。祁彪佳文稿。北京：书目文献出版社，1991年。

会最多，初六、初八日，天津城隍庙赛会……两庙戏台，纯用灯嵌。晚间有十番会同人，在县庙戏台上奏古乐数曲，皆旧家读书人也。府庙后楼罩棚，亦有戏台一座，于正会之次日，有祝寿会演戏一天，为神祝寿，灯彩尤精妙。”①当然这是清代时的情况了。

1735年，有文人商盘在水西庄看戏的记载。《清稗类钞》记载国史馆纂修商盘路过天津水西庄时，查为仁曾找戏班演戏招待他。查为仁在《莲坡诗话》中说：“商苍雨编修盘，号宝意，精音律，（杨）升庵琵琶，（康）对山腰鼓，兼其风致。乾隆乙卯秋（1735年），入都，路经水西庄，余出歌者演剧。”②这次观戏，商盘还留了诗，其中：“妙高台上好风光，值得东坡醉一场。解唱几时明月有，元郎本是旧袁郎。水西秋景未凋残，送客留情坐夜阑。恼乱好花红着眼，不教攀折只教看。”③“余出歌者”，说明这是水西庄的私人戏班。那时京剧还未形成，尽管当时演的剧目不清楚，但演出的曲种应当还是昆曲。类似这种演出多是天津大盐商的私宅堂会。

天津许多大户人家有自己的戏台，如杨柳青石家大院的戏台。近代遗老遗少和军阀在天津的豪宅里不少也有戏台，如李纯祠堂、庆王府等。天津传统的会馆一般也都有戏台，如广东会馆戏台。这些特殊的演出场所并非是商业演出场所。民间的商业演出场所主要在茶园。天津早期的茶园出现于清道光年间，天津诗人崔旭在道光四年（1824年）的《津门百咏》中有诗云：“戏园七处赛京城，纨绔逢场各有情。”诗文注：“戏园起于近年，伶人寓此者五十余家。”④成书于光绪十年（1884年）的《津门

① （清）张焘著：津门杂记，卷中。

② （清）查为仁著：莲坡诗话，卷中。续修四库全书，第1707册。上海：上海古籍出版社，2002年。

③ 徐珂著：清稗类钞。北京：中华书局，1986年。

④ 来新夏主编：梓里联珠集。天津：天津古籍出版社，1986年。

杂记》记载，“天津戏院有四：一名庆芳园，在东城外袜子胡同；一名金声园，在城内鼓楼北；一名协盛园，在北门外侯家后西首；一名袭胜园，在北门外大关桥口迤西”。这是关于四大茶园最早的记载。

《津门杂记》还说，这种茶园里常有杂妓三五成群，“满园不向戏台看”“座后看白戏者人数壅塞”。[①]所说的是茶园利用娼妓招徕客人的情况，说明那时天津的四大茶园里演戏还是副业，甚至不如陪客的杂妓。最初天津人去茶园主要是为喝茶、聊天，捎带着听戏。因此，那时的茶园只收茶钱不收戏钱。后来随着戏剧的发展和名角的不断涌现，看戏的人便慢慢地多了起来，于是，茶园的主业也转到了看戏上来。喝茶则成了陪衬，所以，后来茶园里又只收戏钱不收茶钱。[②]

中日甲午战争时期，四大茶园生意既受到时局不靖的影响，同时也受到所谓“外台”的竞争压力。有记载：“吾津在庚子先，演戏四大名园，非有庆贺公聚，民鲜观剧者，其风朴俭。然外台戏极多，诸神圣诞辰，民众醵资邀班，则空旷之地扮演。昆、弋、秦、徽、坐腔、滦影，视集款多寡而聘约。”[③]外台演出已打破了四大茶园的垄断。四大茶园内部经营也逐渐不适应新形势。当时的《直报》分析道：“天津素称繁华，百艺具备，向有戏园四处，在昔极为鼎盛。通商以来，行旅云集，而戏园反形冷落。其故，一则名角色均被上洋重价邀去；二则该园以屡次增价加钱，以致坐客减少，兼之收敛茶资之人又额外私加，至于写作又欺瞒戏班，是以凡称真正名角所获无多，即难留恋。既无好戏又需费多钱，更无人往观，而戏班中即已不敷费用，自不能不另觅生计。始以仿照上洋搭桌开演，继则在茶铺上场。均能获利者以茶铺较之戏园取价极廉，是

① （清）张焘著：津门杂记，卷下。
② 参见曾樾：茶馆称谓漫谈。海内与海外，第2期，2011年。
③ 戴愚庵著：沽水旧闻。天津：天津古籍出版社，1986年。

以人多乐观。至于在饭庄酒馆搭桌，则无非多卖酒饭，其戏价盖不与饭庄相干，况且因有宴会，以及另事借为搭桌实系戏班另谋生财之道。”所谓“搭桌”戏是在露天大院里临时搭台，设桌凳而演的戏，非正式演出场所。天津靠近北京，起初与北京的戏班类似，受皇家影响，讲究规制。所谓“上洋”，即指上海的演出市场，因远离北京，逐渐形成了以名角为核心的演出机制。同是通商口岸的天津受上海的影响，很快就接受上海的演出机制。所谓“另谋生计”，就是戏班脱离对茶园的依附独立经营，即在茶铺和饭庄酒馆搭桌演出。1900年庚子事变前，四大茶园曾依赖与官方的关系，极力压制在别处搭桌演出的戏班。媒体认为“四戏园主屡次呈控禁止搭桌及茶铺开演，当蒙官府俯顺舆情，准如所请。彼禁止茶铺演戏则可若禁止搭桌，是绝戏班之生计矣”。对于小茶铺犯禁演戏，官方也真严管，“西门外……昨有某茶馆仍开场演戏，被该管局段侦知，将地主班主一并传局，各责局棍四十下，以为违禁者戒”。新老茶园的博弈异常激烈，但四大茶园的垄断最终是徒劳的，新出现的茶园演戏突破阻碍，蓬勃发展起来了。

茶园是固定的，戏班不断轮换，这样的演出市场才有活力，于是，天津就逐渐成为各地戏班的大舞台。明星的号召力成就了天津舞台的繁荣，快速膨胀的城市人口，不断扩大的观众市场，使演员和明星的名字越来越多地出现在天津媒体上。至此，著名的戏班和演员在北京、天津、上海等大城市巡回商演的局面已经形成。随着城市人口的迅速增长，天津的演出市场也迅速扩大，茶园的数量越来越多。“除此（四大茶园）之外，天津的茶园还有一百三十余处，主要分布在老城里及其周围河北大街、南市、南开、河东等地。”[①] 进入民国时期，茶楼、戏园混为一体，已分不太清了，总的趋势是，演戏成为主业，喝茶成为副业，直至出现纯粹演戏的戏院。

走江湖的艺人，如打把式卖艺的，不需要正式的演出场所，打场子撂地即可。曲艺演出门槛也不高，简陋的棚子，甚至用席围起来就能买票。这种廉价场地为下层民众提供了娱乐，也为各地说书唱曲的艺人提供了舞台。天津这样的场所最初集中在西门外、北门外一带。1901年天津城墙拆除，改变了城市格局，出现了一些城中空地。自从八国联军占领天津以后，原来最热闹的商业中心侯家后一带遭到较大破坏。与此同时，租界区的扩大造成了商业中心向法租界转移，也形成了一些游艺场所，其中最著名的就是租界与旧城之间的“三不管”。

据老艺人回忆，“三不管”一带最初净是水坑，“坑的西边有一片热闹场，北边有一片热闹场”“最多的玩意儿是小戏棚子，或用席搭，或用布圈”“由南门往东，第一是荣业大街，第二是东兴大街，第三是广兴大街，电影院、戏园子、医院、澡堂子、照相馆、落子馆，是一家挨着一家”。[②] 这里说的是20世纪二三十年代“三不管”的情况。那时的南市，除了戏院之外，还有不少专门说书唱曲的茶社。

河北鸟市地处老城东北角附近的锅店街以北，大胡同以西。这一地块儿是河道裁弯取直工程形成的。在南运河裁弯取直前，此地位于河之北，所以也叫河北鸟市。鸟市方圆不过百亩，大街长不足200米，每天除遛鸟、卖鸟、卖鱼、卖虫的，还有摆摊、卖吃食的，撂地说书、卖艺的。此地有聚英戏院和河北电影院，以及位于鸟市大街的声远茶社、坐落在

① 郑立水：天津的戏园。天津文史资料选辑，第51辑。天津：天津人民出版社，1990年。

② 连阔如著：江湖丛谈。北京：当代中国出版社，1995年。

鸟市大街路西前身为连记书场（相声场）的万恒茶社，还有过宝生、小华北、庆和、光荣、玉峰、金华、东来轩、玉茗春、同乐、双合等十几家书场茶社。

20世纪二三十年代，天津除了各处撂地的场所之外，较固定的曲艺演出场所有三十余所，其中主要集中在南市、旧城厢、日法租界各大商场里，还有一些零星固定的演出场地。

到20世纪30年代前后，天津京剧演出空前繁荣，几乎所有京剧名角都曾在天津演出过。为此，天津又新建了几座专门演京剧的戏院。著名的有春和戏院（工人剧场）、天华景戏院（劝业场四楼）、北洋大戏院（延安影剧院）和中国大戏院等。他们设立了预先售票、对号入座制度，是天津早期的正规戏院。

此外，还有在夏季短期开设的游园，单设有杂耍场所。如张园（鞍山道）、陶园（马场道、广东路附近）、大罗天（山西路、鞍山道附近）、神仙世界（和平路原胜利公园旧址）、天祥屋顶（天祥市场楼顶）、中国屋顶（中国戏院楼顶）、中原屋顶（百货大楼楼顶）、天外天（劝业场楼顶）等。中华人民共和国成立初期统计，天津全市戏曲演出的大小茶园、剧场竟有二百多个，数量居全国第一。

近代天津成为戏曲大舞台并非偶然，而是有其独特的环境成因。天津是座经济快速发展的城市，商业贸易发展快，人口聚集速度快，这都得益于交通便利的条件。海河水系沟通了天津与整个华北的联系，特别是与北京、河南、山东、山西的联系，附近各地的戏班来往天津十分便利。海上港口沟通了与上海的联系，上海和北京的戏班往来必经天津。后来铁路修通，又加强了与东北和西北的联系。商路就是戏路，交通就是文化交流的通道。

历史上天津又是个多灾多难的地方。九河下梢水灾多，周边难民多，许多地方的难民活不下去，天津就是个逃难的目的地。演戏唱曲儿也不失为一条活路，恰好天津这地方可以混口饭吃。大量的下层劳力，也需要消遣解闷，天津就成了演艺的服务市场。近代天津租界林立，削弱了传统政府对文化的控制。一方面，天津不像北京那样严格控制女角公开演出，又削弱了皇家对戏班的影响。另一方面，天津的演艺舞台规模大，品种全，多样化，既有高雅的茶园戏楼，也有简陋的搭棚撂地；既有租界里的正规戏院，也有遍地开花的小书场。便利的交通条件带来了天津经济发展和人流的聚集，也必然带来演出市场的繁荣。天津观众群的多样性，造就了演出市场的多样性，这就为各剧种在天津成长提供了良好的环境。演出市场的规模和性质，对戏曲本身的发展产生了重要的影响。

二、北方戏剧的熔炉

在天津的舞台上，戏剧百花齐放，融合集萃，升华提高。天津因此成为不同剧种互相借鉴、互相学习的大熔炉。天津临近北京，首先受到北京的强烈影响，同时又吸收各地风格，产生了天津特色的戏剧风格。

天津的戏剧舞台比北京要更丰富。《津门杂记》记载："所有戏班向系轮演，有京二黄，有梆子腔，生旦净丑，色艺俱佳，饶歌妙舞，响遏行云，是足以动人观听。"京剧虽不源于天津，但其形成与发展都与天津密不可分。因为中国戏剧剧种与方言为表里关系，京剧的嬗变也有天津调参与其中。《清稗类钞》说："京师诸伶多徽人，常以徽音与天津调混合，遂为京调。然津徽诸调，亦均奉二黄音节为圭臬，脚本亦强半相同，故汉津徽调皆可通。文宗后益有取于汉黄，而诸人固能合众长为一者也。"[①] 可见，天津话与京剧大有渊源。在京剧成熟时产生的"同光十三绝"著名

① 徐珂编撰：清稗类钞。北京：中华书局，1986年。

演员中，就有天津人位列其中。京剧界鼻祖谭鑫培在咸丰年间，随父来到天津，后入京东金奎班习武生，四年业满出科后，仍回天津随父卖艺。[①]后来谭鑫培秉承程长庚、余三胜、张二奎各家之长，进一步创造发展，将京剧艺术推到新的境界。

天津人孙菊仙原为票友，后加入科班，师从程长庚，嗓音洪亮潇洒，风格独具，曾十分受慈禧欣赏，被招为清廷内务府升平署“内廷侍奉”，赐四品顶戴。另一位天津人名丑刘保山，字韵卿，因曾同时在三个戏班赶场而被称为“赶三”，以其绝无仅有的演唱风格和表演程式，在清末京剧丑行演员中首屈一指。

京剧是天津的第一大剧种，天津的观众也以懂戏、严格闻名，民间有“北京学戏、天津唱红、上海赚钱”的说法，山东还有“北京学艺、天津练活、济南踢门坎”的说法，说明了这几座城市舞台的特点。京剧产生的中心在北京，顶尖的科班也在北京，“皮黄盛于京师，故京师之调为尤至”，但北京的京剧界规矩大。由于经常要进宫廷演戏，演员的一招一式都得小心谨慎，慈禧太后是超级戏迷，又十分懂戏，据说她在看戏时手里还拿着“贯串”，即唱念做打、脸谱砌末以及曲牌锣经等有关这出戏的全部详细资料，边看戏边对照，一旦发现演员表演与“贯串”有出入，便立即指责演员甚至降罪。[②]皇室贵族的喜爱，加之艺术上的严格要求，为京剧的规范化奠定了基础，锤炼与提高了京剧艺术。“上有好者，下必甚焉”，长期的熏陶，北京的观众亦非等闲之辈，“贩夫竖子，短衣束发，每入园聆剧，一腔一板，均能判别其是非，善则喝彩以报之，不善则扬声以辱之，满座千人，不约而同……故优人在京，不以贵官巨商之延誉

① 参见白寿彝编：中国通史，第11卷。上海：上海人民出版社，2004年。
② 参见张鸣著：大历史的边角料。西安：陕西人民出版社，2008年。

为荣，反以短衣座客之舆论为辱，极意矜慎，求不越矩，苟不颠踬于此，斯谓之能。故京师为伶人之市朝，亦梨园之评议会也”。[1]北京的观众不好惹，而天津的观众更严格，天津的观众对台上演员的要求比北京的观众有过之而无不及。传说刘鸿升在天津演《斩子》时，一个高腔没唱上去，观众群声大骂，茶壶茶碗也飞到台上去了。

京剧在天津有深厚的土壤，北京的戏班经常来天津演出，很多名角都来过天津。外埠邀请的北京戏班多经由天津中转，如北京戏班去上海必到天津，戏班南来北往的过津活动频繁，因此天津曾有“过路班”之称。天津京剧科班不如北京多，清末著名的“小吉利”科班是京剧、梆子同台演出（俗称“两下锅”），以武戏见长。另一个有名的戏班就是1936年成立的稽古社子弟班，设于天华景戏院。承办者富商之子高渤海，培养了一些有成就的演员，如武丑张春华，武净贺永华，武生徐俊华、蔡宝华，武旦郄承鸾等。

进入民国以后，北京许多懂戏的遗老遗少、八旗子弟跑到天津，形成了天津京剧票友多、行家多的局面。随着城市经济的发展，天津票房林立，票友众多，其中许多票友具有较高的文化修养和精深的艺术造诣。如著名票友有王君直、窦砚峰、王庾生、韩慎先、刘叔度、杨慕兰、袁文斌等。长芦盐务纲总王君直虽为票友，却得过谭鑫培亲授，学唱谭派表演，造诣很深。袁世凯次子袁克文，号寒云，也是有名的票友。天津票房多时有六十余处。最早出现的票房是群雅集，其中组织较健全、水平较高的有云吟国剧社、渔阳国剧社、鹤鸣社以及“遥吟”“同志”“新风”等国剧社。很多大型企业都有自己的国剧社，如开滦矿务局开滦国剧社、北宁铁路局宁友国剧社、天津电报局国剧社、永兴洋行的永兴国剧社等。

---

① 徐珂编撰：清稗类钞。北京：中华书局，1984年。

1936年北洋戏院成立票界彩排部，京剧改良运动中刘子良的移风乐会、蔡儒楷的戏剧改良社、林墨青的艺剧研究社等组织都是业余性质。大量的业余爱好者群体，是天津观众欣赏水平高的基础，也是各地演员要过天津观众考验这道关的原因。

上海远离京剧发祥地，最初京剧并不流行。上海之有京剧，始于同治年间，与天津有关。当年，有一英籍粤商罗逸卿在“宝善街南靖远街北横街，仿京式戏楼建造，派人赴津邀角，置办锦绣行头，馆名满庭芳。同治五年丙寅（1866年）落成。此京班到申之破天荒”。[①] 由此可见，京剧艺术是通过天津落户上海的。上海人的欣赏习惯不同于京津地区，《清稗类钞》分析：“北派之誉优也，必曰唱工佳，咬字真，而于貌之美恶，初未介意……南派誉优，则曰身段好……容颜美也，而艺之优劣，乃未齿及。一言以蔽之，北人重艺，南人重色而已。北人于戏曰听，南人则曰看，一审其高下纯驳，一视其光怪陆离……宣统末，沪人雅能听曲，然喜高嗓而不辨神韵，喜激昂而不乐镇静，至于能拍板眼，明音率，求做工，审情节者，实不数觏。而北方则纨绔、贩夫，皆能得此中三昧也。”[②] 可见，南北观众的欣赏趣味有所差异，但这并不妨碍上海人喜欢看京剧。上海舞台的另一特点是发展了以名角为中心的营运体制，其结果就是名角的收入得到极大提高。有人对北京和上海艺人的收入做了研究，发现在早期阶段，上海没有培养什么名角，而是引进了一些出色的艺人，将他们培养为明星。上海戏院付给北京的明星一大笔钱，艺人所得很容易超过他们在北京一年的收入。上海“明星制”对天津影响很大。民国以后，天津的演出市场也很快走向“明星制”，演员的收入大幅提升。

---

① 姚民哀著：南北梨园略史。鞠部丛刊，上卷。上海：上海书店，1989年。
② 徐珂编撰：清稗类钞。北京：中华书局，1984年。

天津舞台上流行的另一个重要剧种河北梆子，是从山西、陕西梆子脱胎出来的。梆子腔受欢迎，是因为它的源头是历史悠久的秦腔。秦腔是成熟的剧种，剧目繁多，行当齐全，唱腔丰富，身段功夫过硬，特别是其高亢激情的唱腔，特别符合北方观众的审美。秦腔与各地方言稍加结合就能普及，很快在北方出现了不同的变种，而且影响了如京剧、评剧等其他剧种。《清稗类钞》说："北派之秦腔起自甘肃，今所谓梆子者则指此，一名西秦腔，即琴腔。盖所用乐器，以胡琴为主，月琴为副，工尺咿唔如语。乾隆末，四川金堂魏长生挟以入都，其后徽伶悉习之。然长生所歌为山陕梆子，非甘肃本腔，故或又称山陕调为秦腔，称甘肃为西腔。其后稍加变通，遂有山陕梆子、直隶梆子之别。直隶梆子又分别之曰京梆子，曰天津梆子。"[①] 天津梆子就是"卫梆子"。北京最初是排斥梆子演出的，"当徽班极盛时，恒排斥梆子，不许阑入，故大栅栏一带无梆子也"。[②] 乾隆四十四年（1779年），秦腔艺术大师魏长生进京，把秦腔艺术也带到了北京。在他巨大的影响力下，一些京腔艺人改唱秦腔，"从前徽班子弟无习梆子者，独罗小宝以梆子高响入云"。[③] 在天津舞台上，梆子则经常与京剧同台演出。张伯驹在《红毹纪梦诗注》中说："梆子皮黄共一班，永龙关胜众人传。元元红与小荣福，钟鼓楼东别有天。"而梆子戏班很早就在天津存在，据说早在乾隆年间就传入天津，那时可能还是秦腔或山西梆子。清末民初山西帮商人在天津势力很大。商路就是戏路，来津经营票号的山西商人喜欢听乡音，于是山陕梆子艺人常应邀来天津演出。山西梆子班社及名伶去北京也必先到津演出，他们大多功夫

---

① 徐珂编撰：清稗类钞。北京：中华书局，1986年。

② 罗惇曧，李宣倜，樊增祥编：鞠部丛谈校补。杭州：浙江人民美术出版社，2016年。

③ 同上。

精深，对河北梆子的发展产生了影响，而山陕梆子的地位渐渐由河北梆子所取代。铁路修通以后，石家庄是山西到京津的必经之路，山西梆子剧团到北平、天津演戏之后，回乡的时候，路过石家庄，会在当地演出一段时间，常有评剧与京剧的“两下锅”，京剧与山西梆子、河北梆子同台“三下锅”的演出。还有一种既唱丝弦，又唱老调、河北梆子的三合班。甚至还有“五腔”，也就是五个剧种合班唱戏，即丝弦、老调、昆曲、皮黄、河北梆子五腔合演。[①]“两下锅”“三下锅”是梆子腔演变过程中的现象，也是各个剧种融合交流的典型，在天津舞台上同样屡见不鲜。

天津市区以及周边的宝坻、武清、静海、宁河等地，都曾创办过河北梆子的科班，如西门外小道子兴盛茶园的隆庆和、北营门的崇庆班三科（时人称“三崇庆”，从直隶省饶阳县迁来），海大道紫竹林附近的天华锦，宝坻的永胜和、同盛和、公顺和，武清的德胜和，静海的德顺和，宁河的裕泰和，等等。天津镇总兵周盛传在津郊小站还创建过“盛军童伶梆子小班”。据推算，当时天津至少有几十个梆子班社。到了光绪年间，在华北地区，河北梆子戏班已经遍地开花。如文安的吉利班，安次的德盛魁，永清的永盛和，大城的洪顺和，霸县的三庆和、永生和、庆胜和等等。这些地区都通过海河水系与天津联系密切。河北梆子在不断的发展中形成了不同的流派，流行于北京的称之为“京梆子”或“老派”，流行于天津卫的称之为“卫梆子”或“新派”。所谓新派即变山陕音韵和方言土语为天津一带的语音语调，因此更加天津地方化。北京的“京梆子”在演唱上有山陕的韵味，而天津的“卫梆子”讲求唱工，既用本工嗓，也用背工嗓，逐渐形成其在各派河北梆子中的统领地位，所以说天津是梆

① 参见张磊：民国石家庄看什么戏？大家还是想听传统的戏曲。河北青年报，2015年11月25日。

子发展的大本营。“卫梆子”不仅成了河北梆子的主流，还从这里走向全国。

河北梆子早期的一些名演员都是男性。如出生于1870年的河北武强人何达子，本名何景云，又称“卫达子”；1881年出生于武清王庆坨的魏连生，12岁入永盛和科班，首演于金声园，艺名“元元红”；河北高阳人田际云，12岁入涿县双顺科班，艺名“响九霄”等。相对于由清一色男演员演出的京剧，河北梆子的兴盛得益于女演员的崛起。庚子之前，和北京一样，无论演出内容如何，政府是绝对禁止女角公开演出的，但天津早在庚子以前就出现了女角登台。

天津舞台上较晚于京剧和河北梆子兴起的另一重要剧种是评剧。评剧没有京剧与梆子那样古远的传承，纯粹是近代崛起的草根剧种。评剧在民国初年才形成，但是到了20世纪二三十年代就成了与京、梆比肩的大剧种。评剧源于河北的地方说唱和小戏，如莲花落、蹦蹦戏、二人转、梆子戏、秧歌戏、皮影戏、什不闲等，其间的传承关系各有说法。清代张焘《津门杂记·唱落子》:“北方之唱莲花落者，谓之落子，即如南方之花鼓戏也。”[①] 莲花落在天津很流行。咸同年间，天津城市皇会中就有莲花落、什不闲的会档，如《天津皇会行会图》中“侯家后同乐什不闲”“意善莲花落”“盐坨文殊庵前妙显寸跷莲花落圣会”“顺天府宛平县长乐京什不闲天后宫进香会”等，皇会中还有些唱腔不明的花鼓会、地秧歌等会档。随着天津城市的发展，为下层民众服务的演出场所也不断涌现，各地民间说唱、小戏等纷纷进津讨生活。天津西门外是平民聚集的地方，也是个江湖艺人撂地演出的热闹场所。

1904年6月22日《大公报》有一则消息:“本市市情日紧，生意萧条，

① （清）张焘著：津门杂记，卷下。

唯茶园则时有增添，而且客座常满。课下永平府属来有一种蹦蹦戏，在各茶园共六七处演唱。”说明至迟在1904年，天津还在演出蹦蹦戏。来自永平府的蹦蹦戏是东路评戏的前身，那时他们大多在租界地演出，如奥租界的东天仙、晏乐，法租界的天福楼、庆乐、华乐，日租界的下天仙等茶园、戏园。在慈禧与光绪双双驾崩后的“国丧”期，朝廷禁止演出。从1907年到1909年这两三年歇业期间，评剧艺人成兆才当过酿酒工人，也给人扛活、打短工，还卖过香料“荷包”、盖帘（锅盖）等。天津《汉沽区志》记载：“宣统元年（1909年）春，莲花落艺人成兆才、月明珠等被赶出天津，来汉沽谋生。灶首张廷惠为其置办戏箱，在张家祠堂演出，组成庆春莲花落班，主演成员有成兆才、任连会、任善庆、月明珠、张化文、余钰波、张德礼等，在汉沽演唱两年。”庆春班时期是成兆才涅槃重生的时期，他彻底改造了莲花落，吸收各路唱腔，丰富了角色，剔除了低俗的内容，将第三人称改为第一人称，即由演员扮演剧中人，吸收了河北梆子的全套伴奏乐器。1909年后再次以“京东庆春班平腔梆子戏”的名义进入天津，演出于奥租界晏乐茶园。

1915年庆春班在天津的一次演出后，采纳吕海寰的建议改平腔梆子成为评剧，经成兆才改造的评剧被称为东路评剧。成兆才的成功，一方面是表演形式的革新，另一方面也是剧目创作成功。除了把传统剧目改编成大戏外，还与时俱进创作现代题材，充分发挥了评剧通俗的特点，使评剧成为最接地气的剧种。其中《杨三姐告状》一炮打响，常演不衰，成为成兆才的代表作。这出戏在天津上演，不但被市民津津乐道，曾经查办此案的警察厅长杨以德更是为之大开绿灯。从此评剧一改被驱逐的命运，火遍津城。最初的评剧都是男角，庆春班的主演月明珠（任善峰）也是男角。庆春班在唐山改组为永盛合班后，就吸收了第一位女伶筱玉凤。20世纪20年代天津舞台上河北梆子女角已如日中天，而评剧中的女演员也大量出现，并陆续产生了一批名角，如芙蓉花、白玉霜（李桂珍）、喜彩莲（张素云）、花莲舫、李金顺、爱莲君、刘翠霞等。

像天津这样的大城市，水陆交通便利，北近都城，受北京的文化熏陶，南北通运河，西接大清河、子牙河，东临海路通上海，海河水系又内接地气，对于南腔北调的剧种都有包容性，因此是极好的交流借鉴的场所。天津虽然不是重要剧种的发源地，但其人口来源复杂，观众见多识广，品味繁杂，是这些剧种磨炼升华的基地。观众喜欢在了解剧情，甚至在熟悉唱腔的情况下，鉴赏演员的表演水平，对演员形成压力，反向使得演员提高艺术水平，这就是天津唱红的舞台环境。

三、八面来风的曲艺

曲艺演出在广大乡村非常普遍，在灾害频仍的华北农村，有一技之长就有一条谋生之路。像天津这样迅速崛起的大城市，是曲艺艺人首选的目标，也是各地曲艺百花齐放的大本营。天津的西头或西门外是撂地草台班子进入天津的桥头堡，各种曲艺形式沿着运河纷纷落户天津。西河大鼓就是沿着大清河流传到天津、北京地区的。西河大鼓的历史可以追溯到子牙河流域使用两块板的木板大鼓。木板大鼓起源于明末清初，产生于深泽、无极、藁城、沧县等地乡间，后来普及到北京、天津、石家庄、保定等城市。木板大鼓沿河传播，成为诸多北方鼓曲的源头，包括西河大鼓、京韵大鼓等。有人认为在河北北部的廊坊、唐山、承德等地早年流行的京东大鼓、乐亭大鼓也都源自木板大鼓。木板大鼓后来主要在运河沿岸的沧州传承，嘉庆年间纪昀的《阅微草堂笔记·滦阳消夏录六》记载："沧州瞽者刘君瑞，尝以弦索来往余家。"[1] 这说的即木板大鼓。《民国·沧县志》也记载："继起者为大鼓，其种类繁多指屈，词调均逊于鼓词。最近者为何来风，又名梨花片，其音节绰板率以铁制，与大鼓绰板以木制者异……一般负贩农民最为欢迎，下里巴人古今同慨。"[2] 由木板大鼓演变而来的西河大鼓，其创始人一般认为是木板大鼓艺人马三峰，小名马大河。马三峰生于保定高阳教台村，15岁随母亲改嫁到安新县端村，后改名马瑞河。道光、咸丰年间，马三峰将击节乐器木板改为铁板，伴奏乐器三弦改为大三弦，并创新唱腔，后又经弟子朱化麟进一步发展完善，遂成西河大鼓。西河大鼓在传承发展的过程里，还使用过如"河间大鼓""弦子鼓""大鼓书""梅花调""西河调"等名称，马三峰最早将西河大鼓带到天津和北京。西河大鼓进入天津后，最初在西城根儿一带撂地说书，后来移进早期的说书棚。

京韵大鼓也是木板大鼓的变种之一。起初河间的木板大鼓进入北京、天津地区时被称为"怯大鼓"，咸丰年间的旗籍艺人金德贵，同治、光绪年间的北京艺人胡金堂（胡十）等前辈都对改造怯大鼓做出了努力。1884年起，往返于京津之间的河北深县人刘宝全，先后拜宋玉昆、胡金堂、霍明亮等人为师，他以北京的语音声调来吐字发音，将河间方言改为北京的方言，说京白、唱京韵，吸收石韵书、马头调和京剧的一些唱法，创制新腔，将怯大鼓改造成京韵大鼓，成为京津地区最有影响的曲种。京韵大鼓的声腔音乐对东路莲花落拆出戏音乐的形成具有很大的影响。20世纪20年代是京韵大鼓发展的鼎盛时期，形成了以刘宝全、白云鹏、张小轩为代表的三大流派。其中刘宝全的造诣最高，有"鼓王"之称。

① （清）纪晓岚著：阅微草堂笔记·滦阳消夏录六。上海：上海古籍出版社，1980年。

② 李学谟、张坪著：民国沧县志。上海：上海书店等，2006年。

刘宝全的学生白凤鸣，早期师承刘宝全的唱法。其长兄白凤岩曾任刘宝全的弦师，他根据白凤鸣嗓音较宽、较低的特点，吸收借鉴了白云鹏的演唱艺术，与白凤鸣共同创造了以苍凉悲壮“凡字腔”见长的“少白派”，并对后来天津“骆派”（骆玉笙）的形成产生了影响。骆玉笙（小彩舞）是在20世纪30年代崛起于天津鼓坛，她兼容刘、白等人之长，结合自身特点，创出自己的艺术风格，特别是在低音方面吐字真切，声腔清楚，为一般女艺人所不及。她因此被称为“曲坛女鼓王”。

刘宝全在演出[①]

京东大鼓传说也是传承自木板大鼓。据香河县老艺人陈怀德口述，乾隆中叶，河北省南皮县贾九堡村木板大鼓名家李文通（一说山东人，名尚志，绰号弦子李）从家乡逃荒来京东行艺。他吸收了京东广为流行的天津民间小调“靠山调”，丰富了木板大鼓的唱腔，增加了京东乡音，颇受当地群众欢迎，人称这种京东风味的大鼓为“小口”木板大鼓，最早来津的说书人是张瘸老，他本名张增德，人称“铁板张”，是宝坻马店子镇甘泉村人。张瘸老20世纪初曾到天津撂地，几次来津都没站住脚。另一位

① 此图为天津博物馆陈列品。

宝坻人刘文斌，对京东大鼓的演唱进行大胆改革，通过不断演出，他还固定了许多基本唱腔，终于唱红津门。

乐亭大鼓起于滦、乐一带。乐亭大鼓，简称乐亭调，就是在过去乐亭地面上做小买卖的“唱话”，稍微上韵上板即成鼓曲。道光三十年（1850年），乐亭著名说书艺人温荣发现了铧翅的清脆声响，磨制成了第一副铁板，人送温荣外号“温铁板”。天津的乐亭大鼓只有王佩臣流传的一支，叫铁片大鼓，20世纪30年代中期，她与刘宝全、金万昌一起，被天津观众誉为“鼓界三绝”。铁片大鼓有着不同的称谓，如“乐亭调”“铁片大鼓”“醋溜大鼓”“醋溜铁片”等，都是一种形式的多种叫法。在冀东地区叫乐亭大鼓，在京、津地区，就习惯叫铁片大鼓或简称铁片。

上述几种在天津流行的鼓曲都来自海河流域的支流，即南北运河上下西河一带的乡村，基本是木板大鼓的变种。流行在沧州的木板大鼓和另一种发源于冀南的梨花大鼓也进入过天津，通过南运河联通的山东省也有一些曲种到过天津，如产生于临清一带的快书（即山东快书），因为最初表演的段子是好汉武松的故事，所以快书连名字也被称为“武老二”。还有山东柳琴书等，不过影响稍小。

天津的曲艺形式多种多样，有莲花落、快板书；有天津土生土长的天津时调，也有来自其他地方的曲艺形式，如河南坠子、北京单弦和评书，都在天津的舞台上繁荣发展，大放异彩。这其中尤其为百姓欢迎的当属相声。

1934年评书界知名艺人聚会天津[①]

相声是一门语言艺术，产生于北京。目前公认近代相声祖师爷是张三禄和朱绍文。百本张钞本《随缘乐》子弟书："学相声好似还魂张三禄，铜骡子于三胜倒像活的一样。"[②] 根据《江湖丛谈》记载，张三禄本是八角鼓丑角艺人，后改说相声；后来继之而起的是朱绍文，艺名"穷不怕"。朱原也是京剧丑角，后在天桥以白土子"画锅"（画个大圈当演艺场）说单口相声，因他较一般艺人知识渊博，思路敏捷，能即兴抓哏，俗不伤雅，十分受欢迎。19世纪初相声开始进入天津，当时的相声前辈大多往往游动于京津之间。

20世纪30年代是相声跨进剧场日臻成熟的时期，南市东兴市场的连兴茶社和东北角的声远茶社，是相声演员集中活动的场所。天津出现了一批著名的相声演员，如马三立、马四立、常宝堃、赵佩茹、郭荣起、朱相臣、刘奎珍、阎笑儒、史文汉、尹寿山、于宝林、耿宝林等，侯宝

---

① 此图为天津博物馆陈列品。

② 马三立：京津相声演员谱系。天津文史资料选辑，第33辑。天津：天津人民出版社，1958年。

林那时也曾落脚在南市的燕乐茶园演出。

相声演员侯一尘、张寿臣、常连安合影（自左至右）①

相声在天津的繁荣，反映了这种形式非常符合天津观众的欣赏口味。通商口岸开放的大环境，人员的频繁流动，以及各种文化的碰撞，造就了天津人幽默爽朗的性格，“京油子，卫嘴子”在相声中体现得很充分。许多来自北京的曲艺形式，产生于八旗子弟之自娱自乐，具有贵族传统，甚至有宫廷血统。到了天津以后，观众更多的是三教九流、贩夫走卒之辈，其内容形式进行世俗化的改造后，在天津发扬光大。所谓“天津唱红”不仅是戏剧界独有的现象，相声也是一样。天津观众对艺人同样有严苛的要求，推进了相声艺人对艺术的精益求精。

尽管天津本地原创的曲艺种类不多，但并不妨碍各地曲艺种类在天津传播并提升。首先，天津舞台是各种曲艺融合借鉴的场所，如刘宝全改造怯大鼓成为京韵大鼓，天津时调对流行的民歌、小调的吸收与综合。其次，天津舞台是演员竞争磨砺的场所。凡成功者都对本行曲艺进行了改革，如张瘸老两进天津的失败和后来刘文斌京东大鼓改造的成功，王佩臣根据自己的条件、特点，在唱腔、板式、唱法上的改革，姜存瑞关

① 此图为天津博物馆陈列品。

于河东地道外评书艺人之间激烈竞争的回忆等。最后，天津观众来自四面八方，很少有地域偏见，兴趣爱好广泛，好的艺术都能接受。曲艺艺术在天津演出市场融合、升华，始终处于动态的良好适应与发展之中。

第四节 武术荟萃的码头

直隶古为燕赵之地，其民悲歌慷慨、好侠重义，自古有“燕赵多慷慨悲歌之士”之说。天津地区历史上长期干戈不休，造成本地民风强悍，民众习武风气很盛。且天津卫最初是个军旅城市，明代天津卫从前期的保卫漕运，到中后期应对倭患和北方女真的威胁，进一步提升了其军事战略地位。程冲斗是明代著名武术家，曾在少林学艺十余年，初拜少林寺武僧之首——洪转为师，学习棍法，后来又广访名师，终成武术大家。程冲斗所著《少林棍法阐宗》至今仍为武术界的经典。明末军事家茅元仪对《少林棍法阐宗》一书称赏备至，认为所有的武术器械皆以棍法为宗，而棍法则皆以少林为宗。鉴于《少林棍法阐宗》叙述棍法极其详备，可谓前无古人，茅元仪将其全文收入所著《武备志》中。天启年间天津巡抚李邦华大力整顿军政，四处引进武术人才操练军队。程冲斗当时正居休宁，休宁知县侯安国劝程氏到天津应募，被婉言拒绝了。天津巡抚李邦华听到程冲斗的名声，派人携重礼来聘请他，并且以书信托付侯安国相助劝说，但程仍然坚辞不就。后来侯安国发怒，用激将法斥之为“食肉糜、饱糟醴无用之匹夫”。程氏受此一激，立誓答应以身报国，带同家人和族中子弟并家丁80人，自携粮饷赴天津从戎，李邦华后来说：“宗猷所携子弟兵虽仅八十人，可当数千之用。”[①] 休宁位于安徽省南端，正可以通过水路到达南运河。程冲斗携家赴津传艺，是少林武功传入天津的最早记载。这段事迹说明，天津最初的武术源自正宗，传承有据。

天津在明清两代都建有武庙，武科出身的人很多。清代的一百多个武状元中天津就有三位，即咸丰三年癸丑科（1853年）温常涌，光绪三年丁丑科（1877年）佟在棠，光绪二十一年乙未科（1895年）武国栋。另外还有两位名声显赫的武榜眼，即韩琦和李经世。从清代乾隆年开始，天津的武举人和武进士逐年增多。温世霖曾说：“昔时文武并重，世家子弟或亦发迹武科，故娴于武艺之人，多解文事，非若后世截然两途也。”[②] 所谓文武双修的多是殷实之家子弟。全国的武举考试制度虽在1903年废除，但其影响在民间仍然存在。天津列入非物质文化遗产的回族重刀，据说就是古代武举的考试项目。天津民间武术组织很多，城市拥挤的居民区中往往留有一些空地，叫做“小大院”，就是社区居民会档的习武场地。

1860年天津开埠以后，城市经济迅速发展，与内地联系日益密切，华北各地的人口向天津流动，造成城市人口激增。发达的内河交通在为天津带来诸多移民的同时，也将各地优秀的武术拳种带入天津，于是天津就成了直隶省武术荟萃之地，就连皇会中的许多会档，如中幡，捷兽、杠箱、飞叉、高跷等都具有武术功底。天津皇会打头的中幡都是身负硬武功的练家子，皇会中武高跷演员的表演也以武功见长，如南头窑西码头“百忍高跷老会”，头棒就是“七十二路双刀式棒法”，第二十六起“河东大寺于家厂胜议高跷”则以高难度的叠罗汉为特色。

---

① 侯安国著：耕余剩技序。国术四书，据民国十八年吴兴周由廑藏明刻本。台北：台北逸文武术文化有限公司，2009年。

② 高凌雯著：志余随笔。天津通志·旧志点校，下卷。天津：南开大学出版社，2001年。

清末，伴随着商业交通安全的需求，特别是票号的兴盛，以北京为中心出现了许多镖局。票号的业务“如果在总店与分店之间及各个分店之间不能实现汇款的对配，而有送现的必要时，在交通方便的地方依靠火车、轮船实行现送；即使达到荒僻村庄之地，也必须依靠像信使那样的人实行现送。在天津有个叫全盛及万通的转运公司，进行转送。天津称之为镖局子或标局子”[①]。天津是票号集中的城市，也是镖师活跃的地方。中华武士会最初的成员很多都是万通镖局的武师。如万通镖局的河北深县人李存义；源顺镖局的沧州人王子斌（大刀王五），他还随义和团来过天津。天津有运河的码头之便，成为江湖游侠、镖师、武林高手互相学习交流的地方。武术名家李瑞东就出生于北运河边的武清城，他青少年时代跟随河北饶阳戳脚门大师李老遂先生学习过河北名拳戳脚拳法，青年时代与大刀王五义结金兰，得王五所传“山东教门弹腿”，又拜太极拳大师杨露禅之大弟子王兰亭为师，随王兰亭进京后又曾向董海川学过八卦掌，成为精通各家之长的武术大家。在天津还有他与霍元甲在运河边交过手的传说。太极通臂大师张策就是运河附近的香河马神庙村人（今属天津市武清区），1928年第一次武术国考时曾担任裁判。

所谓“南拳北腿”，即是指北方武术强劲彪悍的风格，各种武术风格门派不可胜数。不同风格的拳种、套路传入津门，并得以发展和完善，逐渐形成体系。据《天津通志・体育志》1986年统计，分布在天津地区的拳种有46种，武术器械和对练有54种。天津的主要拳种有太极拳、形意拳、八卦掌、八极拳、通臂拳、拦手门、迷踪拳等。太极拳在天津就有杨露禅的杨氏、吴全佑的吴氏、武禹襄的武氏、孙禄堂的孙氏、李瑞东的李氏等，形意拳通过李洛能及其后继传人李存义、张占魁、马礼堂、

---

① 侯振彤译：二十世纪初的天津概况。天津市地方史志编修委员会，1986年。

姜容樵、黄柏年、杨福山、孙禄堂、马玉堂等传入津门并发扬光大。李洛能的高足郭云深、刘奇兰等也在天津收徒授艺。八卦掌宗师董海川传徒多为商界人士，在冀、京、津广为流传。还有李振清的李氏八卦掌，史（纪栋）氏、尹（福）氏、程（廷华）氏、萧（海波）氏八卦掌，以及龙形八卦掌、形意八卦掌、游身连环八卦掌等诸多门派。八极拳发源于河北省沧州孟村镇，雍正年间吴钟在天津南咸水沽设场授徒传入天津。拦手拳盛行于江南、江北一带，明末清初河南人郑天兴到天津访友未遇，寄住在河东大直沽挂甲寺内，拦手拳术就在天津扎了根。秘宗拳源远流长，康熙年间，山东人孙通亦于少林寺学得此拳，曾隐居沧州授徒，晚年在静海授徒。近代武术名家霍元甲之曾祖就是孙通的高徒。

近代天津是军事重地，淮军和后来的新建陆军依然把武术作为军事训练的重要科目，一些拳师被聘为教习。如光绪十六年（1890年），拳师李存义曾在刘坤一帐下教士兵练武。1895年，“神枪”李书文在天津小站被袁世凯聘为新建陆军武术教习。后直隶总督袁世凯对民间武术结社采取了镇压政策，随后清政府废除了武举考试。在这种情况下，天津的武术受到极大的压制。但是民间练武的依然大有人在，武术大师霍元甲、李书文、李瑞东、张占魁、韩慕侠等人都是在这一时期练功不辍，最后走向顶峰的。

霍元甲（1869—1910年），字俊卿，天津静海县小南河（今属天津市西青区）人。他12岁开始习武，在父亲的悉心传授下，尽得秘宗拳之精粹，集各家之长，汇各派精粹，将秘宗拳发展为迷踪艺。霍元甲还创立中国精武体操会，是中国武术界的传奇人物。史料记载：“霍力士元甲，直隶产也。其父恩第，秉承家学，研练一生，遂以技名一世。至元甲复益以内功，旁参各派，尽得技击之神。体软如绵，骨坚似铁，虽貌不甚伟，而臂力雄迈。”[①]1895年，霍元甲进入怀庆会馆担任掌柜，萧汝霖写的《大力士霍元甲传》中说“元甲之天津，赁怀庆会馆为药栈”[②]。后来霍元甲由农劲荪安排去上海比武，击败奥皮音，成为中国武术界的一代宗师。霍元甲虽然成名立业于上海，但其潜心磨砺，厚积薄发，却是在天津这片武术热土上。。

韩慕侠（1877—1947年），出生于天津静海县独流减河卫南洼大白村一个贫苦农民家里，原名韩金镛，从八卦拳宗师董海川的弟子张占魁学习八卦功夫，又从李存义学形意拳。学成后，又只身到各地拜访名师高手，终于找到应文天，在广华山苦练武功四年多，改名为韩慕侠。他曾任南开学校武术教练，还在天津开设武馆义务授徒。

天津的武术组织很多，早在1909年，在河北武术家李存义、刘文华的推动下，直隶教育家张恩绶与同乡好友、著名实业家、晚清武进士杜晓峰联络河北深县籍退役军人在天津建立了同乡会组织——军人会，不断开展武术交流活动。1910年，河北沧县武术名家马凤图受同盟会燕京支部之命与同盟会人士、形意拳家叶云表等创办中华武士会。1911年，该会在天津河北区三条石自治研究所内召开第一次筹备大会，推选叶云表为会长，马凤图任副会长兼总教习，河北深县形意名家李存义任教务主任，河北武术名家李瑞东任名誉总教习。该会还先后邀请八极名家李书文、霍殿阁，形意名家郝恩光、李玉林等任教，以团结武林人士、进行武术研究、培养武术人才、振奋民族精神为宗旨。1912年，中华武士会在天津河北公园教育会举行盛大武术表演，可惜未见详细记载。中华武士会成立后影响很大，当时流传着“南有精武会，北有武士会”的说法。

① 卢炜昌著：霍公元甲遗事并精武体育会之梗概。上海：上海书店，1992年。
② 萧汝霖：大力士霍元甲传。新青年，第1卷，第5期，1915年。

1918年6月1日，天津博物院在河北公园召开成立大会，大会设武术表演，以中华武士会为主体，由李星阶协助李存义，召集了北方各省六十多个门派，三百多位武术家参会，这次大会留下了详细的资料。据天津博物院成立展览会临时日刊报道，上场表演的有名有姓的武术家至少有176人。来宾方面有北京武术研究社教员程海亭（报道如此）、前北京尚武研究学社教员李呈祥等57人，另有南宫县武士会分会教员6人，特邀嘉宾10人。中华武士会作为东道主，其学员每天都有二十来人穿插登场，为会场攒底，来宾和教头们则是重头戏。学员们练的都是武士会的基本套路，有几位参演大师展示的套路则十分丰富，可以反映其拳路之宽。如法政专门学校的武术教练秦月如，是深县人李存义的同乡，每天都出场；他的两名学生齐厉学、张子腾都上场，功夫比较全面。前南开中学武术教练韩慕侠表演了连环剑、八式、进步剑、八卦刀、连环枪等。南开学校学生刘荫枢、刘绍曾、岳润东和已毕业的黄国瑞亦参加了表演。北洋大学武术教练李子扬（李耀亭）是李存义的徒弟，也是中华武士会的创始人，1913年就被聘为北洋大学武术教员，执教四十余年。他在大会上表演了八式拳等功夫，他的学生陈峻峰、李炳良、崔诵芬、赵寿颐、陈一峰5人也出场了。另外，中华武士会的教练李云阶和李春海都有拿手功夫表演。当时武术套路之丰富、民间武术积淀之深厚，真是高手云集，群英荟萃，反映了天津作为大都市的文化凝聚力。这次武林大会无论是在规模还是在参加者的水平上，在天津历史上都是空前的，堪称是一次北方武术的大检阅。1912年武士会成立时的武术大会有记载无细节，而这次大会记载详细，可以基本反映当时天津武术的状况。同时，参赛者的身份体现了武术在天津的普及程度，这与中华武士会几位形意大师李存义、郝恩光、李星阶、李呈章等人对形意拳的继承发扬有关。大会表演的内容，反映出北方武术虽然以内家形意门为主流，也有其他门派传入。这次大会提振了天津武术界的士气。

天津还是江湖艺人聚集的大城市，为运河两岸的武术家和杂技艺人提供了谋生的场所。吴桥的杂技班经常出入天津，吴桥当地有顺口溜："小小铜锣圆悠悠，学套把戏江湖走。南京收了南京去，北京收了北京游。南北二京都不收，运河两岸度春秋。"在天津广开新三不管地方，民国初年，就有吴桥的马戏班最先在这片不毛之地用席和白布围起来表演各种杂耍节目，如大武术、小武术、蹬技、走钢丝、钻坛子、魔术大卸八块等，还有驯犬、耍猴、耍蟒……

撂地卖艺或开武馆也是武术家谋生的手段，如功力门大师霸州李——李茂春，20世纪20年代落户天津后在南市"三不管"撂地卖艺，并开武馆为生。北洋时期的军队都重视武术训练，于是还有一些武术大师到军队中任武术教练。1925年，韩慕侠受少帅张学良之邀，出任十六军千人武术团教官兼团长。后来韩慕侠训练的大刀队被编入宋哲元的29军。1933年喜峰口之战。驻守长城的29军将士同仇敌忾，英勇抵抗日寇，其大刀队大显神威。

武术在天津民间有着深厚的传承，随着近代城市的发展，几经起伏兴衰，逐渐从战场格斗技术变成强身健体的体育形式，与近代传入天津的西方体育文化交相辉映。在成为学校体育课和军队的操练科目过程中，集体操练的武术出现了体操化的倾向。武术也是天津民间说书人不可或缺的主题，出现了许多脍炙人口的武侠小说精品，这些作品把传统武术神化成休闲娱乐的谈资，与真实的传统武术相去甚远了。从战场格斗到体操健身，从套路表演到擂台竞技，从民间神话到艺术题材，在不同的历史时期，人们对传统武术的基本价值取向采取了不同的表现形式。武术是植根于民间的国粹，其普及程度超出人们的想象，武术传统延续不断，表现出强大的生命力。天津是传统武术的荟萃之地。除了自身有久远的武术传承外，作为华北地区的大城市，还有很多沿河道往来的各地高手，使天津成为各地武术流派的大本营。

第五节　来自河海的神祇

天津分布着众多的神庙，这些庙宇大致可分为佛教系统、道教系统和民间神祇系统，比较真实地反映了民众的信仰状态。民间信仰往往体现出强烈的实用主义特点，甚至普通民众也以这种态度对待佛教和道教，而且三类庙宇之间存在互相融合的现象，特别是道教与民间神的庙宇常常混在一起，难以定位。“天妃宫正统十年（1445年）参将杨节重修，礼部付道士邵振祖领道藏一部”，[①] 此段讲的是道士邵振祖从佛教僧人手中接管天妃宫。较常见的关帝庙、龙王庙、土地庙、药王庙、火神庙等供奉的民间神究竟是不是属于道教，也是很难说清。特别是主祀神之外的陪祀神祇更有很大的随意性，没有严格的界限和规则。有些民间神祇常常附着或者是被收编在国家认可的正祀神庙之中。而这些民间神祇常常最能反映地方民众的精神寄托，感情上十分亲切，更具有地方文化特色。如城隍庙是古代城市的保护神，具有官方色彩。天津城隍庙会是市民重要的信仰活动之一，最后一次举行城隍庙会是在1920年。天津有河海特色的民间神有天后妈祖、平浪侯滕经、盐神盐母、河神金龙四大王等。

天津的民间神首推天后妈祖。妈祖信仰产生于宋代，受到历代朝廷的册封，是官民共祀，三教兼容的民间神，天津的妈祖庙建于元代，随海漕粮船载入天津。

---

① 张修华：我与天后宫。天津文史资料选辑，第76辑。天津：天津人民出版社，1997年。

天津妈祖庙是元政府提倡修建的。天历二年（1329年）八月，祭直沽庙文曰："国家以漕运为重事；海漕以神力为司命。今岁两运咸借匡扶，江海无风涛之虞，朝野有盈宁之庆。"[①] 明清两代漕运主要依赖运河，其间天津的海上运输持续不断，江浙、闽广的商帮首先落户天津，妈祖也随之来到天津。宋元明清各代朝廷都承认妈祖的地位，妈祖信仰没有遭到过压制和禁止。明代也有建天妃庙的记载，"永乐三年（1405年）正月平江伯陈瑄请建天妃庙于直沽，从之"。[②] 妈祖庙是天津最早的神庙，与天津城市发展共始终，妈祖信仰在天津经久不衰，始终保持着主要神祇的地位，追寻其原因很简单。首先是先入为主，因为天津一向有海上运输的传统；其次妈祖来自民间，有亲民的优势；三是天津人的妈祖信仰毫不违和地掺入了许多地方因素。天津人习惯把妈祖叫娘娘，北方很多地方把碧霞元君和观音大士也叫娘娘，这个称谓就有三位一体的意思。娘娘还分灵出来子孙娘娘、送生娘娘、催生娘娘、眼光娘娘、斑疹娘娘、乳母娘娘。在天津，人们向娘娘求子和解决小儿天花的诉求，远胜过了保佑海上安全的诉求，护航可能已经融合在神祇"慈航普渡"的模糊概念当中了。妈祖神格的游离是一方面，而陪祀神祇的多样性则更迎合了地方民众的祈望。天津人在天津天后宫中创造了王三奶奶、挑水哥哥、报事灵童、送浆哥哥等附祀神祇，都是求子和祛病主题的延伸。

---

① 林庆昌著：妈祖真迹——兼注释、辨析古籍《敕封天后志》。广州：中山大学出版社，2003年。

② 万新平、于铁丘主编：明实录天津史料汇编。天津：天津人民出版社，2012年。

天后宫旧貌[1]

同治《续天津县志》中记载天津的16处天后宫有：东门外、陈家沟、丁字沽、咸水沽、贺家口、葛沽、泥沽、东沽、前辛庄、后尖山、秦家庄、城西马庄、河东唐家口、芦北口、城西如意庵、大直沽。[2] 这些庙里到底供奉的是什么神祇，今天已说不清了，只能根据资料得知供得最全的是葛沽的娘娘庙，供有碧霞元君，琼霄、云霄、碧霄三位神祇，还有眼光娘娘、子孙娘娘、北顶娘娘、泰山圣母、天妃娘娘、火灵圣母、龟灵圣母、武当圣母、痘疹娘娘、送子娘娘等共14位女性神，号称“全娘娘”。葛沽的宝辇会也是按这些名目安排的。

明代京杭大运河兴旺的漕运也给天津带来了运河的河神。明清之时黄河与淮河的治理过程中出了许多治河名人，像黄大王（黄守才）、朱大王（朱之锡）、栗大王（栗毓美）等，都被后人尊为大王，而最重要的大王则是从宋代就流传下来的金龙四大王。据说金龙四大王原名谢绪，是

① 此图为天津博物馆陈列品。

② 参见（清）吴惠元修，（清）蒋玉虹，俞樾纂：续天津县志。天津通志 · 旧志点校，中卷。天津：南开大学出版社，2001年。

南宋王朝的外戚，钱塘县人，排行第四，曾隐居在钱塘的金龙山下，宋亡后四方奔走，联络抗元，后因感到大势已去而自杀。《古今图书集成·神异典》中记载了不少他在元末战争中多次显灵帮助朱元璋的故事，因此明代追谥他为“金龙四大王”。清顺治朝到光绪朝二百三十余年间各任皇帝不断为其举行官方祭祀，最后形成了“显佑通济昭灵效顺广利安民惠孚普运护国孚泽绥疆敷仁保康赞翊宣诚灵感辅化襄猷溥靖德庇锡佑国济”44字的封号，其官方地位甚至超过了妈祖。纪念谢绪的金龙大王庙大多集中在运河沿岸，粗略统计县以上建金龙大王庙的地方就有北京、通州、天津、杨柳青、静海、沧州、临清、聊城、济宁、微山（韩庄）、徐州、宿迁、淮安、江都、扬州、瓜洲、常州（溧阳）、宜兴、盛泽、杭州（余杭）等地，此外，在黄河、淮河沿岸也分散着一些金龙大王庙。金龙四大王名副其实是运河的主要河神。

1988年运河重镇临清在整修运河涵洞时，出土一通石碑，上刻“协公济约碑记”，由天津信士杨镳于乾隆三十六年（1771年）刻成并捐船运到临清，立于运河边的大王庙内，此碑现存临清文管所。碑文中出现了“天津左所帮”字样，其中有漕帮互助互救的内容，而这个协约是天津漕帮参与制定的。明代京杭大运河开通以后，运河上漕粮运输由十几万运军完成。运粮工作艰苦，而待遇又较差，于是运军就出现了逃亡现象。为了完成运粮任务，官府不得不雇佣民间游民充当船工水手。到明代中后期，漕运的船工水手中已经有半数来自民间雇佣。到清代康熙中期，一只漕船上规定的10名水手中，只有1名是带船的运军，剩下的9个都是临时招募来的游民。虽然每名水手大半年工钱只有6两银子，但这到底是穷人的一条出路。到了清代就出现了以漕运为生的行业。这些从业者名不见经传，地方志和官方文件都没有记载，但是逐渐发展成一个相对严密的帮会组织——漕帮。“各帮水手多系山东、河南无业之辈，数以万计”。[1]漕帮又称青帮，曾是长江流域洪帮的一部分，后来演变成漕帮。天津帮则是漕帮的一部分。据临清学者马鲁民研究，这通碑文是一份北方漕帮守望相助的生死文书。碑文中涉及临清帮、临清前帮、临清后帮、天津帮、保定任城帮等。碑中记载了几次漕船水火之灾后，漕帮互相帮助的事例，说明漕运中经常发生不测的事故，一旦被灾，“其人身家立刻齑粉并除”。乾隆年间户部有一议覆奏折称：“粮船偶遇风火，买补船只之例宜稍宽也，查定例，出厂新船至五六年事故者责令赔造，七八年者责令买补，至九年者责令雇募，载入议单，永久遵行。”[2]船是官家的，一旦出了事，船是要赔的。又如乾隆三十一年（1766年）上谕：“滁、苏帮旗丁汤圣之漕船在南皮、沧州交接地方遇风失火，延烧张公九等三船，所有烧毁米石请令该丁等陆续买补等语。”[3]粮食烧了也要买补。所谓江湖险恶，上千里的运河沿途，到处是地方官的刁难勒索欺凌，漕帮确实需要这样自我互助、自我保护的组织，因为漕帮具备了秘密会社的主要特征，故为清政府所不容。漕帮原在南方聚集的罗祖庵堂不断遭到清政府的禁毁，后来漕帮便把遍布运河沿线的大王庙作为香堂，用来聚集帮众，举行各种仪式。

天津的大王庙坐落在旧城以西三条石地区直隶总督衙门西北的南运河畔。《续天津县志》记载，大王庙由“乾隆年知县侯公（珏）建”。这位叫侯珏的知县是“山西临汾县人，乾隆十一年（1746年）任”，他的续任怀荫布是“乾隆十七年（1751年）任”。因此大王庙应当在乾隆十一年到乾隆十七年之间建成，早于杭州那次镇压事件。再《光绪重修天津府志》记载，大王庙于同治十二年（1873年）重建。同治十年（1871年）辛未十

① 瞿宣颖纂辑：中国社会史料丛钞。上海：上海书店，1985年。
② 万新平、于铁丘主编：清实录天津史料汇编。天津：天津人民出版社，2014年。
③ 同上。

一月同治皇帝以神灵显佑，颁直隶天津府大王庙匾额曰“恬波普佑”[①]。光绪十三年（1887年）丁亥春正月，光绪皇帝“以神灵显应，颁直隶天津大王庙匾额曰‘万物蕃滋’”[②]。这两次皇帝颁匾额的时间，是在江浙漕粮恢复海运后，部分漕粮运经天津的时期。据《天津皇会考记》记载，娘娘庙里不知什么时候也添了一座金龙四大王的像。“化纸炉往里走是三间大殿……该殿原系‘河伯殿’，所供的就是‘金龙四大王’”。[③]可能明代以后的漕运不再以海洋为主，于是妈祖的保漕功能就转移给运河的金龙四大王了。

天津还出现过其他的河神庙。比如晏公庙，清康熙《天津卫志》记载，“晏公庙在城外西北隅”。成书于乾隆四年（1739年）的《天津府志》也说“晏公庙在城外西北隅”，沿袭了《天津卫志》的说法。[④]乾隆《天津县志》中说“晏公庙在城外西北隅，一在河北”。[⑤]同治九年（1870年）的《续天津县志》“恬佑祠”条称：“又丁字沽一祠，明时为萧公、晏公庙。康熙间，邓懋和重建，改今名。”[⑥]可见，天津的晏公庙至少有一座建于明代，就在天津城西北的丁字沽靠近运河的地方。明朝朱元璋册封晏公为“神霄玉府晏公都督大元帅”，命天下建庙祀之。在朱元璋的大力推广下，晏公成为具有全国性影响的河神。虽然是官方提倡，但晏公在天津的影

---

① 万新平、于铁丘主编：清实录天津史料汇编。天津：天津人民出版社，2014年。

② 同上。

③ 津沽闲人望云居士著：天津皇会考记。天津：津沽文学社，1936年。

④ 参见（清）李梅宾等纂：乾隆天津府志。天津通志·旧志点校，上卷。天津：南开大学出版社，1999年。

⑤ （清）朱奎扬等纂修：乾隆天津县志。天津通志·旧志点校，中卷。天津：南开大学出版社，1999年。

⑥ （清）吴惠元修，（清）蒋玉虹，俞樾纂：续天津县志。天津通志·旧志点校，中卷。天津：南开大学出版社，1999年。

响很有限，至少比不上有漕帮认可的金龙四大王。

除了晏公和金龙四大王这些从南方传入的河神，天津还有一个平浪侯的小圣，是具有本地色彩的河神，《天津卫志》记载："小圣庙，一在城外东南隅，明崇祯五年（1632年）敕建。一在河东盐坨，有石牌坊。"《天津府志》记载："小圣庙，一在河东盐坨。一在闸口。"并引《长芦盐法志》："小圣，海神也。旧有庙在天津河西，始封平浪侯，继封护国济运显应平浪元侯，顺治六年（1649年），津人移建于此，康熙二十三年（1684年）重修；又阜财、丰财二场亦俱有庙。"[①]《天津县新志》记载了小圣神的来历："小圣庙，在盐坨。相传神滕姓，名经，年二十三落水成神，故称小圣，盖海神也。旧有庙在河西，始封平浪侯，继封护国济运显应平浪元侯，商舶往来屡荷显应；顺治六年复建庙河东，栋宇宏敞，陈廷敬、余泰来皆有碑记，载碑刻志。今庙址划入租界。"[②]是说小圣是一位年轻人，因为失足落水而成神的。此外，成书于乾隆四年（1739年）的汪沆所著《津门杂事诗》中有小圣庙一首，其小注云"小圣庙在河东盐坨，祀海神平浪元侯。俗传神姓滕，讳经"。滕经是河北省清河县的滕蒿林村人，至今还有族人纪念他的元侯祠存世。《清河县志》载："滕经，性聪敏，双手写字，目观八行。年十二补弟子员，当时号为神童。嘉靖二十三年（1544年）乡试不第，归，至天津坠河死，时年二十三。数月驸马显圣，嘉靖敕封北河平浪小圣。清康熙敕封护国镇海显佑济运平浪元侯灵应尊神，至今沿河多有庙宇，香火不绝。"[③]由此可见这位"小圣"也如天

① （清）沈家本、荣铨修：光绪重修天津府志。天津通志·旧志点校，上卷。天津：南开大学出版社，1999年。

② 高凌雯纂：天津县新志。天津通志·旧志点校，中卷。天津：南开大学出版社，1999年。

③ （清）黄汝香纂修：清河县志。台北：成文出版社，1969年。

后及金龙四大王一样，是由凡人落水而成神的。此人在天津北运河坠河，自然与天津关系更大，更为天津人所关注。《天津县志》载有两篇碑文，陈廷敬的《海门盐坨平浪元侯庙碑记》碑文先解释了从"海门"更名"津门"的含义："通舟楫之利，聚天下之粟，致天下之货，以利京师，海岸数百里，卤积成盐，自畿辅、山东、中州之地咸取给焉。实一地也""且盐行任重途远，非巨舰弗胜，非神力弗达……故纲人每致敬而有德之神，尤胜于仕途商旅也，群议复建庙于河东……其一切工费悉取给于纲中"。[①] 说的是盐纲比商旅更重视该"有德之神"并斥资修庙。余泰来《海门盐坨平浪元侯庙碑记》说："考著祀典始封平浪侯，爵再进元侯，号比著方岳，力著显绩，其明德远矣。庙始建津之河西，今顺治间，改建河东，介在盐坨，以灵佑榷鹾，为诸商祟报尸祝故也。"从把庙河西迁到河东，进一步揭示了东庙与盐运的关系。两通碑记的内容都说明这个平浪元侯（即小圣）与盐业关系密切，从时间上看顺治六年（1649年）庙址从河西移到河东盐坨，康熙二十三年（1684年）重建，这时正是长芦盐运中心从沧州转移到天津的时期，也是河东区盐坨地大发展的时期。《长芦盐法志》和《天津县新志》都说它是海神庙，大概是指建于明末崇祯时期的西庙未必专为河东盐坨所设。来自芦台场和丰财场的盐是走海路，并通过海河水系运往内地的，东庙完全满足了保障盐路安全的心理需求，因此小圣是天津盐商选中的涵盖海运、河运的盐运之神。

在盐的生产领域还有一位女性的盐神——盐母。《宁河县志》中记载元大德十一年（1307年），平州路廉访使赵铸《重修芦台兴宝圣母庙记》："昔五代时，南北各据，限以疆界，幽燕之地，盐绝者岁余，百姓病之。

---

① （清）朱奎扬等纂修：乾隆天津县志。天津通志·旧志点校，中卷。天津：南开大学出版社，1999年。

忽有姥语人曰，此地可煮土成盐，遂教以煮之之法。不数日俄失所在，居人神之。”[①]后唐同光三年（925年），卢龙节度使赵德钧曾在芦台卤地设芦台场煮盐，这个传说应在此碑之前。说明盐母崇拜是随着芦台场的设立而出现的。

盐母祠坐落在原芦台镇中大街路北，名为芦台兴宝圣母庙，庙建于五代后期，几经重修，立碑作记三次。元代至元五年（1268年），经翰林院直学士高鸣重修；元大德十一年（1307年），经平州路廉访使赵铸重修；明万历二十二年（1594年），经长芦盐运司青州分司同知陈九功重修。当时“几至圮废……询之场官，则曰此盐公庙基也。余讶其名，摩碑而读之，乃元平州路廉访使赵公铸所为记，则知神为圣母，非盐公也。圣母始五代时，教民煮法，俄而化去，邦人神之，祠所由肇迄”。就是说万历年间该庙香火并不兴旺，几乎被人们废弃，但是陈九功代表官方修葺之后，似乎出现了奇迹，“工既讫，为文以祭于祠。是日也，雨水骤注，盐浸没，拥众相率而归。次日霁，池水皆凝为盐”。[②]其实此时正是长芦盐区生产出现了重大革新，即从煎煮向滩晒过渡的时期。一般认为滩晒技术是从南方传入的，上述记载说明本地盐民也有无师自通的可能。此后，长芦盐的生产与运销中心逐渐向天津转移，芦台场的地位日增，盐母的地位也越来越重要。清嘉庆十三年（1808年），汉沽村人李斗宾等人捐资，在寨上三官庙东建起第二盐母庙，后经绅民助捐，增高基础重修并立有庙碑。每当农历年初，芦台、汉沽的滩户都要到庙中祭祀。津南有一首《瑞盐歌》：“津门好，礼典纪辉煌，万灶牢盆传圣姥，百年俎豆报贤王，风

① （元）赵铸著：重修芦台兴宝圣母庙记。光绪重修宁河县志。天津：天津社会科学院出版社，2008年。

② （明）陈九功著：复修兴宝神祠记。光绪重修宁河县志。天津：天津社会科学院出版社，2008年。

日祭河旁。”描写了天津盐民祭祀盐母的情景。

天津还有一座与盐业有关的神庙，《津门保甲图说》记载葛沽有灶离庙，津南地区民间流传“先有灶离庙，后有葛沽镇”，灶离庙庙址在葛沽以南称为南灶的地方。葛沽灶离庙建于南宋建炎三年（1129年）春，庙内供奉灶王和盐公、盐母。灶离庙自建成后曾修过7次，庙中供奉过观音菩萨、妈祖等神祇，庙名曾称为灶地庙、盐宗堂、盐宗庙、古刹天后宫等，倒圯于20世纪40年代。供奉灶神肯定起于煎盐时期，当地立此庙很自然，而灶离庙的消失与生产方式的改变有一定关系。离是八卦中火的符号，灶离就是灶火。关于灶神的信仰在民间很普遍，就是家家供的灶王爷，灶离庙是煎盐地区对灶神的特殊信仰。其他产盐区也有类似信仰，如潮汕产盐区有盐灶拖神祭、四川自流井有炎帝宫（原火神庙）等。葛沽镇长期位于丰财场的中心，灶离庙内有楹联“远水接天泓碧绿，近舟驳盐玉嶙峋”，反映了晒盐时期的景象。灶离庙在葛沽影响很大，当地留下不少传说故事，如灶离庙借碗、风水宝地灶离庙、明霞道人、灶离庙憋宝、灶离庙蛇仙、灶离庙的药丸发了芽等。

上述几个天津的民间神都是与河海运输和盐业有关的神祇，颇具天津河海文化特色。这几个神的出现与演变首先反映了天津人对神的态度很实际，对神的选择都与自己的生产生活密切相关，例如小圣和盐母有很强的行业针对性，盐文化特点鲜明。其次，多数神都是官民共祭的，有的还是皇帝亲自敕封名号，如妈祖、金龙四大王、小圣滕经等。第三，对主神功能的调整和延伸富有想象力和创造性，如把妈祖海上保护神的功能调整为以求子和祛病为主，又有王三奶奶和挑水哥哥的出现等。最后，对庙中添加其他神祇充满了包容性，甚至多多益善，如灶离庙中增加的观音和妈祖，娘娘庙中妈祖与碧霞元君诸女神的和谐共存等。

每年天津的皇会除了娱乐性之外，很多记载展现了天津人的信仰态度。《天津皇会行会图》第五十七道有一段叙述：“年年三月行娘娘会，众善来此进香修好……神圣若无灵佑保护谁来进香？人若积德，有灾暗销，有难呈祥，事过以后才知暗中保佑。若无灵验谁来烧香？谁来上供？谁来许愿？谁来唱戏？谁来敬神？谁来谢神？谁来出会？”[①]这里明说信神就是为了得到保佑，具体来说就是许愿的灵验，实用主义的心理昭然若揭。《天津皇会行会图》第六十一图“城西小伙巷同照灯亭”中有一段题注说得更直白：“韦陀天尊、菩萨，人人都知道，谁看见韦陀爷打哪里起身感应了？俱都是些传言，没有真的。像这个过会看会，看饿了得吃饭，吃饱了再看是真的。又看渴了喝茶、喝水，这可是真的，喝茶喝水又解过渴来，再看看。看困了，睡，睡醒了不困，这是真的。吃、拉、睡是真的。”[②]言外之意对于神灵的真实存在都半信半疑，绝没有达到皈依宗教的程度。总之是敬神如神在，拜神为有用，许愿唯心诚，我行故我素。

《行会图》中这段独白来自下层社会，真实地反映了天津人信仰的实质。中国人没有形成那种整合了精神世界的宗教，人们对于未知世界的认识局限于世俗世界的延伸，将世界的多样性引申为信仰的多样性，所有的神祇都植根于现实社会，天津人信仰的神祇也是与天津人的生产活动与生活需求密切相关的。天津也有不少随大流的佛道寺观，大部分民众对它们的态度，也只是看其灵不灵。随着行业和生活的需要，人们又造出许多地方神，很多都曾是真人化身，如妈祖、晏公、谢绪、小圣、盐母。又是不断根据需要对神祇加以改造，增加神力，如妈祖分身出

---

① 王振良主编，高惠军、陈克整理：天后宫行会图校注。天津：天津古籍出版社，2017年。

② 同上。

子孙娘娘、眼光娘娘等，甚至把具有同样功能的女神都混在一起称“娘娘”，不加深究。河海环境的浸润，深刻影响了天津人的精神世界，天津人自造的神大都与河海有关，世俗的实用主义在天津人身上表现得淋漓尽致。

/ 第六章 /

近代的水灾与治理

第一节 灭顶之灾

海河流域属暖温带半干旱、半湿润季风气候，虽濒临渤海，但因渤海为内海，对气温影响不大，因此海河流域具有显著的大陆性气候特征，气温变化剧烈。在中国东部沿海各流域中海河流域年降水量是最少的，一般在400—700毫米，降水地区分布不均。海河流域降水的另一特点是降水量年变率大，平均年变率一般在20%以上。最大年变率可达70%—80%，最大年降水量一般为最小年降水量的2—3倍，这是海河流域多洪灾的根本原因。

华北平原西靠太行山麓，背靠燕山余脉，海河的各支流由山地汇向平原，由于坡度骤减，水流突然减缓就容易造成泥沙沉淀，河床越淤越高。人们不得不筑堤束水，不多时河床就高出两岸地面，形成“半地上河”或“地上河”。河道泄洪能力日益下降，形成两河之间的洼地，每遇洪水，易决口泛滥，积于洼地的沥水，无处可排，使海河流域成为洪、涝、碱高发的地区。

据统计，元明清三代，海河流域每五年发生一次水灾。永定河因为靠近首都，朝廷治理的力度最大。清康熙三十七年（1698年）通过重点筑堤治理，将河道固定在固安、永清以北，安次以南，因之定名为永定。此后，携带泥沙的河水只能进入三角淀，然后东入海河。经过百余年的淤积，淀内比堤外高出3—6米，三角淀的淤积换来了永定河的相对稳定。清代对大清河下游的西淀（白洋淀）和东淀也进行了筑堤治理。西淀之南有千里堤，西起高阳，东至大城，北防西淀外溢，南防子牙河入侵。东淀之东有百里格淀堤，经文安至天津西车站，分割大清河与子牙河的泥沙，减轻淤积。这些淀泊的淤积起到一定的蓄洪作用，多少减轻了对下游天津的洪涝威胁。从更长的历史时期来看，洪水泛滥恰是天津地区成陆的重要因素。历史上不断地淤地造田，才是顺应自然的因势利导之策。

虽然清政府为治理河患进行了不懈的努力，但由于海河流域的地形地貌特点和气候特点，再加上当时的生产力水平低下，在自然灾害面前只能获得短暂的平安。近代以来，由于经济的发展和人口的增长，天津地区居民分布密集，海河下游的低洼地势，十分依赖上游防御设施，安全保障非常脆弱。华北地区的降雨集中，极易形成洪涝。无论是哪条支流上游洪水泛滥，对天津都是灭顶之灾。据统计，1840到1911年波及天津及附近郊县的水灾年份就有：1840、1841、1855、1857、1864、1871、1872、1873、1875、1876、1878、1879、1880、1882、1883、1886、1887、1888、1889、1890、1891、1892、1893、1894、1895、1896、1897、1898、1899、1903、1904、1906、1907、1908、1910、1911。[①] 71年中有36年遇水灾，平均两年一次。其中水灾较为严重的年份为1871、1883、1890和1894年。

---

① 参见水利水电科学研究院编：清代海河滦河洪涝档案史料。北京：中华书局，1981年。

1871年海河流域大水，从6月上旬至8月上旬止，大雨连绵，昼夜不止。南运、子牙、大清、永定、滦河发生洪水，105州县被淹，天津淹城砖十余级。[①]

1883年，“雨水过大，各河决堤，上自赵州，下至天津，无论田禾，即庐舍坍塌者极多”“天津县秋灾急抚饥民二万五千七百九十八户，大小折成六万六千六口……又冬抚饥民五万九千四百七十九户，大小折成十四万二千七口半”。[②]

1890年，“水患之大，灾象之重，为数十年所未有。各河同时漫溢，天津地处下游，众流所归。卫南洼等处周围数百里，水深丈余，民遭昏垫，城乡内外岌岌可危”[③]“天津为九河尾闾，地本低洼，加以东风鼓浪，海潮倒灌，水难宣泄。城外练军营垒并机器制造各局，尽在洪波巨浸之中，官署民房多有坍塌。驿道多被阻断，各路电线亦多摧折，文报消息不通”[④]“难民陆续来津已不下数万人，扶老携幼，鹄面鸠形，目不忍睹”[⑤]。

1894年，“顺天、永平、保定、天津、遵化六府州属，连次大雨，各河盛涨，沿河低洼之处，尽被漫淹”[⑥]“文安、天津二县洼地，因上年积

① 参见河北省旱涝预报课题组编：海河流域历代自然灾害史料。北京：气象出版社，1985年。

② 水利水电科学研究院编：清代海河滦河洪涝档案史料。北京：中华书局，1981年。

③ 同上。

④ 同上。

⑤ 同上。

⑥ 同上。

水未涸，本年又复连次大雨，各河漫决，田禾均被淹没，颗粒无收"[①]。

20世纪初，天津城市发展突飞猛进，空间面积不断扩大，人口大幅增长，城市周边的低洼地区，逐渐成了居民区，特别是南部的洼地被吹填垫高，成为租界的扩展区，扩大了的市区更容易被洪水侵入。城市工商业的发展集聚起了大量财富，而财富越多，水灾的损失越大，越容易造成重大的影响。因此1917、1939年两次大水淹城的影响，远超过前代只记录淹城内几层城砖的范围。

1917年7月，在间隔不到一周时间内华北地区连降两次大面积暴雨。第一次为7月17—18日，第二次是7月24—25日，整个太行山东侧南起新乡、安阳的卫河，北至大清河即燕山南麓，均遭大暴雨袭击。暴雨中心分别出现在滏阳河、大清河中上游，滦河中游和天津周围地区。天津附近周家庄7月26日降雨262.5毫米。北京7月份降雨量438.3毫米。大名6月初大风后雨如瀑布，沟渠立满。石家庄7月24日午后，大雨倾盆，连绵4日，9月城内水深七八尺。漳河浦潭营，郝村、红庙，运河临清、德州相继溃决，良王庄、杨柳青间溃决13处。滹沱河决口826丈，新河刘公堤先后决口27处，河间沙河桥决堤百余丈。滹沱河黄壁庄调查洪峰流量13 500立方米/秒，洺河临洺关调查洪峰流量6 680立方米/秒。大清河新乐沙河决口4处计24丈，无极磁河决口631丈，木刀沟两岸决堤3 129丈。潴龙河上游沙、磁、唐三县洪水暴涨，吴村调查洪峰流量1 380立方米/秒，洪水漫决东堤。永定河水与堤平，决口多处，卢沟桥7月28日最大流量3 660立方米/秒，上游桑干河及支流壶流河均发生大水。潮白河、北运河、蓟运河、还乡河均漫决。滦河水涨出槽。

---

① 水利水电科学研究院编：清代海河滦河洪涝档案史料。北京：中华书局，1981年。

本年受灾严重地区为京汉铁路以东，京山铁路以南，邯郸以北，其中以天津、保定地区最重。流域内受灾县份104个，被淹面积38 950平方千米，受灾村庄19 000余个，受灾人口620万，京汉、京绥铁路各段铁轨、桥梁多处被冲毁。①

由于此时天津还没有设围堤等基础设施，当良王庄与杨柳青之间的南运河连续决口时，水势疯狂地漫入城内，瞬间使城南成一片汪洋。1917年9月24日夜，洪水从多伦道、南市等处涌进天津市区，西南部全部淹没，海光寺一带水深1.78米，河北路水深1.45米，和平路水深一米左右，大沽路水深0.77米。水淹房屋6.6万余间，两万余间倒塌，十万余灾民流离失所。②

9月26日，水势从西南角持续扩大，向外逐渐蔓延，京汉、京奉、津浦等铁路及桥梁都被洪水冲断，交通全面瘫痪。汹涌的洪水直至11月以后才渐渐退去。

1917年的这场大水灾给直隶地区的百姓带来了沉重的灾难。《益世报》统计，“58处统计难民男15 299人，共女16 379人，共老者4 030人，共幼孩19 691人，总统计男女老幼55 399人”。据这些庞大的数字我们可以看出灾情之严重，由于天津是直隶赈灾的中心，每天都有大量灾民逃难而来，难民的惨状难以想象，“本埠三条石北及聂公祠一带难民约一万七千余户，席棚密布，棚内不过就地一席，有被褥者寥寥，憔悴之状惨不忍睹”。③

① 参见海河志编纂委员会编：海河志。北京：中国水利水电出版社，1997年。

② 参见天津市档案馆编：天津地区重大自然灾害实录。天津：天津人民出版社，2005年。

③ 益世报，1917年9月26日。

由于北洋政府的救灾能力有限，第一次拨款仅为30万元，因此“财政部于10月15日亦向外国银行订立天津水灾善后借款，以盐税余款为担保，向日美法俄等国的汇丰、麦加利等七国银行借款70万两，年息7厘，期限一年”。[①]

在1917年大水淹城之后，天津周边海河流域又发生过一次重大洪涝灾害。1924年的洪涝灾是由海河北系和海河南系两次暴雨造成的。第一次7月9—12日，一个暴雨中心在紫荆关、司仑一带，另一个中心在官厅山峡和潮白河的沙浴、枣树林一带，还有一个副中心在滏阳河上游的赞皇、獐獏附近。这场暴雨造成大清河、永定河中下游，洋河、潮白河、滦河上游的大洪水。第二次暴雨在7月14—16日，中心在滏阳河中上游临洺关附近。7月15日降雨435毫米，三日暴雨达595毫米。为1949年前该流域实测暴雨记录之冠，滹沱河以南的太行山迎风区直至卫河以西均被200毫米等值线所包围。该年7、8月份海河流域降雨总量达1 200亿立方米。当时各河水涨，多有溢决。漳卫河大名数十村均成泽国，南运河决口多处，最严重的区域是蓟运河以南，京汉铁路以东，津浦路以西，邯郸以北的中部平原地区，有记录的受灾县为74县，被淹面积5 000万亩，灾民600余万人。[②] 这次洪灾虽然没有波及天津，但另一次重大水灾却在悄然酝酿着。

1939年7、8月间连降暴雨，海河流域各河水骤涨，堤防决口，造成又一次大洪灾。

7月底8月初，各水系洪水汇于天津西部的东淀、文安洼、贾口洼，北部的永定河泛区及京津铁路两侧一带，威胁天津市。8月4日西河口右

---

① 益世报，1928年9月30日。

② 参见海河志编纂委员会编：海河志。北京：中国水利水电出版社，1997年。

堤洪口，同日东淀第六堡最高水位为7.96米，决口洪水于杨柳青附近越过津浦铁路，直逼天津西站。13—16日市区西南两大围堤外水位由4.76米骤升至5.1米（大沽基面）。时值暴雨侵袭，10时50分，南大堤在陈塘庄以西约五百米处坍塌，洪水突入市区。20日下午海光寺附近墙子河堤防洪口，洪水自今南门外大街、鞍山道、沈阳道等地侵入市区。21日海河金汤桥水位5.83米，24日市区内水面位5.80米，河里河外都是水，水面几乎齐平。至此，天津市70%—80%的街道水深1—2米，和平路上沿街行舟，持续一个月，至9月底水始退尽。①

当时天津有5处地方受灾较为严重。

第一重灾区：1939年8月20日下午三时左右，陈塘庄大埝决堤，小刘庄、土城、东楼、谦德庄和佟楼等周围地区成为重灾区。

第二重灾区：1939年8月20日下午五时左右，南运河决口，洪水漫到墙子河，海河沿岸的天津英租界、天津法租界和天津日租界等周围地区成为重灾区。

第三重灾区：1939年8月20日晚上九时左右，洪水漫到天津老城，南市和广开西南城角等周围地区成为重灾区。

第四重灾区：1939年8月29日，海河冯家口决堤，大直沽、大王庄、唐家口、东局子、沈王庄和郭旺庄等周围地区成为重灾区。

第五重灾区：1939年8月30日，李公楼、凤林、合浦各村和西南隅等周围地区成为重灾区。

---

① 参见海河志编纂委员会编：海河志。北京：中国水利水电出版社，1997年。

1939年8月23日、24日天津地区淹浸水深统计表

时间	地区	水深
8月23日	西关街	2尺
	南大道	2尺
	西头老西营门大堤前一带	5尺许（平均水深）
	南开杨家花园	3尺许
	南市	4尺许
	陆安、广善、首善、兴隆、永宁等大街日租界之旭街、由东南角至中原公司	7—8尺
	天祥公司、劝业场、泰康市场	7尺
	法租界24号路等处	6.5尺
	西开教堂后最深处	丈余
	英租界17、13号等路	6尺以上
	海大道大华货栈一带最深处	7尺
8月24日	东街口外	5—6尺
	李公楼—中公楼	4.5尺
	郭庄子—大街中间	3.5尺（最深处4.5尺）
	公议大街—第七条胡同	4.5尺（最深处5.5尺）
	王庄子	4.5尺
	沈庄子	4尺

这次大水比1917年的大水要严重得多，全市80%的面积遭水淹，水深也超过1917年一倍以上，灾民人数也要多得多。当时天津正在日本的殖民统治之下，伪政府的灾民统计是：

第一区	第二区	第三区	第五区	第六区	第七区	第八区	第九区	特三区	合计
5 580	3 030	300	1 840	39 520	13 640	3 000	5 100	390	73 400

表中所见第六区，即八里台、吴家窑、特一区（原德租界）一线以南地区，灾民最多，接近四万人。其次是第七区，即铁路以东地区，灾民1.3万人以上。这仅仅是伪政府大大缩小了的数字，实际上当时天津总商会统计的数字是较之多一倍的。还有资料显示，当时灾民人数达到58万之多："天津市人口约150万人，灾民人数据日方防卫司令部8月24日公布的数字，华界进水户数15.2万户，受灾总数53万人，含天津周围避难者实达58万人之多。"①1939年10月初，洪水告退，水灾过后，天津又遭到霍乱、伤寒和痢疾等病的肆虐。

河流对于天津来说，是一把双刃剑。一方面，九河下梢意味着航运便利，这是天津成为漕运和盐运枢纽的条件，或者说是天津城市出现和发展的原因，因此海河是天津的母亲河。另一方面，天津又是整个华北洪水下泄的尾闾，城市不得不忍受不期而至的洪涝之灾，这就是一把达摩克利斯之剑。这把剑可能也是明清两代朝廷迟迟没有为天津设行政级别的原因，即便是在天津设府，直隶总督府却一直设在了保定。水利与水害集中体现在天津的发展历程中，河水成就了天津城市的发展，又把它置于灭顶之灾的威胁之中。

第二节　海河工程局与海河裁弯取直

天津开埠以后，成为国际贸易的港口，轮船航运与进出口贸易快速增长。1861年，在天津的外国洋行仅有4家；到1867年，已增至17家。据统计，1861年到达天津的轮船只有111艘，1873年有290艘，1895年有

① 魏宏运：1939年华北大水灾述评。史学月刊（开封），第五期，1998年。

688艘；1861年5月，天津海关建立，当年进出口贸易额为白银547万海关两，1873年达1 720万海关两，1895年更是达5 017万海关两。[①] 进出口货物都要经过海河出入。

海河码头常受洪涝灾害的影响。光绪十六年（1890年），天津地区突降暴雨，永定河决口，被淹地区达6万平方里。海河水位猛涨，溢出河岸，淹没了各租界码头。光绪二十年（1894年）再次发生大水灾。由于不能及时泄洪，海河淤浅更为严重，给海轮进出天津港带来极大困难，大部分海轮不能驶抵天津租界的紫竹林码头，一切货物都不得不用剥船从河坝上运进运出，增加了货物的装卸费用。

1892到1897年，海河及上游流域暴雨频发，洪水成灾，大量的泥沙被带入海河，造成十分严重的淤积。在六个多月的枯水季节，海河水深只有5—8英尺（1.52—2.44米），有些地方水深不足1.8米，即使在码头附近，水深也不超过2.1米，进出天津港的货物不得不依赖驳船公司。轮船进入海河需要借助潮汐，不仅是海河淤浅，河口外的沙坝也是障碍，往往也要依赖剥船。早在1871年，外国资本便获准在天津经营剥船运输业务，但须经清政府规定试办年限。1874年5月，英商集资兴办的大沽驳船公司成立。1904年，英商天津驳船股份有限公司成立，资本为33 000美元，地址在东沽小码头，有拖轮3只，驳轮6只。英商大沽驳船公司是天津第一家外资企业。1889年9月，大沽驳船公司改组为股份有限公司，资本为50万两，经营大沽口—塘沽—天津驳运业务。即便如此，日渐淤塞的海河越来越不适应繁忙的航运，从大沽口直抵租界码头的轮船日益减少，1896年骤减至66艘、1897年减至34艘，1898年一艘也没有。海河裁弯取直与航道疏浚工作势在必行。

---

① 参见上海总税务司统计科编：中外贸易统计年刊（*The Trade of China*）。

出于商业目的，1887年，天津海关税务司德璀琳在海关年报中建议“在海河几处河湾处裁弯取直，形成一条近乎笔直的入海河道”[①]。1890年，德璀琳再次向时任直隶总督李鸿章建议，由英国人林德对海河航道进行勘测，拟出浚治计划，并提议自关税中支出白银100万两作为治河经费。这一计划虽然得到李鸿章同意，却遭到地方官员和驳船公司的强烈反对，再度搁浅。1892年夏，德璀琳、林德等人为推行裁弯取直计划，在租界南端的河段（今挂甲寺一带）钉下界标，计划进行首次裁弯取直工程。此举因占用耕地，遭到了当地百姓的反对。“1892年夏季，他们骑马前往计划中的第一裁弯处时，遭到五六百名村民的袭击。村民们推倒了界桩，并威胁要对三人施加人身伤害。这就使得他们为商埠共同繁荣所作的努力暂时中止了”。[②] 在不得已的情况下，中外双方成立了海河工程局。光绪二十三年（1897年），直隶总督王文韶鉴于海河淤塞情形之紧迫，与领事团团长法国总领事杜士兰、英国领事宝士徒、天津洋商总会会长克森士讨论实施林德工程师所拟的计划，议定由海关道税务司与各国领事及洋商总会等代表共同筹划于1899年8月动工，这就是说，海河工程局发轫之始，也是外人在津实施治河的开始，但当时尚无设局筹办之事实，不过由林德主持而已，还没有任何条约关系。“查光绪二十三年（1897年），海河工程局发轫之始，系中外合办性质，取委员制。经直隶总督与英法领事及洋商总会主席之同意而组织之，其委员如下：天津海关道、直隶总督派委员二人；天津海关税务司；轮船驳船公司之法人；各外国租界之代表；洋商总会之代表”。这就是海河工程局的前身。[③]

---

① ［英］雷穆森著，许逸风、赵地译，刘海岩校订：天津租界史（插图本）。天津：天津人民出版社，2009年。

② 同上。

③ 参见海河工程局概说。华北水利月刊，第三卷，第十期，1930年。

1899年林德工程师之救急计划于8月兴工。该计划为闭塞海河支渠之口，建立闸门使海河水量不至过多宣泄，以保持海河深度。又于陈家沟、军粮城及西沽三支渠之口各筑闸门一座。1900年，由于八国联军入侵中国，海河工程局的工作全部停止，已完成的工程也大半荒废。7月，八国联军在天津建立了军事殖民统治政权——暂行管理津郡城厢内外地方事务都统衙门（简称“都统衙门”）。1901年春季，都统衙门任命了三位外国军官组成特别委员会，执行并监督海河的浚治工程。这个特别委员会由于领事团、洋商总会、北京外交使团与八国联军统帅瓦德西之间在海河工程局的组织及资金供给等问题上存在分歧，因而无任何实质性进展。经过反复谈判，1901年5月，北京外交使团与瓦德西同意对海河工程局进行改组。改组后，海河工程局委员会由一名都统衙门委员、一名领事团委员和一名津海关税务司组成董事会，董事会主席由外交使团指定领事团委派的委员担任。此外还有几位仅供咨询的委员，即各租界的领事代表（英租界例外，由英租界工部局主席代表）、天津洋商总会主席及一位航运界代表组成。

1901年，《辛丑条约》签订后，都统衙门于当年8月15日撤销。因该条约中对海河工程作了规定：“北河（即指海河）改善河道，在一千八百九十八年，会同中国国家所兴各工，近由诸国派员重修。一俟治理天津事务交还之后，即可由中国国家派员与各国所派人员会办。中国国家每年应付海关银六万两，以养其工。”[①] 时任直隶总督的袁世凯在与英国领事商讨之后，决定由津海关道台即唐绍仪，取代已撤销的都统衙门代表为海河工程局的委员，同时增加一名“在港口商业经历上有显著成绩的人”作为司库（名誉职）为董事会成员，增加天津洋商总会主席为永久的董事

① 王铁崖编：中外旧约章汇编。北京：三联书店，1957年。

会成员。此后，海河工程局委员会中又增加了英商会长一人、中国轮船公司代表一人（这一华人代表必须由英国领事推荐）。在工程技术方面，设总工程师、副总工程师，均由英国人担任。[①] 其具体业务聘请丹麦人林德为工程司全权负责，双方签订合同，并发布公告称，“受雇者必须服从工程司，否则立即开除”。总工程师林德在海河工程局工程方面起了很大作用。

林德，丹麦土木工程师，曾在泰国曼谷从事桥梁建设等工程，1887年为俄国建造长约150千米的电报线，1888到1889年到天津建造天津天然气厂。1890年春海河洪水过后，受李鸿章之托测绘海河，为海河清淤防洪工程做准备，并于1898年开始正式实施。其后，林德曾于1900到1902年任都统衙门公共工程局局长，后于1904年左右离开天津，1934年在伦敦去世。

之后，海河工程局对自租界港口到海河出海口的航道进行了一系列维护工程建设，其中包括6次裁弯取直、塞支强干、疏浚航道、租界洼地吹填、河道破冰、大沽口沙坝的疏通等建设项目。1898到1904年，海河工程局组织疏浚河道，裁弯取直，缩短河道13.44千米，吃水在11英尺以下轮船皆可溯流而上，通航情况终于有所好转。到第六次裁弯工程完成后，共缩短海河河道26.6千米，天津港（解放桥一带）潮差普遍增加了0.9米至2.0米，最大吃水为5.5米的船舶能够通航。即使在枯水季节，上游无径流下泄，有潮流作为替代，仍能使轮船驶至天津市区码头。

裁弯还起到了排泄洪水的作用。1904年8月海河流域普降大雨，海河水位急剧上涨，海河河堤仅比水面高出0.3米，如果没有进行裁弯以使洪水快速泄出，天津附近地区则有被洪水淹没的危险。海河工程局在施工中，对堤岸也采取了保护措施，1908年，首次在比租界（今河东区十五经

---

① 参见海河工程局：中国现代疏浚业的摇篮。交通建设报，2017年12月14日。

路至光华路一带）河岸采用柳条排维护坝基，取得成功。因此，海河工程局决定，以后采用柳条排护岸，同时在第三次裁弯后的老河道内种植了大量柳树苗，以备编制柳条排所需。

1906年，治理大沽沙航道工程动工。大沽河口由于长年洄淤形成一条带状拦河沙滩，横拦河口，有碍航行。海河工程局采用滚耙法，将泥沙搅起混入水中，借落潮流动带至深海，经一年疏浚，开辟了一条宽36米、深5米的航道，保障了进出港船舶的正常通航。

1913年，海河工程局先后购置了“清凌”“没凌”“通凌”“工凌”“开凌”“飞凌”6艘破冰船，开展海河及大沽口冬季破冰。1914年1月，天津港大沽沙航道开始破冰，保证天津港全年通航。但是遇到特殊冰灾的年份，天津港依然阻止不了封冻。1934年12月，天津港发生严重冰冻，大沽口外50千米内冰凌堆积坚固，受阻船舶65艘。1936年2—3月，渤海湾出现冰灾，塘沽港外70千米范围内被冰封，灯船10千米周围冰凌厚2—3米，有21艘轮船被冰围困在大沽口。等到3月以后，冰凌松动渐融，航运始得复通。

海河工程局按其职能下设4个部：总务及测量部、工厂与船坞部、挖河部（专司河道疏浚及吹填工程）和海口部（开挖及管理大沽沙滩工程），其中挖河部是最重要的部门。各部的负责人也由外国人充任。

海河工程局最重要的工程是在主干流进行裁弯取直工程（1900—1944），先后进行7次大规模的裁弯工程。

第一次工程起自挂甲寺，止于杨庄，全长1 207米，削除了天津湾、火柴厂湾与东河区湾。此次裁弯实际缩短海河航道2 173米。由于河道改变，原来的地理位置也发生了变化。小孙庄和大孙庄，裁弯前同在河东，裁弯后的小孙庄依然留在河东，而大孙庄被“挪”到了河西。

第二次工程起自下河圈，止于何家庄，直线全长1 770米，削除了双湾与菜园、菜园与东局子之间的两道急弯。此次裁弯缩短海河航道4 989米，海河的长度缩短了7 162米。

第三次工程起于低坟头河湾的杨家场，止于泥窝上面的辛庄，终点削除了海河上妨碍航行最严重的三个河湾：低坟头河湾、美点湾及白塘口湾。海河航道缩短了7 242米。

第四次工程起自大赵北庄，止于东泥沽，全长3 782米，海河航道缩短了9 077米。第四次“裁弯取直”工程是海河工程局进行的最大规模的一次裁弯工程，这次工程开始使用现代化的挖泥机械。

第五次工程是海河工程局与顺直水利委员会共同进行的一次裁弯工程，即历史上著名的“海河三岔口裁弯”，也称“河楼工程”。当时的南运河、北运河及金钟河在三岔口汇入海河，靠近市区弯曲的河道，不仅影响了海河上游各河水的下泄，而且不利于上涨的潮水通过。此次裁弯全长474米，裁掉了北运河的金家窑大弯，从金钢桥到三岔河口挖出了一条笔直的海河河道，缩短河道1 585米。原来三岔河口位置在河北区的狮子林桥一带，经过这次裁弯上移到了现在的金钢桥处，望海楼教堂，也移到了海河右岸。

第六次工程是对第二次裁弯的完善和延伸，又称“灰堆裁弯”。开始于1921年，到1923年10月结束。工程于下河圈，止于芦庄。全长2 743米，缩短河道1 534米。[①]

第七次裁弯工程是“葛沽裁弯”，在1941至1944年。经过前6次裁弯取直工程后，海河的航道共缩短26.6千米。河道的缩短，市区码头的吃水量因此增加到五米以上，大吨位船舶得以驶入。到了1924年第六次裁弯取直工程完工后，天津租界迎来了航运高峰，当年1 502艘驶入租界的

① 参见海河工程局概说。华北水利月刊，第三卷，第十期，1930年。

舰船中，其中的1 311艘轮船顺利抵达租界码头。

1907年以前，河道挖出的淤泥会推入河中，对航行上仍有妨碍。后来有人倡议将所挖之泥浆装船运往低洼之池塘，不独泥沙有地存积，即洼地也逐渐增高，一举两得。可是挖出之土水分太大，铺填挑运不易。1910年建设了强大的压水设备，自此以后铺填洼地之事遂告成功。用挖出的泥沙吹填洼地，围埝造陆，对天津城市建设及扩大港区的陆地面积起到了巨大作用。如现在市区的南市至海光寺，鞍山道、和平路以及西康路、马场道、南京路一带，河西区的柳林，河东区的中山门一带，在19世纪末还是一片低洼坑淀之地，都是用疏浚海河的泥沙吹填成陆的。

天津1906—1948年土地吹填数量统计①

<table>
<tr><th>年份</th><th>吹填地点</th><th>吹填量（m³）</th><th>作业方法</th></tr>
<tr><td>1906</td><td>英租界洼淀</td><td>39 644</td><td>人工</td></tr>
<tr><td>1907</td><td>英、法租界洼淀</td><td>31 149</td><td rowspan="3">临时吹泥机</td></tr>
<tr><td>1908</td><td>英、法租界洼淀</td><td>56 634</td></tr>
<tr><td>1909</td><td>英租界洼淀</td><td>36 198</td></tr>
<tr><td>1910</td><td>英、法、德租界</td><td>109 264</td><td rowspan="6">吹泥船</td></tr>
<tr><td>1911</td><td>法、德租界</td><td>172 649</td></tr>
<tr><td>1912</td><td>法、德租界</td><td>152 586</td></tr>
<tr><td>1913</td><td>法、德租界</td><td>257 022</td></tr>
<tr><td>1914</td><td>法、德租界及新河</td><td>283 949</td></tr>
<tr><td>1915</td><td>法、德、日租界</td><td>458 985</td></tr>
</table>

① 转引自海河工程局与近代天津市中心区海河沿岸开发建设过程研究。天津大学建筑学院“天津市哲学社会科学研究规划项目”，天津近代城市建设模式的转型研究。

续表

年份	吹填地点	吹填量（m^3）	作业方法
1916	英、法、德、日租界	856 887	吹泥船
1917	英、德、日租界	326 812	
1918	日租界	58 531	
1919	英租界、日租界	690 892	
1920	英租界、日租界	560 747	
1921	英租界、南市洼地	478 379	
1922	英租界、南市洼地	590 222	
1923	英租界、南市洼地	439 382	
1924	英租界	483 612	
1925	英租界	244 885	
1926	英租界、塘沽开滦码头	451 698	
1927	英租界	591 825	
1928	英租界及塘沽开滦码头	396 438	
1929	英租界及塘沽开滦码头	332 405	
1930	英租界及塘沽亚细亚石油公司	305 116	
1931	英租界及塘沽亚细亚石油公司	382 186	
1932	英租界、陈塘庄及塘沽亚细亚公司	431 282	
1933	英租界、陈塘庄及塘沽亚细亚公司	249 190	
1934	英租界、陈塘庄、何庄子	296 238	
1935	英租界、特一区六国坟地、陈塘庄	511 065	
1936	特一区六国坟地、谦德庄、陈塘庄	572 910	
1937	特一区六国坟地、谦德庄	304 549	
1938	特一区六国坟地、谦德庄	396 438	

续表

年份	吹填地点	吹填量（m^3）	作业方法
1939	特一区六国坟地、谦德庄、大直沽	327 203	吹泥船
1940	特三区、大直沽、塘沽等	504 255	
1941	特三区、大直沽日本1820部队仓库	628 142	
1942	大直沽、塘沽	449 700	
1943	特三区、大直沽、大沽	433 125	
1944	大直沽、塘沽、大沽	215 475	
1945	旧天津铁路南站附近	451 188	
1946	旧天津铁路南站附近	132 225	
1947	旧天津铁路南站附近	237 420	
1948	旧天津铁路南站附近	217 270	
合计		15 145 722	

据记载，1902年，海河工程局即从荷兰购进一艘小型蒸汽链斗挖泥船“北河号”（80马力，146总吨，斗容0.2立方米），第一次采用机械疏浚海河，改变了几千年来人挑肩扛的挖河方式。1944年开始用自航耙吸式挖泥船进行挖泥，是年3月，首次自荷兰购进460马力自航耙吸式挖泥船“中华号”，以疏浚海河为主。1909年时，在比租界修护岸工程中，因筑造楗坝需用材料多，特地在第三次裁弯后干涸的旧河道中种植大量柳树，作为备用料，这就是今日“柳林”地名的来历。

因海河处于我国北部气候较寒地区，每至冬季，全河封冻无法通航，1911年以后，津埠商业日臻繁盛，于是由英商总会向海河工程局建议，请设法使海河在冰冻期内仍可航行。1913及1915年，海河工程局先后向江南造船所订购碎冰机船4艘，投入使用，成效甚佳。塘沽与海口虽在冬季仍然可以维持航行。而且在冰冻期内，挖泥工作就会停止，工人水手都移用在碎冰机工作上，既不影响挖泥工程，也有利于航行，两全其美。到1949年，海河工程局共有破冰船5艘，计为“清凌”“没凌”“工凌”“开凌”“飞凌”。1949年后，天津地区的破冰任务仍由海河工程处[①]担任，这项工作一直延续至1985年海河断航。

海河河身狭窄，租界内地价又极昂贵，历次河道改善仅能增加深度，而无法拓宽河面。船身长大之船就无法转变方向，因此不得不另辟转船处。最初英法租界交接处有一上游转船处，由英工部局管理。1919年，海河工程局参事会会议决由局里年纳租金4 000两，订立20年合同，将此转船处划归海河工程局管理。但是这个转船处位于上游，有时宽度仍不够用，行船非常不便。于是各轮船公司仍要求开辟下游转船处。最后海河工程局在英租界下端，向中国招商局租得河岸700英尺，立合同20年，很快修筑完成新的转船处。

海河工程局还完成了万国桥的修筑。该桥于1925年4月动工，其基础达大沽水平线下18米，1926年基础工程告竣，10月18日举办了开桥礼。万国桥式样为均重转提式，设备都很完善，其开闭便利的功能，使海轮可以驶达海河上游。

海河工程局的一系列治河措施的实施，从根本上保证了海河航运的畅通，在很长时间内确保了大型船只可在海河内自由通过。可以说这些宝贵经验至今为治理海河，保险通航，仍有着重大的现实意义。

---

① 海河工程局1949年更名为海河工程处。

第三节　华北水利委员会

中国古代治水历史悠久，治水方法基本上是凭经验指导，主要是基于农业经济的理念，侧重于限制下游洪水泛滥、利用水土资源、增加灌溉面积等目标。如清康熙年间永定河的筑堤，是按照明代潘季驯“筑堤束水、以水攻沙”治水思想实施，有助于控制洪水，但是以牺牲下游淀泊为代价的，对后来海河流域水环境造成难以逆转的影响。洋务运动以后，西方近代水利技术传入中国，首先出现河道测量的概念。光绪十五年（1889年）二月“河东河道总督吴大澂……又奏，拟于汴省设立河图局，选调津、沪、闽、粤各局熟谙测绘之委员学生二十余人，分段测量，将来酌予奖叙”。[①]1903年天津水利局成立，专责津郡内河水道，唐绍仪、庞鸿书任督办。这时由外国人主导的海河工程局已成立，实施了海河下游河道治理，如裁弯取直和深挖河道等，目的只是为了改善内河港口的航道，无法彻底解决海河水系上游的水害。

1917年华北发生历史上罕见的大水灾，104个县受灾，面积近四万平方千米。京汉、京绥铁路多处因水患而中断，天津城区被淹严重。这时北洋政府才顾及整治海河流域河道，并于1918年3月20日成立顺直水利委员会，直接隶属于中央政府，由北洋政府前国务总理熊希龄任会长，负责水灾的善后事宜，及主持水利事务，其具体任务是以华北各河湖流域及沿海区域为管辖范围，重点为管理灾区河工善后事宜，并拟定直隶

① 万新平、于铁丘主编：清实录天津史料汇编。天津：天津人民出版社，2014年。

全省河道改善及防治水灾的工程计划等工作。

顺直水利委员会成立后的第一件大工程，就是海河三岔河口的裁弯工程。此前海河工程局已对海河下游进行了4次裁弯，效果显著。1917年天津大水使中外官民达成共识，比较妥善地解决了资金、拆迁和施工等难题。刚成立的顺直水利委员会部分介入了工程。该工程裁掉北运河向东的金家窑的弯道，从望海楼处挖了一条直的河道，使旧河道缩短了一千五百多米，同时把南运河拐向单街子的弯道和梁家嘴的弯道也裁掉，径直连通北运河形成今日之三岔口。此工程使市区格局有较大的改变，也改变了市区的水文格局。新的河道把金家窑地区划归河北，使原直隶总督衙门大胡同地区与侯家后地区连成一片，把梁家嘴地区划归河南。这次裁弯使南北运河航道更加通畅，虽然运河已失去漕运的功能，但对从西河方面来往的船运颇有裨益。然而市区河道的改进并没有解决上游洪水的威胁，1939年依然发生了大水灌城。

裁弯前的运河[①]

① 此图为天津博物馆陈列品。

水文观测是水利工程的基础，顺直水利委员会下设流量测验处，开展了日常水文观测工作。杨豹灵任流量测验处处长，聘英国人罗斯为技术部长，负责水文技术工作。1918年在海河流域开设了13处流量站，在潮白河苏庄、北运河通县、子牙河献县、大清河新镇、卫运河德州、武城，次年在黄河陕县、泺口等处设立水文站。杨柳青水文站是天津最早的水文观测机构。到1920年，流量站、水标站共增至41处。

流量检测处在河北区大胡同旧海关道署内设立雨量观测点。1921年顺直水利委员会流量处迁至意租界五马路11号（1946年改称自由道14号）。1923年5月流量处又在意租界金汤四号路22号设立观测点，观测地点就在楼顶平台上。增加气温、湿度、蒸发量、风向、风速等项观测。

1923年，顺直水利委员会引进国外技术建成我国第一座大型钢筋混凝土水利枢纽工程——苏庄闸。1925年编制了《顺直河道治本计划书》，拟定了永定河的全面治理规划，并主持海河、黄河流域的水利行政等。

1928年6月，南京政府建设委员会接收顺直水利委员会，并改组为华北水利委员会，委员会聚集了李仪祉、须恺、李书田、张含英、李赋都、彭济群等一大批中外知名的水利专家，并聘荷兰水利专家以及海河工程局总工程师二人为顾问，由著名水利专家任主席。委员会下设总务处、技术处，技术处又下设测绘课、水文课、设计课。委员会除继续前会工作，并将其工作范围扩展至华北各河系上下游。

1929年1月，华北水利委员会发表顾世楫《筹设测候试验所意见书》文称："欲知陆地水量之多寡，必先自记载雨量。始而记载雨量，即属于测候范围以内，且为一最切要之事，其他若风向之转移、风力之大小、气温之升降、气压之变迁，几无一不与降雨之原因息息相关，而蒸发量之足以影响泄量，尤为一显著之事实。蒸发量之大小则又视乎气候而异。

是以测候工作在水文测量中，实占重要之位置。”[①] 同年3月，华北水利委员会第二十二次常务会议决议设立测候试验所。1929年4月1日，测候试验所在天津华北水利委员会院内正式设立，所址设在今自由道14号（原意租界四马路11号），位于华北水利委员会海拔16米的楼顶上。1931年测候试验所改为天津测候所。这时期华北水利委员会陆续增加日照器、灰尘测验器、能见度观测器、太阳热力测验器、雷达计、地温表等，增加观测项目，培训技术人员，执行业务规范，观测资料可靠，所有观测项目力求精确，1935年1月，天津测候所晋升为天津一等测候所。

地面高程是水利工程的基本依据，1931年测定的大沽高程永久性水准基点设在委员会楼首级台阶前。大沽高程的测定始于1902年初。近代历史上，我国华北西北等地所测绘的地形图曾长期将大沽高程系统作为标准，当时定名为“华北水利委员会基点”，后来天津市将此点定名为“特Ⅱ”，其历史影响极其深远。直到20世纪80年代对海河流域基准点的联测，各地才将大沽高程改为黄海高程。顺直水利委员会旧址所在地是极其珍贵的实地见证。

华北水利委员会除了继续开展水文测验、地形测量等基础工作外，还组织了整治海河水系各河的工程，完成了天津南大堤修筑、新开河整治、北运河回归故道、青龙湾减河整治、海河放淤等工程。

华北水利委员会还组织了一系列华北的灌溉工程，如滹沱河灌溉工程等，其中与天津有关的是崔兴沽模范灌溉试验场工程。这是我国最早的农田水利灌溉科研基地之一。该灌溉试验场位于河北宁河县（今天津市宁河区），后沽乡崔兴沽村东北，李自沽村西北，蓟运河西南岸，地理位置靠近蓟运河，水源充足，灌溉方便；地势平坦，利于整修；地形狭

① 华北水利月刊，第二卷，第一期，1929年。

长，便于规划；土壤胶状体含量较高，且地下水位高，种植水稻极为适宜。土壤酸碱性属碱性。引蓟运河水进行灌溉。1930年，崔兴沽模范灌溉试验场归属华北垦业公司筹建。翌年1月，委任刘仲瑞为工程师，徐泽昆为筹备专员。其间工程经费无着落，曾被迫暂缓施工。1933年3月，华北水利委员会第十六次委员会提出继续施工的决议，并得到了内政部批准施工。研究项目包括，确定作物最佳灌溉时间、灌溉定额确定、各种排水方法以及盐碱地改良等试验，拟在取得试验结果后向各地推广。后因七七事变爆发，科研工作停止。

海河水利委员会参与的另一项重要工程是海河放淤工程，亦称海河治标工程。该工程在1935年由华北水利委员会接办。工程计划共有6项：1. 加高培厚北运河堤防；2. 现有三角淀周围之堤加高到适当高度；3. 在北运河之北仓之北辟一适宜容量之新引河，以泄永定河及北运河之盛涨；4. 在北运河新引河口之下，建一充分排水之量之泄水闸；5. 在塌河淀区域，择一适宜面积，为新引河挟带泥沙之沉淀处，使该处卑湿之地，逐渐成可耕之高田；6. 将各河之可操纵机关集中管理。1932年春，各项重要工程完工，1935年3月又续辟淀南放淤区（即塌河淀）。[①]1934年7月工程开始放水。详细可见下表。

二十三年春汛	2月25日	4月21日	进行顺利
二十三年伏汛	6月26日		7月间永定河发洪三角淀，一部分洪水南流至南堤，决堤于22号房子附近，流入西河；一部分则于屈决口家店流入北河，均在节制闸下游，于是海河放淤工程失其效用。

① 参见二十五年海河放淤成效。华北水利月刊，第九卷，十一、十二期合刊，1936年。

续表

二十三年春汛	2月25日	4月21日	进行顺利
二十四年春汛	2月27日		3月间中泓漫溢水复南趋，经22号房子及屈家店两决口注入西河下游而归海河，放淤工程仍又失效。
二十四年伏汛	7月15日	10月3日	进行顺利
二十五年春汛	3月19日	4月28日	进行顺利
二十五年伏汛	7月7日	9月24日	进行顺利

1935年3月15日，华北水利委员会接收海河放淤工程，即面临两个问题：一是如何使三角淀内永定河水入进水闸；二是如何展开当年伏汛放淤。三角淀内原有三条主要行水河漕，即北泓、中泓与南泓，其中南泓早已断绝，而中泓行水已有十余年，河底淤高，疏浚费用非常巨大。经实地测量，北泓自调河头至史家庄约七八千米，早已淤平，史家庄以下尚有河形，约32千米。而且，在北堤外是龙凤河下游，地势低洼，将来可以作为第三放淤区。但是，委员会仍决定临时疏浚中泓，由河北省建设厅办理，终于在1935年7月初竣工，并开始放淤，至10月3日工程结束。

1928年，华北水利委员会根据顺直水利委员会制定的《顺直河道治本计划报告书》，开始对永定河治理进行全面规划。当时对于永定河的治理有两种设想，其一是取北道旧沙涨地入海，其二是取南道另辟新沙涨地，由于政局的关系没有实行。[①]1929年，华北水利委员会公布《永定河治本计划大纲》，1930年完成了《永定河治本计划》，这是海河流域规划最早的蓝本，其主要内容包括：1. 拦洪工程：兴建官厅水库、太子墓水库；2. 减洪工程：改建卢沟桥水闸、修理金门闸；3. 整理河道工程：整理堤防、约

① 参见郑肇经著：中国水利史。上海：上海书店，1984年。

束河身；4. 尾闾工程：疏浚永定河口以下之北运河、疏浚金钟河；5. 培修堤岸：6. 拦沙工程：建筑洋河及支流拦沙坝、建筑桑干河及支流拦沙坝；7. 放淤工程：北案放淤、南岸放淤等。[①] 永定河治本工程计划是一个整体综合规划，由于日本对华侵略和国内战争，根本无法实现。但是此计划在华北水利史上具有重要意义，对后来的海河治理有重要的参考价值。

华北水利委员会在天津留下的另一项重要设施是中国第一水工实验所。1928年9月，华北水利委员会成立后，召开了第一次委员会会议，主席李仪祉、常务委员李书田提出筹建河工试验场。这个提议虽经当时中央财政委员会通过，但未能落实。1933年4月，华北水利委员会与河北省立工业学院商定以华北水利委员会工程师李赋都为筹备专员，负责筹划设计华北水工实验所，但终因资金问题未能开展工作。1934年9月，华北水利委员会联合长江、黄河、淮河、陕西等9家水利机构和科研院所，成立试验所董事会，通过决议，改华北水工试验所为中国第一水工试验所。1934年，中国第一水工试验所筹备专员李赋都拟定《中国第一水工试验所设计大纲》，对试验所的工程范围、试验设备、试验材料、试验计划等进行了详细说明。[②]1934年6月1日，试验所工程开工，地址在天津河北工学院院内。1935年11月试验所建成，至1937年6月，为配合永定河治理计划开展试验项目，共开展了官厅水库坝下消力试验、卢沟桥溢流坝消能消力试验等5项试验。通过水工试验，华北水利委员会修正了永定河设计方案。

---

① 参见永定河治本工程提要。华北水利月刊，第七卷，一、二期合刊，1934年。

② 参见徐建平，李建强：华北水利委员会与华北水利事业的现代转型。历史教学（高校版），第12期，2014年。

中国第一水工试验所[①]

从顺直水利委员会到华北水利委员会，该组织在天津存在了20年。它不仅是一个行政机构，还是一个从科学研究到工程实施的综合体。它的先后组成人员都是当时国内水利科学的精英，大部分曾留学欧美。如顺直水利委员会首任主任李仪祉曾在德国柏林皇家工程大学土木工程科留学，参与创办了中国第一所高等水利专门学府——南京河海工程专门学校。须恺曾在旧金山的美国加州大学灌溉系学习，后来在华北水利委员会担任技术长。李书田曾在美留学，获康奈尔大学博士学位，任华北水利委员会委员，并历任多所学院院长。张含英曾在美国伊利诺大学和康乃尔大学学习，在华北水利委员会任职，曾任北洋大学校长。李赋都是德国汉诺威工业高等学校博士研究生，承担了中国第一个水工试验所的筹划、设计和施工任务，并出任水工试验所所长。杨豹灵于美国康奈尔大学毕业，任顺直水利委员会任流量测验处处长，天津市工务局局长。这些专家把西方先进的水利科学成果引进中国，并运用到水利建设中，转变了传统的水利工程建设方式，培养了一批近代水利人才，开展了水

① 此图为天津博物馆陈列品。

利科学研究。在水利测量与查勘、水利工程工程计划、水利工程实施三个方面，对华北河道、地形、水文、气象进行测量，获得了大量的数据，编制了大量水利工程计划，兴建了一批新式水利工程。这些工程的目的是防洪、放淤、灌溉、通航等，在工程的计划和设计中全面采用近代科学方法，依据大量的测量数据和科学理论指导，使国内水利建设完全摆脱了传统经验指导的旧套，形成理性的新的科学理念。华北水利委员会在华北地区水利建设过程中，取得了一定的成果，为华北水利事业发展奠定了坚实的基础。

/ 第七章 /

天津运河现状（1950—2015）

第一节 航运的衰退

华北的大运河在近代经历了转型，其一是漕运的结束，其二是由于天津开埠带来的内河航运的一度繁荣。广义上讲，运河是用以沟通地区或水域间水运的人工水道，通常与自然水道或其他运河相连。除航运外，运河还可用于灌溉、分洪、排涝、给水等。华北的内河航运既然以天津为中心，就必然将海河水系的大清河（上西河）和子牙河（下西河）加入华北运河的概念中，大清河与子牙河早在清末就已经是长芦盐运的重要组成部分。这种内河航运体系在一度繁荣以后，最终走向衰落，直至终结。

在平津战役中，河北地区的船队在群众支持下，利用大清河运输支前物资，为解放战争的胜利作出了贡献。1948年1月4日，董必武在华北交通会议上提出："船舶运费最省，低于铁路，更低于汽车……卫河和运河，经过冀中、冀南、渤海三个地区，需要建立一个统一的管理委员会，来保证航运的便利。"1949年6月，华北财政经济办事处卫运河管理委员会成立，后改组为中央人民政府交通部华北内河航运管理局。1951年，管理局与所辖的船运公司合并办公，在上游与平原省卫河航运公司成立新乡联营处，平原省撤销后接管了卫河航运公司，并于1953年由交通部直属划归为河北省领导，更名为“卫运河系河北省内河航运管理局”。1957年，卫运河以省界为准分建管理：天津至桑园281千米段由河北省管理，桑园以上至翟村铺325千米段由山东省管理，翟村铺至新乡252千米由河南省管理，同时先后在衡水和沧州分别成立衡水航运处和沧州航运处。[①]

中华人民共和国成立初期，河北省共有私营木船4 881艘，其中南运河有615艘，主要为对漕船和单身船。在1953年的民主改革中，华北民船工作委员会在船民中开展工作，建立公会，按照不同港区建立了联合运输社。由于当时的陆路运输不发达，大宗货物基本全部由航运局承运。据统计，今南运河天津码头，1949年8月9日货物运输量就有三万七千余吨。河北省各河全年货物运输量163万吨。1956年，实行了全行业公私合营，河北省合营民船达2 870艘，占民船总数的80% 以上。船民6 487人，船工5 656人。[②]

卫运河天津至德州段与京浦铁路平行，是铁路重要的辅助运输线，主要港站有天津、杨柳青、沧州、泊头、桑园、德州、临清、油坊、南馆陶、新乡等，在天津、沧州、桑园等地建有联合运输协作机构。子牙河—滏阳河航线从马头镇到天津长571千米，每年货运量在六十万吨以上。大清河连接保定与天津，统称津保航线，中间连接白洋淀及其支流，有新安、端村、雄县、七间房等，每年与保定和天津之间物资来往有15万吨左右。蓟运河主要在宁河、宝坻、蓟县、玉田之间运输，主要码头有汉沽、芦台、白龙港、上仓等，最高年货物流量六十多万吨。内河客运主要航行于子

① 参见马蒙泉等：百年内河航运。天津史志，第4期，2015年。

② 参见王树才编：河北省航运史。北京：人民交通出版社，1988年。

牙河与大清河。1959年，天津市杨柳青和塘沽曾经分别建了一座航运基地。1949年中华人民共和国成立后，有关部门对北运河进行了规划、修整，并一度恢复了水上运输。民间小型船只也一直从事短途运输，弥补了公路运输能力的不足。据《天津公路运输史》载，为满足武清杨村镇油厂煤炭、油料的运输需求，1960年5月，武清成立了航运站，并配备了45马力、90马力拖轮各1艘，另外购置了10艘其他小型船只，载重总吨位达150吨。上述船只主要航行于天津至杨村之间，还一度承接过由杨村火车站至杨村镇的短途客运，后因发生过一次事故停办。1964年5月，由于北运河河流水量不足，加之农田灌溉和工业用水增加以及闸涵设施的阻隔，北运河航运遂终止。

1963年发生特大洪水之后，1965年又出现了特大干旱，沿河各地拦河堵水浇地，各河上游兴建的王快、西大洋、安各庄、龙门等大型水库拦蓄了大部分河水，使各河水量急剧减少。各条河水逐渐断流，内河航运由盛转衰，大批木船只能维持区段运输，内河航路水程缩短。天旱少雨的情况一直持续多年，一度兴旺的内河交通运输出现了由盛而衰的局面。1976年，内河货运量锐减至10万吨，客运量减少至4.5万人。1980年后，大河运输即告全部停产。①

除了天旱少雨外，河道断流的更主要的原因是随着华北的工业化和城市规模的迅速扩大，水资源短缺的情况日益严重。工农业和城市用水量也迅速增加。如中华人民共和国成立初期，北京作为全国最大的消费城市，初期的人口才一百五十万左右；仅仅过了50年，它就飞速发展为人口超过一千万的超大型工业中心城市。北京自身拥有水资源，主要是密云和官厅两个水库不足十亿立方米的蓄水；而实际用水方面，仅北京

---

① 参见马蒙泉等：百年内河航运。天津史志，第4期，2015年。

城内的生活用水就需要10亿立方米，工业用水则需要20亿立方米。据统计，“为保证京津用水，河北省平均每年要调水21亿立方米供给北京和天津”，[①]1985年由于连年干旱，下游的少量雨水均被水库及沿河两岸灌溉用水拦截，内河航运完全停止。1985年，海河中游建设了二道闸以后，连接天津港的内河航运，已经基本废止。

第二节　运河本体现状

一、北运河天津段

1949年以后，海河流域仍然水灾频发，因此政府始终非常重视河道的治理，如1954年汛期，京津地区沥涝成灾，京津间的铁路被迫中断。从1950年开始，海河各河道都进行了堵口复堤工程，其中包括金钟河疏浚工程和潮白河下游新河道工程。1950年开始的治理潮白河新河工程，自香河经八台港入黄庄洼，全长36.5千米，还相应完成了苏庄至香河的堤防加固、生牧屯分洪和七里海滞洪工程。1952到1953年陆续完成黄庄洼张头窝退水闸；潮白新河自八台港至俵口入七里海新辟导流引渠，长40.4千米；完成七里海乐善庄至金溪河桥的东引河疏浚工程，引河长18.5千米。罾口河起于俵口河村西，东至汉沽入蓟运河。潮白新河建成后除相机分潮白河部分洪水入蓟运河外，还接纳青龙湾减河分北运河洪水，形成两河联合应用，但是潮白新河只能靠东引河和罾口河泄部分洪水入海，其余大量洪水滞蓄于黄庄洼和里自沽。

青龙湾减河与筐儿港减河到1949年时已大部淤塞。1950到1951年在

① 刘传正：论黄河下游断流问题。中国区域地质，1999年4月。

潮白新河工程的同时，对这两条减河也进行了疏通。这些工程提高了北运河的分洪能力，减轻了海河干流的防洪压力。

青龙湾减河于清雍正九年（1731年）开挖，主要是分泄北运河之洪水。上起自河北省香河县土门楼村，最初是经由武清、宝坻至宁河俵口村附近入七里海，全长71千米。青龙湾减河上口与北运河干流相交处，原先建有条石料的减水坝，1926年改建为分洪闸，即土门楼闸。1950年，政府曾对河道进行疏没复堤，在狼儿窝决口处建一分洪口门，设计流量1 150立方米／秒，以下入大黄堡洼滞蓄，下余50立方米／秒入潮白新河入海。

青龙湾减河原本位于河北香河境内，一直到赵家庄方入武清境。1958年，青龙湾减河以南原香河所属的部分镇村被划入武清，该河道即成为香河、武清两区县界河。1972年分别进行了河道疏浚，堤防培修，并于八道沽改道，穿里自沽注入潮白新河。同年春，将狼儿窝分洪口门改建为分洪涵。自东狼儿窝村以下，改道东流，开挖了“引青入潮”河道。这样，青龙湾河上游来水大部分经由“引青入潮”河道下泄，少部分经东狼儿窝分洪闸入大黄堡洼分洪区。

目前青龙湾减河由香河县土门楼进洪闸起，经河北香河，天津武清、宝坻区于大刘坡附近入潮白新河。右堤自刘皮庄至狼儿窝闸21.1千米属武清区管理，狼儿窝闸至大刘坡24.5千米属宝坻区管理，合计天津市境内右堤段长45.7千米；左堤自庞家湾至南洋码头属宝坻区管理，天津市境内段左堤仅30.4千米。

多年来，由于青龙湾减河上游来水较少，河口处又有里自沽闸蓄水灌溉，使得河道不断淤积，到1984年底，全河共淤积614万立方米，其中以津蓟铁路桥至河口约二十千米长的下游段淤积最甚，该段淤积量占全河淤积总量的76%。

清康熙三十九年（1700年）于筐儿港南、北运河左堤上年决口处建减水坝后，开引河向东经朱家码头、梅厂、郭罗庄、蔡庄、杨河以东至韩盛庄，入塌河淀，两岸筑堤。后经雍正、乾隆两朝挖河固堤，塌河淀淤废以后改入大黄堡洼。

1950年，废除原北堤分洪闸至马道桥以西堤段，将水导入西掘河、北掘河大三庄、小高口一线，进大黄堡洼停蓄，成为新引河，下游以普济河、蜈蚣河泄至潘庄，导入七里海。1952年，政府组织民工两万余人，动土146.7万立方米，修建20千米的新北堤：由筐儿港村南经洪庄子南、叉百户北、曹岗子村北、东狼儿窝村南与青龙湾右堤相接。1953年春，从八孔闸的南侧向东筑新堤一道，切断旧引河，到西掘河村南与旧北堤相接作为新引河之南堤。至此，老筐儿港引河全部作废，成为故渎。1966年6月至翌年7月，又开挖大高口至三岔口的导水沟，全长11.3千米，动土22万立方米。1971年开挖北京排污河以后，将大高口以东河道全部废除，选新线汇入永定新河。

1949年中华人民共和国成立后，多次对屈家店闸以下北运河实施护砌工程。1950年，实施北运河修筑堤防工程，自北蔡村至杨村段运河右岸，在原堤上修筑大型子埝，平均高1—1.5米，埝顶宽2米，汛前竣工。

1972 年，在北运河治理时，将杨村镇上湾段进行裁弯，废老弯道及原双龙桥，新建京津公路大桥，调整河道及公路的走向。1973年，扩挖北运河输水工程，扩挖由牛牧屯引河出口起至杨村止，长64.3千米，设计输水流量184立方米/秒。同时，实施了北运河下段堤岸加固工程，自屈家店起至天津新红桥止，长14.1千米，使行洪能力达400立方米/秒。

1976年唐山大地震时，北运河亦被波及，据查，右堤震毁6处，全长6千米，均为断裂，堤脚外喷沙冒水，河床突起，左堤震毁17处，全长2千米，沉落深度0.1—1米。其中大道张庄险工和左堤的大十百户两处裂缝宽度最大5—6米，塌陷1.5—2.5米。1976到1977年，政府对北运河张庄险工和左堤实施抢修工程，共抢修土方44万立方米。

1980到1990年，政府对北运河堤岸实施了浆砌石护坡工程，重点在老米店闸以下段，其中运河武清境内右堤共做了3处，长320米。1999到2001年，天津地区的北水南调工程实施，对引水线路自土门楼庄窝闸至屈家店闸段河道进行改造。2001年7月，自土门楼向北运河调水307万立方米，提前冲刷北运河河道，为运用北水南调一期工程相机向天津市南部地区调水做准备。

2001年4月，北运河综合治理工程开始，对屈家店闸至子北汇流口段河道实施了疏浚、清淤，并改善了水环境。2004 年开始，武清区实施了北运河城区段治理总体工程，北起京津塘高速公路，南至京山铁路桥，全长7.5千米，共分3个区段进行施工，即京津塘高速公路至北郑庄桥3千米、北郑庄桥至振华桥2.6千米、振华桥至京山铁路桥1.9千米。2005年，东起三元村泵站，西至密云桥，进行河道清淤，两岸绿化。

2012年，北运河老米店闸—筐儿港枢纽河道实施了清淤、护岸工程，其中重点实施了自振华桥至京山铁路桥段河道治理工程。同年，筐儿港减河与北运河连接处和北运河三岔河口—屈家店枢纽、北运河老米店闸—筐儿港枢纽的环境综合整治工程完成，同时完成了非城区段北辰区、武清区内河道的农村居民点的环境整治与迁村并点工作。

二、南运河天津段

中华人民共和国成立后，南运河方面实施了引黄济卫工程。1952年引黄济卫总干渠通水，卫河水源得到补给，百吨以上的大船和小火轮，可以四季畅通。但由于黄河水含沙量过大，长期引黄济卫使河道淤积，河床越来越高。1953年，南运河在吴桥白西铺、东光南霞口决口，1954年，又在景县苏官营、徐楼等地决口。为了分泄南运河洪水，政府对四女寺减河进行了三次较大规模的治理。1958年，南运河上兴建了四女寺枢纽，维持了运河的通航。南运河沧州段为下游段，承担着物资运输任务。20世纪70年代，沧州段南运河上兴建了安陵枢纽和北陈屯枢纽，均建有船闸。

近代以来，卫河—南运河是海河流域航线最长、运力最大的一条河流。清光绪初年，南运河上的四女寺、哨马营和兴济减河都已淤废。清末漕运停止后，该河渐淤涸，水患大增。据史料记载："仅恃捷地减水石坝一线分流，盛涨时仅能减水二三尺，即将土埝刷净亦仅过水六尺。"[①]

早在清光绪五年（1879年），为了分泄南运河洪水，并为当时马厂、小站、新城、大沽淮军屯田开一水道，直隶总督李鸿章调集在马厂驻扎的淮军周盛传部淮军三十余营（淮军一营为850—900人），分段挑浚了马厂减河。马厂减河又叫靳官屯减河，上起靳官屯，东至赵连庄入北大港，全长40.19千米，设计过水能力120立方米/秒。又在南运河右岸靳官屯减河入口处建石质双料五孔大桥闸一座。这座闸当时被称为靳官屯大闸，又称"九宣桥"，现名"九宣闸"。该闸初建时为木质叠梁闸门，每孔有8块闸板，每块高一尺五寸。当时规定无论运河水势大小，提放闸板不得超过5块，以示限制而重运道。这样闸上有3块闸板常年放下，共高四尺五寸，再加减河底高于运河底四尺，南运河水深可在八尺以上。"重运自足资浮运，下游也不致停淤"。[②] 1917年靳官屯减河南岸赵连庄决口4处。1920年，这条河重开，并正式命名为马厂减河，此后多次疏浚。九宣闸自修建至今已逾百年，至今仍在发挥作用。马厂减河沿途流经天津市静

① （清）周盛传著：周武壮公遗书，卷一。天津：天津古籍出版社，2017年。
② 海河志编纂委员会编：海河志。北京：中国水利水电出版社，1997年。

海区、滨海新区大港及河北省青县。堤段划界左堤从零点起至31.17千米段属静海区管理，31.17—40千米段属滨海新区大港；右堤从零点至3千米段属静海区管理，3—13.68千米段属河北省青县，13.68—22千米段属静海区，22.22—40千米属滨海新区大港。

1951年，为防洪考虑，减少海河流量，国家确定开挖独流减河。由独流镇北第六堡穿越大运河，和子牙河、大清河连通，引大清河水，向东南到万家码头，注入马厂减河。1952年秋动工，1953年夏完工。最初的独流减河，是对马厂减河的补充，十分有利于小站稻作区的灌溉。1953年，与马厂减河平交的独流减河建成，较大水流同时溢入北大港。独流减河开挖时，马厂减河北台至万家码头段，保留深槽，铲除堤防。由此马厂减河，被分割为上下段。上段九宣闸至马圈闸入引河至北大港漫流入海；下段万家码头至新城33千米，流经津南区28千米，于塘沽区新城西入海河干流，至此下段无行洪任务，变为引灌、排沥、蓄水河道。

1957年，赵连庄节制闸在马厂减河上建成，目的是限制马厂减河泄洪和防止独流减河高水位倒灌；马圈分洪闸扩建，以分泄马厂减河洪水经马圈引河入北大港。1963年8月14日，马厂减河最大分洪流量达193立方米/秒，超过保证流量（140立方米/秒）行洪25天。1971年根据《漳卫河中下游扩大工程初步设计》确定南运河承泄洪水300立方米/秒，捷地以下南运河下泄120立方米/秒，马厂减河分泄90—120立方米/秒，低于原有泄洪能力。

1968年，为保证大港油田的防洪安全，实施了独流减河扩建工程，兴修了北大港水库，使独流减河跨越马厂减河，进入北大港水库，由唐家河入海。扩挖后的独流减河，下游河面宽阔近千米，万家码头西千米桥跨越独流减河，桥长就有1 029米。1966到1969年，又进行了独流减河的扩建和开辟入海通道工程，彻底打通了独流减河直接入海的通道。

1970年，津南区在本区段内进行河道改造疏浚。1983年，于南、北台村之间独流减河南堤建马厂减河尾闸，同时疏浚了31—40千米一段的河道，并建部分生产桥，至此马厂减河才保住其上段的完整体系。

1970 年，由于南运河淤积，排水不畅，故对西青区境内的南运河进行清淤。1972 年，南运河穿杨柳青镇区段被裁弯取直，取道郝家嘴至三官庙对河一段。原河道于 1984 年填平后建设成为“杨柳青公园”，2002年，原河道恢复，在河流两侧建成“御河景观”带。

1979 年，南运河被调入市区污水，南运河西青区段基本成为一条排污河道。20世纪80年代，因独流减河维护复杂，对独流减河的三厢涵洞北大堤部位实行了彻底的封堵，从此独流减河以北至天津市区金钢桥段的南运河变为引水排沥河道。

2000年，三岔河口至三元村泵站南运河河段的治理完工。在三岔河口设泵站，提升海河水入南运河，经三元村连通涵流入西墙子河，最后再流回海河，形成环流。

2008到2012年，三岔口—杨柳青镇镇区段河道沿岸的环境整治和拆迁工作完成。期间，对南运河小口子闸—中心城区密云路段河道实施了截污、河道清淤、堤防改造等工程，同时治理了生活污染；完成了南运河三岔河口城区段、南运河外环线—密云路的环境综合整治工程；完成了非城区段西青区内河道的农村居民点的环境整治与迁村并点工作。

三、蓟运河

洵、州两河在天津市宝坻九王庄西北汇合后，始称蓟运河。是一条历史悠久的行洪、排沥、航运、灌溉等多功能河道。明代漕运除供应京师外，还转输蓟州供戍边军饷。明初漕船由大沽口入海转还乡河，再由窝头河转入州河达蓟州，终点在蓟州东南1.5千米，今犹存码头遗迹。明天顺二年（1458年）为免除海难，开凿塘沽新河至北塘运渠，使漕船全行内河，并于蓟州南30千米置仓（今下仓镇），后又迁于蓟州南15千米（今上仓镇），当地仍存龙王庙等和运河相关的遗迹。明万历十六年（1588年）因水害，楗塞宝坻北三岔口，迫州河由宝坻九王庄东南流入还乡河，今之蓟运河最后形成。近代随着公路、铁路相继发展，运输条件的改善，蓟运河的漕运逐渐减少而终止。

蓟运河河身多弯曲，多处对头弯，坡度平缓，行洪期为半地上河。中华人民共和国成立以前因为上游洪水得不到控制，潮白河的东南穿流和蓟运河下游河道宣泄不畅，经常发生洪涝灾害。中华人民共和国成立后，政府对蓟运河进行了规划和治理，上游修建了邱庄、海子和于桥3座大型水库，并4座中型水库。

1973年蓟运河在原防潮闸上游另辟新河道入海，从而基本上改变了潮白新河、永定新河、蓟运河诸河汇集尾闾不畅的局面。在根治海河时期（1968—1974年），政府又对北岳庄蓟运河大弯道进行了治理。1978年，水利电力部颁布《关于蓟运河小河口至江洼口段1978年度汛措施的通知》，河北省、天津市防汛指挥部制订了关于该段度汛协商纪要。

1976年唐山、丰南发生7.8级地震，对蓟运河造成较为严重的破坏，尤以宁河区、汉沽区为重，在宁河区、汉沽区境内蓟运河上公路桥、生产桥断裂坍塌，老防潮闸被震毁，新防潮闸受灾严重。堤防断裂下沉，最大裂缝宽达一米多，普遍下沉1.5—2米。1977到1981年连续5年实施恢复工程。

1982至1984年，马营至小高庄段长8.3千米，出现大堤横向裂缝67条，其中缝深贯穿地面以下14条。小高庄至八门城段长40千米，出现大堤横向裂缝34条，较严重的8条。1982到1990年，相关部门用度汛工程费对运河左堤蓟县段做浆砌石护坡12处，总长2.92千米，复堤18.8千米。右堤宝坻县段干砌护坡3处，总长300米，浆砌石护坡9处，总长1 714米，浆砌石墙3处，总长1 760米。

第三节　运河村镇（街区）

河西务

河西务现为河西务镇政府驻地，位于武清区北部，因紧靠运河西岸而得名。曾有过“河西坞”之称。汉魏时期河西务已成聚落。金代漕运兴起，地处天津河（北运河）边的河西务即成重要节点。

元代定都北京（元大都），开通河海联运，河西务已为出入京师的水路咽喉。元中统四年（1262年），朝廷在河西务一带设养马场数处。《元史·百官志》记：“至元二十四年（1287年）自京畿运司分立都漕运司，于河西务置总司，分司临清。”其中，“都漕运使司，秩正三品，掌御河上下至直沽、河西务、李二村、通州等处攒运粮科，建十四座漕粮仓库”。翌年，河西务漕运司领接海道运粮事宜。元贞二年（1296年），在河西务设平准行用库。又于“至元二十五年（1288年）内外分置漕司二，其在外者，于河西务置司，领接海道运粮”。河西务先是元朝廷高层漕运机构所在地，后是元大都外围最大的仓储基地。元朝户部在河西务设立分司，这里成了非常著名的榷税钞关。元人傅若金诗咏河西务：“驿路通畿甸，廒仓俯漕河。骑瞻西日去，帆听北风过。燕蓟舟车会，江淮贡赋多。近闻愁米价，素食定如何。”

明洪武元年（1368年），魏国公徐达率诸将进抵河西务，在此首战元兵。永乐元年（1403年），在河西务设武清卫和漕仓。“正统初（1436年）……移漷县钞关于河西务”。商货进京须由河西务领取红单赴京交税。天顺五年（1461年）修河西务渡口。隆庆六年（1572年）筑河西务城，正方形，边长500米，并设东、西、南、北四城，分别称为“寅宾”“拱阙”“阳明”“澄清”。城内外设府衙、钞关（税关）、驿站、漕运司、巡检司、户部分司等13个大小衙门。此时的河西务商民攒聚，舟航辐辏，店铺货栈林立，市集繁荣。明人李贲作《河西务》诗：“铁瓮新城十万家，闾阎旧俗竞繁华。堤连第宅公勋店，岸拥旌旗使者艖。税榷五材充国计，商通四海足生涯。会同诸夏咽喉处，各利烟波炫晚霞。”蒋一葵《长安客话》对河西务的定位是：“漕运之咽喉也。江南漕艘皆从此入……两涯旅店丛集、居积百货，为京东第一镇。”

杨村

杨村属杨村镇，现为武清区政府驻地，位于天津市武清区中南部。唐天宝元年（742年）地图上已标有杨村名。金章宗泰和五年（1205年）改凿运渠，“潞水通漕”，名“天津河”，即今北运河，史书载有“穿杨村以南直抵直沽”的文字。

考古发掘，位于北运河西岸的杨村遗址，面积1 200平方米，文化层厚1米。地表散布有较多磁州窑、钧窑、定窑、景德镇窑的各种瓷片，器形有碗、碟、杯、盘、罐等。并出土有“亳州”二字的素面大砖一块，长45厘米，宽22厘米。这证明杨村从元代开始一直是运河沿线的重要聚落，运河边上的大码头。《大元海运记》载：“……起运粮储，至杨村马（码）头交卸。讲究水程，自开洋上海等处至杨村马（码）头计一万三千三百五十里。”《元史》载：“由海洋抵杨村，不十日入京。”元朝中统二年（1261年），官府在杨村设立管领珍珠的民匠官，那时运河水清澈甘甜，盛产鱼虾，尤其是河中有蚌个大肉肥，俯拾即取。蚌内长的珍珠自然纯正，堪称上品。管领珍珠的民匠官专司珍珠采购筛选，作为贡品送入宫中，用以制作凤冠霞帔等的装饰用品，深得宫中后妃的青睐。村中农、渔民均因此受益。元代道士马臻北上进京，中途写下《舟次杨村》诗："前望同舟远不分，打头风急御河浑。蹇驴无力牵船缆，行到杨村日已昏。"

元、明、清三代一直在杨村设驿站。明万历年间移建杨村驿公署记碑文中称杨村"地以驿名"，于此设杨村驿丞、营汛千总、管河主簿、巡检官等。漕运给杨村带来空前的繁荣，杨村是明清以来武清最大的商品集散地和重要的漕运码头。明天顺八年（1464年）吏部尚书李东阳乘舟北上，在杨村遭风阻，触景生情，为后人留下诗句："春风东来河水混，惊沙走石天地昏。舟人喧呼怒涛涌，海若成斗辟龙奔。首船咫尺不得上，去路仓皇安可论？船欹几侧坐未稳，乘月夜过蒲沟村。"

清代漕运沿运河在通州、天津、济宁、淮安设巡漕御史，后在杨村增设满、汉巡漕御史各一人，专驻杨村管理剥船及北运河疏浚。至清嘉庆十六年（1811年）时，仅杨村一地即有官家剥船千只。清代诗人梅成栋有《夜泊杨村》一诗为证："野水千帆集，人声沸暮烟。楼台两岸寺，灯火一河船。邻舫多欢笑，深更尚管弦……"运河穿村而过，运河东侧称"杨村河东"，西侧称"杨村河西"。河东、河西两条五里长街上店铺买卖近百家，寺庙十余座，学堂近二十处，还建有广东、山西等会馆。

老米店村

老米店村位于武清区南部，属黄庄街管辖。元代为漕船停泊、剥浅转运之处，初设3个老米（漕米）店，称北、中、南老米店，后因房舍逐渐相连成片，遂合并为一村，成为漕粮转运的临时渡口，因而立村得名"老米店"。

老米店村水资源丰富，村中主干道为南北走向，东为北运河，西为永定河，全村夹在两河之间，呈条状布局，具有明显的“鱼骨”状肌理，是典型的临运河村落。村内还存有古树名木、老码头等，具有比较浓厚的历史文化氛围。老米店村东的北运河长约1.8千米，河上有老米店闸一座。村庄主路平行于北运河，最窄处相距仅五十米左右，这条路在历史上曾经是与运河相伴而行的驿道。

老米店村南的永定河和北运河之间距离最近处仅8米，两河夹一堤，堤坝同时具有防洪、交通等功能，作为南北向的主路，串联老米店、马家口、庞嘴等村庄。大堤视野开阔，两岸湿地景观丰富，具有发展旅游度假产业的自然优势。另外，该堤既是北运河右堤，又是永定河左堤。

永定河因下游水患较多，河床游移，曾被名为“无定河”。清康熙三十七年（1698年），为了控制无定河泛滥，确保天津安全，康熙皇帝亲自巡视，命直隶巡抚于成龙负责筑新堤以根治水患，“自良乡老君堂旧河口起，经固安北十里铺、永清东南朱家庄，会东安狼城河，出霸州柳岔口三角淀，达西沽入海，浚河百45千米，筑南北堤百八十余里，赐名‘永定’”。此后，随着北运河和永定河的浚治，大堤无论作为北运河右堤还是永定河左堤，出于保漕需要都经过了多次治理。因此，这座大堤蕴含着丰富的历史信息。而老米店闸是北运河沿线的重要水利设施，是具有一定代表性的20世纪遗产。

老米店村是因漕运而生的运河聚落，其鱼骨状的村庄肌理在北方平原地区具有代表性。

北仓

北仓是北运河漕运要道上的皇仓重镇。北仓镇历史悠久，自元代建村距今已七百余年，村子因运河而兴。因南来漕船较大，其中海航漕船多在千石以上，行至天津三岔河口后无法直接溯河北上，需倒小船经北运河入京。另外，朝廷用于备赈、平粜之粮，亦需存储于交通便利的三岔河口一带（史称“截漕”）。元至元十六年（1279年），朝廷在三岔河口至杨村之间，沿北运河置包括仓上、南仓、北仓在内的直沽广通仓，并设秩正七品大使管理，始见“北仓”之名。

明永乐三年（1405年），经海运抵直沽交卸的漕粮也需在北仓屯放，所以在北运河畔修露屯1 400座，屯储量达941 586石。永乐四年（1406年）建百万仓，可储粮100万石，由天津卫派兵戍守。

清顺治二年（1645年），在北仓境内卸漕量已逾四百万石。雍正元年（1723年），皇帝谕令户部：“天津卫系总会之所，理应修建仓廒。”遂在尹儿湾（今北仓旧址）建北仓廒48座240间，称“津邑储备仓”，年储粮40万石，周转漕粮四五百万石，是当时天津最大的皇仓。清诗人华鼎元曾在《北仓》一诗中作了描述：“寥落仓储矮屋斜，平林秋色噪寒鸦。夕阳渡口停舟望，沿岸纵横数十家。”

如今，南仓、北仓一带的仓廒旧迹皆无，取而代之的是鳞次栉比的高楼大厦，那些令人回味的漕运盛景已渐行渐远。

西沽

西沽位于天津市区的北部，北运河尾闾。《光绪重修天津府志·地舆·山水》说：“自顺天府武清县内三角淀之水入直沽，即西沽也。”西沽由水名而地名。明万历十六年（1588年），天津兵备道造渡船，在西沽大清河设天津第一个大型官办渡口。崇祯十二年（1639年），因防务之需，在西沽修建炮台，这表明当时西沽应已初具规模。

明清时期，京津驿道沿北运河右岸经西沽进出天津城，为比较固定的京师大道。清乾隆三年（1738年），京津驿道称西沽叠道。康熙五十四年（1715年），官府斥资建造天津的第一座浮桥——西沽浮桥。后来又在西沽的子牙河上修建了天津第一座钢结构桥——大红桥。

到清代雍正年间，西沽人烟稠密，商贸繁盛，长芦盐场设天津县西沽巡检，天津钞关也在西沽设稽查口。《津门保甲图说》记载，“西沽村落民舍颇繁”，为“津北名村”。村中龙王庙、三官庙、关帝庙、土地庙、药王庙林立，还有两座清真寺和一座基督教堂。

现在西沽仍保存有全国重点文物保护单位北洋大学堂旧址及韩家大院、丹华火柴厂宿舍、西沽基督教堂等遗址遗迹。

杨柳青镇

杨柳青镇位于天津城西南，为西青区政府驻地，南运河穿镇而过。宋庆历八年（1048年），黄河决口北流，河道在此汇流东下，得名“流口”，又因杨柳成荫而名“柳口”。金泰和五年（1205年）改凿南运河，由靖海（今静海）独流至柳口（今杨柳青），合于信安海壖（三岔河口），杨柳青成为南运河重要节点。金贞祐二年（1214年），柳口镇始有明确地名。

元至元二十六年（1289年）京杭运河贯通，杨柳青镇逐渐成为运河沿岸的重要码头和物资集散地，漕运带动了杨柳青镇商业和文化的繁荣，至清代已发展为津沽重镇，有人记载其“地方繁富，几与从前城治相埒”。清代康熙、嘉庆等皇帝多次经停或驻跸杨柳青。《津门保甲图说》中明确记载了杨柳青大王庙、玄帝庙、真武祠、龙王庙、杨青驿站、运河渡口，以及杨柳青镇里现存的估衣街、石家大院、文昌阁、明代席市遗址等，见证了杨柳青镇市井文化的繁荣，特别是带有运河文化基因的杨柳青木版年画蜚声全国，“赶大营”商业文化名震西北，彰显了杨柳青运河文化名镇的魅力。

独流镇

独流镇位于静海区北部，因南运河、子牙河、大清河三河汇集到此，合为一流，而得名独流。宋、辽对峙时，北宋于此设乾宁军独流东寨、独流西寨。宋淳化四年（993年），朝廷于此设稻田务。

金、元时期南运河通漕，独流便为水旱码头。明永乐年间移民渐多，遂成集镇。独流凭借运河舟楫之便，得漕运之利，商旅十分发达。

另外，独流镇因独特的地理位置，自古便为军事要塞。明嘉靖年间设独流北寨、独流东寨。清咸丰三年（1853年），太平天国北伐军和清军曾在此展开多次激战。光绪二十六年（1900年），义和团首领张德成在独流镇北老君庙（今独流镇胜利街）内，建立了具有广泛群众性的反帝斗争组织。军旅文化与漕运文化为古镇增添了神韵。

独流因水而兴，优质的水资源酿造出风味绝佳的独流老醋，其以特有的酿制工艺和上佳品味与山西陈醋、镇江米醋并称为我国三大名醋，古镇独流因此得名“运河醋乡”。独流老醋始创于清康熙年间，鼎盛于乾隆年间，至今已有三百多年的历史，作为贡品，每年腊月送往北京。光绪三十一年（1905年）《直隶全省商务概况》中记载：“天津府静海县独流醋行销天津、河南、山东……”。

静海旧城

静海旧城位于天津西南部，现为静海区政府驻地，为典型的运河历史文化名镇。旧城源自南运河的开凿，因水而兴。东汉末年曹操开挖平虏渠，隋开永济渠，均经此城而过。宋太平兴国七年（982年），宋辽对峙时，宋乾宁军设置涡口寨，并驻军开荒屯田。金明昌四年（1193年）置靖海县。元代沿用旧治。明洪武初改“靖”为“静”，静海由此定名。明代以来，静海已成为南运河畔上的一个重要商业城镇，漕船往来，商货云集，街市繁荣。

静海旧城沿南运河两侧分布，略呈“凸”字形，早期有南北向街道14条，东西向街道14条，胡同349条，呈网络状布局。旧城西南的城隍庙，为明洪武初年兴建，万历年扩建重修，清咸丰年遭火焚复建，一直香火极盛。

1909年津浦铁路修建时，德国人修建了静海火车站，为日耳曼式风格建筑，当时为四等站，后改为三等站。火车站建筑面积910平方米，二层小楼，砖木结构，用枋桷挑出四面廊檐，下层为大厅，上层为隔间办公用房，尖顶，红色筒瓦，现在基本保持原貌。

西钓台村

西钓台村位于静海区陈官屯镇南侧，港团引河与南运河交汇处，隶属陈官屯镇。西钓台村历史悠久，因传说姜子牙曾于此处垂钓而得名，现存古文化遗址较多。村西北500米有战国时期的古城洼遗址，曾经水利施工中，在遗址东北部发现密集的水井，文化层厚1.5米，内含大量建筑材料、带戳印的陶片、青铜剑、陶器等。

村西北400米处有西汉时期的西钓台古城址，现为天津市文物保护单位，城址略呈正方形，东西长520米，南北宽510米。城墙地上部分已被夷平，成为高出附近平地一米多的高地。墙基部分深1.7—2.5米，宽28米，墙下压有战国地层。城内文化层厚0.5—1.1米，地表散布有大量建筑材料和陶片。根据《水经注》所说方位，此城应为西汉时东平舒县治故城。

唐官屯

唐官屯位于静海区西南部，南运河东岸。始建于明永乐年间，据说立村人叫唐世义，率移民来此垦官田，初称唐世义屯，后简称唐官屯。

唐官屯依河建村，13条东西向街道大多起自南运河沿，呈扇骨状排列，为典型的运河村落。

汉末平虏渠、隋唐永济渠均从此而过。明清漕运兴盛，唐官屯即是南运河进入天津的首站码头，商贾云集，市肆兴旺。清光绪六年（1880年），清廷调集军队开挖马厂减河，坐落在南运河与马厂减河交汇点上的九宣闸，是南运河上的标志性建筑，至今仍在使用。运河沿岸的清真寺、马厂减河铁桥和唐官屯火车站等历史建筑与保存下来的战争遗址、古码头、古民居、古街巷、古商埠、古庙宇等历史遗产，见证了唐官屯久远的历史和丰富的文化内涵。

南运河、京福公路、津浦铁路穿镇而过，使唐官屯镇成为北上津东、南下江浙的交通要道。

芦台镇

芦台镇位于天津东南部，蓟运河南岸，曾名将台、海口镇。芦台原为退海之地，部分地域芦苇丛生，中间夹杂高台可供居住，故名芦台。五代时（907年），刘守光于海口镇置芦台军。后唐同光元年（923年），赵德钧镇守芦台军，在芦台开置盐场，“复开渠运漕盐于瀛、莫之间，上下资其利，遂致饶衍赡于一方”。辽金时代芦台产盐最盛。元至元十九年（1282年）芦台设立盐使司。明代设芦台盐场，归长芦盐司，派驻巡司大使管理盐业。清代在芦台驻有通永镇总兵、天津河捕通判、巡司盐大使、游击、都司、守备、千总、把总、经制外委、古北军等文武官员。为加强防御，清咸丰十年（1860年），芦台镇四周开挖护城河道，并筑起土城墙，东、西、南各开一门，搭有木桥。城墙高2.6米，顶宽2米、底宽8.3米，横向每隔1.6米筑有垛口。

芦台镇因地滨蓟运河，自古为水陆要冲，一向为盐、煤、粮食、杂货聚集之区，并由水运转运东北或京津地区，镇内“商贾辐辏，庐井繁多”。清末，镇中较大商户店铺21家，镇内及至镇外经商者达3万人之多，多半出于芦台镇。至民国时期，芦台镇各种店铺作坊已达233家。清雍正时期，镇内陆续建起文昌阁、观音寺、宝塔寺、白衣庵、龙王庙、天齐庙、盐母庙、三官庙、真武庙、药王庙等。清末民初，又建有天主教堂、福音堂和清真寺各一处。

第四节 国家文化遗产和列入世界文化遗产的河段

一、大运河天津段国家级重点文物保护单位

2006年5月25日，国家文物局确定由北京市、天津市、河北省、山东省、江苏省、浙江省联合申报的京杭大运河为全国重点文物保护单位。2013年国务院将京杭大运河、隋唐大运河和浙东运河合并为新的全国重点文物保护单位——大运河。2014年大运河成为世界文化遗产。

（一）大运河天津段界定

天津市境内的大运河流经静海区、西青区、南开区、红桥区、河北区、北辰区、武清区等7个区，在天津市区的三岔河口交汇入海河。总长度181.9千米。

北运河天津段全长91.8千米。

北端武清区自大沙河乡大友垡村入境，至黄庄乡马家口村南出境，长62.3千米。

北辰区段自双街镇小街入境，至天穆镇霍嘴出境，长21.5千米。

红桥区境内段依北运河右岸，自咸阳北路街千里堤入境，至三条石街三岔河口，长约8千米。

南运河天津段90.1千米。

南端自静海区大张屯乡梁官屯西南入境，至北肖楼乡十一堡出境，长49千米。

西青区段西起大杜庄，东至赵庄子，长33.8千米。

红桥区邵公庄，至三条石街汇北运河，长7.3千米。

（二）保护范围

根据《大运河天津段国土空间管控细则》规定，大运河天津段的保护范围面积为69.8平方千米，建设控制地带的面积为133.86平方千米。

二、世界文化遗产北、南运河天津三岔口段

北、南运河天津三岔口段是南运河与北运河的连接段，包括北运河最南端的部分与南运河最北端的部分，总长度71千米。其中北运河部分北起筐儿港减河与北运河连接处，南至天津三岔口狮子林桥，长48千米；南运河部分北起天津三岔口狮子林桥，南至天津杨柳青镇镇区，长23千米。

遗产边界区：北起北运河与龙凤河交叉处，向南沿北运河至三岔河口处再向西折，沿南运河直至杨柳青镇止。沿线两侧均以运河岸线外扩5米为界，遇堤时，则以外堤脚线为界。

缓冲区：以遗产区整体外扩50或300米为界；其中在武清区、天津市中心城区、西青区外扩50米，其余均外扩300米。

遗产区面积975公顷，缓冲区面积2 493公顷，合计3 468公顷。

组成部分名称	组成部分编号（地图编号）	地区	四角坐标（左上为A点，顺时针标注）	中心点坐标	申报部分面积（ha）	缓冲区面积（ha）
北、南运河天津三岔口段	BY-01	天津市	A：117°03'36"E 39°25'49"N B：117°04'26"E 39°25'59"N C：117°00'07"E 39°07'38"N D：116°59'59"E 39°07'54"N	117°05'23"E 39°16'20"N	975	2 493

北、南运河天津三岔口段遗产类型为运河水工遗存河道。北运河遗产特征历史上见证海漕转运的节点；南运河遗产特征以众多弯道工程降低纵比降保证航运畅通的河道。北、南运河天津三岔口段是北方城区运河典型段落之一。南运河与北运河的交接处，见证海漕转运的节点。

第五节　大运河的不可移动文化遗产

天后宫

天后宫位于南开区东北部，古文化街中段西侧，海河右岸，原三岔河口附近。占地5 280平方米，建筑面积1 341平方米。建于元泰定三年（1326年），原名“天妃宫”，民间称“娘娘宫”。明永乐元年（1403年）重建。清康熙二十三年（1684年）改称“天后宫”。建筑群坐西朝东，面向海河，由山门、牌坊、前殿、大殿等组成，属典型的中国传统庙宇式建筑，是天津市区最古老的建筑群，也是中国现存年代最早的妈祖庙之一。初建于元代海上漕运时期，每年农历三月二十三日是天后妈祖的诞辰，以天后宫为中心举行大型民间酬神庙会活动。天后宫于2012年5月进行大修，同年12月3日，完成修缮重新对社会开放。天后宫为首批国家级重点文物保护单位。

清真大寺

天津清真大寺位于天津老城西北角小伙巷大寺前街，始建于清初的顺治元年（1644年），坐西朝东。康熙十八年（1679年）曾进行扩建，占地面积5 000平方米，建筑面积2 200平方米，礼拜殿加大到三十余间。其中礼拜殿建筑面积约有一千平方米，可同时容纳千人进行礼拜。嘉庆六年（1801年）第二次扩建。咸丰二年（1852年）建石制群廊护台和三百余平方米沐浴室。同治四年（1865年）建两个亭式楼阁和北南二道门楼，光绪三十一年（1905年）在大门对面修建了高大照壁。

天津老城外西北角地区北依南运河，来自安徽、湖北、河南、河北的回族船民多往来于此，并陆续定居下来。得名于永乐年间的大伙巷、小伙巷，主要为回族民众居住。这一地区的回族民众，除从事渔业、运输业之外，大多以加工制作和经营清真食品为业，是天津地区清真食品加工制作和牛羊交易比较集中和繁华的地方。清真寺礼拜殿前厦悬挂“本原共溯”匾，跋文记载：“封翁石义广以寺狭且朽宜修，首先捐助，众乡老有余者捐资，不足者出力，兼有人力钱力并出者，莫不鼓舞从事，七年冬工程始竣。”

1960年曾进行过一次较大修缮，后在1976年地震中几乎被毁殆尽。1979年，政府拨款四十余万元，将该寺修葺一新，恢复开放。1982年，天津市政府再次明确清真大寺为市级重点文物保护单位。

金家窑清真寺

金家窑清真寺位于天津市河北区金海道，紧邻南北运河与海河交汇的三岔河口，始建于万历二年（1574年）。《天津金家窑清真寺碑记》记载："前明万历二年间，皖省安庆回教运输皇粮船帮，沿运河由南而北蜿蜒数千里……每当抵津，恒以未有朝拜之处为憾。于是该穆姓民等有变卖船产者，有凑措资材者，乃在津城东北隅金家窑地方滨河东岸购房数椽，权作朝拜之天房……"此后，不少南方回族商人、工匠、船工等，迁移至金家窑清真寺周边，围寺而居。

金家窑清真寺全寺建筑总面积为2 000平方米，大殿建筑面积为200平方米，清真寺礼拜大殿的建筑形式为中国古典殿宇式。1917、1984、1988和1990年，分别对大殿、南北讲堂和门楼进行了修缮。

望海楼教堂

天津望海楼教堂旧称"圣母得胜堂"，位于河北区狮子林大街西端北侧，紧邻三岔河口，斜对狮子林桥。望海楼教堂原址望海楼，建于清代康熙年间。南、北运河与海河在此交汇，漕船舳舻，漕粮中转，商贩麇集。望海楼的旁边，还有香火旺盛的崇禧观、望海寺等庙宇。第二次鸦片战争后，英、法等国与清政府签订了《北京条约》，法国获取了在中国"各省租买地"和"建造自便"的"权利"。1862年，法国在望海楼一带获得15亩土地的"永租权"。望海楼教堂于同治八年（1869年）由法国天主教会建造，具有欧洲哥特式建筑风格，是天主教传入天津后建造的第一座教堂。次年6月在"天津教案"中被天津民众烧毁。光绪二十三年（1897年）帝国主义分子用清政府赔款，在废墟原址重建，增建了角楼。光绪二十六年（1900年）在义和团运动中再次被焚毁。现存望海楼为光绪二十九年（1903年）用“庚子赔款”按原形制重建。1976年因地震严重损坏，1983年修缮。海河裁弯取直后的三岔河口位于教堂的上游，因此该教堂见证了新老三岔河口的地理环境变迁。

1988年1月13日国务院公布望海楼教堂为第三批全国重点文物保护单位。2017年12月2日，入选“第二批中国20世纪建筑遗产”。

杨村清真寺

杨村清真寺位于杨村雍阳西道南侧，七街牌坊胡同。该寺坐西朝东，占地3 000平方米，建筑面积970.9平方米，始建于明泰昌元年（1620年）。明永乐帝迁都北京，当地回族官吏亲属家眷、商贩、回族士兵及回族百姓随朱棣北迁，以充实畿辅之地，部分落户于水旱码头杨村，今五、六、七、八街，形成回族聚居区。该寺集阿拉伯亭殿格局和中国古建筑风格为一体，突出了回族清真寺建筑的独特风格，整体殿房突出悬角24处。主要建筑礼拜殿面阔三间，由前后三座建筑勾连搭构而成，砖木结构，顶上建望月楼。清乾隆帝赐匾一块，书“至诚无息”，现仍悬挂抱厦内。同治元年（1862年），皇帝驻跸杨村，亦曾瞻仰清真寺，并赐“至公至慈”匾额。1935年夏清真寺受雷击，曾失火烧毁后殿一层。1937年，按原样修复。1981到1984年该寺再次修葺，基本恢复原状。

顺直水利委员会旧址

顺直水利委员会旧址位于天津市河北区自由道24号，1918年由北洋政府原国务总理熊希龄主持的顺直水利委员会在此成立，1928年改组为华北水利委员会。1929年明确以华北各河湖流域及沿海区域为其管辖范围。1931年在该会院内首级台阶前，设有大沽高程水准基点。抗战胜利后改组为华北水利工程总局。建筑为砖木结构，两层带半地下室，中心为三层塔楼，平面呈“L”型，规模较大。2006年修复，2013年列入天津市人民政府公布的天津市第四批文物保护单位。

石家大院

石家大院位于杨柳青估衣街南侧，南运河故道北岸。始建于清光绪元年（1875年）。大院依河傍水，宅门临河，建筑格局具有运河人家的特色，是我国北方保存较完好、艺术价值较高的大型民宅群体建筑。

清雍正年间，石氏先人即从山东来到天津一带操船营运。乾隆五十年（1785年），从石衷一开始落户杨柳青，其子石万程颇善经营，家资日丰。到石万程之子石献廷时期，石家已一改累代单传而人丁兴旺，家大业大。石家的发迹与明清时期天津漕运的兴旺，粮米盐业的发展不无关系，号称杨柳青首富的石家当时已有万亩良田，及银庄、当铺、布庄、酱菜园。从光绪中期，每遇冬季大雪，石家必雇人清扫由杨柳青至天津市区的南运河道中的积雪，以利冬季运河上专门的交通工具“冰床”通行，使百姓得以撑冰床，赚钱养家，过路行人也得其便利，故有“石善人”之称。石家大院原是石万程的第四代孙石元士的宅第。堂院坐北朝南，由大、小四进院落组成。东院是三套四合院，为长辈及各房子孙居所；西院建客厅、戏楼和佛堂，是会客、娱乐、祭祀之所。大院建筑用料考究，做工精细，砖雕木刻形式多为“福寿双全”“岁寒三友”“莲荷”“万福”“连珠”等具有寓意的喜庆吉祥图案。

1987年石家大院开始修复工程，历时6年，修缮完成。整个院落占地七千二百余平方米，其中建筑面积两千九百多平方米。60米长的大甬道两侧共有四合套式院落12个，院中有院，院中跨院，院中套院；从寝室、客厅、花厅、戏楼、佛堂到马厩，无论是通体格局、建筑风格，还是艺术装饰，都反映了清末民初的文化遗存和当时的民俗民风。1992年大院对外开放。2006年5月25日，石家大院作为清代古建筑，被国务院批准列入第六批全国重点文物保护单位。

天妃宫遗址

天妃宫遗址位于天津市河东区大直沽中路，海河左岸。主遗址天妃灵慈宫始建于元至元年间，是元、明、清三代河海漕运历史的见证。

元定都北京后，漕运问题立刻提上日程。元朝廷每年的粮赋收入1 211万石，其中有1 000万石来自江南。为此，元朝开辟了东南沿海到直沽的漕运，东南沿海的粮食等物资源源不断地经直沽海口进入内河，再运往大都。为了祈祷海上航行的安全，元世祖至元年间在大直沽修建了天妃灵慈宫，这是中国北方地区年代较早的妈祖庙，与福建湄州妈祖庙、台湾北港朝天宫并称为中国三大妈祖庙。

元泰定三年（1326年），天妃庙重建，时称“东庙”。明万历六年（1578年），天妃灵慈宫重修。清代天妃灵慈宫又数次修葺。光绪二十六年（1900年），天妃灵慈宫毁于庚子事变。光绪三十一年（1905年），复建天妃宫大殿三间。1950年以后，天妃宫逐渐成为遗址。

1998年12月至1999年1月，经过天津文化遗产保护中心的考古发掘，在天妃宫遗址发现元代建筑基址和明清时期大殿基址，出土大量元、明、清时期生活器皿、建筑构建等重要遗物，因此就地建设遗址博物馆，占地面积5 800平方米，建筑面积3 000平方米。2002年，元明清天妃宫遗址博物馆正式开馆。2006年，天妃宫遗址被列入第六批全国重点文物保护单位。

军粮城遗址

军粮城遗址位于东丽区军粮城镇刘台村西南1千米处，东距贝壳堤0.5千米，南距海河4千米。现城墙已平，呈略高出周围平地的长方形土台，南北长320米，东西宽250米，四面城垣，东垣现为土道，其余三面城垣较城外高0.5—1米不等。城内文化层厚0.3—0.5米，采集到具有唐初特征的青瓷深腹实足碗7件，以及三彩钵、青瓷盘、青釉双耳罐等残片。陶器多为泥质黄灰色，器形有盆、碗、瓮、双耳罐等。据杜佑《通典》记载，军粮城附近海口在唐代称“三会海口”。军粮城城址应和唐代前期海上漕运有关，是唐朝河北漕运的产物。

当城寨遗址

当城寨遗址位于天津市西青区辛口镇当城村西800米，为宋代所建。遗址平面长方形，南北长160米，东西宽100米，城墙夯筑，原高6米，地上部分已毁，只存墙基。城内地面暴露有白瓷片、泥质灰陶片残砖瓦等。出土北宋铜钱、铁锅、盆和双鱼纹铜镜一面。

宋辽对峙时期，北宋利用原有聚落设置寨铺，有“钓台、独流北、独流东、当城、沙涡、百万”[①]6个寨，此遗址应当是北宋乾宁军值守的当城寨。2013年，天津市人民政府将其列入第四批天津市文物保护单位。

十四仓遗址

十四仓遗址位于大沙河乡东西仓村，沿北运河旧道两岸分布，南北长约一千米，东西宽0.5千米，面积50万平方米，文化层厚1—2米。主要由3个岗子构成，以东岗子散布瓷片最多，北岗子地下掩埋有砖墙、下水道等遗迹。历年出土大量文物，有“皇甫”“西京”等铭记的铜权、铁权、石砚、龙泉窑影青小狮、定窑小瓷人、铜镜，以及定、磁、钧、龙泉等各窑系的碗、碟、盆、罐、炉、盏等各种瓷器。这里除行政机构外，还有大批的仓储设施，见于《元史》记载的有14座，即：永备南仓、永备北仓、广盈南仓、广盈北仓、充溢仓、崇墉仓、大盈仓、大京仓、大

① 许嘉璐编：二十四史全译·宋史，卷八十六，地理二。上海：汉语大词典出版社，2004年。

稳仓、足用仓、丰储仓、丰积仓、恒足仓、既备仓。《天津市地名志·武清县》记载:“至元二十五年(1288年),为储存漕粮于该地邻近设十四所仓廒。元末因水患、战乱,仓廒废置,演变为村落。”据传,遗址东南侧的海子为停船处,海子附近的隆起高地为码头。

西仓遗址

西仓遗址位于武清区泗村店镇太子务村西北800米处。遗址略高于周围地面,面积4万平方米,文化层厚0.8米,地表暴露有大量的沟纹砖、素面筒瓦和各种瓷片。采集辽代遗物有沟纹砖、筒瓦和白瓷碗残片;元代遗物有磁州窑、钧窑、龙泉窑瓷碗、碟残片,据此推断,遗址应为辽、元时期产物。遗址西面有古河道,传说是萧太后运粮河。

东西仓沉船遗址

东西仓沉船遗址位于河西务镇东西仓村东南的北运河故道西岸,属元代遗存,1973年被发现。船头为方形,长5米,距地表2米。船体木质坚硬,保存完好。船身和尾部压在京津公路之下。沉船所在地距离元代十四仓旧址仅500米。

陈庄沉船遗址

陈庄沉船遗址位于河西务镇陈庄村北运河东岸转弯处,属元代遗存。船长十米余,船体距地表以下2米。出土有铜构件及瓷碗、瓷碟等物件,船体仍保存在地下。

双树村沉船遗址

双树村沉船遗址位于大良镇双树村东南黄沙河(元初的北运河故道)东侧,属元代遗存。船只有两艘,相距200米。一艘为对槽船的一半,两侧弧边近等腰三角形,长10米,船内装高粱类谷物,出土白瓷碗一只和铜钱一千余枚，多为唐、宋钱，最晚一枚为“至元通宝”。白瓷碗敞口，直径20厘米，近底处露胎。另一艘为小船，两头尖，中间宽，长5.6米，无其址遗物出土。两艘船体均距在地表以下2.5米被发现。

聂官屯沉船遗址

聂官屯沉船遗址位于南蔡村镇聂官屯村东北运河东岸，属元代遗存。1960年被发现，长约八米，船体距地表2米。出土有部分船板、船钉及元代白釉露胎瓷碗残片，船体仍原地保存。

杨村五街沉船遗址

杨村五街沉船遗址位于杨村五街北运河西岸，属元代遗存。1974年被发现。沉船距地表2米，仅见船头，船身和船尾仍埋于岸下，长度不明。出土有白瓷碗、窑碗残片和铜钱数十枚，多数为宋钱，有“政和通宝”“祥符元宝”等。

三角坝沉船遗址

三角坝沉船遗址位于河西务镇秦营村北运河西岸，属元代遗存。1973年被发现。船体距地表2米，出土船板数块及白瓷碗1件，敞口斜腹小圈足，近底处不挂釉。船体基本保存完好，现仍埋于地下。

北仓沉船遗址

2012年5月，在北辰区双街镇张湾村东南边北运河河道转弯处，考古工作者挖掘出了三艘明代古沉船，其中保存完整的一艘长12.66米，宽2.2米。共清理出元明清不同朝代的韩瓶、瓷器、陶器、兽骨等一百一十余件。沉船均是明朝内河漕运的浅船——剥船。这种船一般长12—13米，船底宽达2.2米，齐头齐层平底。船可载一百多石粮食，可单独行驶，也可连成一串，由拖船拖带航行。

张湾一带是很大的河湾，河道较陡，永定河一部分水流从这一带涌入北运河，造成流急量大，冲刷出“U”字形河湾。北运河受渤海潮汐的影响，在河道急转处，与顺流而下的河水相遇会形成湍急的旋涡。明嘉靖年间，该地的河湾堤岸被冲刷变形，村名称“马蹄湾”。每逢汛期，常常白浪滔天，似万马奔腾，所以民间把这里叫做“白马湾”。据此判断，沉船极有可能是行至此地，偶遇水患而倾覆。

沉船现在河东区大直沽元明清天妃宫遗址博物馆内展陈。

小南河沉船

小南河沉船遗址位于西青区精武镇小南河村东。1987年发现，年代不详。木船距地表深2米，船头朝西北方向，仅局部暴露，长宽皆不明，现原地封存。传说过去此地曾是运粮河故道，今为水坑。

杜庄沉船

杜庄沉船遗址位于西青区上辛口镇大杜庄村西南。1971年，在南运河清淤中发现，埋于河堤下，距地表2米，船体长40米，宽4米，高1.5米，对槽，共有4个仓，满载青砖，砖长48厘米，宽24厘米，厚12厘米。砖上有明嘉靖十三年（1534年）和“三十年加派窑户许大成、作头王大用造”刻字。同时出土青花瓷碗、碟，“天启”铜钱等遗物。据此推断，沉船应为明代遗物，如今船体已毁。

元蒙口沉船

元蒙口沉船遗址位于静海区沿庄镇元蒙口村。1978年取土时发现，船体距地表深4米，方艏、方艉、平底，长14.62米，宽3.9米，船内用12根横梁支撑，船肋用硬杂木杆弯成，船后有三角形平衡舵。舱内出土白瓷碗、陶碗、“政和通宝”铜钱和苇席、麻绳等遗物。据此推断，沉船应为宋代遗物，现原地封存。

第六节　大运河相关的非物质文化遗产

天津地区运河流淌千年，蕴含着深厚的运河文化。因运河而形成的丰富多彩的非物质文化遗产是天津运河文化遗产的重要组成部分，充分反映了天津地域优秀文化的特色。记录、传承、弘扬这些优秀文化，是书写天津运河史的题中之意。

一、北运河边的非物质文化遗产

杨村糕干

杨村糕干是京津地区流传的一种深受人们喜爱的风味小吃。《武清县志》记载，燕王扫北时，“随龙北上”的浙江绍兴府人氏杜金、杜银兄弟二人，携带妻儿定居杨村。为谋生计，以家传手艺制卖糕干为业。时因行旅客商不断，杜家糕干远近闻名。清康熙皇帝南巡，驻跸杨村品尝杨村糕干，亲口嘉谕，许以杜姓专利，并将之列为贡品。乾隆皇帝亦为杨村糕干亲笔题词“妇孺恩物”，使之声誉大振，遂立字号“万全堂”。1930年在巴拿马万国博览会上，杨村糕干获得铜质奖章。

杨村糕干采用优质大米、白糖为原料。经过浸泡、碾压、箩筛、搅拌、发酵、成形、加热等十余道程序加工制作而成。杨村糕干洁白细腻，松软可口，具有健脾益胃的作用，与中药茯苓有异曲同工之效，因此亦称“杨村茯苓糕干”。杜氏后人续纂的《雍阳杜氏家谱》记载，至杨村糕干非物质文化遗产传统手工技艺传承人张杰（子承母业），是第十五代。

北仓少练老会

北仓始于元至元十六年（1279年）修建的直沽广通仓，清雍正元年（1723年）北仓成为皇家粮仓。北仓村民间群众习武成风，创立于明末清初的北仓少练老会在此发展壮大，历经300年，传承十代。

北仓少练老会“拦手门”是全国28大武术派系中唯一产自天津的武术派系。他们平日练功，年节出会，会中老年人主要是组织管理，传授武艺，故称少练老会。北仓少练老会武术基本功扎实，拳术套路多变，特别是拦手拳在武林中独树一帜，其动作敏捷，闪展腾挪，防中有攻，攻中有防，在锻炼身体上有独到之处。

北仓随驾狮子老会

北仓随驾狮子老会前身为大鼓会，创建于明朝永乐六年（1408年），表演者头戴战盔，身穿铠甲，肩负大鼓载歌载舞。明朝末年尹儿湾（今北仓村）修建娘娘庙。清乾隆三十二年（1767年），北仓村开始举办东顶娘娘出巡、散福、庙会及花会赛事等活动。娘娘出巡的皇会队伍雄伟壮观，娘娘宝辇前会安排几道具有象征意义的花会进行开道，其中就包括大鼓会。因庙门前摆有两只大石狮子，娘娘出巡时为娘娘保驾护驾，故改称“随驾狮子老会”。

北仓随驾狮子属北狮，出会时纛旗、门旗等仪仗齐全，鼓、钹、铙、镲铬等伴奏，鼓点全，节奏欢快，狮子表演勇猛雄壮，滚绣球、走八字梅花桩、鸾桥戏水等动作轮番亮相，形象逼真、雄姿英发、气势磅礴，造型十分优美。北仓随驾狮子是皇会中最令人瞩目，也是为娘娘出巡的开路先锋。为此在表演上要求更高，两对雌雄狮子相互戏闹、舞动。小狮子在大狮子两边配合，动作优美，有刚有柔。在锣鼓的伴奏下，四只狮子同时亮相，表演雄狮出山、鸾桥戏水、走八字梅花桩等动作，若干个小狮子配合做滚绣球、跨越障碍等动作，然后单个狮子、成对狮子进行不同内容、不同动作的表演。因狮子被视为吉兽，能祈福、迎祥、驱邪、除祟，适用于各种欢乐喜庆的场合，深受老百姓的喜爱。

王秦庄同议高跷

北仓镇王秦庄位于北运河南岸。1912年于村东华佗庙内创建王秦庄同议高跷会。同议高跷会属于文武高跷，不单会耍还会唱，每副跷1米高，表演单龙、双龙、拉骆驼、梅花堆、白菜心、蹲堆、双搭脚、落地叉等套路的同时唱会歌10首，边耍边唱，文武结合。

高跷队由头锣、二锣、头鼓、二鼓站在排尾，头棒为先导，后边依次由人们扮做青蛇、白蛇、许仙、渔翁、樵夫、傻公子、傻妈妈（老座子）、傻儿子（小婴儿）、摇橹人等。主要表演内容有棒头鹦哥、樵夫座子、公子白蛇、渔翁青蛇、彪子刘二姐、傻妈妈、傻儿子、兄妹开荒、瞎亲家。会歌有《三月三》《十字西厢》《赞八仙》《华佗颂》《渔樵问答》等。目前经挖掘、整理，保留了紧慢快点、踩板和《行会唱佛曲》《十字西厢》《三月三》《云遮月》等韵律。同议高跷具有与其他高跷表演形式不同的特点。

每年农闲时节，人们敲锣打鼓，蹦、跳、扭、踩高跷，进行排练演出，庆贺五谷丰登，祝福来年风调雨顺，平安吉庆。

上蒲口同乐高跷

上蒲口村位于北运河西岸。明永乐年间，北运河决口，将此地冲成沟口，后长满蒲草，得名“蒲口”，又因重名改称“上蒲口”。清嘉庆二十一年（1816年），村中百姓请海下海乐高跷传教，成立高跷会。道光十四年（1843年），道光皇帝乘船顺运河到南方私访，路过此地，听到岸上阵阵锣鼓声，下船上岸，见高跷会在表演，便饶有兴趣地观看了高跷会的演出。会员们见皇帝看表演，更是万分卖力。皇帝看后龙颜大悦，当场亲口说道“与民同乐”，高跷会遂冠名“同乐”。

同乐高跷兼文跷、武跷之精华，渔、樵、耕、读广泛参与。文跷腿长1.8米，主要以唱曲及简单动作为主，曲目二十余首；武跷则表演“扑蝴蝶”“大劈叉”“登天梯”“拉骆驼”等各种高难度动作。同乐高跷会主要的器具有门旗、手旗、香袋、引锣、两锣、两鼓、腿子以及演员服装、头彩等。上蒲口同乐高跷会至今在北运河两岸家喻户晓。

田氏船模制作技艺

船模制作技艺是依照真船的形状、结构，严格按比例缩小制作的模型，其制作的程序、方法和材料与真船无异，并且原船该有的零件它一样都不少。天津漕运文化历史悠久，船模就是舟船发展史的缩影。家族传承下来的古法手工技艺制作船模，从劈料、刨木、安装船体、做甲板、钉船舷、竖桅杆、竖龙骨等诸多环节，前前后后上百道工序，全部手工仿真制作，门窗能打开，船帆能升降，船舵能摆动，如果将船模放入水中，则可像真船一样在水中航行。天津市级非物质文化遗产田氏船模制作技艺传承五代，传统手工制作的船模成为天津卫漕运文化的生动符号。

高王院莲花落

高王庄位于武清区西南部，西傍北运河。清末民初，莲花落花会传到高王院村。据村内老人说，一外地民间艺人来到村里扛活，看到村里的年轻人一到秋后就闲来无事，除去赌博就是玩耍。为了让人们走上正途，民间艺人就找到村长说明情况，并传授了莲花落。当时为了忌赌就为其起名“高王院忌赌莲花落”。此项花会锣鼓乐器齐全，莲花落在武清很受观众欢迎，唱腔唱段有板有眼，生、旦、净、丑，行当齐全。具体人物戏装打扮，有青衣、小生、花旦，武丑是两名打节子的，两名打霸王鞭的，另有十几名扮演伴唱的。锣鼓齐鸣震天响，身段优美，动作灵活。能唱出美妙的小段，鞭打得眼花缭乱，节奏分明，有板有眼，男女老少都能演。宣传教育效果好，良俗新风代代传。他们走村串街，随时都能演出。每逢新年，特别是正月十五赶庙会、进香时更是热闹。

寺各庄竹马会

寺各庄位于武清区北部，东依北运河。前清时期有一位山东人为寺各庄编排导演了竹马会。此人多才多艺，知音乐，熟谙民间词曲小调，当初教授各种唱段有23首之多。寺各庄竹马会，是以演唱和跑竹马相结合的一道花会，好看好听，世称“文明会”。每当演唱的时候，其悦耳的曲调声回响在大街场院，唱腔时而激越，使人欢欣，时而忧伤悲怆，催人泪下。

竹马会主题内容取材于我国西汉昭君出塞的故事。有9个人物：凤冠霞帔的昭君娘娘、头戴乌纱帽的文官打扮的毛延寿，男头马匡衡，女头马林采，2个鞑靼兵即胡里图及其随从，2个宫女即秀春和逸秋，还有1个给昭君娘娘打黄罗伞的小丫鬟。

8匹坐骑是用竹木做的，马头和马腚分别跨于演员的身前、腰后，穿戴起来酷似骑马状，也因此得名叫“竹马会”。这8匹马有枣红色的，有黑色的，有乳白色的，还有花色的。这是竹马会的文场“唱儿”。竹马会的武场包括走、跑、圆等多种队形变化，其中有名的场面有一条线、对边、龙摆尾、盘玉柱、金线眼。

西沽太平花鼓会

太平花鼓会相传成立于清咸丰年间，由凤阳人传到西沽。在天津仅为西沽一地独有。行会时由8名十三四岁少年依据水浒故事扮装表演，依次分成4对。4对乐器分别为霸王鞭、小太平鼓、小锣、花鼓。表演时先打花鼓奏“八板”曲牌后，开始耍唱，4人为一班，轮流托唱，笛子伴奏，檀板指挥，唱凤阳花鼓调或昆曲，有时也唱文人新编的曲词，曲词新奇动听。行会时有头锣、门旗各1对，高照1对，软、硬对各1副，花、素茶炊子各1对，点心盒2对，设摆筲2对，后面是二锣、三锣、笛师和保护少年的武会众。

德馨斋路记烧鸡

德馨斋路记烧鸡传统制作技艺，创始于清光绪十九年（1889年）。创始人路德贵、路德树兄弟二人，在连接南北运河的河北大街西崇德里24号，开办河北大街鸡鸭店。据天津档案馆记载，1949年以后该店更名为“德馨斋路记烧鸡店”，家族传承至今五代。

路记烧鸡创始人针对漕运船民和南北船客，制作便于携带又便于保存的烧鸡，特别在药食同源的基础上，先用具有防腐功能的中药鱼腥草、桑叶、荷叶、玉竹、甘草、白芷、八角、小茴香、山楂、陈皮等作为配料。他们将这些中药按比例粉碎，加入盐，腌制菜童子净鸡24小时，排出鸡体内血水，中草药和盐深入鸡骨起到了防腐作用。再用白芷、白果、肉豆蔻、肉桂、砂仁、葱白、生姜等调料加陈年老汤小火酱制4小时。最后用香米、茶叶、冰糖熏制而成。制成的烧鸡肉质白嫩，熏香浓郁，回味持久。在炎热的夏季可以保持7天不变色、不变质。第四代传承人在继承前人传统制作技艺的基础上，科学调配制定了四季投料中草药标准，使祖传秘方具有养生保健功效：春季清火败毒，夏季清热祛湿，秋季滋阴补肾，冬季温补暖胃，使每一锅烧鸡味道都能保持传统风味，更受消费者欢迎。

二、海河两岸的非物质文化遗产

海河是河海联通漕运的重要通道。元明清三代都经历了由海运转内河漕运的过程。海河沿岸的民风民俗受漕运的影响，形成的非物质文化遗产丰富多彩。

天津皇会

天津皇会是中国北方独有的一种妈祖祭典，原名“娘娘会”“天后圣会”。据民间口传，此会源于元明时期，有文字记载的历史始于清代康熙四年（1665年），后更名为“皇会”，一直流传至今。它规模宏大，带有浓郁的天津地方色彩。每逢皇会，天津民间往往倾城出动，场面十分壮观。

皇会是一种有组织、有计划、有严格规定的庙会形式，其中的表演内容包括净街、门幡、太狮、捷兽、中幡、跨鼓、扛箱、重落、什不闲、法鼓、旱船、秧歌、花鼓、绣球、宝鼎、宝辇、銮驾、接香、灯停、接驾、华盖宝伞、顶马、报事灵童、日罩、灯扇、大乐、高跷等几十种，基本上凝聚了天津民间技艺的精华。各表演团体以“会”的组织形式出现在皇会上，每一艺术种类的表演都有几个各具风格的“会”担任。这些“会”少则二三十道，多则百余道。每次皇会出会时，表演的内容和“会”的数量都不完全相同。

大直沽酿酒

天津白酒酿造业早在元泰定三年（1326年）就已出现。当时，天津卫的大直沽因其独特的地理位置而成为南粮北运的重要枢纽，因此呈现出“东吴转海输稻粳，一夕潮来集万船”的繁荣景象。当时众多的海漕船工也将对海神天妃的信仰带到这里。直沽酿酒业的发展既要满足官民祭奠海神天妃的用酒需求，又要为辛苦的漕运船工饮酒解乏提供佳酿。

直沽酒的产地大直沽，地处海河中上游岸边。当时的海河水质柔和，为酿酒提供了有利条件。以大直沽为中心，东边是东大坑，西边是官盐院，南边是豆家坑，北边是薛大坑，人称“四大坑”。这四大坑都与海河相连，地下泉水充沛。即使在干旱时，四大坑也不会干涸。另外，还有一条水质纯净的小溪流过大直沽后街。早期的酿酒作坊都开设在小河边，汲水造酒，甘冽醇厚。大直沽周边，农田相连成片，阡陌纵横，空气清新。家家造酒，酒胚发酵的大缸，日久天长，不免有些裂隙，年复一年，含酒的液体透过裂隙渗入土壤中，对地下的水质产生了一定的影响，从而培植出独有的菌群，空气中也弥漫着阵阵酒香。环境造就美酒，美酒改造环境，相辅相成，相得益彰。经过一段的涵养期，大直沽酒形成了一套独特传统酿制技艺，而大直沽亦成为当时天津的酿酒汇集地。

高粱酒的酿制需要西河、御河两岸盛产红高粱为主要原料，以豌豆、大麦、小麦为原料制成大曲和以麦麸为原料制成小曲为糖化发酵剂。酿造工艺流程要经过“大小曲”“甑桶蒸馏”“低温入池”“泥池发酵”“跑窖循环”“清烧混蒸”“分层出醅”“分层蒸馏”“缓慢蒸馏”“量质摘酒”“分质并坛”等一百多道工序。这一百多道工序中有特别典型的6道工序，分别是：稻皮清蒸，排除邪杂之味，以利酒质纯正；配料润料，按酒方进行混合，以利酒质醇绵；蒸馏糊化，利用原料变性，以利酒质净爽；施量冷却，翻拌冷却，以利酒质协调；加曲搅拌，大小曲混用，保证原料产量；入池发酵，层次分明入窖，踩实压平发酵，提高产品质量。由此酿造出品质绝佳的大直沽高粱酒。以高粱酒为基酒，直沽酿酒师傅又酿制出玫瑰露酒和五加皮酒，使天津酿酒业的发展更上一层楼。

在众多酿酒作坊、酿酒企业中，义聚永蒸馏酒传统酿造技艺、玫瑰露酒传统酿造技艺、五加皮酒传统酿造技艺列入天津市非物质文化遗产项目，被誉为“大直沽第一烧锅”。

三、南运河边的非物质文化遗产

双伞阵图秧歌会

双伞阵图秧歌，也称“阵图会”“二十八宿阵图会”“双伞秧歌”等，发端于南北运河与海河交汇的三岔河口一带。清康熙末年，山东临清人许小喜在脚行中传授排练双伞阵图秧歌会，表现隋末农民起义的故事。音乐以打击乐器为主。因舞队中有2个持平顶伞的伞头领舞，以古代军事阵势为队形，故得名。歌会活动地址初在侯家后聚善水局，叫“子孙会”。

旧时，该舞蹈由48人表演，共4把伞，可跑72阵。后来，因老城道路狭窄改为由24人演跑48阵。如今，只能跑18阵，即一字长蛇阵、二龙出水阵、三环套月阵、四角风云阵、五堆梅花阵、六转盘龙阵、七点螺蛳阵、八卦乾坤阵、九九阴阳鱼阵等。这18个阵又分为活阵和死阵。活阵又叫破阵，是演员在运动中完成队形图案，具有流动的完整造型。死阵又叫布阵，即演员跑到固定位置后形成图案，原地延长一个时间长度，以增强印象，表现静观的造型。表演中死阵和活阵交叉表演，显得阵图丰富多变，成为阵图秧歌独具的特色。

西码头百忍京秧歌老会

百忍京秧歌老会位于南运河畔西码头一带，也称“百忍高跷”。昔日漕运发达，西码头一带聚居着靠码头搬运糊口的脚行人群，生活在社会底层，其地域的码头文化是老会诞生传续的人文背景。清嘉庆二十一年（1816年），南运河西码头税收分卡分吏蔡少文在康济会所传授北京的高跷秧歌。道光元年（1821年）立会，起名“百忍”，意为百事皆忍，礼义之会。表演内容根据梁山好汉鲁智深等9位梁山英雄乔装潜入神州会，擒获纨绔恶少任宝童为民除害的故事编排。表演形式是踩二尺半木制跷腿表演高跷秧歌。其鼓点及练法独特，迥异于他会。百忍京秧歌动作多，难度大，见功夫。角色自带锣鼓舞练击打，乐点和场面变换多，有歌有舞，唱练并重，表演及唱段朴实健康。表演场上，角色为戏装扮相，生旦净末丑均有。道光元年（1821年），该会一经成立，就以高超的技艺、完整的演出大破狮子阵而名扬津门。老会曾于清代出过皇会，当时所绘《皇会图》中即有西码头百忍京秧歌老会。秧歌老会原传唱段有百余段，今存约三十段。

天安寺回族武高跷

红桥区南运河南岸回族武高跷，亦称天安寺同乐高跷，创会于清朝嘉庆十九年（1815年），家族传承八代，曾出过皇会。由于老会会员基本都是回族，又是以表演武高跷著称，被群众称为“回族武高跷”；又因当年天津市红桥区西北角有座天安寺，故又以寺为名，以与民同乐为宗旨，取名为“天安寺同乐高跷会”。当年西北角前辈王宝善，在回族群众中颇具威望，擅长高跷技艺，闲时便召集回族亲友踩高跷娱乐。民间艺人有个绰号“大天一”的先生武功高强，同时参与教练，在高跷表演时融入武术和杂技动作，单教秘传一些绝活。因表演精彩，独树一帜，回族武高跷当时在天津颇具影响，深受各界人士的欢迎。

回族武高跷跷高独特，为80厘米高，在武高跷技艺中踩在高跷腿子上，可以“腨”腿子，这在天津独一无二。老会回族女子踩跷平地撂叉干净利落，独具风采。回族武高跷还独创双锣、双鼓，双点带嘟噜，伴奏时双锣要不断地旋转360°击打，难度很大，还能巧搭人物融入剧情，边伴奏边表演。武高跷表演人数多，由18—22名演员成对入场表演。目前，老会仍传承着高跷表演中的扛举三层叠罗汉的造型表演，更难能可贵的是还保留了老会百年经典传统绝活——三层排风。

回族重刀武术

回族重刀武术是由津门著名回族武术名家曹克明先生继承其父“回族大侠”曹金藻的遗志，弘扬武术强身爱国之精神，在本门刀、礅、抱石、拳铲等功夫基础上挖掘整理出来的。回族重刀武术现已传五代，有百余年的历史，在津门体坛独树一帜。回族重刀武术在表演形式上，吸收了历史上武科考试中的“弓、刀、石、马步、箭”等课目技艺，苦练礅子、石锁、抱石等，并将其中之技巧，揉进大刀表演的一招一式之中。大刀表演丰富多彩，回族重刀武术主要有插、背、拧招式，其特点是刚柔相济，动静结合，集力量与技巧于一体，将刀舞起，动如风，静如松，提刀千斤重，舞刀鸿毛轻，刀飞钢环响，刀落寂无声，既惊险雄劲，又轻盈优美，给人一种美的享受，充分展示了我国古老的民族文化气息，又体现了现代体育之风采。

杨柳青木版年画

杨柳青木版年画产生于元末明初，当时有位长于雕刻的民间艺人避难来到杨柳青镇，逢年过节就刻些门神、灶王出卖，镇上的人争相模仿。到了明永乐年间，大运河重新疏通，南方精致的纸张、水彩运到了杨柳青，使这里的绘画艺术得到了极大发展。清代光绪年以前是杨柳青年画发展的鼎盛时期。杨柳青镇及其附近村庄，大都从事年画作坊生产，“家家会点染，户户善丹青”。清康乾时期，杨柳青年画的风格多是主张严谨，背景简洁，注重人物神情的刻画。到嘉道年间，杨柳青年画的风格开始渐趋活泼，画面热闹，色彩丰富，背景也各式各样。

杨柳青年画继承宋、元绘画传统，吸收了明代木刻版画、工艺美术、戏剧舞台的形式，采用木版套印和手工彩绘相结合的方法，半印半画，先用木版雕出画面线纹，然后用墨印在纸上，套过两三次单色版后，再以彩笔填绘。其制作既有版味、木味，又有手绘的色彩斑斓与工艺性。画面色彩鲜明，柔丽多姿。

杨柳青年画题材范围极广，包括风俗、历史故事、戏曲人物、娃娃、美人、花卉、山水等，尤以反映现实生活、时事风俗、历史故事等题材为特长，不仅富有艺术欣赏性，还具有珍贵的史料研究价值。这些优秀作品将现实主义和浪漫主义相结合，其优良传统形成了杨柳青年画艺术的主流。其民间艺术的韵味浓郁，显示中国传统艺术的魅力。

杨柳青剪纸

杨柳青剪纸发源于运河古镇杨柳青，从清朝兴起，至今已有三百多年历史。剪纸的产品有窗花、刺绣花样子、喜花、吊钱等四大类。受杨柳青年画的影响，杨柳青剪纸造型优美，刻制细腻。起初，剪纸是为了装饰自家房子，家家户户在平日及过年时将其贴在窗户、门柱上以增美观。后来，随着杨柳青人口增多，商业发展，剪纸艺术逐步由个人行为转变为商业行为。伴随着河运四通八达，杨柳青剪纸深入天津人居住的地方，形成节庆贴剪纸的风俗。

杨柳青剪纸题材十分广泛，花鸟虫鱼、吉祥图案、历史故事、神话传说、戏曲人物等无所不包，剪纸线条流畅、玲珑剔透、秀美可观，惹人喜爱。每逢春节到来，杨柳青镇上无论大街上的商铺，还是小巷居民，老百姓都喜欢把五颜六色的剪纸贴上门窗，以示庆祝。如果墙上挂着的是杨柳青年画，那么窗户上一定是陪衬它的杨柳青剪纸。

八大帅

八大帅这种民间舞蹈，流行于静海区南运河边的唐官屯镇，“八大帅”指王八、鲇鱼、虾、红鲤鱼、田螺、青蛙、螃蟹、河蚌8种水族生物。旧时，人们把它们视为发大水的神灵，故尊之为“八大帅”。

相传，清乾隆年间，乾隆曾到静海一带巡视水患3次。一次，当乾隆帝的龙舟行至东淀时，忽然狂风骤起，淀水掀起滔滔巨浪，数不清的水族蜂拥而至，将乾隆乘坐的龙舟团团围住。这时两位云游的高僧赶到，跳入水中驱散了这些水生动物。乾隆帝遂降旨在静海台头村修建淀神祠。从这个传说便逐渐衍生出八大帅这种民间舞蹈。起初，河北曲阳县人们在欢庆灯节时，常模仿戏曲《水漫金山》的形象，将水生动物之形状做成模型，置于头上串街表演。受其启发，静海唐官屯镇艺人便决定恢复此会。他们不是将各种水族模型置于头上，而是将其做成大道具，把人装在里面或背在身后，使表演更加形象、逼真。在表演中，八大帅以相互追逐嬉戏贯穿始终。主要情节有王八戏河蚌、王八戏红鲤鱼、王八戏虾、王八戏田螺、王八戏青蛙、王八戏螃蟹、王八戏鲇鱼等。

八大帅的音乐，采用吹奏乐和打击乐相结合的伴奏形式，没有唱词。吹奏乐器有高音唢呐1把，低音唢呐3把。吹奏的主要乐曲有《句句双》《将军令》《小磨房》等。打击乐器有大鼓1面、小钹1副、大钹2副、大铙2副。打击乐主要是随着吹奏乐的旋律演奏《钓鱼》《打马》等锣鼓点。当表演进行高潮时，吹奏乐常保持在一个长音上，而打击乐却加入了紧锣密鼓的节奏，这种音乐近似戏剧中的紧打慢唱，既能形象地表现出水面上时起时伏的波涛效果，又能烘托出紧张热烈的气氛。

八大帅的舞蹈动作，基本步有“十字步”“碎步晃臂”“打踅”“赶浪头”等。这些动作既符合了八大帅各自的生活习惯，又有表演艺术的升华。

八大帅这种民间舞蹈，既有娱乐性，又有祭祀作用。大旱之年的沿街表演，祈望借助八大帅的神力普降喜雨。每至涝年，此会就停止活动。另外，年节亦有演出，多在正月初二至正月十五期间。

天津狗不理包子

同治八年（1869年），靠南运河码头侯家后的刘记蒸食铺招了一个徒弟，姓高名贵友，他就是后来狗不理包子的创始人。高贵友学徒期满后辞职出号，于光绪八年（1882年）自己投资经营包子铺，取名“德聚号”。他对包子进行了改革，使包子不但好吃，而且外观漂亮。他做的包子用水馅儿半发面，形状为菊花顶、抓髻扣，状若凝脂，口感鲜香不腻。而且他在制馅、和面、揉肥、擀皮、捏包、上灶等各方面均有自己独特的操作方法。和面时水温要根据季节来变化，一般情况下用温水，采用“一拱肥”的方法。揉好后放一会儿，发酵后即用。所谓半发面，死面起“骨头”作用，发面起“肉”的作用，这种面的优点是不透油，有咬劲，面皮光泽度好，软硬兼备，擀皮时要薄厚均匀、形状浑圆、大小适当。每个包子装馅儿三钱左右，捏时要求褶花均匀、整齐、美观，形似白菊待放。关键的环节是上灶，火候要恰到好处。相传，因高贵友小名“狗不理”，人们便将他家的包子昵称为“狗不理包子”了。高贵友独特的包子制作工艺，让狗不理包子成为天津名优小吃“三绝”之首。

天津“耳朵眼”炸糕

天津耳朵眼炸糕始于光绪十七年（1892年）。据说天津人刘万春做炸糕买卖时，小推车上挂“回族居民刘记”木牌，在三岔河口南运河边的北大关、估衣街一带现炸现卖。其制作的炸糕选料精，制作细，货真价实，深受顾客喜爱。光绪二十五年（1900年），刘万春与外甥张魁元合伙，在北门外大街耳朵眼胡同口租了一间八尺见方门面，挂上“刘记增盛成”招牌，由行商提升为坐贾。因炸糕店紧靠一条只有一米来宽的狭长胡同——耳朵眼胡同，人们便风趣地以“耳朵眼”来称呼刘记炸糕铺，刘记炸糕也就成了“耳朵眼炸糕”。

耳朵眼炸糕选料需用优质糯米、黄米、红小豆、赤砂糖、香油等。馅料经漂、煮、焖、搅、炒糖、炒制等工序，皮面经水泡、石磨、发酵、兑碱成型，用上等香油、花生油炸成金黄色。做成的炸糕呈扁球型，外皮酥脆，皮内软糯清香，馅心黑红细腻，香甜可口，风味独特，别具一格。无论是外形，还是馅料，都有别于其他地区的同类小吃。耳朵眼炸糕也是天津名优小吃“三绝”之一。

大福来锅巴菜

大福来锅巴菜形成于乾隆二十二年（1757年），创始人是张兰、郭八夫妇，他们在南运河西大湾子经营张记煎饼铺，制作的锅巴菜以严格的选料，世代相传的配方，精湛独到的工艺，而具有奇特的美味，成为津门锅巴菜第一品牌。相传，其“大福来”字号为乾隆皇帝所赐。

清光绪年间，大福来掌门人张起发又在竞争中做了工艺创新，使自家的产品形成与众不同的三个特点：一是制卤料用香菜根炝锅；二是制卤料有大、小卤工艺；三是小料中有卤香干片。制作锅巴菜的主料选用上等的绿豆、大米，用清水浸泡后，水磨加工成浆，将铁铬子置小火上，舀面糊，用刮子推摊成薄似纸张的圆煎饼，再改切成柳叶状。将煎饼条与卤料搅拌均匀，盛到碗里，配上小料香菜、芝麻酱、腐乳、辣油、卤香干片。一碗深受八方食客喜爱的五彩缤纷、多味混合、香气扑鼻、味美适口、营养丰富的锅巴菜便成功了。

庆发德烫面蒸饺

庆发德烫面蒸饺形成于1927年。创始人谢国荣、何贵起（回族），二人为躲避兵乱，从河北省来到天津，在北门外大街租下一间门脸，干起了一家名叫“庆发德”的饭馆。由于饭馆坐落地点繁华，其制作的烫面蒸饺物美价廉、风味独特，深受百姓喜爱。1956年，公私合营时，庆发德饭馆改名为庆发德饺子馆。

庆发德烫面蒸饺，面选用优质小麦面粉，按季节用不同水温烫面，馅料选用肥瘦适中的新鲜牛肉、羊肉、虾仁等。青菜选取鲜嫩蔬菜，各种调料、配料齐全。制作所需原材料要专人进货，专人管理，专人调制，严格控制进货渠道、投料标准和制作工艺，保持蒸饺传统风味特色。庆发德烫面蒸饺形似羊眼，面皮光亮柔嫩，皮薄馅大，汁浓味鲜，成型不塌艮，深受社会各阶层人士欢迎。

独流老醋酿造技艺

独流老醋产自静海区南运河畔独流镇。明嘉靖年间的《河间府志》中有关于“春分酿酒拌醋”和“鱼酢”的记载。

独流地区三面临水，大运河、黑龙港河、子牙河、大清河等河流汇集流经此处，“独流”之名也由此得来。独流镇属暖温带半湿润大陆性季风气候，既没有江南的潮湿，亦无塞北的燥烈，四季分明，气候宜人；且土地肥沃，盛产高粱、元米、小麦等农作物，为酿造业提供了良好条件。有水质资料显示，独流地区水质纯净，清澈甘洌，地下岩层矿物质富含钾、钼、铁、钴、钙、硅等24种矿物质，尤以微量元素钾含量颇丰，是酿醋不可多得的先决条件。可以说独特的生态环境孕育了独流老醋。

独流老醋酿造工艺传统、独特，以优质的元米、高粱为主要原料，并选用以小麦、大麦、豌豆制成优质大曲为糖化发酵剂，经蒸煮、酒精发酵、醋酸发酵、陈酿、淋醋等工序历时三年酿造而成。由于独流老醋工艺独特，且是长时间发酵成熟，因而口感纯正浓厚，酸中带甜，不涩不愣，香浓丰盈，色泽酱红，质地浓稠，久存不霉。独流老醋不仅是佐味佳品，在防病、祛病方面，在诸多醋品中也属佼佼者。

据《静海县志》记载，乾隆皇帝东巡，沿南运河行至独流时，被飘来的阵阵醋香陶醉，由此食欲大增，命地方官员呈醋品尝，果然风味绝佳。从此独流老醋便成为朝廷贡品，声名鹊起，成为人们竞相购买的佳品。

光绪三十一年（1905年）的《直隶全省商务概况》中称："天津府静海县独流醋行销天津、河南、山东……"天津市档案馆所存光绪三十二（1906年）年独流镇商业字号中就有天立、诚庆勇、山立、永丰等13个醋作坊印章。民国十九年（1930年），天津《益世报》对独流老醋曾作专题报道，其中有"独流所产之醋各省驰名，独流老醋无不知者"的文字。

四、蓟运河边的非物质文化遗产

东丰台木版年画

东丰台木版年画出自宁河区丰台镇。丰台镇位于宁河、宝坻、丰润、玉田交界处，蓟运河东岸，还乡河故道穿镇而过，交通便利，商贾云集，有"京东第一镇"之誉。为与北京丰台相区别，人称东丰台。东丰台木版年画虽传承杨柳青年画的特点，但亦受东北、冀东民俗的影响，自成一格。比较起来，在颜色的使用上更为鲜艳，画面更为粗犷和夸张。另外，版式亦较独特，有的对吉祥字大胆使用，不惜占据画面主体；有的为窗格式画面，将十余块画版拼接套印，浑然一体；还有的再现戏剧情节，可将画面裱制成16幅条屏等。东丰台木版年画一度与津西杨柳青年画一样享有很高知名度。

东丰台木版年画历史久远，始于明中期，盛于清乾隆至民国初期。据可查资料记载，当时丰台镇共有大小年画作坊三十余家，年产量近千万张。产品销往东北、华北等多个省市。丰台镇也由此形成了北方最大的年画商贸市场。东丰台木版年画具有北方乡村质朴厚重的气质。虽然这里距杨柳青镇不远，但其画风，尤其是早期的画风与杨柳青相去甚远。

杨柳青年画的受众多为城中市井人家，东丰台木版年画的需求者则多是乡间百姓，所以它在题材、造型、构图、色彩等方面都有很浓的地域和乡土特点。

东丰台木版年画多取材于历史典故、时事风俗，其中以神祇类为大宗，主要是灶王、财神、门神和全神。后来渐渐出现一些神像之外的世俗题材，如娃娃美人、吉瑞图案、耕织图、王小卧鱼、埋金得子，以及戏曲内容（如《三岔口》《白蛇传》）等。从制作技艺上讲，东丰台木版年画多为等量颜色的套版印刷，局部采用手绘，特别是面部和手部画法为写意。套版一般为6块版，红、绿、黄、紫、蓝，外加1块黑色的线版。蓝色多是品青，绿是品绿，不用调和色，只用原色，着色很重，对比强烈；设色不是“随类赋彩”，而是把有限的五六种颜色，相互错开，以造成缤纷斑斓的色彩效果。人脸染得十分浓艳，不像杨柳青年画人物脸颊晕染细腻，但具有强烈的视觉冲击力。

林亭口高腿子高跷

林亭口高腿子高跷源于宝坻区东南部林亭口镇，蓟运河支流箭杆河中下游南岸。清咸丰、同治年间，此处集镇贸易十分繁荣、庙宇颇多，庙会盛行，高腿子高跷会也随之进入繁荣期。

高腿子高跷在各种花会中独树一帜，花会名称“渔樵耕读”，由5个戏曲片断、6个农民生活片断组成。第一出：开道僧，也叫领会人，是一个棒槌和尚，他的举动影响、左右整个会的进行及布局；第二出：耪地；第三出：砍柴；第四出：捕鱼；第五出：扑蜂；第六出：铁弓缘；第七出：燕青卖线；第八出：三节鞭；第九出：阔大爷和阔太太；第十出：傻柱子；第十一出：敲锣打鼓；第十二出：瞎子逛灯；第十三出：骑象。每出两人，扮相和戏曲中人物一致，表演内容是每出戏的片断动作，但是由于是在高腿子高跷上进行表演，行、走、跳、扑、打都有了相当的难度，需要特定的技术和高超的技巧。在表演当中，旁边有用鼓、镲、铙等十余人的伴奏队伍。